사회복지총서

정신건강론

강상경 · 강병철 · 권태연 · 김낭희 · 김문근 · 김성용 · 김혜미
문영주 · 이현주 · 유창민 · 조상은 · 정은희 · 하경희 공저

Mental Health
The Perspectives of Social Work

학지사

머리말

인간은 의식주와 같은 생존을 위해서 필요한 기본 욕구에서부터 안전의 욕구, 사회적 욕구, 자존감의 욕구, 자아실현의 욕구에 이르기까지 다양한 스펙트럼의 욕구를 가진다. 국가 차원에서 정책적으로 고려해야 할 욕구 수준이 어디까지인가에 대한 이해는 시대적 · 문화적 특성을 반영하면서 꾸준히 진화한다. 현대 복지국가의 목적은 신체건강 중심의 생존과 안전에 대한 국민의 기초적 욕구 충족을 넘어 국민의 회복탄력성 증진과 성장발달 지원을 위한 정신건강 보장을 강조한다. 국민 정신건강을 위해서는 생존과 안전을 위한 전통적 사회보장 체계를 넘어 회복탄력성 증진과 성장발달을 지원할 수 있는 정신건강 지원 체계가 필요하다. 현대사회의 대표적인 정신건강 문제인 우울, 치매, 자살 이슈에 대한 대응과 회복탄력성 증진을 위한 정신건강 지원 체계 확립은 현대 복지국가의 중요한 책무의 하나이다. 미래사회에서 정신건강의 중요성은 더욱 증가할 것으로 예상되기 때문에, 사람 중심의 사회복지 정책, 서비스, 실천을 고민하는 사회복지 학도에게는 정신건강에 대한 기본적 이해가 요구된다. 이 책은 이러한 필요성을 염두에 두고 정신건강에 대한 기본적 이해를 증진하는 것에 초점을 둔다.

정신건강론은 정신건강 결정요인에 대한 이해를 통해 정신건강증진, 정신질환 예방, 정신질환 치료 및 회복을 위한 정책적 · 실천적 함의를 고찰하는 교과목이다. 사회복지 분야에서 정신건강 영역은 전통적으로 정신질환 및 질환으로 인한 정신장애에 대한 정책적 · 실천적 대응에 초점을 두었으나, 최근에는 정신건강증진을 통한 성장발달 및 회복탄력성 촉진에 대한 관심이 급속히 증가하고 있다. 이렇듯, 정신건강론은 생태 체계 맥락에서 정신건강 영향요인에 대한 이해를 기반으로 정신질환 및 장애의 예방과 치료와 국민의 정신건강증진에 대한 정책적 · 실천적 함의를 탐색하는 과목이다.

한국사회복지교육협의회 교과목 지침에서 강조하고 있듯이 정신건강론은 다음과 같은 목표를 가진다.

첫째, 정신건강에 영향을 주는 환경적 요인과 개인 특성에 대한 이해를 기반으로 현대인의 정신건강에 대한 체계적 이해를 도모한다.

둘째, 정신질환 및 장애에 대한 이해와 정신건강증진에 대한 이해를 도모한다.

셋째, 정신건강 관련 사회복지실천이론을 이해하고, 이를 바탕으로 정책이나 실천과 관련된 사회복지 현장에서 적용할 수 있는 능력을 증진한다.

넷째, 정신건강증진이나 정신질환 예방 및 치료와 관련된 제도와 서비스에 대한 이해를 증진한다.

다섯째, 생애주기에 따른 정신건강 발달 및 위험 요인의 변화에 대한 이해를 기반으로 정신건강 문제해결을 위한 접근 방법을 습득한다. 이러한 교과목의 기본 개요 및 목표를 고려하여, 저자들은 독자들이 이 책을 통해 정신건강증진을 위한 기본적인 지식과 실천 역량을 함양할 수 있기를 기대한다. 이러한 목적을 달성하기 위해 정신건강 분야에서 직간접적으로 활발하게 활동하고 있는 다양한 전문가를 저자로 모셨다. 바쁘신 가운데 학문 후속세대를 위해서 저술에 함께해 주신 강병철, 권태연, 김낭희, 김문근, 김성용, 김혜미, 문영주, 이현주, 유창민, 조상은, 정은희, 하경희 선생님께 감사드린다.

이 책은 총 5부 17장으로 구성되어 있다.

제1부는 정신건강의 기초적 이해에 대한 부분으로, 제1장 정신건강론의 이해, 제2장 스트레스와 정신건강, 제3장 정신건강 분류에 대한 이해, 총 3개의 장으로 구성되어 있다.

제2부는 정신건강 실천이론과 실제에 대한 부분으로, 제4장 정신건강 실천모델, 제5장 정신건강과 사회복지, 총 2개의 장으로 구성되어 있다.

제3부는 생애주기와 정신건강에 대한 부분으로, 제6장 영유아 및 아동 · 청소년기 정신건강, 제7장 성년기 및 중년기 정신건강, 제8장 노년기 정신건강, 총 3개의

장으로 구성되어 있다.

제4부는 주요 정신건강 이슈별 사회복지실천에 대한 부분으로, 제9장 트라우마와 정신건강, 제10장 자살과 정신건강, 제11장 중독과 정신건강, 제12장 이주민, 다문화사회와 정신건강, 제13장 성소수자와 정신건강, 제14장 가족과 정신건강, 제15장 장애인과 정신건강, 총 7개의 장으로 구성되어 있다.

제5부는 결론에 대한 부분으로, 제16장 인권과 정신건강, 제17장 결론, 총 2개의 장으로 구성되어 있다.

이 책을 새롭게 출범하는 사회복지총서의 하나로 낼 수 있어서 기쁘다. 마지막으로, 저술의 기회를 준 학지사와 서울대학교 사회복지연구소에 감사드린다. 현재 초판의 부족한 점들은 향후 개정판을 통해 개선하리라고 다짐하면서 이 교재가 학생들과 강의자에게 도움이 될 수 있기를 간절히 바라는 바이다.

2023년 1월 관악에서

강상경

차례

제3부 생애주기와 정신건강

제4부 주요 정신건강 이슈별 사회복지실천

제1부

정신건강의 기초적 이해

제1장

정신건강론의 이해

사회복지의 중요한 영역 중 하나가 건강이다. 전통적으로 건강은 신체건강 중심으로 이해되어 왔지만, 최근에는 사회 변화에 따라 정신건강에 대한 관심이 증가하고 있다. 정신건강은 사회복지학의 관심 분야이기도 하지만 관련된 학문 분야인 정신의학, 임상심리학, 정신간호학 등 인접 학문 분야와 관심을 공유한다. 따라서 사회복지학의 한 분야로 '정신건강론'의 학문적 특성을 이해하기 위해서는 사회복지학에 대한 이해뿐 아니라 관련된 인접 학문 분야에 대한 이해가 필요하다. 이 책은 사회복지학 관점에서 정신건강론에 대한 이해를 위한 것이기 때문에, 서론 격인 제1장에서는 사회복지학의 한 분야로서 '정신건강'의 개념을 이해하는 것에 초점을 둔다.

1. 서론

모든 학문적 개념이 시대적 · 역사적 · 사회적 특성을 반영하여 상대적으로 구성되는 것처럼 정신건강의 개념도 특정 시대의 사회문화적 특성을 반영하여 형성된다. 전통적으로 협의의 '건강'은 '질병이 없는 상태'를 의미하였다. 하지만 시대의 변화에 따라 사회의 문화적 가치관이나 이념이 변하면서 현대적 의미의 건강은 단순히 질병이 없는 상태만을 의미하는 것이 아니라 '자아실현을 위한 신체, 심리, 사회, 경제 등 통합적 안녕 상태'를 의미하는 것으로 개념이 확장되었다. 따라서 정신건강이란 정신질환의 유무에 따라서만 결정되는 것이 아니라 신체, 심리, 사회, 경제 등 다양한 요인 간의 건강한 항상성이 유지되는 안녕 상태 수준에 따라 결정된다.

사회복지 관점도 시대나 사회의 문화적 특성에 따라 다르다. 사회복지의 대상도 문제 중심에서 예방 및 성장 중심으로 확장되어 왔다. 초기 복지국가는 삶을 유지하기 위해 필요한 기본적인 욕구 충족에 목적을 두었다. 시대 흐름에 따른 이념이나 관점의 변화에 따라 사회복지의 목표는 생존을 위한 기본적인 욕구 충족을 넘어 사회적 욕구, 자존감 욕구, 자아실현 욕구까지 확대되어 왔다. 초기 복지국가에서는 생존을 위한 소득보장이나 질병 없는 신체건강이 사회복지 주요 목표였지만, 현대 복지국가에서는 정신건강증진이 사회복지의 중요한 목표 중 하나로 등장하게 되었다. 주관적 삶의 질이 행복도의 큰 비중을 차지하는 것에서 유추할 수 있는 것처럼, 시간이 지날수록 정신건강의 중요성은 더욱 커질 것으로 예상된다. 따라서 사회복지학을 이해하기 위해서는 '정신건강'에 대한 통합적 이해가 필요하다. 이 장은 사회복지 분야에서 정신건강에 대한 이해가 왜 필요한지를 공부하고, 정신건강의 개념을 이해하는 것을 주요 목적으로 한다.

2. 복지국가의 이해

'정신건강론' 교과목도 사회복지학 교과목 중 하나이다. 사회복지학의 학문적 영역은 복지국가 등장 이후에 생긴 것이다(전광석 역, 2005). 따라서 정신건강론을 이해하기 위해서는 사회복지학에 대한 이해가 필요하고, 사회복지학에 대한 이해를 위해서는 복지국가에 대한 이해가 필요하다.[1] 사회적 존재인 인간은 자연환경이나 사회환경 등 다양한 환경체계에 속하고, 속한 환경 속에서 개인의 역할 수행을 하며 생존해 나간다. 환경 속의 인간이 사회적 존재로서 살아가는 궁극적 목표는 무엇인가? 사회구성원으로서 학생들은 학교환경에서 공부하고, 직장인은 직장환경에서 맡은 직업 역할을 수행을 한다. 사회구성원으로서 역할을 수행하면서 동시에 취미생활이나 여가활동도 즐긴다. 인간의 이러한 행동은 왜 일어나는 것인가? 논자에 따라 의견이 다를 수 있지만, 이러한 활동의 목적은 개인이 원하는 조화로운 삶을 위한 것이다. 환경 속의 인간이라는 생태학적 관점에서 개인이 원하는 조화로운 삶이란 신체적 · 심리적 · 사회적 · 경제적 차원의 통합적 '안녕 상태(well-being)'인 항상성을 유지하고 증진하는 것이다(강상경 외, 2021).

인간이 추구하는 통합적 '안녕 상태'는 개인특성과 환경특성의 다양한 요인 간 항상성이 담보되는 통합적 안녕 상태를 의미한다. 통합적 '안녕 상태'를 위해서는 개인의 다차원적 욕구는 물론이고 개인과 환경체계 요인 간 항상성이 전제되어야 한다. 인간의 삶은 개인 및 환경 차원의 다양한 통합적 욕구 간 항상성 회복 및 유지 과정을 통해 통합적인 '안녕 상태'를 이루어 나가려는 연속적인 과정이다. 즉, 안녕 상태란 개인적 · 환경적 요인들 간 생태 체계적 항상성이 유지된 상태로 정의될 수 있다. 안녕 상태의 이러한 정의는 환경 속의 인간이라는 기본관점을 토대로 형성된 생태체계이론과 그 맥을 같이한다(Zastrow & Kirst-Ashman, 2001).

1) 이 부분은 『인간행동과 사회환경』(강상경 외, 2021)과 『정신건강사회복지론』(강상경 외, 2022)의 관련 장을 원용하고 보완하였다.

WHO의 건강개념은 신체건강 위주의 협의의 개념에서 신체적 · 심리적 · 사회적 · 경제적 건강까지를 아우르는 통합적 건강의 개념으로 발전해 왔다. 앞에서 살펴본 '안녕 상태'는 개인적 · 환경적 요인들 간 통합적 항상성 개념을 내포하고 있다는 점에서 광의의 건강 개념과 연결된다. 협의의 정신건강은 심리적 안녕 상태에 가깝다. 하지만 광의의 정신건강은 심리적 안녕 상태에 영향을 주고받은 신체적 · 사회적 · 경제적 요인까지 포함된다. 즉, 심리적 건강상태는 당사자의 경제적 상황이나 신체건강 상태의 영향뿐 아니라 당사자가 속한 사회환경이나 자연환경 요인들과 영향을 주고받는다.

정신건강 항상성이 파괴된 상태인 정신질환으로 인한 기능 저하를 경험하고 있는 정신장애인을 예로 들어 보자. 정신장애인이 정신질환으로 인해 발생한 장애 때문에 직업을 가지지 못하면 사회구성원으로 직업을 통해서 자아실현을 하고자 하는 개인의 자아실현 욕구가 저해된다. 사회구성원이 직업인으로서 사회적 역할을 수행하지 못하게 되면 당사자의 소득원이 없어지고 경제적 욕구가 충족되지 못하여 항상성이 파괴된다. 만약 예시의 당사자가 가족이나 주변인을 부양해야 하는 주요 책임자라면 당사자 개인의 항상성뿐 아니라 가족 전체의 항상성이 와해되고, 궁극적으로 가족체계 전체의 통합적 '안녕 상태'가 위협받게 된다. 당사자 개인의 안녕 상태는 개인 차원에 머무르지 않고 당사자가 속한 가족의 항상성과 안녕 상태에도 영향을 준다.

개인체계 항상성 파괴로 인한 안녕 상태의 위협은 가족 차원의 문제로 끝나지 않는다. 항상성 파괴로 인해 안녕 상태 위협을 받는 개인과 가족이 많은 사회는 사회 전체의 항상성 저하 가능성이 높아지고, 이러한 개인 및 가족 차원의 항상성 결여는 사회 전체적인 불안으로 연결될 가능성이 높다. 개인이나 가족의 안녕 상태에 대한 위협에 대응하여 항상성을 회복하지 못하면, 개인과 가족을 넘어 사회 전체의 항상성과 안녕 상태를 위협하게 된다.

개인과 가족 차원뿐 아니라 사회적 차원의 다양한 요인 간의 생태 체계적 역동성을 염두에 두고 개인체계와 환경체계의 항상성 회복 및 안녕 상태 유지를 위해 등장한 국가 형태가 복지국가이다. 즉, '복지국가'란 인간의 안녕 상태를 유지하는 데 필요한 재화나 용역의 생산 및 분배의 일정 부분을 국가에서 담당함으로써, 국민의 안녕 상태를 일정 정도 이상으로 유지하려고 국가 차원의 조직적 개입을 하는 국가 형태이다(김태성, 성경륭, 2000).

복지국가는 오늘날 대부분 선진 국가의 특징적인 국가 형태로 자리매김하였다. 국민의 정신건강과 통합적 안녕 상태를 유지하고 증진하는 데 필요한 서비스의 제공을 위한 복지국가의 실현과정은 다양한 생태체계 차원에서 나타난다. 거시적 환경 차원에서는 복지제도의 법적 근거, 법이념 실현을 위한 정책 및 제도를 마련할 필요가 있다. 중시적 차원에서는 정신건강증진서비스를 전달하기 위한 전달체계 또는 운영행정체계가 필요하다. 미시적 차원에서는 정신건강 욕구 대상자에게 서비스를 전달할 수 있는 인력, 서비스 등이 필요하다. 사회복지학은 복지국가에 대한 학문 분야이므로 사회복지학의 특성은 정신건강론의 다차원적 특성과도 연결된다. 따라서 사회복지학의 한 분야로서 정신건강론을 이해하기 위해서는 사회복지학에 대한 이해가 선행될 필요가 있다.

3. 사회복지학의 이해

생태체계적 항상성 관점의 통합적 안녕 상태의 추구인 복지국가의 실현과 관련된 거시적 · 중시적 · 미시적 현상에 대한 이론형성과 형성된 이론을 사회문제 해결에 적용하는 학문이 사회복지학이다. 사회복지학은 거시적, 중시적, 미시적 차원에서 일어나는 복지국가의 현상을 과학적으로 고찰하고 경험적 연구를 통해 이론화한 다음, 형성된 이론을 토대로 어떻게 하면 보다 나은 복지서비스를 전달할 수 있을지를 고민하는 실사구시적 학문이다(조홍식 외, 2020).

사회복지학의 대상 영역은, 첫째, 사회복지와 관련된 법, 제도, 정책 등의 거시적 차원, 둘째, 복지서비스 전달 및 운영체계를 대상으로 하는 중시적 차원, 셋째, 일선에서 서비스 전달과 관련된 영역을 대상으로 하는 미시적 차원으로 나누어 볼 수 있다. 정신건강 영역의 사회복지학적 위상을 이해하기 위한 전 단계로, 여기서는 사회복지학의 개념, 사회복지학의 대상 영역, 사회복지학의 특성에 대해 고찰하고, 이를 토대로 사회복지학을 공부하는 학생들이 왜 정신건강에 대한 체계적 이해를 할 필요가 있는지를 살펴본다.

사회복지(social welfare)의 개념은 논자에 따라 차이가 있을 수 있다. 사회복지의 개념적 정의를 보여 주는 사전적 의미에서 사회복지는 형용사인 'social(사회적)'과 명사인 'welfare(복지)'의 개념적 복합체이다(김성이, 김상균, 1994). 우리나라에서 복지로 번역되는 'welfare'의 사전적 의미가 '행복한 삶' 또는 '안녕 상태'라는 점을 고려할 때, 사회복지는 '사회적 안녕 상태'라고 정의된다.

사회복지의 목적은 "사회구성원의 욕구를 충족시킴으로써 인간다운 생활을 영위할 수 있도록 사회 전체 성원의 안녕(well-being)을 추구하는 것"이다(김상균 외, 2008: 457). 사회복지의 목적을 달성하기 위해서는 사회구성원의 안녕 상태를 저해할 수 있는 요인들을 줄이고 통합적 안녕 상태의 달성 및 유지에 도움이 될 수 있는 개인적·사회적 조건을 형성하는 노력이 필요하다. 이러한 생태체계 차원의 개인 특성 및 사회현상에 대한 이해를 기반으로 형성된 순수이론과 실천이론의 실사구시적 적용을 통해 사회 성원의 안녕 상태를 증진하기 위한 다양한 함의를 도출하는 학문이 '사회복지학'이다.

사회복지학의 대상 영역은 개인체계 내적 요소, 사회환경체계 요소 및 이들 간의 상호작용 등이다(강상경 외, 2021). 개인체계 내적 요소들은 심리학의 주 연구대상이고, 사회환경적 요소들은 사회학, 정치학, 경제학 등의 주 연구대상이고, 개인체계와 사회환경의 상호작용은 사회심리학 또는 생태체계이론(Bronfenbrenner, 2005)의 주 관심 대상이다. 학문의 대상 영역에 있어 사회복지학과 인접 사회과학 분야 간에는 유사한 점이 많다. 사회복지 영역 중에서 법, 정책, 제도는 법학, 정책학, 정치학 등의 주 연구대상이고, 전달체계는 행정학의 주 연구대상이며, 미시적 접근은 심리학이나 보건 및 의학 등의 주 연구대상이다. 즉, 사회복지학 연구의 대상인 사회복지 운영과 관련된 거시적·중시적·미시적, 차원의 영역은 인접 학문 분야와 공통점이 많다.

사회복지학과 인접 학문 분야의 공통점은 현상을 기술하고 경험적 근거를 기반으로 지식을 축적하고 이론을 형성한다는 점이다. 하지만 실사구시적이라는 측면에서 사회복지학은 인접 학문과 차이도 있다. 순수학문 분야는 지식 축적과 이론 형성을 통해 현상에 대한 이해를 기본 목적으로 하고 있어서 축적된 지식을 현실에 적용하는 노력이 반드시 뒤따르지는 않는다. 하지만 사회복지학은 축적된 지식 및 형성된 이론을 현실에 적용하여 생태체계 항상성 회복을 통한 구성원의 안녕 상태 개선이 주요 목적이다.

4. 정신건강의 이해

'건강(健康)'의 사전적 의미는 "정신적으로나 육체적으로 아무 탈이 없고 튼튼함. 또는 그러한 상태."이다(국립국어원, 2021). 건강의 개념은 절대적 정의가 있는 것이 아니라 시대의 사회문화적 특성을 반영하여 구성되고 변화한다. 전통적인 건강의 개념은 질병이 없는 상태 또는 허약하지 않은 상태를 의미한다. 하지만 질병의 개념이 사회문화적 특성 및 의학 기술의 변화에 따라 재구성되므로, 질병이 없는 상태인 '건강'의 개념 또한 사회문화적 특성을 반영하여 재구성된다. 현대사회는 건강을 절대적 의미의 질병 유무나 허약 정도만으로 정의하지는 않는다.

세계보건기구(World Health Organization, WHO)는 1948년에 이미 "건강은 단순한 질병이나 허약함이 없는 상태가 아니라 신체적 · 정신적 · 사회적으로 완전한 안녕 상태(Health is a state of complete physical, mental, and social well-being and not merely the absence of disease or infirmity)"라고 정의하였다. 건강이란 단순한 생존 추구를 의미하는 개념이 아니라 일상생활에 적절하게 잘 대처할 수 있는 능력을 의미하는 것으로, 신체적 역량뿐 아니라 개인의 정신적 · 사회적 대처 능력을 포함하는 다차원적 개념이다.

정신건강은 신체적 건강이나 사회적 건강과 독립적으로 존재하는 것이 아니라 상호 유기적으로 연관된 개념이다. '정신건강(精神健康)'이란 '큰 고민거리나 걱정거리가 없어 마음이 바르고 평안한 상태'로 정의된다(국립국어원, 2021). 협의에서 정신건강은 심리적 또는 정신적 측면의 건강을 의미하지만, 건강 개념에서 살펴본 것처럼 광의의 건강은 신체적 · 심리적 · 사회적 측면 등 다양한 측면의 안녕 상태 또는 적응 능력을 의미한다. 이러한 맥락에서 건강의 주요 구성요인 중 하나인 정신건강은 신체건강이나 사회적 건강 영역과 상호 역동하에서 결정되고 구성되는 것이다. 세계보건기구에 따르면 정신건강은 '정신질환이나 정신장애가 없는 상태를 넘어서 자신의 잠재력을 실현하고 공동체에 유익하도록 기여할 수 있는 상태'를 의미한다. 이러한 맥락에서 정신건강은 신체적 · 심리적 · 사회적 건강을 의미하는 것으로, 개인의 신체적 · 심리적 · 사회적 안녕 상태를 포함하여 개인을 둘러싼 환경체계의 안녕 상태, 즉 항상성이 유지된 상태를 의미한다.

생태체계이론 관점에서 정신건강에 영향을 주는 요인들은 개인체계 요인과 환경체계 요인들로 구성된다(Bronfenbrenner, 1979). 개인체계 구성요인들은 개인의 정서, 인지, 행동과 같은 심리적 특성, 신체 질병이나 장애와 같은 신체적 특징, 직업이나 사회적 관계와 같은 사회적 특징, 소득이나 재산 수준과 같은 경제적 특징, 성별이나 교육 수준과 같은 인구 사회학적 특징, 나이나 코호트 등의 발달단계 특징 등 다양한 생태체계적 요인을 포함한다. 개인체계 차원에서 정신건강은 개인체계 요인들 간의 항상성이 유지된 안녕 상태로 정의된다. 환경체계 구성요인들은 개인이 속한 가족이나 친구와 같은 인적 환경, 사회안전망 복지제도와 같은 사회환경, 개인이 속한 자연환경, 개인이 속한 사회의 정치, 경제, 문화, 가치관, 개인의 주거환경이나 지역사회환경, 개인이 속하거나 개인에게 영향을 주는 사이버환경 등 다양한 요인으로 구성된다.

환경체계 차원의 정신건강은 개인이 속한 환경체계 요인들 간의 항상성이 유지된 안녕 상태를 의미한다. 생태체계이론의 환경 속의 인간 관점에서 개인체계 요인과 환경체계 요인은 상호독립적인 관계가 아니고 지속적 상호작용을 하는 유기적 관계이다. 따라서 생태체계이론 관점에서 정신건강을 정의하면 개인체계 요인과 환경체계 요인 간의 건강한 항상성이 유지되고 자신의 잠재력을 실현할 수 있는 신체적, 심리적, 사회적 안녕 상태로 정의된다.

사회복지의 역사적 흐름은 시민권을 강조하던 시대에서, 공민권을 강조하던 시대를 거쳐, 사회보장권과 당사자 인권을 강조하는 시대로 변화해 왔다. 인권의 변화에 발맞추어 사회복지의 개입목표도 자유권적인 치료에서 출발하여 예방 및 재활 목표를 지나 현대사회에 이르러서는 당사자의 인권과 회복을 개입의 목표로 강조하고 있다. 이러한 인권 및 개입목표 변화의 연속선상에서 정신건강을 바라보는 관점도 자유권적 소극적 관점에서 사회권적인 적극적 관점으로 변화를 거듭해 왔다.

앞서 논의된 것처럼 정신건강 개념은 불변하는 절대적 개념이 아니라 특정 사회의 문화적 특성에 따라 구성되는 상대적이고 가변적인 개념이다. 따라서 정신건강을 바라보는 관점의 변화에 따라서 사람들의 정신질환이나 정신장애에 대한 인식도 변화를 거듭해 오고 있다. 정신건강 관련한 국제적 기준의 변화를 중심으로 국제적 환경변화와 정신건강에 대한 인식 변천 과정을 살펴보면 다음과 같다.

국제질병분류(International Classification of Diseases: ICD)는 신체적 정신적 질환과 관련된 가장 오래된 분류체계 중의 하나이다(WHO, 2021). 1954년 ICD-7부터 WHO에서 발간을 담당하게 된다. ICD가 유일한 분류체계이던 시절의 정신건강에 대한 기본관점은 치료모델이었다. 치료모델 관점에서 정신적으로 건강하다는 것은 정신질환이 없는 상태를 의미한다. 따라서 치료모델 관점에서 정신건강에 대한 주요 접근은 정신질환의 예방 및 치료이다. 치료모델 관점에서 정신건강 서비스의 대상자는 정신질환자와 정신질환 위험군이다. 치료모델 관점에서 일반 대중의 정신건강은 주요 관심 대상이 아니었다.

1980년에 채택된 ICIDH(International Classification of Impairments, Disabilities, and Handicaps)가 정신건강 관련한 국제적 기준으로 작동을 하면서 정신건강에 대한 기본관점은 재활모델로 변화하였다(WHO, 1980). 재활모델 관점에서 정신적으로 건강하다는 것은 정신질환이 없고 정신질환으로 인한 기능 저하로 초래되는 손상 및 사회적 불리가 없는 상태를 의미한다. 재활모델 관점에서 정신건강에 대한 주요 접근은 정신질환을 예방하고 정신질환이 있는 사람을 대상으로는 손상에 대한 치료와 사회적 불리에 대한 복지서비스 지원을 통한 재활이 중심이 된다. 재활모델 관점에서 정신건강 서비스 대상자는 치료의 대상자이면서 재활의 대상자로 인식된다. 재활모델도 정신질환으로 인해 발생한 장애에 대한 재활에 초점을 두기 때문에 재활모델 관점에서도 일반 대중의 정신건강은 주요 관심 대상이 아니었다.

2001년에 채택된 국제기능장애건강분류(International Classification of Functioning: ICF) 기준에서 정신건강에 대한 인식은 사회모델 관점이다(WHO, 2001). ICF 기준인 사회모델 관점에서 정신건강은 개인체계 차원에서 규정되는 것이 아니라 개인체계와 환경체계 간 항상성 차원에서 규정된다. 사회모델 관점에서 정신적으로 건강하다는 것은 개인체계의 심신 건강과 이를 뒷받침하는 사회보장체계 등의 환경체계 간의 항상성이 유지되는 상태이다. 즉, 정신건강은 개인의 활동(activity)과 관련된 환경적 실행상황이나 개인적 능력, 당사자의 사회참여(social participation)와 관련된 환경적 실행상황이나 개인적 능력 등의 생태체계 맥락적 차원에서 상대적으로 규정되는 것이다. ICF 관점에서 정신질환과 정신장애에 대한 접근은 개인체계 중심의 치료와 재활 차원을 넘어 장애를 극복할 수 있도록 지원할 수 있는 환경체계인 사회안전망 확충이 중요하다. 이러한 ICF 관점에서는 일반 대중도 열악한 환경체계로 인해 정신질환이나 장애의 위험이 있다. 따라서 ICF 관점에서 일반 대중의 정신건강에 대한 접근은 정신질환을 예방하고 치료할 수 있는 사회보장체계 등의 안전한 환경체계의 확충을 강조한다.

2006년에 채택된 장애인 권리 협약(Convention on the Rights of Persons with Disabilities: CRPD) 기준의 정신건강에 대한 인식은 인권모델 관점이다(UN, 2006). 인권모델 관점에서 정신건강의 개념은 개인체계 내적 요인들과 환경체계 요인들과 이들 간의 항상성 저하의 결과로 정의된다는 점에서 사회모델의 관점과 같다. 하지만 사회모델에서는 항상성 저하 판단의 주체가 구체적이지 않지만, 인권모델은 정신건강을 규정하는 항상성 저하 판단의 주체를 당사자 우선으로 하고 있다. 인권모델 관점에서 정신건강에 대한 접근은 항상성 회복의 주체인 당사자 중심의 회복지원이 중심을 이룬다. 인권모델 관점에서 정신장애인에 대한 접근은 예방, 치료, 재활 및 회복을 강조하고, 이러한 치료 및 회복 과정에서 주체는 당사자가 된다. 인권모델 관점에서 일반 대중의 정신건강에 대한 접근은 큰 변화를 가져온다. ICF 관점에서 사회보장체계와 같은 사회안전망의 중요성이 인식되었지만, 국가가 사회안전망을 확충하는 것은 의무적으로 요구되지는 않았다. 하지만 인권모델 관점에서는 정신적으로 건강하게 살 권리가 모든 국민에게 있기 때문에 국가는 국민이 적절한 정신건강을 향유할 수 있도록 사회안전망을 갖추어야 하는 당위성이 있는 것으로 이해된다.

정신건강 패러다임의 변화와 맥락을 같이하여 정신건강을 정신질환 관점에서 바라보던 질병모델에서 정신건강을 개인과 사회의 상호작용 맥락에서 개인의 자기결정권을 중요하게 이해하는 사회모델이나 인권모델로 변화를 거듭해 오고 있다. 질병 및 재활모델 관점에서 바라보는 정신건강의 개념이 전통적 협의의 개념이라면 사회적 인권모델 관점에서 바라보는 정신건강의 개념은 회복지향 인권 중심의 광의의 개념이다. 인권모델 관점에서 정신건강 이슈는 개인차원을 넘어 사회공동체 차원에서 조망되어야 한다. 인권모델 관점에서 국민은 정신적으로 건강하게 살 권리가 있고 국가는 국민 정신건강증진을 위해 노력할 책무가 있는 것으로 이해된다. 결론적으로 현대사회의 정신건강의 관심은 전통적 정신질환자나 정신장애인 대상을 넘어 전체 구성원의 정신건강증진으로 확장되었다.

5. 정신건강론의 이해

앞에서 살펴본 것처럼 현대적 의미의 정신건강 범위는 정신질환, 정신장애를 넘어 전체 구성원의 정신건강증진까지를 포함한다. 정신건강에 대한 이해도 전통적인 개인체계 요인들 중심에서 사회환경체계 요인들까지를 포함하여 이루어진다. 정신건강 이해의 스펙트럼이 다양한 것처럼 정신건강에 대한 접근 또한 다양한 영역에서 이루어지고 있다. 이처럼 정신건강론은 사회복지학뿐 아니라 의학, 심리학, 간호학 등에서도 관심이 있는 학문이다.

사회복지학의 한 분야로서 정신건강론은 사회복지학의 일반적 특성을 공유한다. 사회복지학의 주 대상 영역이 개인체계 내적 요소, 사회환경체계 요소 및 이들 간의 상호작용인 것처럼(강상경 외, 2021), 정신건강 사회복지의 주 대상도 정신건강에 영향을 주는 개인체계 요인과 환경체계 요인 및 체계 간의 상호작용이다. 사회복지학의 하위 학문 분야인 정신건강론에서도 개인체계 내적 요소들은 심리학의 주요 연구대상이고, 개인체계 요인에 영향을 주는 사회환경적 요소들은 사회학, 정치학, 경제학, 행정학 등의 주요 연구대상이며, 개인과 환경 요인 간 상호작용은 사회심리학을 비롯한 생태체계이론(Bronfenbrenner, 2005)의 주 관심 대상이다. 사회복지학이 인접 사회과학 분야와 유사한 점이 많은 것처럼, 정신건강론도 대상 영역에 있어 인접 사회과학 분야와 많은 점을 공유하고 있다.

정신건강에 대한 관점이 '치료모델'에서 사회적 인권관점의 '성장모델'로 변화해 온 것처럼, 정신건강 서비스의 정의도 어디에 초점을 두는가에 따라 다음과 같이 협의의 정의와 광의의 정의가 가능하다. 협의의 정신건강 서비스는 의료서비스의 하나로 주로 정신병원 중심의 치료 및 재활과 관련된 현장에서 수행되는 행위 및 서비스를 의미한다. 치료모델이나 재활모델 관점의 정신건강 서비스는 이러한 협의의 정의에 가깝다. 광의의 정신건강 서비스는 치료 중심의 의료현장을 넘어 지역사회의 다양한 실천의 장에서 일어나는 치료, 재활, 예방, 증진과 관련된 다양한 스펙트럼의 서비스를 의미한다. 사회모델과 인권모델 관점의 정신건강 서비스는 이러한 광의의 정의에 가깝다. 정신건강 서비스의 대상, 문제, 장소, 과정, 목적 등의 구성요소에 따라 정신건강 서비스 범위를 살펴보면 다음과 같다.

치료모델에 입각한 협의의 정신건강 서비스의 대상은 정신적, 사회적 측면에서 전문가의 도움을 받기 위해 정신과에 찾아오는 정신질환자나 정신장애인이다. 광의의 정신건강 사회복지의 대상은 신체적, 심리적, 사회적 안녕 상태의 유지 및 증진을 위한 욕구를 가지고 도움을 받고자 하는 모든 사람이 대상이다.

협의의 정신건강 서비스가 해결하고자 하는 문제는 정신질환과 이로 인한 기능상의 저하로 대표되는 정신질환이나 정신장애이다. 광의의 정신건강 서비스의 문제는 안녕 상태의 형성 및 유지를 위해서 필요한 치료, 재활, 증진, 예방과 관련된 다양한 스펙트럼의 신체적, 심리적, 사회적, 경제적, 환경적 요소이다.

협의의 정신건강 서비스의 장소는 정신병원, 정신과 외래진료소, 정신요양시설, 상담센터, 지역사회정신건강복지센터, 정신재활시설, 알코올상담센터 등이다. 광의의 정신건강 서비스의 장소는 협의의 장소들을 포함하여 지역사회의 다양한 사회복지 및 관련 기관을 포함한다.

협의의 정신건강 서비스의 과정은 직접적인 정신질환의 치료 및 정신장애 재활과 관련된 약물치료, 상담치료, 사례관리 등이다. 광의의 정신건강 서비스의 과정은 치료, 상담, 재활 과정을 넘어서 사회적 역할 수행, 긍정적 자세 형성 및 자아실현을 지원하는 제반 과정을 포함한다.

협의의 정신건강 서비스의 목적은 정신과적 증상의 치료와 정신장애 재활을 통한 기능회복이다. 광의의 정신건강 서비스의 목적은 증상의 치료와 기능의 재활을 넘어 당사자가 사회구성원으로서 역할수행을 통한 회복(recovery)과 이를 통한 자아실현을 목적으로 한다.

정신건강론은 이러한 정신건강에 대한 이론과 이론을 통해 알려진 경험적 근거들을 토대로 정신질환의 예방과 치료, 정신장애 재활을 넘어 일반인의 정신건강증진과 관계되는 현상에 대한 관찰, 이론형성, 형성된 이론의 적용 등과 관련된 학문 분야이다.

6. 맺음말

제1장의 주요 목적은 정신건강론에 대한 이해이다. 이를 위해 복지국가가 등장한 이유와 사회복지학의 특성에 대해서 고찰하였다. 복지국가에 대한 이해와 사회복지학에 대한 이해를 기반으로 정신건강 및 정신건강론의 개념에 대해서 살펴보았다. 건강에 대한 관점 및 개념 변화에 따라 통합적 안녕 상태의 중요한 영역인 정신건강의 중요성은 나날이 강조되고 있다. 사회복지학의 기능은 거시적·중시적·미시적 접근을 통해 사회구성원의 안녕 상태를 회복하고 유지하는 것이다. 사회복지학의 이러한 기능은 정신건강에 대한 심도 있는 이해와 정신건강증진을 위한 사회복지적 개입 없이는 달성하기 어렵다. 따라서 사회복지 교과목 중에서도 정신건강론도 점차 그 중요성을 더해 가고 있다.

토론주제

1. 복지국가란 무엇인가?

2. 사회복지학이란 무엇인가?

3. 정신건강이란 무엇인가?

4. 사회복지학에서 정신건강의 중요성이 무엇인가?

5. 다른 교과목과 비교할 때 정신건강론 교과목의 특성은 무엇인가?

제2장

스트레스와 정신건강

'스트레스'는 정신건강 상태를 나타내는 익숙한 개념이지만, 사람들은 스트레스를 다양한 상황에서 서로 다른 의미로 사용한다. 학생들은 '시험이 가장 큰 스트레스'라고 하고, 직장인들은 '회사 업무가 갑자기 늘어나서 스트레스를 받는다'고 한다. '스트레스는 질병의 근원'이며 '현대사회는 극심한 스트레스 사회'라고도 한다. 그런데 사람들에게 스트레스라는 단어의 의미를 물어보면 대다수는 정확하게 대답하지 못할 것이다. 그 이유는 아마도 실제 스트레스에 대한 개념과 이론이 등장한 이후 지금까지 계속 확장되고 있기 때문이기도 하다.

이 장에서는 스트레스 관련 개념과 이론들을 살펴보기 전에 스트레스 이론이 등장하게 된 우연하지만 역사적인 실험에 대해 먼저 소개하고자 한다. 이 유명한 실험 사례를 통해서 스트레스의 다차원적인 개념 및 이론이 복잡하게 발전해 온 과정을 더욱 잘 이해할 수 있기 때문이다. 그리고 다양한 스트레스 이론 중에서 스트레스 대처 이론과 스트레스 과정 이론에 대해 살펴보고, 정신건강 측면에서 스트레스를 평가하고 관리하는 방법에 대해 다룰 것이다.

1. 스트레스와 적응

1) 셀리에의 우연하지만 위대한 발견: 일반적응증후군

'스트레스'라는 말은 오늘날 스트레스 이론의 창시자로 평가받고 있는 캐나다의 내분비학자이자 의사인 한스 셀리에(Selye, 1936)가 자신의 발견을 의학용어로 재명명한 것이다. 지금은 내분비학이라는 의학 분야가 확립되어 있지만, 당시에는 호르몬에 대한 연구가 새로운 주제로 활발히 시도되고 있었다. 셀리에 또한 호르몬에 관심을 가지고 동료들과 연구를 수행하던 중 흥미로운 결과를 발견하였다. 셀리에는 동료 연구자가 동물의 난소에서 분리한 어떤 물질을 새로운 호르몬이라고 생각하고, 어떤 역할을 하는지 관찰하기 위해 실험용 쥐에 이 물질을 주입하였는데, 쥐의 부신 조직이 비대해지고 갑상선은 위축되며, 위에는 궤양이 생성된 것을 발견하였다(Szabo et al., 2012, 2017; Tan & Yip, 2018).[1)]

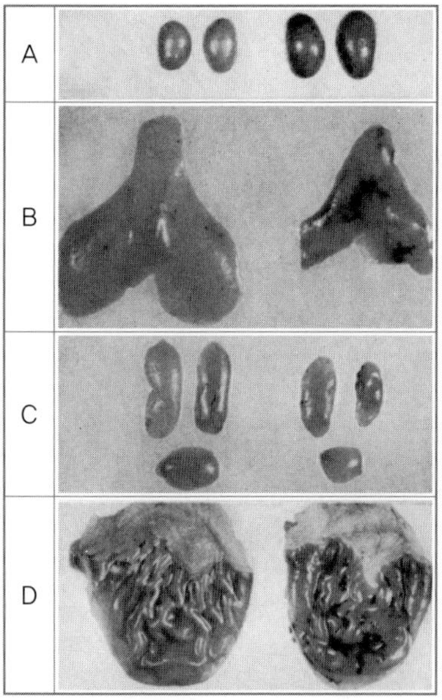

그림 2-1 쥐의 변화

이 물질이 새로운 호르몬일 수도 있다고 생각한 셀리에는 다양한 실험을 진행했으나 기대했던 결과는 나타나지 않았다. 생리식염수를 주입한 대조군에서도 동일한 변화가 나타나 난소에서 추출한 물질로 인한 변화라는 결론을 내릴 수 없었기 때문이다.

그러나 셀리에는 실망하지 않고 대조군과 실험군에서 동일한 결과를 나타내도록 하는 공통적인 이유가 있을 것으로 생각하고, 실험과정에서 쥐들이 불쾌한 경험을 했기 때문이라는 가설을 세웠다. 이를 입증하기 위해 쥐

1) 쥐의 변화는 다음과 같다(Szabo et al., 2017). Ⓐ 부신조직의 비대(좌 → 우), Ⓑ 흉선의 위축(좌 → 우), Ⓒ 장골림프절의 위축(좌 → 우), Ⓓ 위 점막 궤양 생성

들에게 덥거나 추운 상황에 강제로 노출시키고, 상처를 내기도 하는 등 다양한 불쾌한 자극을 주고 신체 변화를 관찰해 보니 쥐들에게는 처음 실험과 유사한 결과가 나타났다. 이에 셀리에는 실험용 쥐의 신체적 반응은 난소에서 추출한 물질과는 관련이 없고, 공통적으로 실험 과정에서 쥐들이 불쾌한 경험에 반복적으로 노출되었기 때문이라는 점을 발견하였다. 이러한 발견을 1936년 네이처 저널에 '다양한 유해 자극으로 생긴 증후군(A Syndrome Produced by Diverse Nocuous Agents)'이라는 반 페이지의 짧은 논문으로 발표하고, 다음처럼 '일반적응증후군(General Adatation Syndrome: GAS)'이라고 명명하였다(Selye, 1936).

> 이 증후군은 전체적으로 새로운 조건에 적응하려는 유기체의 일반적인 노력을 나타내는 것처럼 보이므로, '일반적응증후군'으로 명명될 수 있다.

셀리에가 '스트레스'라는 용어를 사용한 것은 그 후의 일이지만, 이러한 신체적 반응을 '일반적응증후군'이라고 명명한 이유는 다음과 같다. 의학이나 심리학에서는 어떤 증상들이 서로 연결되지만 발생 원인을 찾지 못할 때 증후군(症候群, syndrome)이라고 잠정적으로 명명한다. 쥐에게 여러 가지 불쾌한 스트레스 자극을 주었는데도 부신 조직 비대, 갑상선 위축, 위궤양이라는 세 가지 공통적인 결과가 나타났기 때문에 '일반'과 '증후군'이라는 말을 사용하였다.

한편, '적응(適應, adaptation)'은 의학 및 생물학에서 유기체가 항상성을 유지하기 위해 주변 환경에 보다 적합하도록 형태적 · 생리학적으로 변화하는 것 혹은 그런 과정을 의미한다. 셀리에가 이 실험을 하기 훨씬 전인, 1865년에 프랑스의 생리학자이자 실험의학의 시조인 클로드 베르나르(Claude Bernard)는 '내부 환경(milieu interieur)' 개념을 통해 유기체의 내부 환경은 외부 환경이 변화하더라도 체온, 산소의 농도, 수분량, 신진대사량 등이 일정하게 유지되고 그렇지 않을 경우 질병을 가지게 될 것이라고 여겼다.

1926년 미국의 생리학자이자 하버드 의대 교수인 월터 브래드포드 캐넌(Walter Bradford Cannon)은 이 내부 환경 개념을 '항상성(恒常性, homeostasis)'이라고 명명하고 변수들을 조절하여 내부 환경을 안정적이고 상대적으로 일정하게 유지하려는 체계의 특성으로 개념화하였다. 셀리에는 확실하게 그 원인을 파악하지는 못하였지만 쥐들이 외부의 불쾌한 자극에 대해 신체 내부적으로 생리적인 변화가 일어났기 때문에 그 변화를 일종의 적응 과정으로 보았던 것이다.

2) 스트레스의 정의

'일반적응증후군'이라는 셀리에의 우연하고도 위대한 발견을 시작으로 셀리에는 1982년 작고할 때까지 생리학적 측면에서의 스트레스에 대해 연구를 지속하였다. 셀리에는 새로운 용어를 만드는 것에 능숙하였는데, 기존의 물리학의 용어를 차용하여 '일반적응증후군'을 '스트레스' 혹은 '스트레스 반응'이라고 재명명하였다(Szabo et al., 2012, 2017).

본래 '스트레스'(stress, 응력)는 물리학 및 공학에서 '외력이 재료에 작용할 때 그 내부에 생기는 저항력'을 의미하는데, 다시 말해 물체의 변형에 대해 저항하는 내부의 힘을 말한다(Smith, 1987). 응력은 외력이 증가함에 따라 증가하지만, 재료 고유의 한도에 도달하면 외력에 저항할 수 없게 되어 그 재료는 마침내 파괴되는 속성을 지닌다. 셀리에가 처음 '스트레스'라는 용어를 차용했을 때에는 '부담(load)'이라는 의미에 중점을 두었으나, 계속 스트레스 연구를 진행하면서 자극 측면에서의 스트레스를 일컫는 '스트레서(stressor, 스트레스 요인)'라는 용어를 새롭게 만들고, 스트레스 반응과 구분하였다. 또한 긍정적 결과를 초래하는 스트레스인 '유스트레스(eustress)', 부정적 결과를 초래하는 스트레스인 '디스트레스(distress)'라는 용어를 만들어 의미를 보다 상세히 구분하고자 하였다(Matthews, 2016; Szabo et al., 2012).

셀리에의 영향을 받은 많은 사회과학자가 각 분야에서 스트레스에 대한 수많은 후속 연구를 진행하였다. 또한 스트레스의 개념이 대중들에게 널리 알려지면서, 흔히 스트레스는 '신체적 · 정신적 자극으로 인한 변화 혹은 정서적 긴장이나 부담' 또는 '자신이 동원할 수 있는 개인적 · 사회적 자원을 초과하는 요구를 인지할 때 경험하는 상태 또는 느낌'의 뜻으로 사용되어 왔다.

초기 셀리에의 일반적응증후군 연구에서는 '스트레스란 신체가 어떤 외부 자극에 대해 보이는 비특이적인 반응'이라고 개념화하였다. 스트레스의 개념 및 이론이 발전되면서 스트레스의 의미는 크게 세 가지 의미로 구분된다. 첫째, 유기체에 부담을 주는 자극(stressor), 둘째, 자극이 가해졌을 때 유기체가 나타내는 반응(stress reaction), 셋째, 자극과 반응 사이의 상호작용 혹은 과정을 나타낸다. 이 장에서는 스트레스를 '환경적 요구가 유기체의 적응적 수용력에 부담이 되거나 초과해서 그 개인을 질병에 대한 위험에 처하도록 심리적, 생물학적 변화를 초래하는 과정'으로 정의하고, 환경과 유기체가 상호작용하는 과정을 포함하는 넓은 개념으로 이해하고자 한다(Cohen, Kessler, & Gordon, 1997).

3) 스트레스 반응의 3단계

셀리에는 항상성을 유지하고 있는 유기체가 외부로부터 스트레스를 받을 경우 시간의 흐름에 따라 [그림 2-2]와 같은 3단계의 신체적 반응이 나타난다고 설명하였다(Selye, 1950).

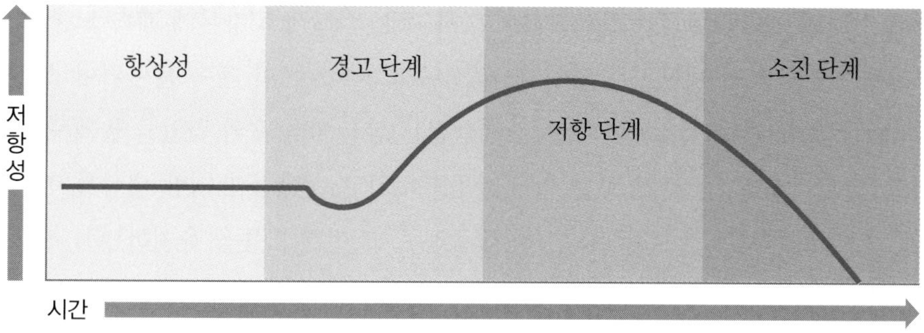

그림 2-2 일반적응증후군(스트레스)의 3단계

(1) 경고 단계

경고 단계(alarm stage)에는 유기체의 자율신경계는 위급한 상황에 대비하여 에너지를 저장해 두는 역할을 하는 부교감 신경과 위급한 상황이 발생했을 때 빠르게 대처하도록 하는 교감신경이 서로 길항작용을 한다. 만약 스트레스 자극에 갑자기 노출되었을 때 초기에는 주로 교감신경계가 활성화되어, 즉각적으로 스트레스 자극에 대응하기 위한 신체의 능력을 증가시킨다. 즉, 뇌에서 시상하부는 부신에 스트레스 호르몬인 아드레날린과 코르티솔, 티로신을 방출하도록 지시를 한다. 방출된 호르몬에 의해 심장 박동 수와 혈압이 증가하고, 호흡이 가빠지며, 땀이 나고, 근육에는 혈액이 더 많이 공급되어 힘이 들어갈 수 있도록 하지만, 소화기관의 혈액 공급이 줄어들어 위장의 활동은 저하된다. 이러한 신체적 반응은 단기적으로 위협상황에 잘 대응하기 위한 적응적인 반응이다. 이를 '투쟁-도피 반응(Fight or Flight Response)'이라고도 하는데, 유기체가 자연환경 속에서 위협에 빨리 반응하여 싸우거나 도망칠 수 있도록 준비하게 만드는 것이다(Cannon, 1932; McCarty, 2016). 만약 스트레스 상황이 해소되면 곧 이전의 정상적인 신체 상태로 돌아가지만 스트레스 자극이 지속된다면 저항 단계로 이어진다.

(2) 저항 단계

저항 단계(resistance stage)에는 교감신경에 의해 활성화된 신체를 안정상태로 되돌리기 위해 부교감신경이 활성화되어야 하지만, 스트레스 자극에 계속 노출될 때 유기체는 추가적인 에너지를 얻기 위해 스트레스 호르몬이 계속 분비되어 스트레스에 적응하고 저항하려고 한다. 아드레날린은 심장 박동 수와 혈압을 높게 유지시키고, 코르티솔은 단기적으로는 혈당을 증가시키고 단백질과 지방 대사를 촉진하여 스트레스 대처에 필요한 에너지를 공급해 주고, 면역기능을 유지하면서 정신적인 안정을 유지하도록 도와준다. 그러나 스트레스 자극이 계속 장기화된다면 유기체는 더 이상 적응에 한계를 맞게 되고 소진 단계로 넘어간다.

(3) 소진 단계

스트레스 자극이 해소되지 않는다면 스트레스에 적응하고 저항하려는 에너지는 고갈되고 결국 유기체는 질병상태에 빠지거나 죽음에 이르게 된다. 이것이 소진 단계(exhaustion stage)이다. 예를 들어, 스트레스 호르몬인 아드레날린의 과다 분비가 장기화된다면 심박 수의 증가로 심장질환을 초래하고, 혈압 상승으로 뇌졸중이나 심장마비의 위험이 생긴다. 코르티솔의 과다 분비로 장기적으로는 근력과 뼈가 약화되고, 혈당증가는 당뇨병 발병 위험을 증가시키고, 위궤양을 유발하며, 식욕 증가로 지방이 축적되며, 면역기능이 저하되며, 심리적으로도 우울, 불안 등 증상이 나타날 수 있다.

이러한 일반적인 스트레스 반응 단계를 통해 알 수 있는 점은 적정한 수준의 스트레스 자극이 반드시 나쁜 것만은 아니며 적응적인 반응이며 유익할 수 있다는 점이다. 최근에는 스트레스의 긍정적인 면을 강조하고 스트레스에 대한 사고방식의 전환을 통해 삶 속에서 성장의 계기로 받아들일 수 있다는 관점이 제기되고 있다(McGonigal, 2016). 그 대표적인 예로 스트레스 지수가 높은 국가에서 오히려 행복도 지수, 기대수명, 국민총생산이 더 높았고, 개인 차원에서도 스트레스를 회피하고 부정적으로 대하기보다 삶의 한 측면으로 수용하고 도전하며 능숙하게 다루는 사람들이 긍정적 결과를 성취하는 결과가 나타났다(Ng et al., 2009).

스트레스가 꼭 나쁜 것만은 아니라는 '스트레스 역설(stress paradox)'이 나타나는 이유는, 첫째, 스트레스 반응이 다양하게 나타날 수 있기 때문이다. 위급한 상황에서 투쟁-도피 반응만 나타나는 것이 아니라, 압박감 속에서 자신감과 의욕, 집중력을 불러일으키는 '도전 반응(challenge response)'과 오히려 배려와 사회적 유대관계를 찾게 만드는 '배려-친교 반응(tend and befriend response)'이 나타날 수 있다(Seery, 2013; Taylor, 2006). 둘째, 스트레스를 통해 인간은 성장할 수 있기 때문이다. 스트레스라고 생각하는 많은 일이 실제로는 삶의 일부이며 동시에 인생에서 의미 있는 일이다. 그러므로 이를 잘 수용하고 극복하는 것은 성장의 계기가 된다. 스트레스를 겪고 회복하는 과정에서 스트레스 경험을 기억하고 반추하며 교훈을 이끌어내도록 인지적 변화가 나타나는데, 이를 활용한 인지행동기법을 '스트레스 접종 훈련(Stress Inoculation Training)'이라고 부른다(Meichenbaum & Cameron, 1989).

따라서 스트레스에 대한 다양한 신체적 · 심리적 반응은 인간체계가 외부의 위협이나 자극으로부터 적응적으로 대응하는 자연스러운 것이다. 다만 스트레스가 과도하거나 장기화될 때 신체기능의 불균형이 지속되어 질병으로 이어질 수 있으므로 주의가 필요하다. 즉, 스트레스로 인한 경고 반응의 다양한 증상을 미리 잘 숙지하고 이러한 증상들이 자주 나타날 때에는 스스로 스트레스 요인들을 줄이거나 제거하기 위한 노력이 필요하다. 특히 스트레스 상황이 극심해지거나 장기화되지 않도록 미리 잘 대처하거나 스트레스 수준을 관리하는 것이 필요하다. 그러므로 후술할 스트레스 수준을 평가하는 다양한 진단 척도를 활용하여 자신이 스트레스 경고반응에 해당하는지 파악하고, 스트레스를 예방하거나 완화할 수 있는 다양한 프로그램에 참여하는 것도 좋은 스트레스 관리 방법이라고 하겠다(김정진, 2022).

2. 스트레스 이론

의사였던 셀리에는 주로 스트레스의 신체적 반응을 중심으로 연구하였으나, 그 결과는 심리학이나 사회학과 같은 사회과학에도 많은 영향을 미쳤다. 초기에는 스트레스 요인이 무엇인지 규명하고 이를 줄이거나 피하려는 것에 초점을 맞추는 연구가 활발하였다. 예를 들어, 홈즈와 라헤(Holmes & Rahe, 1967)는 일상에서 흔히 경험하는 생활사건들의 스트레스 강도를 측정하고자 하였다. 스트레스 요인을 구분해서 이를 피하거나 줄일 수 있다면 사람들이 일상생활에 잘 적응하고 삶의 질을 유지할 수 있다고 보았기 때문이다. 반면, 일부 심리학자는 스트레스 요인을 구분하기보다는 동일한 스트레스를 경험하는 사람들이 다른 적응 결과를 보여 주는 심리적 메커니즘에 관심을 가졌고, 일부 사회학자는 생애주기상에서 경험하는 스트레스 사건들이 사회적 불평등에 따라 불평등한 적응 결과가 나타날 수 있음에 관심을 가졌다. 대표적인 스트레스 관련 이론을 심리학적 측면에서는 스트레스 대처 이론을, 사회학적 측면에서는 스트레스 과정 이론을 소개하고자 한다.

1) 스트레스 대처 이론: 심리학적 이론

라자루스와 포크만은 스트레스를 '환경적 요구와 개인의 대처 자원 간의 불균형'이라고 보았다(Lazarus & Folkman, 1984). 이는 생태체계관점에서 스트레스는 '환경체계로부터 부담이 과중할 때'(강상경, 2018)로 정의되는 것과 마찬가지의 맥락이라고 할 수 있다. '환경 속의 인간'을 가정하는 생태체계관점에서 인간은 스트레스 요인으로 인해 다른 체계와의 관계에서 일정하게 유지되는 항상성이 깨어졌을 때, 항상성을 되찾기 위해 체계 내적 · 외적 자원을 동원하여 반응하게 된다.

라자루스와 포크만은 이러한 반응 과정이 그냥 일어나는 것이 아니라, 주어진 스트레스 상황과 스스로 보유하고 있는 내적 · 외적 자원을 인지적으로 평가하고 행동한다고 보았다. 극단적으로 보유하고 있는 자원이 많은 사람에게는 동일한 스트레스 요인이 주어지더라도 스트레스 상황이 아니라고 생각할 수도 있고, 자원이 부족하여 스트레스 상황이라고 평가하더라도 자원에 따라 저마다 다른 방식으로 대처할 수 있다고 보았다. 이러한 스트레스에 대한 인지적 평가 중심의 반응 과정을 [그림 2-3]과 같이 나타낼 수 있다.

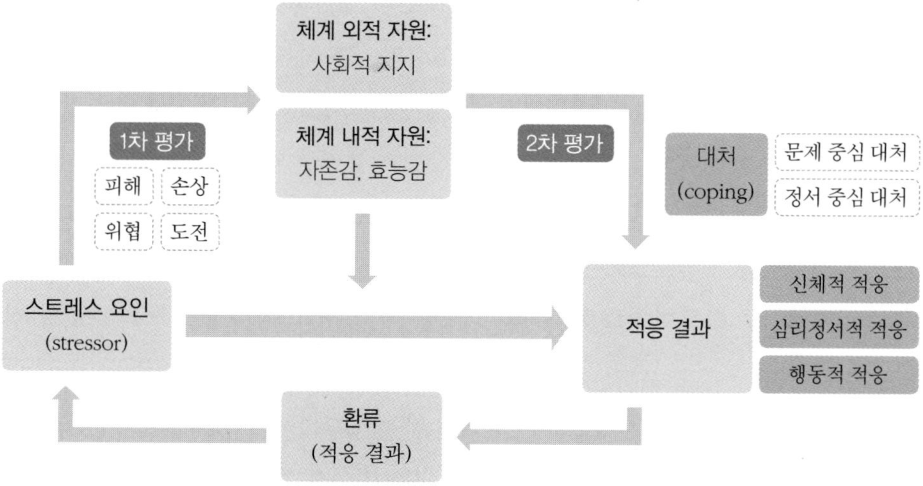

그림 2-3 스트레스 코핑 모형

스트레스 대처 이론에서 중요한 개념은 평가(appraisal)와 대처(coping)이다(Biggs et al., 2017). 라자루스와 포크만은 어떤 잠재적인 스트레스 요인이 있을 때 사람들은 그것이 자신에게 위협이 되는지에 대해 즉각적으로 해석을 하게 되는데, 이를 '1차 평가(primary appraisal)'라고 하였다. 즉, 스트레스 요인이 자신에게 '피해'나 '손상'을 주었거나 앞으로 발생할 '위협'인지, 힘이 들겠지만 자신의 성장과 발전에 도움이 되는 '도전'인지 판단한다. 그 이후에는 스트레스 상황을 자신이 어떻게 다룰 것인지 대처방식을 결정하기 위해 자신이 가지고 있는 내적 · 외적 자원을 스스로 판단하는 '2차 평가(secondary appraisal)'가 이루어진다고 설명하였다(Lazarus & Folkman, 1984).

대처는 스트레스 상황을 최소화하거나 해결하기 위한 적응 과정에서 나타나는 노력을 말하는데, 스트레스에 접근하는 방식에 따라 '문제 중심 대처(problem-focused coping)'와 '정서 중심 대처(emotion-focused coping)'로 구분하여 설명하였다(Biggs et al., 2017; Lazarus & Folkman, 1984). 문제 중심 대처는 스트레스의 근본적 원인을 변화시키거나 제거하기 위해 문제 자체에 직접적으로 접근하려는 대처방식을 말한다. 스트레스를 주는 상황적 조건을 내적 · 외적 자원을 이용하여 변화시키거나, 스트레스 상황에서 대응하는 행동 자체를 바꿀 수도 있다.

예를 들어, 대학교 1학년 신입생이 전공수업의 중간고사 결과가 기대했던 것보다 낮은 상황이 발생했다고 가정해 보자. 성적이 낮아서 부모님으로부터 인정받지 못하는 것을 스트레스 상황이라고 스스로 평가한다면, 성적을 향상시킬 수 있도록 공부하는 시간을 늘리고 선배의 조언대로 자신의 행동을 변화시킬 수도 있고, 다른 가치 있는 활동에 몰두함으로써 부모님에게 인정을 받을 수도 있다. 경제적으로 어려워서 장학금을 못 받는 것이 스트레스 상황이라고 평가한다면, 직접적으로 성적을 올리기보다는 아르바이트를 더 많이 구해서 스트레스 상황을 만드는 조건을 바꿀 수도 있다.

반면, 정서 중심 대처는 스트레스 상황을 변화시키기보다는 스트레스 상황으로부터 자신이 경험하는 정서적 긴장 및 부정적인 정서를 줄이거나 완화시키려는 노력을 말한다(Biggs et al., 2017; Lazarus & Folkman, 1984). 흔히 쓸 수 있는 방법으로는 부정적 정서를 표출하기, 문제를 수용하기, 긍정적으로 재해석하기, 반추하기, 이완하기, 소망적 사고 등이 있다(최해연, 2013).

앞에서의 사례에 대해서, 1학년 때는 친구들과 놀러 다니느라 성적이 낮아도 괜찮다고 긍정적으로 재해석하거나, 시험 출제 방식에 익숙하지 않아서 시험을 망쳤지만 기말고사는 쉽게 출제된다고 했으니 성적은 잘 나올 것이라는 소망적 기대를 함으로써 긴장 수준을 낮출 수 있다. 이외에도 사람들로부터 지지를 받고자 하는 사회적 대처(social coping), 스트레스 경험으로부터 의미를 이끌어 내고자 하는 의미 중심 대처(meaning-focused coping)와 같은 다양한 대처 방식이 있다는 후속연구도 이어지고 있다(Folkman & Moskowitz, 2004).

2) 스트레스 과정 이론: 사회학적 이론

스트레스 과정 이론은 스트레스에 대한 사회학적 관심에서 시작된 이론이다. 주요 이론가인 펄린의 초기 연구를 살펴보면 1970년대 시카고 도시 지역에 거주하는 2,300명의 생애경험과 4년 후의 정신건강 수준의 변화를 추적하였다(Pearlin et al., 1981). 연구 결과 [그림 2-4]와 같이 스트레스 요인이 정신건강 수준에 직접적으로 영향을 미치는 것이 아니라, 일련의 사회적 과정을 따라 발생한다고 설명하였다. 즉, 해고나 질병 등으로 발생한 비자발적 실업은 경제적 어려움과 결혼생활의 긴장

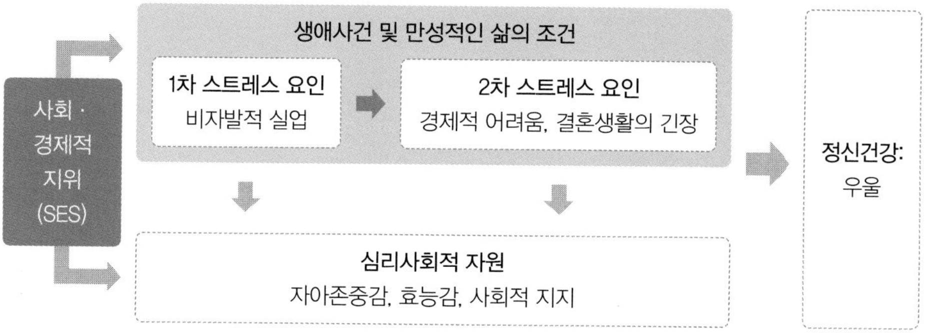

그림 2-4 초기 스트레스 과정모델(Pearlin et al., 1981, Pearlin & Bierman, 2013)

을 만들었고, 최종적으로는 우울 수준을 증가시키는 결과를 만들었다. 그리고 효능감이나 자아존중감과 같은 개인적 자원과 사회적 지지와 같은 사회적 자원은 이러한 스트레스의 확산 과정을 완충하는 역할을 하였다.

이와 같이 스트레스 과정 이론은 사회적 맥락을 강조한다는 점에서 앞서 설명한 스트레스 대처 이론과는 큰 차이를 가지고 있다. 심리학적 접근에서는 외부의 스트레스 상황이 실제 어떠한지와 상관없이 스스로 보유한 자원을 바탕으로 스트레스 요인을 어떻게 인지적으로 평가하느냐에 따라 스트레스 반응은 다르게 나타날 수 있다. 반면에, 스트레스 과정 이론에서는 연령, 성별, 사회계층과 같은 사회적으로 형성된 다양한 조건이 스트레스 요인에 영향을 주고, 동시에 사회적 역할 변화로 인한 역할 긴장을 해소시켜 주는 매개체가 될 수 있다고 본다(김미령, 2002). 따라서 사회적 관점의 스트레스 과정 이론에서는 스트레스 요인에 영향을 주는 사회구조적 맥락과 불평등에 관심을 가진다(Aneshensel & Mitchell, 2014).

이러한 맥락에서 사회적 스트레스 요인은 '원하는 목적을 달성하기 위한 수단이 없는 것'으로 정의된다(Pearlin, 1983; Pearlin & Bierman, 2013). 예를 들면, 근로자나 배우자, 부모와 같은 사회적 역할을 수행할 때 발생하는 역할 긴장 및 갈등은 대표적인 사회적 스트레스이다. 또한 사회적 스트레스 요인은 직장 동료와의 의견 불일치와 같은 미시적 수준에서의 스트레스 요인도 있고, 차별적인 조직 환경과 같은

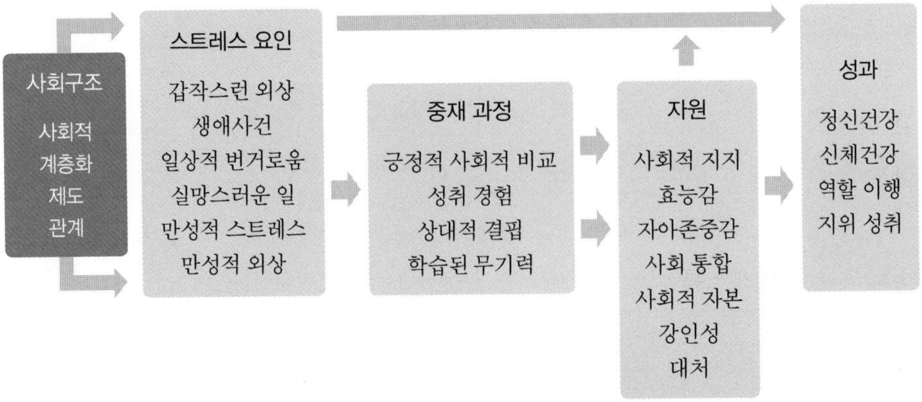

그림 2-5 정교화된 스트레스 과정모델

중간 수준에서의 요인, 경제 침체와 같은 거시적 수준의 스트레스 요인에 이르기까지 수준(level)에 따라 구분할 수 있고, 스트레스 요인이 지속되는 기간(duration)과 심각성(severity), 어떤 생애주기(life course)에 걸쳐 나타나는지에 따라서도 구분할 수 있다. 이러한 관계를 도식화하면 [그림 2-5]와 같다(Aneshensel & Mitchell, 2014).

요컨대 스트레스 과정 이론에서의 스트레스 요인은 사회적 맥락에서 다루어지며, 사회구조적 요인에 의해 영향을 받는다. 학교 진학, 이사, 취업, 결혼과 같은 개인의 생애주기에서 발생하는 사건은 사회 제도 및 관습, 문화에 의해 규정되고 부모, 자식, 직장동료, 학생 등의 사회적 역할과 관계 속에서 스트레스가 될 수 있다. 마찬가지로, 사회적 맥락 속에서 개인의 경험이 사회적으로 우월하거나 성취 경험이 될 때 자원이 되고, 사회적 지위나 성취가 다른 준거집단에 비해 상대적으로 부족하거나 학습된 무기력을 경험한다면 자원을 잃는 결과를 낳게 된다. 이러한 일련의 사회적 과정 속에서 사회적 스트레스는 정신적·신체적 건강수준에 영향을 줄 뿐만 아니라 생애주기상의 사회적 역할을 이행하지 못하거나 사회적 지위를 성취하지 못하는 결과를 도출하게 된다.

3. 스트레스와 정신건강

스트레스의 초기 연구에서는 자극으로서의 스트레스 요인의 종류, 강도, 지속 시간 등을 구분하고자 하였다. 이러한 연구의 가정은 스트레스 요인을 식별할 수 있다면 이를 사전에 피하거나 완화시킬 수 있다는 것이다.

이러한 맥락에서 홈즈와 라헤는 사람들이 흔히 경험할 수 있는 다양한 생활사건 속에서의 스트레스를 계량화하여 '사회재적응 평가척도(Social Readjustment Rating Scale)'를 개발하였다(Holmes & Rahe, 1967). 그들은 생활사건마다 경험하는 스트레스의 강도가 다르기 때문에 개인별로 이를 측정하여 다시 재적응하는 데 필요한 수준을 평가하고자 하였다. 〈표 2-1〉에 있는 생활사건 목록에서 지난 1년 동안 자신

표 2-1 사회재적응 평가척도

순위	생활사건	점수	순위	생활사건	점수
1	배우자 사망	100	23	자식의 분가	29
2	이혼	73	24	친척과의 불화	29
3	부부 간 별거	65	25	우수한 개인적 성취	28
4	수감	63	26	배우자의 취업 또는 퇴직	26
5	가까운 가족의 죽음	63	27	입학 또는 졸업	26
6	부상이나 질병	53	28	생활 환경의 변화	25
7	결혼	50	29	개인 습관의 변화	24
8	직장에서의 해고	47	30	직장상사와의 불화	23
9	별거 후 재결합	45	31	근로 시간, 조건의 변화	20
10	은퇴	45	32	거주지 변화(이사)	20
11	가족의 건강 상태 변화	44	33	학교 변화(전학)	20
12	임신	40	34	여가활동의 변화	19
13	성적 장애/문제	39	35	종교활동의 변화	19
14	새로운 가족이 생김 (출산, 입양, 노부모와 동거)	39	36	사회활동의 변화	18
15	직업상의 재적응	39	37	소액 담보, 대출	17
16	재정 상태의 변화	38	38	수면 습관의 변화	16
17	친한 친구의 사망	37	39	동거 가족 수의 변화	15
18	직종의 변화	36	40	식습관의 변화	15
19	배우자와 말다툼 횟수 변화	35	41	휴가	13
20	대출이나 담보 설정	31	42	크리스마스(명절)	12
21	담보물 상실(대출 미상환)	30	43	사소한 법규 위반	11
22	업무상 책임 변화	29	–	–	–

이 경험한 사건의 점수를 합산한 총점을 계산하여 생활 스트레스의 양을 파악할 수 있다. 총점이 150점 미만이면 낮은 생활 스트레스 수준, 150~199점이면 경미한 생활 위기, 200~299점이면 견딜 만한 위기, 300점 이상일 때에는 심각한 위기라고 평가할 수 있다.

한편, 현대사회는 복잡하고 변화가 빠르기 때문에 현대인의 삶은 다양한 스트레스 요인에 의해 영향을 받는다. 이러한 스트레스 요인을 완전히 없애거나 스트레스 반응을 제거하는 것은 불가능할지도 모른다. 다만, 스스로 느끼는 스트레스 반응의 정도를 체크하고 적절한 대처 방법을 활용하여 스트레스를 효과적으로 관리하는 것이 중요하다. 〈표 2-2〉와 같은 간단한 척도를 통해 주관적으로 인식하는 스트레스 수준을 스스로 자가진단하는 것이 도움이 될 수 있다(박준호, 서영석, 2010).

효과적인 스트레스 관리방법으로 흔히 알려져 있는 것으로는 가벼운 유산소 운동이나 스트레칭 운동이 있다. 신체적 활동은 만성적인 스트레스와 긴장으로 체내에 축적되어 있는 스트레스 물질들을 배출할 수 있고, 긴장된 근육을 이완하고 신체적 각성 상태를 조절하도록 도와준다. 명상이나 점진적 근육 이완법, 심호흡, 요가, 음악감상이나 예술활동 등은 교감신경을 쉬게 하여 자율신경계의 균형을 맞추는 데 도움이 될 수 있다.

스트레스 상황에 대한 인지적 구조를 변화시키거나 행동방식 및 습관을 바꾸는 것 또한 스트레스를 잘 관리하는 방법이 될 수 있다. 같은 상황에 대해 사람에 따라 스트레스를 덜 받을 수 있는데, 이는 상황을 인식하는 인지적 구조가 다르기 때문이다. 인지적 재구조화를 통해 불안이나 스트레스를 줄일 수 있는 새로운 인지적 도식을 만들 수 있다. 목표 및 효율적 계획을 세우고 해야 할 일의 우선순위를 정하는 등의 시간관리를 변화시키는 것 또한 스트레스 상황을 줄이는 데 효과적인 방법이 될 수 있다. 대인관계에서의 갈등을 줄이기 위해 의사소통 방식을 '나 전달법(I-message)' 형태로 바꾸고 경청하는 습관을 가지는 것도 효과적이다. 마지막으로 만성이거나 심각한 수준의 스트레스로 인해 소진상태에 빠져 있는 경우에는 앞과 같은 기법을 스스로 적용하는 것보다는 전문가의 도움을 구하는 것이 훨씬 적절할 수 있다.

표 2-2 지각된 스트레스 척도

이 척도는 일상생활에서 주관적으로 느끼는 스트레스의 정도를 평가하기 위한 척도이다. 각 문항을 잘 읽고 지난 1개월 동안 각 문항에 해당하는 내용을 얼마나 자주 느꼈는지 체크하시오.

문항	전혀 없었다	거의 없었다	가끔 있었다	꽤 자주 있었다	매우 자주 있었다
1. 지난 한 달 동안 예상치 못한 일이 생겨서 기분 나빠진 적이 얼마나 있었나요?	⓪	①	②	③	④
2. 지난 한 달 동안 중요한 일들을 통제할 수 없다고 느낀 적은 얼마나 있었나요?	⓪	①	②	③	④
3. 지난 한 달 동안 초조하거나 스트레스가 쌓인다고 느낀 적은 얼마나 있었나요?	⓪	①	②	③	④
4. 지난 한 달 동안 짜증나고 성가신 일들을 성공적으로 처리한 적이 얼마나 있었나요?	⓪	①	②	③	④
5. 지난 한 달 동안 생활 속에서 일어난 중요한 변화들을 효과적으로 대처한 적이 얼마나 있었나요?	⓪	①	②	③	④
6. 지난 한 달 동안 개인적인 문제를 처리하는 능력에 대해 자신감을 느낀 적은 얼마나 있었나요?	⓪	①	②	③	④
7. 지난 한 달 동안 자신의 뜻대로 일이 진행된다고 느낀 적은 얼마나 있었나요?	⓪	①	②	③	④
8. 지난 한 달 동안 매사를 잘 컨트롤하고 있다고 느낀 적이 얼마나 있었나요?	⓪	①	②	③	④
9. 지난 한 달 동안 당신이 통제할 수 없는 범위에서 발생한 일 때문에 화가 난 적이 얼마나 있었나요?	⓪	①	②	③	④
10. 지난 한 달 동안 어려운 일이 너무 많이 쌓여서 극복할 수 없다고 느낀 적이 얼마나 있었나요?	⓪	①	②	③	④

출처: 박준호, 서영석(2010).

토론주제

1. 우리는 스트레스를 어떤 상황에서 어떤 의미로 사용하고 있는가?

2. 스트레스는 부정적인 것인가, 아니면 긍정적인 면도 있는가?

3. 스트레스에 잘 대처하기 위한 자신만의 방법이 있는가? 어떤 자원과 적응방식이 도움이 된다고 생각하는가?

4. 스트레스는 개인적 차원의 문제인가, 아니면 사회구조적 문제인가?

제3장

정신건강 분류에 대한 이해

정신건강은 신체적 · 심리적 · 사회적 · 환경적 요인 등 다양한 요인에 의해서 결정된다. 정신건강에 대한 평가는 질병이나 장애 중심의 치료적 접근과 예방과 증진을 목적으로 긍정특성에 대한 진단 및 분류를 하는 증진적 접근이 있다. 전통적으로 정신질환 및 정신질환으로 인한 장애에 초점을 둔 시기에는 질병위주 진단체계가 유일한 정신건강 분류체계였다. 정신질환 예방 및 치료를 넘어 정신건강증진에 대한 관심이 싹트기 시작한 2000년대를 전후해서 긍정정신건강에 대한 관심이 고조되었고, 그 결과로 강점 중심의 긍정정신건강 분류체계가 등장하였다. 현재 치료적 관점의 질병위주 진단체계로 가장 많이 사용되는 것은 DSM-5(Diagnistic and Statistical Manual of Mental Disorders, 5th edition)이고(APA, 2013), 강점 위주 정신건강 분류체계는 VIA(Virtue in Action)가 있다(Peterson & Seligman, 2004). 이 장에서는 정신건강 분류에 대해서 간략하게 살펴본다.

1. 서론

정신건강 특성에 대해서 분류하는 것은 장점과 단점이 있다.[1] 분류의 장점을 주장하는 사람들의 견해에 따르면 분류체계의 장점은, 첫째, 공통적인 용어의 제공, 둘째, 효과적 정보제공, 셋째, 체계적 연구의 용이성, 넷째, 원인의 이해증진 등이 있다. 즉, 진단분류체계가 존재함으로써 정신증, 자존감, 우울, 지혜, 불안 등과 같은 정신건강 특성들을 범주화할 수 있고, 분류체계에서 사용하는 이러한 공통적인 용어를 기반으로 관계자들 간 의사소통의 효과성을 높일 수 있다. 또한 공통적 용어들의 개념적 정의와 조작적 정의에 기초한 체계적 연구의 가능성을 높일 수 있고, 이러한 체계적 연구의 가능성은 궁극적으로 정신건강의 현황, 원인, 결과에 대한 이해증진을 도모할 수 있다. 정신건강에 대한 체계적인 이해를 기초로 정신건강의 예방, 치료, 재활, 회복, 증진을 도모할 수 있는 실천적 함의를 도출할 수 있다.

정신건강에 대한 문제 위주 분류는 부작용이 동반된다. 조현병과 같이 사회적으로 부정적 인식이 있는 정신과 진단분류는 환자의 고유한 특성이나 개인정보를 간과하고 개인을 진단분류의 집단으로 인식하게 되어 특정 분류에 대한 고정관념을 형성하고, 이로 인한 비인격화나 비인간화가 일어날 가능성을 높인다. 정신장애 진단분류에 첨부된 이러한 부정적 고정관념은 그 진단 범주에 속하는 사람들에 대한 낙인 가능성을 높이고, 사회적 상호작용 과정을 통해서 주변 사람은 물론이고 당사자까지도 부정적 고정관념을 내면화하게 되어 자기충족적 예언(self-fulfilling prophecy)을 초래할 가능성이 있다. 이러한 분류의 부정적 영향은 결과적으로 당사자의 예후나 회복 효과에 대한 당사자와 사회의 부정적 선입견을 유발하여 장기적으로 회복 가능성을 저해하는 결과를 초래한다.

이러한 부정적 분류의 부정적 영향에 대한 반성으로 등장한 분류체계가 긍정심리학 관점에서 성격 강점에 대한 진단에 초점을 둔 정신건강에 대한 긍정 분류체계

1) 『정신건강사회복지론』(강상경 외, 2022)에서 해당 부분을 원용한다.

인 VIA이다(Peterson & Seligman, 2004). VIA는 성격적 강점과 덕성을 6개의 대범주로 분류하고, 대범주 아래 24개의 강점을 분류하고 있다. 6개의 대범주는 지혜, 자애, 정의, 용기, 절제, 초월 등의 핵심 성격 강점을 포함한다. VIA 분류체계는 기존의 질병 중심 분류체계의 문제점을 인식하고 질병 관점의 한계를 극복하기 위한 대안으로 최초로 개발된 체계적인 강점 분류체계라는 점에서 그 의의가 있다.

정신건강 관점이 시대성과 역사성을 띠면서 변화해 옴에 따라 정신건강에 대한 분류도 그 변화를 거듭하고 있다. 문제 중심 정신건강 분류체계의 대표적인 것은 DSM으로 국제적 기준으로는 20세기 초부터 사용되기 시작하여 개정과 보완을 거치면서 현재는 2013년에 개정된 DSM-5가 광범위하게 사용되고 있다. 긍정정신건강 분류체계는 20세기에는 큰 관심을 받지 못하다가 정신질환 및 장애에 대한 관점이 질병이나 재활모델에서 사회모델 및 인권모델로 바뀜에 따라 정신건강 결정요인으로서의 환경체계의 중요성에 대한 인식이 증가하면서 일반 대중의 정신건강 증진이 주요한 화두가 되었다. 이러한 긍정정신건강에 대한 관심은 2000년대 초반 성격강점을 분류한 VIA 분류체계의 밑거름이 되었다. 이 부분에서는 먼저 사회복지현장에서 많이 접할 수 있는 정신질환이나 장애의 예방, 진단, 재활, 회복과 관련된 DSM-5에 대해 상세하게 살펴보고, 최근의 시류인 대중의 정신건강증진에 초점을 둔 긍정정신건강 분류체계의 하나인 VIA에 대해서 소개한다.

2. 문제 중심 사정체계: DSM-5

DSM-5에는 다음과 같은 20개의 정신장애 대범주가 있다.

- 신경발달장애(Neurodevelopmental Disorders)
- 조현병 스펙트럼 및 기타 정신증적 장애(Schizophrenia Spectrum and Other Psychotic Disorders)
- 양극성 및 관련 장애(Bipolar and Related Disorders)

- 우울장애(Depressive Disorders)
- 불안장애(Anxiety Disorders)
- 강박 및 관련 장애(Obsessive-compulsive and Related Disorders)
- 외상 및 스트레스 관련 장애(Trauma and Stressor Related Disorders)
- 해리장애(Dissociative Disorders)
- 신체증상 및 관련 장애(Somatic Symptom and Related Disorders)
- 급식 및 섭식장애(Feeding and Eating Disorders)
- 배설장애(Elimination Disorders)
- 수면-각성 장애(Sleep-wake Disorders)
- 성기능 장애(Sexual Dysfunctions)
- 성 불편증(Gender Dysphoria)
- 파괴적, 충동 통제 및 품행장애(Disruptive, Impulse Control and Conduct Disorders)
- 물질 관련 및 중독장애(Substance-related and Addictive Disorders)
- 신경인지장애(Neurocognitive Disorders)
- 성격장애(Personality Disorders)
- 성도착 장애(Pharaphilic Disorders)
- 기타 정신장애(Other Mental Disorders)

여기서는 DSM-5를 기준으로 사회복지영역에서 정신건강 전문영역에서 자주 접할 수 있는 진단분류를 중심으로 다음과 같은 진단분류에 대해서 살펴본다. 신경발달장애, 조현병 스펙트럼 및 기타 정신증적 장애, 양극성 및 관련 장애, 우울장애, 불안장애, 강박 및 관련 장애, 외상 및 스트레스 관련 장애, 파괴적, 충동 통제 및 품행장애, 물질 관련 및 중독장애, 신경인지장애의 핵심적 내용을 중심으로 소개한다. 여기에 포함되지 않은 정신장애는 DSM-5를 참고하길 바란다.

1) 신경발달장애

신경발달장애(Neurodevelopmental Disorders)에 포함되는 진단분류들은 생애초기 발달기에 주로 시작되는 장애들의 집합이다(APA, 2013). DSM-5를 기준으로 유아, 아동 및 청소년기에 처음 진단되는 장애들을 분류하면 지적장애(Intellectual Disabilities), 자폐스펙트럼장애(Autism Spectrum Disorders), 주의력결핍 과잉행동장애(Attention-Deficit/Hyperactivity Disorders), 특정 학습장애(Specific Learning Disorders), 운동장애(Motor Disorders), 틱 장애(Tic Disorders), 기타 신경발달장애(Other Neurodevelopmental Disorders) 등으로 대분된다. 이러한 대분류의 세부적인 진단분류는 직접 DSM-5를 참고하기를 바라고, 여기서는 정신보건 종사자들이 현장에서 자주 접하게 되는 주요 장애를 중심으로 살펴본다.

(1) 지적장애

지적장애(Intellectual disabilities)는 DSM-IV의 '정신지체'로 진단되던 장애로, 생애초기 발달과정에서 시작되며 개념, 사회, 실행 등의 영역에서 지적기능과 적응 기능에 어려움이 발생한 상태를 말한다. 과거에는 정신박약, 정신저하, 또는 저능 등으로 불리기도 했으며, 특징은 유의하게 낮은 지능, 적응행동의 결함 또는 장애 등이다. 진단기준은, 첫째, 표준화된 지능검사로 확인된 지적기능(추론, 문제해결, 계획, 추상적 사고, 판단, 학업, 경험 학습 등)의 결함, 둘째, 적응기능의 결함으로 인해 다양한 일상활동(의사소통, 사회참여, 독립생활 등)의 기능 제약, 셋째, 지적 결함과 적응 기능의 결함은 생애초기 발달 동안에 시작되는 것 세 가지이다. 앞에서 정신장애 진단이 증상과 기능의 상호관계하에서 내려진다고 한 것처럼, 지적장애도 지적기능 결함(증상)과 일상활동 기능 제약(기능)의 관계에서 부조절 현상이 나타날 때 내려진다.

지적장애 판단은, 첫째, 개념적 영역(Conceptual domain), 둘째, 사회적 영역(Social domain), 셋째, 실행적 영역(Practical domain)의 세 가지 영역에 대해서 심각도 수준을 경도(mild), 중등도(moderate), 고도(severe), 최고도(profound)의 4수준으로 진단한다. 경도인 경우에는 교육이 가능한 수준이고, 중증도인 경우에는 지원이 필요하지만 훈련이 가능한 수준이며, 고도나 최고도의 경우에는 지원뿐 아니라 완전한 보호로 하는 정도이다.

(2) 자폐스펙트럼장애

생애초기 발달과정에서는 언어, 운동능력, 집중력, 지각, 현실 파악능력 등 발달의 여러 가지 분야에서 심각하고 전반적인 장애를 나타내는 전반적인 발달장애 현상이 나타날 수 있다. 이러한 장애의 가장 대표적 유형이 자폐스펙트럼장애(Autism Spectrum Disorder)이다. 자폐스펙트럼장애의 원인은 심리적 요인, 생물학적 요인, 생화학적 요인 및 유전적 요인에 이르기까지 복합적이다. 자폐증의 임상적인 양상은 사회적 관계 발달의 장애, 의사소통 및 언어장애, 행동장애 및 놀이장애, 동일성의 유지 및 변화에 대한 저항, 지각장애, 과잉운동, 자해행위 등 광범위하다. 자폐

표 3-1 자폐스펙트럼장애의 진단기준

1. 다양한 상황 속에서 사회적 의사소통이나 상호작용에 지속적 결함이 있는 경우 1) 사회적-감성적 상호성 결핍 2) 사회적 상호작용을 위한 비언어적인 의사소통 행동의 결함 3) 관계 발전, 유지 및 관계에 대한 이해의 결함 2. 다음과 같은 '제한적이고 반복적인 행동 홍미, 활동' 등이 최소 두 가지 이상 나타남 1) 반복적인 운동성 동작, 물건 사용, 또는 말하기 2) 동일성에 대한 고집, 일상적인 것에 대한 융통성 없는 집착, 또는 의례적인 언어나 비언어적 행동 양상 3) 강도나 초점에 있어서 비정상적으로 극로로 제한되고 고정된 홍미 4) 감각 정보에 대한 과잉 또는 과소 반응, 또는 환경의 감각 영역에 대한 특이한 관심 3. 증상은 반드시 초기 발달 시기부터 나타나야 함 4. 이러한 증상은 사회적, 직업적 또는 다른 중요한 현재의 기능 영역에서 임상적으로 뚜렷한 손상을 초래해야 함 5. 이러한 장애는 지적 장애 또는 다른 발달장애로 더 잘 설명되지 않는다. 6. 자폐스펙트럼장애의 심각도 수준은, 1단계 지원이 필요한 수준, 2단계 많은 지원을 필요로 하는 수준, 3단계 상당히 많은 지원을 필요로 하는 수준으로 구분된다.

스펙트럼장애의 유병률은 약 1%로 주장되고, 위험요인은 인과관계는 불명확하지만 환경적 요인과 유전적 및 신체적 요인과 상관관계를 나타낸다. DSM-5에 나타난 자폐스펙트럼장애의 진단기준은 〈표 3-1〉과 같다.

(3) 주의력결핍 과잉행동장애

DSM-5의 '주의력결핍 과잉행동장애(Attention-Deficit/Hyperactivity Disorder)'의 특징적 증상은 낮은 집중력, 짧은 집중기간, 충동성 및 과잉운동이다. 발생빈도는 연구들에 따라서 미국에서 약 2~20% 정도로 추정되며 초등학교 저학년 학생의 경우 약 3% 정도로 추정된다(APA, 2013). 특이한 점은 발생의 빈도가 남자아이들이 여자아이들보다 약 6~8배 정도 높게 나타난다. 다른 정신장애와 마찬가지로 주의력결핍 과잉행동장애의 정확한 원인은 아직 명확하게 밝혀지지 않고 있지만, 원인으로 추정되는 요소는 출생 전, 출생 시, 출생 후의 뇌 손상, 신경전달 물질계통의 이상, 유전적 요인, 성숙지연, 심리적 요소, 사회적 요소가 있는데, 최근에는 이러한 심리적 · 사회적 · 생물학적 요인을 복합적으로 주의력결핍 과잉행동장애의 원인이 되는 것이라는 이해가 지배적이다. 주의력결핍 과잉행동장애의 주된 임상적인 증상은 주의력결핍, 과잉행동, 지각운동장애, 감정적 불안정, 운동조화장애, 충동성, 기억과 사고장애 등이며 DSM-5에 따른 구체적인 진단기준은 〈표 3-2〉와 같다.

표 3-2 주의력결핍 과잉행동장애의 진단기준

1. 임상적 증상: 주의력결핍과 과잉운동 및 충동증상
   1) 주의력결핍 증상: 지난 6개월간 다음에 나열된 9개의 증상 중 최소 6개를 나타낼 때
      (1) 세부 집중을 하지 못함
      (2) 집중을 유지하기 어려움
      (3) 다른 사람들 말을 귀 기울여 듣는 데 어려움
      (4) 지시를 따라 하지 못함
      (5) 주어진 일이나 활동을 조직화하는 데 어려움

(6) 임무를 수행하는 것에 거부감
(7) 임무수행에 필요한 것들을 자주 잃어버림
(8) 외부자극에 쉽게 산만해짐
(9) 일상적 활동을 자주 잊어버림

2) 과잉행동-충동증상: 지난 6개월간 다음에 나열된 9개 증상 중 최소 6개 이상을 나타낼 때
(1) 손발을 가만히 있지 못함
(2) 부적절하게 자리를 뜸
(3) 부적절하게 과도한 달리기나 기어오름
(4) 놀거나 여가활동을 조용히 하는 데 어려움
(5) 전동기에 의한 것 같이 행동
(6) 지나치게 말을 많이 함
(7) 질문이 끝나기 전에 불쑥 대답함
(8) 차례를 기다리는 데 어려움
(9) 다른 사람을 침해하거나 간섭하거나 방해함

2. 앞의 증상이 12세 이전에 나타남(참고: DSM-IV에서는 7세 이전)
3. 앞의 증상으로 인해 집, 학교 등의 최소 2개 이상의 상황에서 기능상의 장애가 나타남
4. 학교, 공부, 직업상의 기능수행에 있어 장애가 나타남

2) 조현병 스펙트럼장애

DSM-5에 포함된 조현병 스펙트럼장애(Schizophrenia Spectrum and Other Psychotic Disroders)에는 조현형(성격)장애[Schizotypal (personality) Disorder], 망상장애(Delusional Disorder), 단기 정신병적 장애(Brief Psychotic Disorder), 조현양상장애(Schizophreniform Disorder), 조현병(Schizophrenia), 조현 정동장애(Schizoaffective Disorder), 물질/약물치료로 유발된 정신병적 장애(Substance/Medication-induced Psychotic Disorder), 다른 의학적 상태로 인한 정신장애(Psychotic Disorder due to Another Medical Condition), 다른 정신장애과 연관된 긴장증(Catatonia Associated with Another Mental Disorder), 다른 의학적 상태로 인한 긴장성 장애(Catatonia Disorder due to Another Medical Condition), 명시되지 않은 긴장증(Unspecified Catatonia), 달

리 명시된 조현병 스펙트럼 및 기타 정신병적 장애(Other Specified Schizophrenia Spectrum and Other Psychotic Disorder), 명시되지 않는 조현병 스펙트럼 및 기타 정신병적 장애(Unspecified Schizophrenia Spectrum and Other Psychotic Disorder) 등이 포함된다.

이 장에서는 조현병 스펙트럼장애 중에서 정신건강 실천 현장에서 가장 많이 접할 수 있고 관심의 대상의 되는 조현병을 중심으로 고찰한다. 조현병 스펙트럼장애의 주요 증상으로는 자신과 세계에 대한 잘못된 강한 믿음인 '망상(delusion)', 왜곡된 비현실적 지각인 '환각(hallucinatoins)', 비논리적이고 혼란스러운 생각이나 언어(Disorganized thinking or speech), 상황이나 맥락에 부적응적인 엉뚱하고 심하게 혼란스럽거나 비정상적인 행동(Grossly disorganized or abnormal motor behavior), 음성증상들(negative symptoms) 등이 있다.

논자에 따라서 조현병의 개념에 대해서 이견이 있을 수 있으나, 일반적으로 사고, 정동, 지각, 행동 등 전반적이고 다양한 측면에서 와해를 초래하는 뇌기능장애라는 것이 일반적 견해이다(APA, 2013). 조현병의 평생 유병률(lifetime prevalence)은 우리나라를 포함해서 전 세계적으로 전 인구의 약 0.5~1% 정도로 파악된다. 발병률이 가장 높은 연령대는 남자의 경우 15~24세, 여자의 경우 25~34세로 약간의 성별 차이가 있다. 또한 사회적 측면에서는 경제적으로 가난한 사람들이 상대적으로 부유한 사람 보다가 유병률이 높은 것으로 나타나, 조현병의 원인이 심리적 · 신체적 요인에 의해서만이 아닌 사회적 측면도 있는 것으로 판단된다. 구체적으로 조현병의 생물학적 요인으로는 유전, 신경전달물질 관련 생화학적 요인(예: 도파민 가설), 대뇌의 기능과 손상 등을 예로 들 수 있다. 발달적 및 심리학적 요인으로는 프로이트식의 구순기나 전생식기 등에 있어서 인격성장의 고착이나 심한 내적 갈등으로 인한 지각, 사고, 대인관계의 문제를 들 수 있다. 사회적 요인으로는 사회경제적 스트레스가 또한 위험요인 중의 하나로 파악되고 있다. 즉, 다른 정신장애와 마찬가지로 조현병의 원인도 복합적인 것이 아닌가 하는 가설이 현재로서는 가장 설득력이 있다.

조현병의 주요증상으로는, 첫째, 사고과정(thought process)과 사고내용(thought content)상의 장애로 특징지어지는 사고의 장애, 둘째, 부적절한 감정표현

(inappropriate affect), 정서의 둔화(emotional bluntness), 무감동(apathy) 등으로 특징지어지는 정동의 장애, 셋째, 주변의 사물이 이상하게 변형되어 보이고 소리가 전과는 다르게 들리는 지각의 장애, 넷째, 망상, 환각, 관계망상, 초조감 등의 양성증상(positive symptoms)과 감정둔마, 자폐증, 사회적 격리, 철퇴 및 자발성의 감소 등을 수반하는 음성증상(negative symptoms) 등이 있다. DSM-5를 기준으로 증상적 특징과 진단기준을 정리하면 〈표 3-3〉과 같다.

조현병은 성인기 정신장애 중에서 개인이나 가족 차원에서뿐 아니라 국가적·사회적 차원에서 회복지원을 위한 비용이 가장 많이 들어가는 가장 심각한 장애 중

표 3-3 조현병 스펙트럼장애의 진단기준

1. 증상의 특징-진단을 위해서는 다음 증상 1, 2, 3 중의 최소 하나를 포함해서 최소 2개 이상 나타나야 한다.
   1) 망상: 자신과 세계에 대한 잘못된 강한 믿음
   2) 환각: 시각(visual), 청각(auditory), 후각(olfactory), 지각(sensory) 등으로 인한 왜곡된 비현실적 지각
   3) 와해되고 비조직적인 생각이나 말
   4) 심하게 혼란스럽거나 비정상적인 행동(긴장증 포함)
   5) 음성증상
2. 이러한 증상으로 인한 사회적·직업적 기능 저하
3. 증상의 지속기간
   1) 최소 6개월[2)]
   2) 최소 한 달 이상 앞의 증상들이 나타남
4. 조현정동장애나 정동장애와 겹치지 않을 것
5. 정신활성물질사용이나 기타 질병으로 인한 유사증상 제외
6. 전반적 발달장애와의 관계
   1) 만약 기존에 자폐증이나 다른 전반적 발달장애가 있다면, 확실한 망상이나 환각이 최소한 한 달 간 지속될 때 조현병으로 진단할 수 있다.

2) 증상지속 기간에 따른 감별진단으로, 단기 정신병적 장애(brief psychotic disorder)는 하루 이상 1개월 미만, 조현양상장애(schizophreniform disorder)는 최소 한 달 이상 6개월 미만이어야 한다.

하나이다. 조현병은 청소년기에서 청년기로의 생애 전환기에 많이 발생하는 질병으로 한 개인의 생애주기적 발달에도 매우 심각한 부정적 영향을 끼친다. 20대 전후에 초발하는 것이 특징인데, 조현병이 발병할 경우 증상으로 인한 일상생활 기능 저하로 사회적 관계, 학업, 직업 생활 등에 치명적 영향을 준다. 따라서 조현병을 미리 예방하고 조기 개입하고 지속적으로 회복을 지원하는 것은 개인적 차원에서뿐 아니라 사회적 차원에서도 매우 중요하다.

3) 정동장애: 양극성장애와 우울장애

정동장애(affective disorder)는 기분장애라고도 불리며, 우울과 조증 등의 기분상의 장애로 인해 정신운동, 인지기능, 대인관계 등에 영향을 준다(APA, 2013). 정동장애는 성인에서 가장 흔히 보고되고 있는 정신장애로, 평생 유병률(lifetime prevalence)은 남자의 경우 10%, 여자의 경우 20% 정도로 남녀 간의 성차를 보인다. 다른 정신장애와 마찬가지로 정동장애 또한 유전적 · 생물학적 · 사회경제적 요인 등이 복합적으로 작용하여 유발된다고 생각된다. 심리학적 요인으로는 행동이론의 관점에서 볼 때 부적응적인 정동증상은 학습된 무기력 상태(learned helplessness)로 해석되고, 인지이론의 관점에서는 부정적 생활경험, 부정적 자기평가, 세계에 대한 비관주의적 인식, 무력감 등 자신과 환경에 대한 부정적 인지의 상태로 이해될 수 있다.

정동장애와 관련된 DSM-5의 분류는 크게 두 가지로 나누어져 있다. 하나는 '양극성 및 관련 장애들(Bipolar and related disorders)'이고, 다른 하나는 '우울장애(Depressive disorders)'이다. 정동장애는 주요우울증상 삽화와 조증이나 경조증 삽화가 어떠한 조합으로 발현하는가에 따라서 진단이 결정된다. 따라서 정동장애 진단을 위해서는 〈표 3-4〉에 제시된 정동장애의 증상과 진단기준을 기반으로, 첫째, 임상적 증상의 특징이 우울증, 조증, 혼합형 증상 중 어느 것이 강하게 나타나는지, 둘째, 증상의 표현이 주기적인지 아닌지, 셋째, 정동증상이 질병이나 정신활성물질의 사용 등으로 직접 설명이 가능한지 등의 기준에 대해 고민하고 판단해야 한다. 여기서는 실천현장에서 가장 많이 접할 수 있는 주요우울증(Major Depressive

Episode)과 양극성장애를 중심으로 정동장애를 고찰한다. 정동장애의 진단은 정동 증상이 우울증이 특징적인 증상인지, 조증이 특징적인 증상인지, 아니면 혼합형이 특징적인 증상인지에 대한 판단에서 시작된다. 우울증, 조증, 혼합형의 임상적 증상의 특징을 요약하면 〈표 3-4〉와 같다.

〈표 3-4〉와 〈표 3-5〉에 정리된 진단기준에 따라서 우울증과 조증에 대한 진단이 가능하다. 간단하게 소개하면 다음과 같다.

표 3-4 주요우울증의 진단기준

1. 다음에 나열된 아홉 가지 증상 중 최소 5개 이상의 증상이 지난 2주 동안 나타나고, 이로 인한 기능상의 장애가 나타날 때 우울증이라고 진단할 수 있다. 단, 5개 이상의 증상 중 '우울한 기분'이나 '관심과 즐거움의 감소' 중 하나의 증상은 반드시 나타나야 한다.
   1) 거의 하루 종일 거의 매일 나타나는 우울한 기분
   2) 관심과 즐거움의 감소
   3) 몸무게 감소
   4) 불면증 또는 수면과다증
   5) 불안정한 몸동작이나 몸동작 기능의 저하
   6) 피곤과 에너지 부족
   7) 무가치감과 지나치고 부적절한 죄의식
   8) 사고력이나 집중력의 저하
   9) 죽음에 대한 반복적인 생각, 구체적 계획이 없는 자살에 대한 생각, 또는 구체적 계획이 있는 자살 생각
2. 이러한 증상으로 사회적 · 직업적, 또는 다른 중요한 기능영역에서 현저한 기능 저하가 나타남
3. 이러한 증상들이 물질의 생리적 효과이거나 다른 의학적 상태에 의한 것이 아님
4. 주요 상실(예: 사별, 재정적 파탄, 자연재해로 인한 상실, 심각한 질병이나 장애)에 대한 반응과 유사함. 이러한 경우도 주의 깊게 다루어져야 함.

표 3-5 조증과 경조증의 진단기준

1. 조증과 경조증의 임상적 증상의 특징은 유사하나 지속기간이 조증은 최소 1주일, 경조증은 최소 4일로 차이가 있다.
2. 최소 1주일 동안(조증) / 최소 4일 동안(경조증) 비정상적이고 지속적으로 조증을 보이는 경우
3. 다음 중 최소 3개의 증상을 보일 때
   1) 증가된 자존감과 과대망상증
   2) 감소된 수면욕수
   3) 평소보다 말수가 많고 말을 계속해서 함
   4) 비약적 생각들이나 연속적 사고
   5) 집중하지 못하는 산만함
   6) 증가된 목표 지향적 행동
   7) 지나친 쾌락 지향적인 활동에 참가
4. 기분장애가 사회적 직업적 기능의 현저한 손상을 초래할 정도로 심각
5. 이러한 증상들이 물질의 생리적 효과이거나 다른 의학적 상태에 의한 것이 아님

(1) 우울장애 진단

주요우울장애(Major depressive disorder)는 앞의 표에서 정리된 A~E까지의 조건을 만족시킬 때 진단된다.

(2) 제1형 양극성장애

제1형 양극성장애(Bipolar I disorder)는 〈표 3-4〉, 〈표 3-5〉에 나타난 조증 증상이 독자적으로 나타나거나(Bipolar I disorder, manic) 조증 증상과 우울증 증상이 함께 나타날 때(Bipolar I disorder, mixed) 진단된다.

(3) 제2형 양극성장애

제2형 양극성장애(Bipolar II disorder)는 경조증 증상과 우울증 증상이 함께 나타날 때 진단된다.

4) 불안장애

불안이란 심리적으로 불쾌하거나 불안한 느낌으로 가슴 두근거림, 진땀 등 관련된 신체적 증상과 과민성이나 서성됨 등의 행동증상을 동반한다. 불안장애(Anxiety Disorders)의 평생 유병률은 약 5~10% 정도이다(APA, 2013). 불안장애도 다른 정신장애와 마찬가지로 심리학적 · 생물학적 · 사회적 요인에 의한 복합적 원인에 의해서 생기는 것으로 이해하는 것이 일반적인 견해이다. DSM-5에 나타나는 불안장애는 분리불안장애(Separation Anxiety Disorder), 선택적 함구증(Selective Mutism), 특정 공포증(Specific Phobia), 사회불안장애/사회공포증(Social Anxiety Disorder/Social Phobia), 공황장애(Panic Disorder), 공황발작 명시자(Panic Attack Specifier), 광장공포증(Agoraphobia), 범불안장애(Generalized Anxiety Disorder), 물질/약물치료로 유발된 불안장애(Substance/Medication-Induced Anxiety Disorder), 다른 의학적 상태로 인한 불안장애(Anxiety Disorder Due to Another Medical Condition), 달리 명시된 불안장애(Other Specified Anxiety Disorder), 명시되지 않은 불안장애(Unspecified Anxiety Disorder) 등이 있다. 여기서는 공황장애와 광장공포증을 중심으로 살펴본다.

DSM-5에서는 공황장애와 광장공포증은 임상적 증상에서는 따로 고찰하고 있으나 실질적인 진단에서는 두 가지를 연계하여 진단을 내리고 있다. 즉, 특정 상황과 관계되는 광장공포증 증상을 수반하지 않으면서 공황장애의 증상만을 나타낼 때는 '광장공포증을 수반하지 않는 공황장애(Panic Disorder without agoraphobia)', 특정 상황과 관계되는 광장공포증의 증상을 나타내면서 공황장애 증상을 나타낼 때는 '광장공포증을 수반하는 공황장애(Panic Disorder with agoraphobia)', 공황장애의 경험이 없으면서 광장공포증의 증상만이 나타날 때는 '공황병력이 없는 광장공포증(Agoraphobia without history of panic disorder)'이라고 진단한다. 이러한 구체적인 진단을 위해서는 〈표 3-6〉에 요약된 공황장애와 광장공포증의 임상적 특징을 알아야 한다.

표 3-6 공황장애의 진단기준

1. 다음에 나열된 최소 네 가지의 증상이 수분 이내에 최고조에 달하며 이러한 증상으로 인해 일정 기간 두려움과 불편함을 겪음
   1) 심장 박동 수 증가
   2) 발한
   3) 떨림 또는 후들거림
   4) 호흡곤란
   5) 질식감
   6) 가슴 통증이나 불쾌감
   7) 메스꺼움 또는 복부 불편감
   8) 어지러움, 불안정한 느낌 또는 현기증
   9) 춥거나 화끈거리는 느낌
   10) 무감각 등의 감각이상
   11) 이인증 또는 비현실감
   12) 스스로 통제할 수 없거나 미칠 것 같은 두려움
   13) 죽음의 공포
2. 적어도 1회 이상의 발작 이후에 1개월 이상 다음 중 한 가지 이상의 조건을 만족해야 함
   1) 추가적인 공황발작이나 그에 대한 결과에 대한 지속적인 걱정
   2) 발작과 관련된 행동으로 현저하게 부적응적인 변화가 일어남
3. 장애는 물질의 생리적 효과나 다른 의학적 상태에 의한 것이 아님
4. 장애가 다른 정신장애으로 더 잘 설명되지 않음

표 3-7 광장공포증의 진단기준

1. 다음 다섯 가지 상황 중 두 가지 이상의 경우에서 극심한 공포와 불안을 느낌
   1) 대중교통을 이용하는 것
   2) 열린 공간에 있는 것
   3) 밀폐된 공간에 있는 것
   4) 줄을 서 있거나 군중 속에 있는 것
   5) 집 밖에 혼자 있는 것

2. 공황 유사 증상이나 무능력하거나 당혹스럽게 만드는 다른 증상이 발생했을 때 도움을 받기 어렵거나 그 상황에서 벗어나기 어려울 것이라는 생각 때문에 그런 상황을 두려워하고 피함
3. 광장공포증 상황은 거의 대부분 공포와 불안을 야기함
4. 광장공포증 상황을 피하거나 동반자를 필요로 하거나 극도의 공포와 불안 속에서 견딤
5. 광장공포증 상황과 그것의 사회문화적 배경을 고려할 때 실제로 주어지는 위험에 비해 공포와 불안의 정도가 극심함
6. 공포, 불안, 회피 반응은 전형적으로 6개월 이상 지속됨
7. 공포, 불안, 회피가 사회적 · 직업적, 또는 다른 중요한 기능 영역에서 임상적으로 현저한 고통이나 손상을 초래함
8. 만약 다른 의학적 상태가 동반된다면 공포, 불안, 회피 반응이 명백히 과도해야 함
9. 공포, 불안, 회피가 다른 정신장애로 더 잘 설명되지 않음

좀 더 구체적으로 진단의 범주를 살펴보자. 광장공포를 수반하지 않는 공황장애의 경우 다음의 조건들을 만족할 때 진단이 가능하다. 첫째, 반복되고 예기치 못한 공황발작, 둘째, 공황발작 후 1개월 동안 또 다른 공황발작에 지속적 우려, 공황발작의 의미나 결과에 대한 염려, 공황발작과 관련해서 행동상의 상당한 변화가 생기는 증상 중 최소한 하나의 증상이 나타날 때, 광장공포를 수반하지 않는 공황장애라고 진단한다. 셋째, 이러한 증상은 광장공포와 관계없이 나타나야 하며, 넷째, 이러한 증상들이 정신활성물질이나 질병상태와는 상관이 없어야 하며, 다섯째, 이러한 증상들이 다른 정신장애에 의해서 설명되지 않아야 한다. 광장공포를 수반하는 공황장애는 다른 모든 조건은 동일하나 세 번째 조건만 다르다. 즉, 공황발작이 광장공포증과 함께 나타날 때는 광장공포를 수반하는 공황장애라고 진단된다.

공황병력이 없는 광장공포증은 다음과 같은 조건에서 진단된다. 첫째, 공황장애의 증상이 올 것 같은 불안이 특정한 상황에 처했을 때 나타날 때, 둘째, 증상의 기준이 공황장애의 기준에는 맞지 않을 때(증상의 기준이 공황장애의 기준에 맞을 때는 광장공포를 수반하는 공황장애로 진단됨), 셋째, 이러한 증상이 직접적인 신체적 영향이나 질병상황, 정신활성물질의 영향이 아닐 때 진단된다.

5) 강박 및 관련 장애

강박 및 관련 장애(Obsessive-compulsive and related disorders)에는 강박장애(Obsessive-Compulsive Disorder), 신체이형장애(Body Dysmorphic Disorder), 수집광(Hoarding Disorder), 발모광[Trichotillomania(Hair-Pulling Disorder)], 피부 뜯기 장애[Excoriation (Skin-Picking) Disorder], 물질/치료약물로 유발된 강박 및 관련 장애(Substance/medication-Induced Obsessive-compulsive and related Disorder), 다른 의학적 상태로 인한 강박 및 관련 장애(Obsessive-Compulsive and related disorder due to another medical condition), 달리 명시된 강박 및 관련 장애(Other Specified Obsessive-Compulsive and Related Disorder), 달리 명시되지 않은 강박 및 관련 장애(Unspecified Obsessive-Compulsive and Related Disorder)가 있다.

이 장에서는 강박장애에 대해서 알아본다. 강박장애는 본인의 의지와 상관없이 강박적 사고(obsession)나 강박적 행동(compulsion)이 반복적으로 나타나는 상태를 일컫는다. 강박적 증상은 일반인도 종종 경험할 수 있으나, 정신장애로 진단되어지는 유병률은 약 0.5% 이상인 것으로 추정된다(APA, 2013). 논자에 따라서 차이가 있을 수 있으나, 강박증의 원인은 뇌 기능적 요인이나 유전적 · 생화학적 요인 등의 생물학적 요인과 심리적 및 사회적 요인 등 다른 정신장애의 요인과 유사하다. DSM-5에 의하면 일반적으로 다음의 상황에서 강박장애 진단을 내릴 수 있다.

표 3-8 강박장애의 진단기준

1. 강박사고나 강박행동의 정의는 다음과 같음
   1) 강박사고는 다음과 같이 정의된다
      (1) 반복적이고 지속적인 생각, 충동, 또는 심상이 장애 시간의 일부에서는 침투적이고 원치 않는 방식으로 경험되며 대부분 현저한 불안이나 괴로움을 유발함
      (2) 이러한 반복적이고 지속적인 생각, 충동, 심상을 경험하는 사람은 이를 무시하거나 억압하려고 시도하며, 또는 다른 생각이나 행동을 통해 이를 중화시키려고 노력함

2) 강박행동은 다음과 같이 정의된다
   (1) 예를 들어, 손씻기나 정리정돈하기, 확인하기와 같은 반복적 행동과 기도하기, 숫자 세기, 속으로 단어 반복하기 등과 같은 정신적인 행위를 개인이 경험하는 강박 사고에 대한 반응으로 수행하거나 엄격한 규칙에 따라 수행함
   (2) 행동이나 정신적인 행위들은 불안감이나 괴로움을 예방하거나 감소시키고, 또는 두려운 사건이나 상황의 발생을 방지하려는 목적으로 수행됨. 그러나 이러한 행동이나 행위들은 그 행위의 대상과 현실적인 방식으로 연결되지 않거나 명백하게 지나침

2. 강박 사고나 강박 행동은 시간을 소모하게 만들어(예: 하루에 1시간 이상)서 사회적 · 직업적, 또는 다른 중요한 기능 영역에서 임상적으로 현저한 고통이나 손상을 초래함
3. 강박 증상은 물질(예: 남용약물, 치료약물)의 생리적 효과나 다른 의학적 상태로 인한 것이 아님
4. 장애가 다른 정신장애로 더 잘 설명되지 않음

6) 외상 및 스트레스 관련 장애

외상 및 스트레스 관련 장애(Trauma and Stressor-Related Disorders)에는 반응성 애착장애(Reactive Attachment Disorder), 탈억제성 사회적 유대감 장애(Disinhibited Social Engagement Disorder), 외상 후 스트레스 장애[Post-traumatic Stress Disorder (includes PTSD for children 6 years and younger)], 급성 스트레스 장애(Acute Stress Disorder), 적응장애(Adjustment disorders)—우울기분동반(With depressed mood), 불안동반(With anxiety), 불안 및 우울 기분 함께 동반(With mixed anxiety and depressed mood), 품행장애 동반(With disturbance of conduct), 정서 및 품행장애 함께 동반(With mixed disturbance of emotions and conduct), 명시되지 않은 경우(unspecified), 달리 명시된 외상 및 스트레스 관련 장애(Other specified trauma and stressor-related disorder), 명시되지 않는 외상 및 스트레스 관련 장애(Unspecified Trauma-and Stressor-Related Disorder)가 포함된다. 여기서는 대중에게도 익숙한 외상 후 스트레스 장애를 중심으로 살펴본다.

외상 후 스트레스 장애(Post-traumatic Stress Disorder)는 생명을 위협하는 천재지

변이나 재난이 발생했을 때 심한 감정적 또는 신체적 스트레스를 경험하며, 그 자체가 정신적 외상이 되어 이에 수반되는 다양한 정신적 증상을 보이는 장애를 말한다. 일반 인구 중 약 1% 안팎의 사람들이 겪는 것으로 추정되며 재난을 당한 사람의 약 50~80% 정도가 이 장애를 경험하는 것으로 보고되고 있다(APA, 2013). 주된 원인은 다른 장애와 마찬가지로 사회적 환경, 피해자의 개인적인 성향과 생물학적 취약성 등으로 간주된다. DSM-5에 의하면 일반적으로 다음의 조건이 충족될 때 외상 후 스트레스 장애 진단을 내릴 수 있다. 특이한 점은 7세 이상 아동청소년 및 성인 대상 진단범주와 6세 이하 아동의 외상 후 스트레스 장애 진단 범주를 구분하고 있다는 점이다.

표 3-9 외상 후 스트레스 장애의 진단기준(7세 이상 아동청소년, 성인)

1. 실제적이거나 위협적인 죽음, 심각한 부상, 또는 성폭력에의 노출이 다음과 같은 방식 가운데 한 가지 이상으로 나타남
   1) 외상성 사건에 대한 직접적인 경험
   2) 그 사건이 가족, 가까운 친척 또는 친한 친구에게 일어난 것을 목격함
   3) 외상성 사건이 가족, 가까운 친척 또는 친한 친구에게 일어난 것을 알게 됨
   4) 외상성 사건의 혐오스러운 세부 사항에 대해 반복적이거나 지나친 노출의 경험
2. 외상성 사건이 일어난 후에 시작된 외상성 사건과 관련이 있는 침습 증상의 존재가 다음 중 한 가지(또는 그 이상)에서 나타남
   1) 외상성 사건의 반복적, 불수의적이고, 침습적인 고통스러운 기억
   2) 꿈의 내용과 정동이 외상성 사건과 관련되는 반복적으로 나타나는 고통스러운 꿈
   3) 외상성 사건이 재생되는 것처럼 그 개인이 느끼고 행동하게 되는 해리성 반응(예: 플래시백)
   4) 외상성 사건을 상징하거나 닮은 내부 또는 외부의 단서에 노출되었을 때 나타나는 극심하거나 장기적인 심리적 고통
   5) 외상성 사건을 상징하거나 닮은 내부 또는 외부의 단서에 대한 뚜렷한 생리적 반응
3. 외상성 사건이 일어난 후에 시작된, 외상성 사건과 관련이 있는 자극에 대한 지속적인 회피가 다음 중 한 가지 또는 두 가지 모두에서 명백함
   1) 외상성 사건에 대한 또는 밀접한 관련이 있는 고통스러운 기억, 생각 또는 감정을 회피 또는 회피하는 노력

2) 외상성 사건에 대한 또는 밀접한 관련이 있는 고통스러운 기억, 생각, 또는 감정을 불러 일으키는 외부적 암시(사람, 장소, 대화, 행동, 사물, 상황)를 회피 또는 회피하려는 노력

4. 외상성 사건이 일어난 후에 시작되거나 악화된, 외상성 사건과 관련이 있는 인지와 감정의 부정적 변화가 다음 중 두 가지(또는 그 이상)에서 나타남
   1) 외상성 사건의 중요한 부분을 기억할 수 없는 무능력
   2) 자신, 다른 사람 또는 세계에 대한 지속적이고 과장된 부정적인 믿음 또는 예상
   3) 외상성 사건의 원인 또는 결과에 대하여 지속적으로 왜곡된 인지를 하여 자신 또는 다른 사람들 비난함
   4) 지속적으로 부정적인 감정 상태
   5) 주요 활동에 대해 현저하게 저하된 흥미 또는 참여
   6) 다른 사람과의 사이가 멀어지거나 소원해지는 느낌
   7) 긍정적 감정을 경험할 수 없는 지속적인 무능력
5. 외상성 사건이 일어난 후에 시작되거나 악화된 외상성 사건과 관련이 있는 각성과 반응성의 뚜렷한 변화가 다음 중 두 가지(또는 그 이상)에서 현저하게 나타남
   1) 전형적으로 사람 또는 사물에 대한 언어적 또는 신체적 공격성으로 표현되는 민감한 행동과 분노폭발
   2) 무모하거나 자기파괴적 행동
   3) 과각성
   4) 과장된 놀람반응
   5) 집중력의 문제
   6) 수면 교란
6. 장애진단기준의 기간이 1개월 이상
7. 장애가 사회적 · 직업적, 또는 다른 중요한 기능 영역에서 임상적으로 현저한 고통이나 손상을 초래
8. 장애가 물질(예: 치료약물이나 알코올)의 생리적 효과나 다른 의학적 상태로 인한 것이 아님

표 3-10 외상 후 스트레스 장애의 진단기준(6세 이하 아동)

1. 6세 또는 그보다 어린 아동에서는 실제적이거나 위협적인 죽음, 심각한 부상 또는 성폭력에의 노출이 다음과 같은 방식 가운데 한 가지(또는 그 이상)에서 나타남
   1) 외상성 사건에 대한 직접적인 경험
   2) 그 사건이 다른 사람들, 특히 주 보호자에게 일어난 것을 생생하게 목격함
   3) 외상성 사건이 부모 또는 보호자에게 일어난 것을 알게 됨
2. 외상적 사건이 일어난 후에 시작된 외상성 사건과 관련이 있는 침습 증상의 존재가 다음 중 한 가지(또는 그 이상)에서 나타남
   1) 외상성 사건의 반복적, 불수의적이고, 침습적인 고통스러운 기억
   2) 꿈의 내용과 정동이 외상성 사건과 관련되는 반복적으로 나타나는 고통스러운 꿈
   3) 외상성 사건이 재생되는 것처럼 그 아동이 느끼고 행동하게 되는 해리성 반응(예: 플래시백)
   4) 외상성 사건을 상징하거나 닮은 내부 또는 외부의 단서에 노출되었을 때 나타나는 극심하거나 장기적인 심리적 고통
   5) 외상성 사건을 상기하는 것에 대한 현저한 생리적 반응
3. 외상성 사건이 일어난 후에 시작된, 외상성 사건과 관련이 있는 자극에 대한 지속적인 회피가 다음 중 한 가지 또는 그 이상에서 있음
   1) 외상성 사건을 상기시키는 활동, 장소, 또는 물리적 암시 등을 회피 또는 회피하려는 노력
   2) 외상성 사건을 상기시키는 사람, 대화 또는 대인관계 상황 등을 회피 또는 회피하려는 노력
   3) 부정적 감정 상태의 뚜렷한 빈도 증가(예: 공포, 죄책감, 슬픔, 수치심, 혼란)
   4) 놀이의 축소를 포함하는 주요 활동에 대해 현저하게 저하된 흥미 또는 참여
   5) 사회적으로 위축된 행동
   6) 긍정적인 감정 표현의 지속적인 감소
4. 외상성 사건이 일어난 후에 시작되거나 악화된 외상성 사건과 관련이 있는 각성과 반응성의 뚜렷한 변화가 다음 중 두 가지(또는 그 이상)에서 현저하게 나타남
   1) 전형적으로 사람 또는 사물에 대한 언어적 또는 신체적 공격성으로 표현되는 민감한 행동과 분노폭발
   2) 과각성
   3) 과장된 놀람반응
   4) 집중력의 문제
   5) 수면 교란

5. 장애의 기간은 1개월 이상이어야 함
6. 장애가 부모, 형제, 또래 또는 다른 보호자와의 관계 또는 학교생황에서 임상적으로 현저한 고통이나 손상을 초래
7. 장애가 물질(예: 치료약물이나 알코올)의 생리적 효과나 다른 의학적 상태로 인한 것이 아님

7) 물질 관련 및 중독 장애

정신장애의 원인에 대해서 일치된 합의점을 찾기 어렵다는 것은 제4장에서 논의한 바 있으나, 경우에 따라서는 정신장애의 직접적인 원인이 상대적으로 명확한 경우가 있다. 이러한 기질적인 정신장애의 대표적인 사례가 정신활성물질사용으로 인한 물질 관련 및 중독 장애(Substance-related and addictive disorders)이다. 정신활성물질이란 뇌에 영향을 주어서 의식이나 정서를 변화시키는 물질로서 합법적 약물(예: 수면제, 알코올, 담배, 커피 등)과 불법적 약물(예: 아편류, 환각제, 본드 등)로 나눌 수 있다. 정신활성물질에 의한 정신장애는 상대적으로 여성보다는 남성에게서 많이 나타나며, DSM-5에 따르면 이 범주에는 정신활성물질사용에 의한 장애(substance use disorders)와 정신활성물질이 초래하는 정신장애(substance-induced disorders)로 분류된다. 정신활성물질사용에 의한 장애는 정신활성물질 의존(substance dependence)과 정신활성물질 남용(substance abuse)으로 구분되고, 정신활성물질이 초래하는 장애들은 정신활성물질 중독(substance intoxication)과 정신활성물질 금단증상(substance withdrawal)으로 대분된다. 이를 구체적으로 장애를 정리하면 〈표 3-11〉과 같고 지면상 구체적인 장애에 대한 진단기준은 DSM-5를 참고하길 바란다.

표 3-11 정신활성물질사용장애의 진단기준

1. 정신활성물질사용 관련된 장애(Substance Use Disorders)
   1) 정신활성물질 의존(Substance dependence)
   2) 정신활성물질 남용(Substance abuse)
2. 정신활성물질이 초래하는 정신장애(Substance-Induced Disorders)
   1) 정신활성물질 중독(Substance intoxication)
   2) 정신활성물질 금단증상(Substance withdrawal)
3. 각각의 정신활성물질의 종류에 따라 앞에 나열된 의존, 남용, 중독, 금단증상의 네 가지 진단이 가능한데, 현장에서 많이 볼 수 있는 정신활성물질의 종류는 다음과 같은 것들이 있다.
   1) 알코올 관련 장애(Alcohol-Related Disorders)
      (1) 알코올사용 관련 장애들(Alcohol use disorders)[예: 알코올 의존(Dependence), 알코올 남용(abuse)]
      (2) 알코올이 초래하는 장애들(Alcohol-induced disorders)[예: 알코울 중독(intoxication), 알코올 금단증상(withdrawal)]
   2) 암피타민 관련 장애(Amphetamine-Related Disorders)(주: 2~13까지는 각각 '관련된 장애'와 '초래하는 장애'의 하위 구분이 있음)
   3) 카페인 관련 장애(Caffeine-Related Disorders)
   4) 대마 관련 장애(Cannabis-Related Disorders)
   5) 코카인 관련 장애(Cocaine-Related Disorders)
   6) 환각제 관련 장애(Hallucinogen-Related Disorders)
   7) 흡입제 관련 장애(Inhalant-Related Disorders)
   8) 니코틴 관련 장애(Nicotine-Related Disorders)
   9) 아편 관련 장애(Opioid-Related Disorders)
   10) 펜시클리딘 관련 장애(Phencyclidine-Related Disorders)
   11) 진정제, 수면제, 광불안제 관련 장애(Sedative-, Hypnotic-, or Anxiolytic-Related Disorders)
   12) 복합 물질 관련 장애(Polysubstance-Related Disorders)
   13) 기타 물질 관련 장애[Other(or Unknown) Substance-Related Disorders)]

8) 신경인지장애

현재 한국 사회에서 대두되고 있는 인구구성상의 문제 중 하나가 저출산 고령화 현상이다. 노화(aging)란 성숙한 유기체의 신체적 · 심리적 · 사회적 제반 기능이 시간이 경과함에 따라 소진되어 가는 과정이다(강상경, 2018). 노화에 따른 신체적 변화는 연령증가에 따라 장기기능이 저하되고, 키가 줄어들며, 피하지방의 소실, 근육의 감소, 뇌의 무게 감소, 복부 피하지방의 축적, 심박출량의 감소 및 뇌의 생화학적 변화 등 전반적으로 나타난다. 노화에 따른 심리적 측면의 변화는 인지기능의 감소(예: 언어능력, 반응성, 기억력 등), 성격상의 변화(예: 내향성, 조심성, 순응성 증가), 죽음에 대한 지각으로 인한 인생에 대한 회상 등 다양하다. 사회적 측면에서 노화는 퇴직과 주변 사람들의 결혼이나 죽음으로 인한 사회적 관계의 이탈, 은퇴로 인한 경제적인 박탈, 사회적 관계의 축소로 인한 격리와 고독 등을 포함한다. 이러한 노화로 인한 신체적, 심리적, 사회적 변화와 더불어 노년기에 나타날 수 있는 신경인지장애(Neurocognitive Disorders: NCD)는 섬망(Delirium), 주요 신경인지장애(Major NCD), 경도 신경인지장애(Minor NCD) 등이 있다. 여기서는 정신보건 현장에서 노년기 장애 중 가장 큰 관심의 대상이 되고 있는 노년기 신경인지 정신장애 분류를 고찰한다.

신경인지장애는 정신지체가 아닌 사람이 통상적인 사회생활이나 대인관계에 장애를 초래할 정도로 기억을 비롯한 여러 인지기능의 장애가 생기는 경우를 말한다. 구체적인 증상들로는 기억, 추상적 사고, 판단 및 고등 대뇌피질 기능상의 장애 증상들을 포함하는데, 통계적으로 65세 이상에서는 유병률이 약 5~7% 정도이고 80세 이상의 초고령 연령층에서는 약 20% 정도에 이른다. 노년기 신경인지장애는 대부분 치매에 해당한다. 치매의 원인 질병으로는 알츠하이머병과 다발성 경색치매, 의학적 질병에 동반하는 치매, 약물사용으로 인한 치매, 이러한 요인들의 복합에 의해서 나타나는 치매 등 매우 다양하다. 알츠하이머병의 경우 치매의 약 50%, 다발성 경색치매의 경우 치매의 약 10~20%, 양자가 공존하는 경우가 약 20% 정도로 두 가지 요인이 치매와 밀접한 상관관계가 있는 것으로 사료된다(APA, 2013).

정신장애의 분류에서 치매라고 진단하는 증상적 특징들은 다음과 같다. 첫째, 기억력 장애와 인지적 장애(예: 언어, 신체움직임, 지각기능 및 수행기능에 있어서의 장애)에 의해서 나타나는 복합적인 인지적 장애 증상, 둘째, 이러한 증상들이 일상적인 기능장애 증상을 초래할 때 치매라고 진단할 수 있다. DSM-5에 신경인지장애는 섬망과 주요 및 경도 신경인지장애가 포함되어 있다. 주요 및 경도 신경인지장애의 증상적 특징과 구체적인 진단은 〈표 3-12〉와 같다.

표 3-12 주요 신경인지장애의 진단기준

1. 예전 상황과 비교해서 하나 또는 그 이상의 인지기능 영역에서 현저한 기능 저하의 증거가 확실함
   1) 환자, 보호자 등의 정보제공자, 임상전문가, 또는 임상평가를 통한 판단
2. 인지결손이 일상생활의 독립성을 방해함
3. 인지결손은 오직 섬망이 있는 상황에서만 발생하는 것이 아님
4. 인지결손은 다른 정신장애에 의해서 설명되지 않음
5. 병인에 따라서 다음 중 하나를 명시할 것
   1) 알츠하이머병(Alzheimer's disease)
   2) 전두측두엽 변성(Frontotemporal lobar degeneration)
   3) 루이소체병(Lewybody disease)
   4) 혈관 질환(Vascular disease)
   5) 외상성 뇌손상(Traumatic brain injury)
   6) 물질/치료약물 사용(Substance / medication use)
   7) HIV 감염(HIV infection)
   8) 프라이온병(Prion disease)
   9) 파킨슨병(Parkinson's disease)
   10) 헌팅턴병(Huntington's disease)
   11) 다른 의학적 상태(Another medical condition)
   12) 다중 병인(Multiple etiologies)
   13) 명시되지 않은 경우(Unspecified)
6. 다음의 경우 명시할 것
   1) 행동장애를 동반하지 않는 경우

2) 행동장애를 동반하는 경우

7. 현재의 심각도를 명시할 것
   1) 경도
   2) 중등도

표 3-13 경도 신경인지장애의 진단기준

1. 예전 상황과 비교해서 하나 또는 그 이상의 인지기능 영역에서 경미한 기능 저하의 증거가 확실함
   1) 환자, 보호자 등의 정보제공자, 임상전문가, 또는 임상평가를 통한 판단
2. 인지결손이 일상생활의 독립성을 방해하지 않음
3. 인지결손은 오직 섬망이 있는 상황에서만 발생하는 것이 아님
4. 인지결손은 다른 정신장애에 의해서 설명되지 않음
5. 병인에 따라서 다음 중 하나를 명시할 것
   1) 알츠하이머병(Alzheimer's disease)
   2) 전두측두엽 변성(Frontotemporal lobar degeneration)
   3) 루이소체병(Lewybody disease)
   4) 혈관 질환(Vascular disease)
   5) 외상성 뇌손상(Traumatic brain injury)
   6) 물질/치료약물 사용(Substance / medication use)
   7) HIV 감염(HIV infection)
   8) 프라이온병(Prion disease)
   9) 파킨슨병(Parkinson's disease)
   10) 헌팅턴병(Huntington's disease)
   11) 다른 의학적 상태(Another medical condition)
   12) 다중 병인(Multiple etiologies)
   13) 명시되지 않은 경우(Unspecified)
6. 다음의 경우 명시할 것
   1) 행동장애를 동반하지 않는 경우
   2) 행동장애를 동반하는 경우

앞에 정리된 것처럼 주요 신경인지장애의 경우 인지기능 저하가 현저하고 이로 인한 일상생활 기능 저하 및 독립성이 현저하게 방해를 받는 경우에 진단되고, 경도 신경인지장애의 경우는 인지기능 저하가 미미하고 대부분의 경우 일상생활 독립성에 영향을 받지 않는다.

9) 소결

우리나라 지역사회정신보건 체계에서는 사회복지사가 직접 진단을 내리는 경우는 흔하지 않으나, 정신장애인의 재활 과정을 보다 성공적으로 원조하기 위해서는 장애인의 장신 장애의 임상적 특징에 대해서 체계적으로 이해할 필요가 있다. 이러한 것을 염두에 두고 이 장에서는 의학적 정신장애의 분류체계를 지역사회 정신보건 현장에서 많이 접할 수 있는 진단들을 중심으로 살펴보았다. 앞에서 살펴본 정신장애 이외에도 섭식장애, 성격장애 및 기타 정신장애가 DSM-5에 포함되어 있으나 이러한 장애를 가진 사람들은 공적인 정신건강 전달체계에서는 자주 접하는 진단들이 아니라고 생각되어 이 장에서는 제외하였다. 이에 관하여는 DSM-5를 참고하기를 바란다. 지면상 진단 분류의 핵심적인 부분을 중심으로 고찰했기 때문에 보다 구체적인 진단 분류 또한 DSM-5를 참고하기를 바란다. 그리고 실제 현장에서 진단을 내리거나 정신장애인을 이해하기 위해서는 실제 사례를 중심으로 훈련이 될 필요가 있는데, 실제적인 사례는 DSM-5 Case Book(예: Ventura, 2017)을 참조하면 도움이 될 것이다. 결론적으로, DSM-5 진단체계의 기본은 질병으로 인한 증상에 대한 사정과 증상으로 인한 일상생활 기능 저하에 대한 사정을 통해서 정신장애 진단을 도출한다. 서두에서 살펴본 것처럼 분류는 의사소통을 용이하게 하는 장점이 있지만 불필요한 선입견이나 낙인을 유발할 우려가 있어서 매우 신중하게 사용되어야 한다.

3. 강점 관점 사정체계: VIA

DSM-5(APA, 2013)와 같은 분류체계는 장애 중심적, 병원 중심적, 의사 중심적, 치료 중심적, 약물 중심적이다. 이러한 특성은 앞에서 살펴본 협의의 정신건강 사회복지의 개념에 맞닿아 있다. 질병모델은 정신건강증진이나 정신장애 예방에는 효과적이지 못하고, 스티그마를 유발할 수 있다는 한계가 있다. 정신건강에 대한 관점이 치료모델에서 사회적 인권모델로 변화한 것에서 알 수 있듯이 정신건강에 대한 접근은 치료 중심에서 성장 지향적으로 변화하였다. 이러한 변화에 부응하여 등장한 분류체계가 장점관점 분류체계인 VIA(Virtue in Action)이다(Peterson & Seligman, 2004). 여기서는 긍정 정신건강 분류체계인 VIA를 소개한다(https://www.viacharacter.org). VIA 분류체계를 간략하게 정리하면 〈표 3-14〉와 같다.

표 3-14 VIA 분류체계

대분류	덕성	특성
지혜	창의성	• 독창적이고 적응적인 생각과 행동을 만들어 내는 개인적인 특성
	호기심	• 새로운 정보, 지식, 경험을 얻고자 하는 욕구로 탐색적 행동을 유발하는 심리적 성향
	개방성	• 기꺼이 수용하는 열린 마음, 자세로 경직된 편견적 태도와 대비되는 것 • 사실을 있는 그대로 받아들이고자 하는 객관적이고 냉철한 태도
	학구열	• 배움에 대한 사랑으로 새로운 지식 및 기술을 배우는 것에 대한 갈망이나 지식 및 기술을 익히면서 긍정 정서를 경험하는 성향
	지혜	• 지능(intelligence)과는 다른 것으로 뛰어난 수준의 지식과 판단 및 조언 능력을 의미하는 것으로 인생의 의미는 무엇이며 어떻게 살아야 하는가에 대해 현명하게 대답할 수 있는 능력
자애	사랑	• 다른 사람과 깊은 애정을 형성하고 유지할 수 있는 심리적 능력
	친절성	• 다른 사람의 행복을 위해서 배려하고 호의를 베풀며 선한 행동을 함으로써 보살펴 주려는 개인의 성향
	사회적 지능	• 다른 사람들과의 관계에서 친밀감과 신뢰감을 형성할 뿐 아니라 그들에게 영향력을 행사할 수 있는 개인적인 능력

용기	용감성	• 위험하고 위협적인 상황에서 두려움을 이겨 내고 그 상황을 극복하기 위한 적절한 행동을 자발적으로 하는 능력
	끈기	• 여러 가지 난관과 좌절에도 불구하고 목적 지향적인 행동을 자발적으로 지속하는 능력
	진실성	• 자신의 내면적 상태, 의도, 행위를 사적으로든 공적으로든 정확하게 드러냄으로써 자신에게 솔직해지려고 노력하는 인격적 특질
	활력	• 활기차고 적극적으로 살아가는 동시에 생동감과 행동력을 지니고 삶과 일을 대하는 태도
절제	용서	• 공격이나 상처를 받은 피해자가 가해자에게 나타내는 긍정적인 심리적 변화로 상대방에 대한 분노 감정과 보복 욕구를 개인이 자발적으로 내려놓는 심리적 노력
	겸손	• 자신의 장점이나 성취에 대해서 절제된 평가를 하는 일반적 태도
	신중성	• 선택을 조심스럽게 함으로써 불필요한 위험에 처하지 않으며 나중에 후회할 말이나 행동을 하지 않는 능력
	자기조절	• 지향하는 목표나 기준에 도달하기 위해서 자신의 생각, 감정, 충동, 행동을 조절하고 통제할 수 있는 능력
정의	시민정신	• 자신이 속한 집단의 이익을 추구하고자 하는 책임의식으로 사회나 조직 속에서 자신에게 주어진 임무와 역할을 인식하고 부응하려는 태도
	공정성	• 모든 사람을 편향된 개인적 감정의 개입 없이 동등하게 대하는 태도
	리더십	• 집단활동을 조직화하고 그러한 활동이 진행되는 것을 파악하여 관리함으로써 집단을 이끌어 나가는 능력
초월	감상력	• 아름다움과 탁월함에 대한 인식능력
	감사	• 자신에게 베풀어진 다른 사람의 수고와 배려를 인식하고 고마움을 느끼는 능력
	낙관성	• 미래에 대한 긍정적 태도
	유머 감각	• 인생의 역설적인 측면을 예리하게 포착하여 즐기면서 다른 사람들을 웃게 만드는 능력 • 선의적인 의도로 유머를 이해하고 만들어 내는 능력
	영성	• 인생의 초월적 측면에 대한 관심과 믿음 그리고 수행하는 노력

토론주제

1. 정신건강 분류의 배경 및 필요성은 무엇인가?

2. 정신건강 분류의 장점과 단점은 무엇인가?

3. 정신장애 분류의 강점과 한계는 무엇인가?

4. 긍정정신건강 분류의 강점과 한계는 무엇인가?

5. 정신질환 분류의 바람직한 발전방향은 어떠해야 하겠는가?

제2부

정신건강 실천이론과 실제

제4장

정신건강 실천모델

정신건강은 아직까지 단일한 하나의 이론이나 원인으로 설명되지 않는다. 정신건강을 이해하는 다양한 모델에 따라 실천 방향이나 전략도 달라진다. 정신건강을 신체적 뇌의 작용으로 보는 정신의학모델부터 사회경제적 요인을 강조하는 정신건강증진모델까지 다양하다. 정신건강은 다차원적이고 통합적인 접근이 중요함을 고려할 때, 다양한 실천모델에서 강조하고 있는 개념과 실천전략을 이해할 필요가 있다. 이 장에서는 대표적인 정신건강 실천모델로서 정신의학모델, 정신재활모델, 회복모델, 정신건강증진모델에 대해 살펴본다. 각 모델 간의 차이와 더불어 공통된 기반을 파악함으로써 통합적 접근을 위한 이해와 역량을 높일 수 있다.

1. 정신의학모델

1) 기본전제와 개념

정신의학은 신체건강과 마찬가지로 정신건강도 의학의 한 분야로 본다. 정신건강을 신체적 원인, 특히 뇌의 작용으로 보고 이에 대한 진단과 치료를 개발하기 위한 노력은 고대 이후 지속적으로 있어 왔다. 히포크라테스(Hippocrates)는 인간의 기쁨, 고통, 슬픔, 공포 등이 모두 뇌의 작용으로 체액의 불균형 때문이라고 보았으며, 필리페 피넬(Phillippe Pinel)은 유전과 환경적 요인의 복합적 작용을 강조하며 인도주의적 치료법을 발전시켰다. 19세기 이후 에밀 크레펠린(Emil Kreapelin)은 정신질환을 신체적인 질병과 동일한 방식으로 체계적으로 정리하려 하였는데, 증상, 병리소견, 경과, 예후 등 객관적으로 관찰되는 특징에 따라 분류하는 소위 기술적 정신의학(descriptive psychiatry)를 개척하였다. 지그문트 프로이트(Sigmund Freud)는 정신역동의학을 태동시켰고 정신분석(psychoanalysis) 치료법을 도입하여 심리학, 사회학, 교육학 등에까지 영향을 미쳤다.

20세기에는 뇌에 대한 연구가 본격적으로 발전되면서 세균, 뇌신경, 유전 등의 다양한 원인론이 제기되었지만 일관성 있는 결과는 확인되지 않았다. 이후 정신의학을 비약적으로 발전시킨 결정적인 계기는 정신약물의 발견이었다. 리튬, 클로로프로마진, 이미프라민 등 정신질환의 증상에 효과가 있는 약물이 발견되면서, 치료적 개입의 대상을 정신이 아닌 신체로 보는 생물정신의학이 본격화되었다.

인체가 기능하기 위해서는 신경계에서의 정보의 흐름이 필요하다. 전기로 된 신경신호가 신경말단에 도달하면, 신경전달물질이 유리되어 다음 세포에 도달하고, 이 과정을 통해 신경정보가 전달된다. 생물정신의학은 정신질환이 뇌 속의 신경전달물질의 불균형의 결과로 발생한다고 본다. 도파민과 세로토닌 등 신경 세포들 간에 신호를 전달하는 신경전달물질의 이상으로 간주한다. 그 결과 정신건강 치료에 있어 신경전달물질을 통제하는 약물치료가 가장 중요한 개입방법이 되었다.

하지만 신경전달물질이 특정 정신질환을 유발하는 원인인가에 대해서는 여전히 논란이 있다. 최근까지의 연구 결과 인간의 뇌에 작동하는 신경전달물질은 백 가지가 넘는다. 모든 신경전달물질은 복잡한 방식으로 상호작용하며 기능한다. 대표적으로 조현병의 주요 원인으로 알려진 신경전달물질인 도파민은 최소 1억 년 전부터 생체기능 조절 물질로 작용했으며, 가장 원초적인 생명유지부터 동기화된 행동, 학습, 주의력과 기억, 의식과 무의식에 이르기까지 뇌의 광범위한 기능에 관여한다. 도파민이 과다분비될 경우 조현병적 증상을 일으키지만, 그 외에도 중독, 주의력 결핍, 스트레스 반응, 강박, 조증 등 다양한 진단 혹은 증상과도 관련이 있다. 조현병에서 도파민 이상이 나타난다는 것은 분명하지만 구체적인 기전이 무엇인지, 혹은 질병 과정의 원인인지 아니면 결과인지에 관해서도 여전히 많은 의문이 남아 있다(강웅구, 2011).

2) 실천방법과 적용

(1) 정신과 약물치료

정신건강에 대한 생물학적 근거는 여전히 명확하지 않지만, 정신과 약물의 치료적 효과는 널리 인정되고 있다. 정신과 약물은 불면이나 불안 등 일상생활을 힘들게 하는 증상의 조절에 효과적이다. 정신과 약물은 항우울제, 기분안정제, 항불안제, 수면유도제, 항정신병약물, 인지기능개선제, 신경자극제, 항갈망제 등으로 구분할 수 있다. 항우울제는 의존성이 가장 적으면서 마음의 균형을 조절하는 데 가장 효과적인 약물이며, 우울증 치료뿐만 아니라 불안장애, 외상 후 스트레스장애, 식이장애, 강박장애, 불면 증상에도 도움이 된다. 항정신병약물은 대표적인 정신과 약물로 조현병의 주 치료제이다. 기분안정제는 주로 양극성장애(조울병) 치료에 사용되며 감정기복, 자극예민성을 줄이는 데에도 효과가 있다. 항불안제는 불안을 급속도로 낮추고 진정시키는 효과가 있지만 의존성이 있을 수 있기 때문에 주로 보조적으로 사용된다. 그 외에도 수면장애에 활용되는 수면유도제, 치매 등에서의 인지기능개선제, 주의력결핍 과잉행동장애에서의 정신자극제, 중독질환에서의 항갈망제 등이 있다.

효과가 없는 약이 없듯이 부작용이 없는 약도 없다. 정신과 약물 또한 부작용이 있으며 이는 지속적인 약물치료를 힘들게 하는 가장 주요한 요인이 된다. 정신과 약물의 흔한 부작용은 두통, 어지러움, 소화불편감이다. 그 외에도 졸림, 소화불량, 체중증가, 성기능장애, 혈당변화, 피부발진 등이 있으며, 지연성운동장애와 같은 비가역적인 치명적 증상도 있다. 약의 부작용은 삶의 질을 떨어뜨리고, 약을 거부하게 만든다. 따라서 약의 부작용을 신중하게 관찰해야 하고, 약에 대해 느끼는 불편감에 대해 민감하게 대응해야 한다.

약의 작용과 부작용은 개인의 유전적 · 환경적 요소 등과 상호작용한다. 어떤 사람에게 효과적인 약이 다른 사람에게는 그렇지 않을 수 있다. 같은 계열의 약물이라도 신경전달물질 체계와의 상호작용이나 대사 활성 등에 따라 미묘한 차이가 있을 수 있다. 따라서 더 좋은 약, 더 나쁜 약이 따로 있다기보다 더 적합한 약과 그렇지 않은 약이 있는 것이며, 약물의 선택은 각 개인에 따라 개별화되어야 한다(장창현, 2021). 개인에게 나타나는 약의 효과와 부작용의 위험 간에 신중한 임상적 판단이 요구된다.

(2) 함께하는 의사결정

약물치료가 효과적이기 위해 전문가와 당사자 간의 신뢰구축이 중요하며, 당사자 스스로 약물 복용에 대한 동기가 있어야 한다. 전문가는 약의 이름, 처방 이유, 기대하는 효과, 우려되는 부작용 등에 대해 충분한 정보를 제공해야 한다. 약의 효과와 부작용이 개개인마다 다르기 때문에 당사자는 자신에게 약 복용 후 어떠한 변화가 나타나는지를 스스로 관찰하고 이에 대한 정보를 전문가에게 구체적으로 제공할 수 있어야 한다. 그럴 때 치료자는 개인에게 맞는 최적의 약을 찾아갈 수 있다. 처방받은 약을 계획대로 꾸준하게 복용하는 것도 중요하다. 약물치료를 거부하거나 임의로 중단할 경우 그 효과가 떨어질 수 밖에 없다. 따라서 본인 스스로 약물의 필요성을 인식하고 치료에 적극적으로 참여하여야 한다.

이를 위해 정신과 치료에서는 함께하는 의사결정(Shared Decision Making)이 중요하다. 함께하는 의사결정은 치료에 관한 여러 결정을 해야 할 때 치료자와 당사자가 함께하는 것이다. 어떤 정신과 약물을 사용할지, 약물 외에 어떤 치료를 받을지, 퇴원을 언제 할지 등에 대해 서로의 생각과 경험을 공유하면서 결정하는 것이다. 치료자는 진단, 치료, 예후 등에 대한 의학적인 전문성을 가지며, 당사자는 자신의 질병 경험, 사회환경, 가치와 선호에 있어 전문성을 가진다는 것을 상호 존중해야 한다(Slade, 2017). 서로의 전문성을 토대로 정보를 주고받으며, 최선의 치료 방법 혹은 약물을 선택하기 위해 함께 노력해야 한다.

함께하는 의사결정을 위해 정신건강의 어려움을 가진 사람은 자기 자신에 대한 이해와 성찰이 필요하다. 자신의 현재 상황이 어떠한지, 무엇을 힘들어하는지, 치료에 기대하는 것은 무엇인지, 어떤 것이 도움이 되는지, 약으로 인한 불편감은 무엇인지, 궁극적인 삶의 목표는 무엇인지 등에 대해 전문가와 적극적으로 소통할 수 있을 때 함께하는 의사결정이 가능하다(장창현, 2021).

함께하는 의사결정을 통해 치료 과정에서의 신뢰관계를 견고히 하고, 치료에 대한 지식을 공유하며, 치료의 목표와 방향에 대한 상호 간의 이해를 넓히고, 치료 시간을 효율적으로 활용할 수 있으며, 선택에 대한 책임을 공유할 수 있다. 많은 문헌에서도 함께하는 의사결정이 당사자의 선호와 가치를 반영함으로써 자기 효능감을 높이고, 강제치료로 인한 비용을 줄이는 데 효과적이라고 밝혀졌다(Stovell, 2016). 영국 등에서는 정신건강 치료 과정에서 함께하는 의사결정이 활용될 수 있도록 지침을 제공하고 있다(제철웅 외, 2021).

2. 정신재활모델

1) 기본전제와 개념

정신재활은 정신질환으로 인해 기능적 장애를 가진 사람이 스스로 선택한 환경에서 최소한의 개입을 받으며 만족스럽게 살아갈 수 있도록 지원하는 것이다. 정신

표 4-1 정신재활 모델

단계	손상 (impairment)	기능제한 (dysfunction)	역할장애 (disability)	불이익 (disadvantage)
정의	심리적 · 생리적 · 해부학적 구조나 기능에 손상이 생긴 상태	일상적인 활동수행 능력이 제한되거나 부족한 상태	사회적 역할수행이 제한되거나 능력이 부족한 상태	기회 부족으로 사회적 활동이나 역할수행이 제한되거나 방해받는 상태
정신장애의 예	우울, 환청, 망상, 무감동	일상생활기술, 사회기술, 직업기술 부족	학업, 취업, 가족역할 수행의 어려움	차별, 빈곤
대표적 개입방법	약물치료, 정신치료	재활상담, 기술훈련	역할훈련, 환경지원	권익옹호, 편견해소

재활은 서구에서 1950년대 이후 탈시설화로 병원에서 나오게 된 정신질환자들이 지역사회에서 살아갈 수 있도록 기능을 향상시키거나 환경을 만들어 주기 위한 과정으로 발전되었다. 즉, 약물치료로 증상은 완화되었지만, 기능적 장애가 남는 경우 지역사회의 구성원으로 살아가기 위한 사회적 지원이 중요해졌다.

정신재활 모델은 신체장애인의 재활모델을 정신질환에 적용한 것이다. 즉, 정신질환으로 인해 기능적 혹은 사회적 장애를 가지게 된 정신장애인의 재활을 지원하기 위한 모델로 확장되었다. 정신재활모델은 〈표 4-1〉과 같이 네 단계로 구성된다(Anthony et al., 1990).

(1) 손상 단계

손상 단계는 심리적 · 생리적 혹은 해부학적 구조나 기능에 이상이 생겨 증상을 경험하게 되는 것이다. 예를 들면, 조현병의 경우 전두엽 부위의 위축, 뇌실 확장과 같은 뇌의 구조적 이상이나 도파민이라는 신경전달물질의 과다분비 등으로 망상이나 환청과 같은 증상이 나타나는 것이다. 따라서 이 단계에서는 주로 치료적 접근이 이루어진다. 대표적으로 약물치료를 시도하게 된다. 약물치료는 생물학적 취약성을 완화시켜, 일상생활을 힘들게 하는 정신과적 증상들을 효과적으로 조절할 수 있도록 돕는다. 많은 연구에서 약물치료는 증상의 완화 및 재발 방지에 효과적인 것으로 알려져 있다.

조현병의 장기적 경과에 대한 연구들을 살펴보면, 10년, 30년 후 약 과반에 이르는 사람들이 완전히 회복되거나 상당히 개선되어 비교적 독립적인 생활을 해 나가는 것으로 나타났다. 하지만 여전히 15~25%의 사람들은 사회적 지원이 필요한 상태이며, 10~15%는 개선되지 못하거나 자살로 삶을 마감하게 된다. 즉, 약물이라는 생물학적 치료가 일차적인 증상의 관리에는 도움이 되지만 그 자체가 일상의 삶을 살아가게 하지는 못한다(Torrey, 1983).

(2) 기능제한 단계

손상 단계에서 나타나는 여러 가지 정신과적 증상이나 인지적 손상, 심리적 위축 등으로 일상생활의 기능 수행이 제한되기도 한다. 또한 청소년기에 주로 발병하는 정신질환의 특성상 사회적 기능을 습득할 수 있는 기회를 갖지 못하거나, 장기입원 등으로 인해 이미 획득한 기능이 퇴화되기도 한다. 그로 인해 일상생활기술, 사회기술, 직업기술에 제한이 있다.

기능제한은 약물치료만으로 개선되지 않으며 훈련과 연습을 통해 기능을 회복해야 한다. 단지 증상이 없다고 일상이 바로 회복되지 않는다. 다시 일상을 살아내기 위한 준비와 연습이 필요하다. 예를 들면, 의식주 관리, 대인관계, 지역사회 참여 등 일상적인 기능에 대해 반복적으로 훈련함으로써 기능을 회복할 수 있다.

(3) 역할장애 단계

역할장애 단계는 사회적 기능이 회복되었음에도 불구하고 실제 사회에서 역할을 수행하는 데 장애가 있는 경우이다. 예를 들면, 학업, 직업, 가족 내 역할을 수행하는 것에 장애가 있다. 사회적 역할을 수행한다는 것은 인간관계를 맺고, 경제적인 수단을 획득하며, 성취감과 자기 가치감을 높이는 데 매우 중요하다.

이 단계의 장애는 역할수행의 경험이 부족하거나 역할수행을 위한 사회적 지원이 충분하지 않기 때문이다. 따라서 개인 수준에서는 역할수행에 필요한 교육과 훈련을 받고, 경험을 쌓아가는 것이 중요하며, 그럼에도 장애로 인해 역할수행에 일정한 제한이 있을 때는 이에 대한 사회적 지원이 이루어져야 한다. 직업을 갖기 위해 직업훈련, 직장 내 대인관계훈련 및 스트레스관리 훈련이 필요하며, 취업 후에는 심리정서적 지원, 업무조정, 직장 동료들의 인식변화 등의 정당한 편의제공이 이루어져야 한다.

(4) 불이익 단계

불이익 단계는 사회 참여를 방해하거나 제한하는 사회구조적인 장벽을 의미한다. 정신질환자의 경우 사회적 편견으로 참여 자체가 배제되거나 차별적인 제도로 불이익을 받게 된다. 예를 들면, 취업 시 해당 업무를 충분히 수행할 수 있음에도 불구하고 정신질환이 있다는 이유만으로 배제되거나 자격증 취득에서 법률적으로 배제되는 경우가 있다. 따라서 이 단계에서는 사회적 변화를 위한 권익옹호 활동과 법적 제도 개선 노력이 중요하다.

2) 실천방법과 적용

(1) 사회기술훈련

정신재활모델에서는 기능회복 및 역할수행을 위한 사회기술훈련이 강조된다. 사회기술은 매우 광범위한 개념으로서 의식주와 관련된 일상생활기술에서 대인관계 및 의사소통기술, 직업기술까지를 모두 포함한다. 사회기술훈련은 구체적인 기술 습득을 위한 교육과 훈련, 인지와 지각을 통합한 문제해결 훈련, 반복적인 경험을 통한 학습과정 등으로 이루어진다. 사회기술훈련은 구체적인 환경 속에서 기능을 향상시키고 삶의 질을 높이는 데 초점을 둔다. 현재의 강점과 자원에 집중하며, 기능과 역할의 구체적인 목표에 초점을 둔다.

(2) 지원고용 및 지원주거

정신적인 어려움으로 지역사회에서 살아가는 데 기능적 장애가 있는 경우 이에 대한 사회적 지원이 중요하다. 대표적으로 지원고용(supported employment)과 지원주거(supported housing)가 있다. 개개인의 욕구와 특성에 맞는 일자리와 주거를 제공하고, 이를 유지할 수 있는 실제적인 지원 서비스를 제공한다. 즉, 교육과 훈련을 통한 개인의 기능향상뿐만 아니라 일정한 기능 제한에 대해 보조해 줄 수 있는 사회적 지원이 보다 강조된다. 지원고용의 취업연계와 업무 적응을 위한 지원, 환경의 조정, 지속적인 사례관리를 통해 직업을 유지할 수 있도록 지원한다. 지원주거의 경우 주거마련과 이사 후 주거 관리, 가사지원 그리고 사례관리를 통해 독립생활을 유지할 수 있도록 지원한다.

(3) 차별금지 및 편견해소

정신재활모델에서는 장애의 중요한 원인을 사회적 배제로 보고, 이를 바꿀 수 있는 권리옹호를 강조한다. 정신질환의 경우 사회적 편견과 낙인이 가장 큰 장벽이 된다. 따라서 정신건강에 대한 이해교육뿐만 아니라 미디어를 통한 인식개선 사업을 국가적 차원에서 적극적으로 추진한다. 정신질환에 대한 언론 보도 시 편견을 강화하지 않도록 보도준칙을 제정하고 언론인에 대한 교육을 실시한다. 제도적으로는 정신질환을 이유로 차별하는 법과 제도들을 개선하기 위해 노력하며, 나아가 정신적 어려움을 가진 사람들에 대한 정당한 편의제공에 대한 기준들을 마련한다. 예를 들면, 정신질환이 있는 사람을 고용할 때, 어떠한 업무 환경을 제공해야 하는지, 업무조정이나 지원은 어떻게 해야 하는지 가이드라인을 마련하여 고용주들에게 권고한다.

3. 회복모델

1) 기본전제와 개념

(1) 회복의 의미

1980년대 이후 정신장애인 당사자 운동의 확대와 더불어 회복 패러다임이 대두되었다. 회복은 의료적 관점에서 증상치료에 초점을 둔 '결과'로서의 의미뿐만 아니라, 일상적 도전에 대응하며 개인에게 의미 있는 삶을 다시 만들어 가는 '과정'으로서의 개념이 더욱 강조된다(Deegan, 1998). 특히 장기간의 추적 연구 결과들을 통해 정신장애에 대한 '만성화 패러다임'이 정신건강 서비스의 부정적인 산물이며, 사회적 낙인의 결과라는 주장이 강조되었다. 즉, 약물치료 중심의 접근과 전문가들이 가진 비관적인 예후는 오히려 정신장애인이 꿈과 삶의 목표를 포기하게 만드는 결과를 가져왔다. 이에 증상을 가지고 살아가면서도 얼마든지 삶을 회복할 수 있다는 희망은, 정신장애인이 주체적으로 자신의 삶을 끌어 나가는 데 강력한 힘으로 작용한다.

회복 패러다임은 전통적인 정신건강체계가 증상 치료와 기능 재활이라는 전문가 중심의 '결과적 회복'을 강조해 왔던 것과 달리, 당사자가 주체적으로 경험하는 '과정으로서의 회복'을 강조한다. 즉, 치료와 재활을 넘어선 '삶의 회복'을 의미한다.

회복이란 삶에 대한 희망을 가지고, 일, 관계, 사회 참여 등 각자에게 의미 있는 삶을 살면서, 정체성과 삶에 대한 통제력을 회복하는 것이다(WHO, 2017). 회복은 더 이상 '치료되거나' '정상으로 돌아가는 것'을 의미하지 않는다. 회복이란 정신적 · 정서적 고통을 경험함에도 불구하고 삶의 새로운 의미와 목적을 얻고, 스스로 방향을 결정하는 자율적인 삶을 살도록 역량이 강화되는 것이다.

회복은 삶의 목표와 태도, 감정이 변하는 매우 개인적이고 독특한 과정이며, 질병으로 인한 제약을 지니고 있으면서도 만족스럽고 희망적이며, 공헌하는 삶을 살아가는 방식이다(Anthony, 2000). 이는 정신장애인이 자신이 가진 장애의 한계를 넘어 새로운 자기 인식 및 목적의식을 회복해 나가는 생생한 인생경험을 의미한다. 회복은 단선적이지 않으며 역동적이고 개개인의 고유한 과정이다. 또한 회복은 치유, 희망, 역량강화, 관계형성과 같은 내적 조건과 인간으로서의 권리, 치유에 도움이 되는 문화, 회복지향적인 서비스와 같은 외적 조건들이 상호작용하는 과정이다.

회복의 의미를 더 잘 이해하기 위해서는, 회복에 대해 일반적으로 잘못 이해하고 있는 것을 살펴볼 필요가 있다(WHO, 2017).

첫째, 회복은 완치 혹은 증상이 없는 상태를 의미하지 않는다. 증상이 있어도 여전히 회복할 수 있고 의미 있는 삶을 영위할 수 있다. 둘째, 회복은 전문가 혹은 다른 사람들이 해 주는 것이 아니다. 삶의 여정에서 다른 사람의 도움이나 안내를 받을 수는 있지만, 회복은 당사자가 주도하는 것이다. 셋째, 회복은 재활의 새로운 이름이 아니다. 재활은 여전히 의료적 모델이라는 틀 안에서 이루어지고, 정신장애인이나 그 개인이 원하는 삶을 중심에 두지 않는다. 넷째, 회복은 이론적 모델이 아니다. 회복은 교과서의 이론으로서만 존재하지 않으며, 매우 실용적이고, 정신건강영역 혹은 관련 서비스에 손쉽게 적용될 수 있다. 다섯째, 회복은 이때까지 늘 해 왔던 것이라고 생각해서는 안 된다. 회복이라는 용어가 흔하게 사용되고 있음에도 불구하고 아직까지 제대로 실천되고 있지 못하다. 회복은 기존의 정신건강 체계 및 서비스에 대해 비판적으로 다시 생각해 보는 것이다. 여섯째, 회복 접근이 정신건강 서비스 중단의 이유가 되어서는 안 된다. 회복이 자칫 공적 서비스를 중단하거나 예산을 축소하는 것을 정당화해서는 안 된다. 일곱째, 회복 접근이 상황에 대해 개인을 비난하는 것이 되어서는 안 된다. 정신적 스트레스를 초래하거나 회복에 중요한 장애물이 되는 사회적 불평등, 차별, 인권 침해 등의 사회적 차원에 대해 인식해야 한다. 회복을 진정으로 촉진하기 위해 더 큰 차원에서의 정책 및 제도적 개혁과 사회적 정의가 강조되어야 한다.

(2) 회복의 요소

회복의 핵심요소는 연결(Connectedness), 희망(Hope), 정체성(Identity), 삶의 의미(Meaning in life), 역량강화(Empowerment), 위험감수(Risk-taking)이다(Reamy et al.,

2011; WHO, 2017).

첫 번째 요소는 연결로서, 회복은 사람들을 다시 연결시킨다. 포용(Inclusion)은 단지 정신건강 서비스를 받는 것 이상을 의미한다. 지역사회에서 다른 사람들과 동등하게 기회, 서비스, 자원에 접근할 수 있어야 한다. 회복지원 서비스는 지역사회 공동체에 기반을 두어야 하며, 정신장애인의 참여를 지원하는 데 있어 개인 차원을 넘어 사회 전체가 관여해야 한다. 관계는 모든 사람의 삶에 핵심이다. 친구, 가족, 파트너, 전문가, 동료 등 모두가 회복을 지원하는 데 중요한 역할을 한다.

두 번째 요소는 희망으로서, 회복은 미래에 대한 희망과 낙관이다. 희망은 회복에 있어 핵심 요소이다. 희망이 없다면 회복의 여정을 포기할 수 있다. 정신장애인은 평생 정신질환을 가지고 살아야 하며, 삶에 대한 기대와 활동들을 포기해야 한다는 말을 듣게 될 때, 희망을 잃어버리게 된다. 인생이 바뀔 수 있다는 믿음은 회복 접근의 핵심이다. 가족, 친구, 전문가 등은 성공적 경험을 인식하고 꿈과 열망을 격려해야 한다.

세 번째 요소는 정체성으로서, 회복은 자신의 정체성을 유지하는 것이다. 정체성은 개인적으로, 그리고 타인과 사회와의 관계 속에서 자기 자신을 어떻게 바라보는지로 폭넓게 정의할 수 있다. 정신질환으로 일단 진단을 받게 되면, 자신에 대한 정체성을 상실했다고 느낄 수 있다. 회복 접근은 정체성을 위험에 빠뜨릴 수 있는 자기 낙인을 극복하고, 스스로의 정체성을 다시 연결하고, 재정립 혹은 재정의하도록 도와주는 것이다.

네 번째 요소는 삶의 의미로서, 회복은 삶의 의미를 발견하고 재정립할 수 있도록 지원한다. 삶의 의미와 목적은 사람마다 모두 다르며, 다양한 방식으로 발견해 나가는 것이다. 예를 들면, 어떤 사람은 영성의 중요성을 발견하기도 하고, 어떤 사람은 친구, 가족과의 강한 유대 혹은 공동체 소속감을 발전시킴으로써 발견하기도 한다. 꿈과 열망은 회복의 핵심 요인으로서, 삶의 의미와 충만함을 발견할 수 있도록 역량강화하고 지지해 준다.

다섯 번째 요소는 역량강화로서, 회복은 사람을 역량강화시키고 통제권을 되찾게 해 주는 긍정적인 메시지이다. 통제와 선택은 회복의 핵심이다. 정신장애인은 치료와 돌봄에 대한 결정권한을 부정당하기도 한다. 회복접근은 개인 스스로, 혹은 지원을 통해 자기결정할 수 있는 권리를 포함하며, 법적 능력을 행사할 권리를 존중한다. 필요한 경우 의사결정의 지원을 받을 수 있어야 한다. 스스로를 도울 수 있는 기술을 발전시키는 것은 회복에 있어 결정적이다. 회복 기술은 자신의 삶과 행복을 이해하고 통제할 수 있도록 한다. 회복은 삶의 오르막과 내리막을 다룰 수 있게 되는 것이다. 삶의 여정에서 부정적인 사건이나 행복을 저해하는 촉발요인을 잘 관리할 수 있는 기술을 발전시켜 나가야 한다.

여섯 번째 요소는 위험감수로서, 회복은 위험을 감수하는 것이다. 회복의 여정에 나서려고 한다면, 위험감수가 필요하다. 정신장애인도 다른 사람과 마찬가지로 실수를 하고, 위험을 감수할 자유가 있다. 회복지향 실천에서는 전문가, 가족 혹은 지지자들이 당사자의 위험감수의 권리를 받아들이도록 한다. 정신장애인이 앞으로 나아가고 자신의 목표를 성취할 수 있도록 긍정적인 위험감수를 지지하기 위하여 창조성과 용기가 필요하다.

2) 실천방법과 적용

(1) 회복을 촉진하는 요소와 방해하는 요소(WHO, 2017)

① 회복을 촉진하는 요소

회복을 촉진하는 요소는 크게 정체성 회복, 관계, 참여 및 의미와 목적 찾기, 서비스와 지지 네 가지이다. 즉, 자신에 대한 긍정적인 정체성을 회복하고, 신뢰와 희망을 주는 관계를 맺으며, 지역사회에 참여하면서 삶의 의미와 목적을 찾고, 지지적이며 충분한 서비스를 이용할 수 있을 때 회복이 촉진된다.

정체성 회복	관계
자신감	우정
희망과 낙관주의	지지적인 가족 관계
자기수용, 책임감, 믿음과 존중	친밀한 관계
자기 효능감	육아
자기 인식	동료
낙인을 넘어선 성장	반려동물
힘과 자기결정권 되찾기	서비스 전문가(비판적인 친구)
소속감	상호 신뢰와 인정
사회 행동	희망적인 관계
영성	
대처	
통제권	

참여, 의미와 목적 찾기	서비스와 지지
가치 있는 존재	정보 제공 및 통제력
의미 있는 역할에 참여	연속성과 유연성
자원봉사, 취업, 사회생활, 학업	치료와 다양한 요법
자신과 자신의 상태에 대한 배움	안전
공동체 참여	동료 지원
지역사회와 주거	관계, 태도, 힘
실천과 창의성	주거와 지역사회 지원
타인의 경험	재정적 안전

② 회복을 방해하는 요소

회복을 방해하는 요소는 정형화, 낙인 및 차별, 빈곤, 질적인 건강 서비스의 부족, 독립과 통제의 상실, 지역사회 지지의 결핍이다.

첫째, 정형화이다. 정신장애에 대해 잘못된 편견, 예를 들면 정신질환자는 폭력적이고 위험하다는 정형화된 인식은 정신장애인의 자존감에 상처를 주고, 회복을 방해할 수 있다.

둘째, 낙인 및 차별이다. 정신장애인을 지역사회에서 배제하고, 삶의 기회를 박탈하거나, 혹은 지원받을 가치가 없다고 간주할 때 이는 회복에 방해가 된다.

셋째, 빈곤이다. 개인이나 가족의 필요를 충족하지 못할 때, 이는 정서적 스트레스의 촉발 요인이 될 수 있다.

넷째, 질적인 건강 서비스의 부족이다. 건강을 유지하고 회복을 촉진하기 위해서는 적절한 건강 서비스와 치료 및 지원체계에 접근할 수 있어야 한다.

다섯째, 독립과 통제의 상실이다. 개인 혹은 서비스가 정신장애인의 독립과 통제를 상실하도록 함으로써 무력화시키고, 이는 회복에 방해가 될 수 있다.

여섯째, 지역사회 지지의 결핍이다. 지역사회에서 의미 있는 삶을 살아가기 위해 주거, 고용, 교육, 독립생활을 위한 지원, 동료지원 등의 다양한 서비스와 지원이 필요하다. 이러한 지원이 없이는 사회에서 배제될 수 있고 회복에도 부정적인 영향을 미치게 된다.

(2) 회복지향 정책과 실천

회복지향은 많은 국가에서 정신건강 체계를 개선하고 향상시켜 나가는 데 중요한 정책 원리가 되고 있다. 정신건강 정책, 서비스 기준, 조직의 지침이 회복 지향으로 전환해 가고 있다. WHO(2017)도 퀄리티라이츠(QualityRights)를 통해 정신장애인의 인권을 존중하고 증진시키기 위한 회복 지향(Recovery oriented services)의 지역기반 서비스와 국가 정책을 강조하고 있다.

미국, 영국, 호주, 네덜란드, 뉴질랜드, 독일 등 이미 많은 서구 국가에서 국가 정신건강정책의 비전으로서 '회복'을 명시적으로 강조하고 있으며, 정신장애인이 지역사회에서 살아갈 수 있도록 주거, 고용, 교육 등 실제적인 기회 제공을 강조하고 있다. 증상의 감소와 같은 의료적 관점에서 벗어나 의미 있는 삶과 가치 있는 역할을 다시 시작할 수 있도록 지원하며, 정신장애인 당사자의 선택과 의사를 강조하고 있다. 전문가 중심의 전통적인 서비스 체계에서 회복지향 서비스가 확산될 수 있도록 교육과 기술적 지원을 제공하며, 회복의 핵심 요인으로서 동료지원을 정신건강 서비스의 한 요소로 확대하고 있다.

정신건강 전문가의 회복지향실천(Recovery-oriented practice)은 기존의 의료적 모델에서 벗어나 개별성, 협력, 강점, 역량강화 중심의 실천을 강조하고 있다. 즉, 회복이 정신장애인 각 개인의 고유한 과정임을 인식하고, 정신장애인이 주도적이고 적극적으로 참여할 수 있도록 하며, 강점 중심의 실천과 역량강화를 위한 제도적 지원을 강조한다. 회복지향실천은 다음의 다섯 가지를 강조한다.

첫째, 자기결정권 존중이다. 회복지향 서비스는 정신장애인 각자의 고유한 회복 여정을 지원하고 역량을 강화하는 것을 목표로 한다. 이를 위해 정신장애인이 자기 삶을 통제하고, 의미 있는 삶의 목표를 찾아 나아가며, 삶의 모든 영역에 대해 자기 결정할 수 있도록 지원한다.

둘째, 인권 증진이다. 회복지향 서비스는 평등, 차별 금지, 법적 능력, 고지된 동의, 사회 통합 등 장애인권리협약에 명시된 핵심 인권 원칙을 강조한다. 정신장애인 스스로 선택하고 자기결정을 내리는 것은 회복 접근의 핵심 원칙이며, 강제적 치료는 회복의 목표에 정면으로 위배된다.

셋째, 트라우마 다루기이다. 회복지향 서비스는 정신장애인이 삶의 과정에서, 정신건강 체계에서 경험한 부정적이고 트라우마적인 경험을 다룬다. 유년기 혹은 일생에 걸쳐 경험한 폭력, 학대 방임뿐만 아니라 강제입원 및 치료에서의 폭력이나 강압도 포함된다.

넷째, 개별화된 지원이다. 회복의 과정은 개인마다 독특하고 다양하다. 회복지향 서비스는 개인의 가치, 선호, 경험에 맞게 개별화되어야 한다. 인간의 삶을 구성하는 다양한 삶의 영역에 관심을 가지고, 각자에게 의미 있는 삶의 목표를 이루어 갈 수 있도록 지원한다. 특히 회복 경험에 있어서는 정신장애인 스스로가 삶의 전문가임을 인정하고, 삶의 통제력과 주체성을 회복해 나갈 수 있도록 지원한다.

다섯째, 강점과 자산에 초점 두기이다. 회복지향서비스는 결핍이나 문제가 아닌, 정신장애인이 이미 가지고 있는 강점과 자산에 기반을 두어 접근한다. 전통적인 접근에서 전문가는 '수리공'이 되어 고치고 문제를 정상화시키는 것에 초점을 둔다. 회복지향서비스에서 전문가는 회복의 '조력자'로서 정신장애인 스스로 답과 해결책을 가지고 있다는 인식을 갖고, 강점과 잠재력을 발견하고 발전시켜 나간다. 또한 더 넓은 지역 공동체와 기관이 자산으로서의 역할을 할 수 있도록 연계한다.

① 회복계획과 자기관리

회복의 목표와 과정은 개인마다 모두 다르기 때문에 각자의 회복계획을 세울 수 있도록 지원한다. 단지 증상이나 기능적인 변화에 머무르지 않으며, 각자에게 의미 있는 삶의 목표를 찾고, 구체적인 계획을 세우는 것에 초점을 둔다. 그리고 회복의 주체로서 자기 삶을 통제하고 관리할 수 있도록 지원한다. 회복에 도움이 되는 것과 회복을 방해하는 것이 무엇인지 찾아 자신만의 회복 방법을 선택할 수 있도록 한다. 자기관리 영역은 신체건강, 정신적 건강, 직업 및 재정, 주거, 여가 등 다양한 영역을 포괄한다. 특히 자신의 증상이나 치료에 대해 정확하게 알고, 재발이나 위기의 신호들을 이해하여 대처할 수 있어야 한다. 이때 전문가의 치료나 상담뿐만 아니라 스스로에게 효과가 있는 방식들[이를 자가활동약(personal medicine)이라고 한다]을 찾고 만들어 가는 것이 중요하다.

② 지원의사결정

회복의 중요한 원칙 중 하나는 스스로가 삶의 주체성을 가지는 것으로, 자기결정권은 가장 중요한 가치가 된다. 하지만 정신적인 어려움으로 인해 스스로 독립적인 결정을 하기 어려운 경우가 있다. 따라서 의사결정을 지원해 줄 수 있는 사회적 제도가 필요하다. 지원의사결정(supported decision making)은 자율성을 핵심적인 원칙으로 한다. '의사결정을 내릴 역량이 있는가'가 아닌, '의사결정을 위해 어떤 지원이 필요한가'를 고려한다. 결정권한을 위임하는 전통적인 대리의사결정제도와 달리, 지원의사결정제도는 당사자의 의사와 선호를 최우선으로 하며 지원과 옹호의 기능을 강조한다. 특히 정신질환자가 자기결정권을 침해받을 경우 적극적인 지원이 필요하다. 강제 입원 시의 절차보조서비스, 위기에 미리 대비하는 사전정신의향서 등의 활용이 강조된다.

③ 동료지원

회복에 중요한 요소 중 하나는 관계이며, 특히 같은 경험을 가지고 있는 동료와의 관계가 중요하다. 동료들과 맺는 관계를 통해 서로 배우고, 돌보며, 공동체를 경험하는 것이 회복을 촉진하는 데 효과적인 요인으로 알려져 있다. 동료지원은 같은 정신건강의 어려움을 경험한 동료들 간에 존중, 공유된 책임감, 상호동의의 원칙에 기반을 두고 서로 도움을 주고받는 것이다(Mea et al., 2001). 동료지원가는 자기 개방을 통해 회복에 대한 희망을 부여할 수 있고, 경험적 지식을 통해 역할모델의 경험을 제공할 수 있다. 동료지원은 입원률 및 입원기간, 자기효능감, 회복, 삶의 질 등에 효과적인 것으로 나타났다. 많은 국가에서 동료지원가에 대한 국가적인 자격과정이 마련되어 있으며, 훈련된 동료지원가는 당사자 조직뿐만 아니라 병원 및 지역사회 정신건강기관에서 팀의 일원으로 활동하고 있다.

4. 정신건강증진모델

1) 기본 전제와 개념

(1) 건강증진의 개념

'건강'에 대한 개념은 전통적으로 의학적 모델에 근거하여 정의되고 있다. 즉, 인체와 인체의 부분들을 건강한 상태에서 작동되도록 설계된 기계로 이해하며, 질병이 있다는 것은 몸이 고장난 상태이고, 치료를 위해서 고장의 원인을 찾아 교정해야 한다고 본다. 그러나 건강은 다양한 관점에서 정의될 수 있다. 사회과학자들은 사회적 역할을 강조하면서, 자율적으로 역할을 성취할 수 있는 환경에서 사는 것을 건강으로 판단하기도 한다. 이에 WHO에서는 건강의 정의를 단지 질병이나 장애가 없는 상태뿐 아니라 신체적 · 정신적 · 사회적 안녕이 완전히 이루어진 상태로 다차원적으로 정의하게 된다(WHO, 2001a).

건강증진은 '건강이 어떻게 형성되는가'라는 질문에 대한 답을 기반으로 하고 있다. 건강증진의 목적은 사람들이 자신의 건강결정요인을 보다 많이 통제할 수 있게 하는 데에 있다. 건강의 경제적 · 환경적 결정요인에 초점을 두며, 건강이라는 목표 달성과 지속가능성 모두를 강조한다.

(2) 건강결정요인과 건강불평등

건강은 부분적으로 흡연이나 식습관과 같이 한 개인의 삶의 방식에 영향을 받는다. 하지만 인종이나 고용처럼 개인이 선택할 수 없는 사회문화적인 요인도 중요하다. 성별, 주거환경, 사회적 유대감, 경제적 수준이나 취업상태, 근로환경, 기후나 환경오염 등도 건강에 영향을 미치는 결정요인이 된다. 특히 빈곤은 건강에 부정적인 영향을 미치는 핵심요소이다.

건강불평등은 이와 같은 다양한 요인과 관련성이 있으며, 사회적 불의의 결과로 불공평과도 연결된다. 건강증진 전문가들은 자신의 전문 분야에 상관없이 건강형평성이라는 하나의 중요한 목표를 지향한다. 근본적인 불공평 문제가 해결된다면 건강상태가 최상인 사람과 최하인 사람 간의 격차를 줄일 수 있다. 이를 위해 교육과 평등한 고용 기회, 안전하고 편리한 물리적 · 환경적 접근성을 높이는 것이 중요하다.

(3) 건강증진 접근

건강증진에 대한 접근은 건강한 생활방식에 대한 관심과 환경적 요소에 대한 관심이 균형을 이루어야 한다. 특히 환경적 요인은 개인이 통제하지 못하므로 사회의 집단적 관심이 중요하다. 이에 WHO는 '오타와 헌장'을 통해 건강증진에 대한 정의와 함께 건강증진의 주요 접근 전략을 다음과 같이 제시하고 있다(WHO, 1986).

첫째, 건강 지향적 공공정책이다. 건강증진은 보건의료서비스 이상의 의미를 지닌다. 정책결정자는 정책의 결정이 건강에 미치는 영향을 인식하고, 이에 대한 책임을 갖도록 노력해야 한다. 정책의 모든 분야와 영역에서 건강증진을 의제로 삼아 건강의 중요성을 인식하고, 국민건강과 관련된 책임을 다하도록 한다.

둘째, 지지적인 환경 조성이다. 사람과 사람을 둘러싼 환경이 서로 밀접하게 관련되어 있기 때문에 건강도 사회생태학적으로 접근해야 한다. 일상생활, 직업, 여가 등 건강에 영향을 미치는 환경을 체계적으로 평가하는 것은 필수적이며, 사람들에게 긍정적으로 영향을 미치는 실천이 이루어져야 한다. 건강증진전략으로 자연환경을 보호하고 자원을 보존하기 위한 세계적인 책임도 강조된다.

셋째, 지역사회 활동 강화이다. 건강증진은 건강증진을 우선순위로 하는 구체적인 지역사회 행동을 통해 이루어지며, 이는 의사결정, 전략수립, 실행을 통해 달성될 수 있다. 이 과정에서 지역사회 역량강화, 주체의식, 개인의 노력과 운명에 대한 통제력이 중요하다.

넷째, 개인의 기술 개발이다. 건강증진을 위해서 건강과 관련된 정보와 교육을 제공하고 생활 기술을 향상시켜 개인과 사회의 발전을 돕는다. 이를 통해 사람들이 자신의 건강과 환경을 더 많이 통제하며 건강에 도움이 되는 선택 기회를 늘린다.

다섯째, 보건의료서비스의 방향 재정립이다. 개인, 지역사회의 단체, 보건 전문가, 보건 서비스 기관과 정부는 건강증진을 위한 서비스 책임을 공유하고 있다. 그러므로 건강증진을 위해서 보건의료서비스 체계를 구축하는 일을 함께해야 한다. 보건의료서비스는 문화적 요구를 존중하고, 더 건강한 삶에 대한 개인 및 지역사회 요구를 지원하고, 건강분야와 더 폭 넓은 사회, 정치, 경제 및 환경 분야 간에 열린 소통이 필요하다.

2) 정신건강증진의 개념

(1) 정신건강과 정신건강증진

정신건강은 단순히 정신질환이 없는 상태 이상을 의미한다. 즉, '한 개인이 자신의 능력을 실현하고 일상적인 삶의 스트레스에 대처하고 생산적으로 일할 수 있으며, 자신이 속한 지역사회에 기여할 수 있는 안녕 상태'이다(WHO, 2001a).

정신건강은 건강증진의 필수 영역이다. 정신건강은 신체적 건강과 삶의 질에 영향을 주는 결정적 요인이며, 전체적인 건강과 안녕을 증진시키기 위한 주요한 요소이다. 정신건강은 정신질환의 발생을 감소시킬 뿐만 아니라 교육성과와 노동생산성을 향상시키고, 가족 간 관계를 개선하며 지역사회를 보다 안전하게 만들 수 있게 한다.

건강이나 질병과 마찬가지로 정신건강도 여러 가지 사회적 · 심리적 · 생물학적 요소 간의 작용으로 나타난다. 빈곤, 교육수준, 경제적 수준, 가족관계, 학교나 직장생활, 지역사회 환경 등이 정신건강에 영향을 미친다.

하지만 아직까지 정신건강을 현실세계의 문제와 동떨어진 것이라고 생각하거나 생물학적 문제로만 바라보는 경우가 많다. 정신건강증진을 위해 공중보건적 접근이 필요하며, 건강증진, 질병과 장애의 예방, 그로 인한 치료와 재활을 강화하는 활동이 함께 이루어져야 한다.

(2) 정신건강증진과 신체건강

정신건강은 신체건강과 다양한 메커니즘을 통해 긴밀하게 연결되어 있다. 신체가 건강하지 않을 때 정신건강에 미치는 부정적인 영향과 정신건강이 나빠서 신체건강에 미치는 부정적인 영향은 비슷하다. 정신적 · 신체적 건강과 기능이 사회적 · 환경적 영향과 장기간에 걸쳐 상호 영향을 주는 경로는 두 가지로 설명될 수 있다(WHO, 2001b).

첫째, 직접적인 신경 내분비계나 면역 기능과 같은 생리학적 체계를 통해서이다. 불안하고 우울한 기분은 내분비계나 면역 기능에 부정적인 변화를 촉진시켜 신체 질병의 취약성을 높인다. 정신건강이 좋지 않으면 면역기능이 저하되거나 특정 질병을 유발하거나, 조기사망에 이르기도 한다. 둘째, 건강행동을 통해서이다. 적절하게 먹고, 자고, 규칙적으로 운동하고, 흡연하지 않고 안전한 성생활을 하고 안전벨트를 메고 의학적 치료를 적절하게 받는 등의 행동을 포함한다. 우울증이나 낮은 자아존중감은 흡연, 폭음, 거식증, 안전하지 못한 성관계와 관련이 있어 여러 질환에 노출될 위험성이 높아진다.

생애주기 접근을 통해서 보면, 신체적 · 정신적 건강의 사회적 변화를 이해할 수 있다. 살아오면서 특정 경험과 특정 환경에 노출되는데, 만약 불평등하고 불리한 상황에 놓이게 된다면 성인기에 발병할 확률과 조기사망의 위험성은 높아질 수 있다. 따라서 생물학적 · 사회적으로 결정적 시기에 사람들을 건강 위험 요인으로부터 보호할 수 있는 정책, 특히 복지 정책이 요구된다.

정신건강과 신체건강이 서로 근본적으로 연결되어 있으므로, 정신건강증진은 한 사회의 건강 상태를 변화시킬 때 고려해야 할 중요한 요인이다. 즉, 정신이 건강하지 않고는 신체적으로도 건강할 수 없다. 건강과 행동은 생물학적 · 정신적 · 사회적 요소에 모두 영향을 받기 때문에 사회적 요소를 통해 변화를 지원하지 않는 한 사회기술이나 자기 통제력을 훈련시키는 등의 개인적 개입만으로는 장기적인 변화를 가져오기 어렵다.

3) 실천방법과 적용

(1) 정신건강증진 목적과 활동

정신건강증진의 목적은 개인적 · 사회적 · 환경적 수준의 특성을 증진시키고 악화되지 않도록 하는 것이다. 각 국가는 이러한 개념에 근거하여 정신건강과 안녕을 증진시키기 위한 정책적 틀을 발전시키고 있다. 대표적으로 호주의 빅토리아 건강증진재단에서는 정신건강증진 틀을 제시하고 있다. 이 틀은 사회통합, 차별과 폭력으로부터의 자유, 경제적 참여라는 정신건강과 관련된 세 가지 주요 요인으로부터 시작하여, 다양한 인구 집단을 대상으로 다양한 분야의 참여를 통해 성과를 가져오고자 한다(WHO, 2014). 정신건강증진의 가장 핵심은 정신건강에 영향을 미치는 사회적, 경제적 결정요인이 다음과 같은 목적 및 활동을 포함한다.

첫째, 사회통합의 증진이다. 사회적 통합이란 지지적인 관계를 맺고 단체 활동과 시민활동에 참여하는 것이다. 사람들은 사회적 네트워크를 통해 사회적 지지와 사회참여의 기회를 얻을 수 있으며, 친밀한 대인 관계를 맺을 수 있는 의미 있는 역할과 자원, 기회를 만들 수 있다. 사회통합을 증진하기 위해 지역사회 역량을 강화하고 참여와 소속의 기회를 의식적이고 조직적으로 확대해야 한다.

둘째, 차별과 폭력의 감소이다. 차별과 폭력은 정신건강에 부정적인 영향을 미치게 된다. 차별을 감소시키기 위해 법과 제도적인 개혁이 필요하며, 집단 간의 긍정적인 접촉 경험을 통해 편견을 감소시킬 수 있다. 폭력은 권력 간 불균형적인 관계 에 뿌리내리기 때문에 문화적 · 정치적 · 사회적 측면에서의 체계 변화가 필요하다.

셋째, 경제적 참여의 증가이다. 경제적 참여는 완전 고용의 문제뿐만 아니라 안전, 적절한 임금, 직업에 대한 만족 등의 적절한 고용을 포괄한다. 저소득, 저학력, 제한된 교육, 불안정한 고용, 스트레스가 심한 근무환경, 실업, 열악한 주거환경, 폭력, 열악한 물리적 환경, 참여 제한 등과 같이 정신건강을 악화시키는 사회경제적 조건을 변화시켜 나가야 한다.

토론주제

1. 정신의학모델에서 '함께하는 의사결정'의 의미와 중요성은 무엇인가?

2. 정신재활모델에서의 네 가지 단계는 무엇이며, 각 단계에서 어떠한 지원이 필요한가?

3. 회복의 여섯 가지 요소는 무엇이며, 그중 위험감수를 위해 어떠한 지원이 필요한가?

4. 정신건강증진모델에서 사회경제적 결정요인을 고려한 실천 활동에는 어떠한 것이 있는가?

5. 각 모델 간의 차이와 공통점은 무엇인가?

제5장

정신건강과 사회복지

일반적으로 의료와 관련한 사회복지실천을 의료사회복지 혹은 의료사회사업으로 인식하지만 정신건강과 관련한 사회복지실천은 단지 정신의료기관 내에서 수행되는 '정신의료사회복지'로 한정할 수는 없다. 정신건강 문제를 경험하는 사람들은 건강회복을 위한 의료적 지원뿐만 아니라 소득, 주거, 고용, 교육 · 문화 · 체육 · 여가 지원, 권익옹호 등 지역사회에 통합되어 살아가기 위해 필요한 다양한 복지지원을 필요로 하며 사회복지전문직은 이러한 복지지원을 담당하는 핵심 전문직이기 때문이다.

이 장은 정신건강 문제를 경험하는 사람들을 위한 다양한 복지지원의 토대가 되는 정신건강법령, 정신건강복지정책, 정신건강복지 전달체계 및 서비스 등의 현황과 한계, 개선방안 등에 대해 학습하는 데 목적이 있다. 이를 위해 「정신건강복지법」, 온국민 마음건강 종합대책(2021), 정신건강복지전달체계, 정신건강전문요원 현황과 수련 규정, 정신건강 관련 사회복지실천 순으로 살펴보고자 한다.

1. 「정신건강복지법」

법률은 사회문제에 관한 공식적인 정책과 실천을 규율하는 가장 상위의 규범이다. 정신건강 문제에 관한 법령은 다양하게 존재하지만 정신건강 문제에 관한 가장 근간이 되는 법령은 「정신건강증진 및 정신질환자 복지지원에 관한 법률」(2016.5. 제정, 이하 「정신건강복지법」)이다. 우리나라에서 정신건강 문제에 관한 공식적인 첫 법령은 1995년 12월 제정된 「정신보건법」이다. 이 법령은 2016년 전면 개정되어 오늘날 「정신건강복지법」으로 이어지고 있다.

「정신건강복지법」이 정신건강 문제를 경험하는 사람들을 위한 사회복지실천과 관련해 어떠한 규정들을 지니고 있는지 이 법의 제정 배경, 이념, 목적, 주요 내용을 중심으로 살펴보고자 한다.

1) 「정신건강복지법」의 제정 배경

「정신건강복지법」은 1995년 제정된 「정신보건법」을 전면 개정한 것이기는 하지만 법의 내용이 「정신보건법」을 상당부분 계승하고 있으므로 「정신보건법」의 제정 배경을 살펴봄으로써 오늘날 「정신건강복지법」이 사회적으로 어떤 의의를 갖는지 확인할 수 있을 것이다.

1995년 「정신보건법」이 제정된 것은, 첫째, 정신질환자에 대한 적절한 치료가 이루어지지 않은 채 인권침해를 일삼는 무허가 수용시설문제와 관련 있다. 당시만 하더라도 정신질환자는 무허가 기도원이나 시설에 집단적으로 수용되었으나, 그러한 시설들은 전문적 치료를 제공하지 않았고, 인간적인 삶이 가능한 환경을 보장하지도 않았기에 인권침해가 심각한 것으로 지적되었다. 둘째, 간헐적으로 발생하던 정신질환자에 의한 범죄나 사고로 인해 사회치안과 질서유지 차원에서 정신질환자에 대한 강제적 치료나 사회적 격리를 강조하는 사회여론이 조성되어 있었다. 이러한 배경에서 「정신보건법」은 정신질환자에 대한 적절한 치료를 강조하는 의료법령, 정신질환자의 인권보호를 강조하는 인권법령, 사회치안을 유지하기 위해 정신질환자에 대한 강제적 치료와 입원 및 시설보호를 강조하는 치안법령 등의 성격을 반영하는 복합적 성격의 법령으로 볼 수 있다(강상경 외, 2022; 양옥경, 2006).

2016년 5월 「정신보건법」이 전면 개정되어 「정신건강복지법」으로 제정된 배경은 기존 법령이 정신질환자 강제입원 규정 등에 한계가 있어 정신질환자 인권보호를 강화할 필요가 제기되었고, 전체 국민을 위한 정신건강증진과 예방에 관한 요구를 충분히 반영하지 못하고 있었으며, 「장애인복지법」에 의하면 장애인으로 정의될 수 있는 만성 중증정신질환자의 고용, 주거, 교육, 문화 · 예술 · 체육 등에 대한 지원과 가족지원 등을 규정하지 않아 복지지원을 강화할 필요가 있었기 때문이다(김문근, 2016). 즉, 「정신건강복지법」은 정신질환자의 인권보호 강화, 전체 국민을 대상으로 하는 정신건강증진과 예방 강화, 정신질환자의 다양한 복지지원 강화 등을 목적으로 제정되었다.

2) 정신건강복지법의 이념과 목적

법의 이념은 법의 정신을 담고 있으며, 법의 핵심가치, 원칙, 미래의 방향성을 지시한다. 「정신건강복지법」은 〈표 5-1〉과 같은 아홉 가지 이념을 제시하고 있다.

현대 복지국가는 사회적 위험으로부터 국민을 보호하는 것을 주된 사명으로 삼는데, 「정신건강복지법」은 국가가 '정신질환'으로부터 모든 국민을 보호하는 것을 기본 이념으로 제시했다.

또한 이 법은 정신질환자의 인권보호를 기본이념으로 제시하고 있다. 법의 이념 제2항, 제3항은 정신질환자의 인간으로서 존엄과 가치, 최적의 치료(건강권), 평등권 등의 보장을 강조한 것이다. 제4항은 이중적 취약성에 놓인 미성년정신질환자에 대한 치료, 보호, 교육에 관한 권리보장을, 제5항은 치료로 인한 신체적 자유권 제한의 최소화를 강조하고 있다. 제6항은 정신건강증진시설 입원 및 입소 중 자유권 보장을, 제7항과 제8항은 일반적인 자기결정권 보장을 강조하고 있다. 끝으로, 제9항은 정신건강복지정책 결정과정에 참여할 권리를 강조하고 있다. 이는 최근

표 5-1 「정신건강복지법」의 이념

1. 모든 국민은 정신질환으로부터 보호받을 권리를 가진다.
2. 모든 정신질환자는 인간으로서의 존엄과 가치를 보장받고, 최적의 치료를 받을 권리를 가진다.
3. 모든 정신질환자는 정신질환이 있다는 이유로 부당한 차별대우를 받지 아니한다.
4. 미성년자인 정신질환자는 특별히 치료, 보호 및 교육을 받을 권리를 가진다.
5. 정신질환자에 대해서는 입원 또는 입소(이하 "입원 등"이라 한다)가 최소화되도록 지역 사회 중심의 치료가 우선적으로 고려되어야 하며, 정신건강증진시설에 자신의 의지에 따른 입원 또는 입소(이하 "자의입원 등"이라 한다)가 권장되어야 한다.
6. 정신건강증진시설에 입원 등을 하고 있는 모든 사람은 가능한 한 자유로운 환경을 누릴 권리와 다른 사람들과 자유로이 의견교환을 할 수 있는 권리를 가진다.
7. 정신질환자는 원칙적으로 자신의 신체와 재산에 관한 사항에 대하여 스스로 판단하고 결정할 권리를 가진다. 특히 주거지, 의료행위에 대한 동의나 거부, 타인과의 교류, 복지서비스의 이용 여부와 복지서비스 종류의 선택 등을 스스로 결정할 수 있도록 자기결정권을 존중받는다.
8. 정신질환자는 자신에게 법률적·사실적 영향을 미치는 사안에 대하여 스스로 이해하여 자신의 자유로운 의사를 표현할 수 있도록 필요한 도움을 받을 권리를 가진다.
9. 정신질환자는 자신과 관련된 정책의 결정과정에 참여할 권리를 가진다.

장애인정책에서 강조되는 '당사자주의'를 반영한다. 정책결정은 이해 당사자들의 온전한 참여하에 이루어져야 정책의 정당성이 보장된다는 것이다.

한편, 이 법은 모든 '국민의 정신건강증진'과 '정신질환자의 인간다운 삶의 보장'을 법의 목적으로 제시하고 있다. 즉, 정신건강복지와 관련한 정책의 포괄적 목적은 모든 국민의 "정신건강증진"과 정신질환자의 건강, 재활, 복지, 인권 등을 포괄하는 인간다운 삶을 보장하는 것이라 할 수 있다.

3)「정신건강복지법」의 주요 내용

「정신건강복지법」의 주요 내용은 크게 주요 주체들의 책무, 정신의료 및 요양에 관한 규정, 재활 및 복지지원, 권익보호 등으로 구분할 수 있다.

(1) 국가 · 지방자치단체, 국민, 보호의무자, 정신건강증진시설장의 책무

「정신건강복지법」은 정신건강 문제를 경험하고 있거나 경험할 가능성이 있는 국민들의 건강과 복지, 인권을 보장하기 위해 국가와 지방자치단체의 장, 국민, 정신질환자의 보호의무자, 정신건강증진시설[1]의 장에게 주요한 책무를 요구하고 있다.

「정신건강복지법」 제4조에 따르면 국가와 지방자치단체의 장에 대해 5대 책무를 요구받고 있다. 이 법의 이념과 목적을 달성하기 위해 정부와 지방자치단체는 필요한 조치의 시행, 전달체계 확립, 권익향상 및 인권보호, 지원서비스, 종합시책 수립과 시행, 재활과 자립 지원 등을 추진할 책무를 지닌다.

- 국민정신건강증진 및 정신질환의 예방과 치료, 정신질환자의 재활 및 장애극복과 사회적응 촉진을 위한 연구, 조사, 지도, 상담 등 필요한 조치의 시행
- 정신건강복지센터와 정신건강증진시설, 사회복지시설, 학교 및 사업장 등을 연계하는 정신건강 서비스 전달체계 확립
- 정신질환자 및 가족의 권익향상, 인권보호 및 지원서비스에 관한 종합시책 수립과 추진
- 정신질환자 및 가족에 대한 차별과 편견 해소, 권리 구제를 위한 적극적 조치의 시행
- 정신질환자 및 가족의 재활과 자립을 지원하기 위한 정신건강증진사업에 대한 정보제공과 필요한 시책의 추진

1)「정신건강복지법」 제3조에 따르면 정신건강증진시설은 정신의료기관, 정신요양시설, 정신재활시설 등을 뜻한다.

다음으로, 「정신건강복지법」 제5조에 의하면 모든 국민은 '정신건강증진을 위하여 국가와 지방자치단체가 실시하는 조사 및 정신건강증진사업 등에 협력'해야 할 의무가 있다.

한편, 「정신건강복지법」 제40조에 따르면 민법의 성년후견인 또는 부양의무자를 지칭하는 정신질환자의 보호의무자는 '포괄적 보호제공' 의무와 '자신 및 타인을 해치지 않도록 지도 · 감독'할 의무가 있다. 포괄적 보호란 정신질환자가 필요로 하는 치료, 요양, 사회적응훈련 등을 지원하고, 권익을 보호하고, 유기하지 않는 것을 의미한다. 이처럼 정신질환자의 건강과 복지가 보호의무자에게 맡겨져 있다면 보호의무자가 이러한 책무를 다할 수 있도록 충분한 지원을 제공하는 것이 중요할 것이다.

그리고 「정신건강복지법」 제6조에 의하면 정신의료기관, 정신요양시설, 정신재활시설 등 정신건강증진시설의 장은 네 가지 의무가 있다. 첫째, 시설장은 이 법에 근거한 정신질환자의 권리 및 권리행사방법을 알리고 관련 서류를 구비해야 한다. 둘째, 퇴원 및 퇴소하는 정신질환자에게 정신건강복지센터를 안내하고 지역사회 거주 및 치료 관련 자원에 관한 정보를 제공해야 한다. 셋째, 치료 · 재활 · 보호 과정에서 정신질환자의 의사를 존중해야 한다. 넷째, 입원 또는 거주 중인 정신질환자에 대해 인간으로서 존엄과 가치 및 자유로운 생활을 보장해야 한다.

(2) 정신의료 및 요양 규정

의료 및 요양에 있어서 신체질환과 구별되는 정신질환의 독특한 측면은 비자발적인 치료절차가 법에 의해 규정되어 있다는 점이다. 「정신건강복지법」은 정신의료기관 입원이나 정신요양시설 입소는 본인의 자발적인 결정에 따라야 한다고 법 이념에서 강조하고 있으나 비자발적인 입원 및 입소에 관한 규정을 포함하고 있다. 한편, 이러한 비자발적인 입원 및 입소 규정은 정신질환이 있는 사람들에 대한 무분별한 강제입원이나 시설수용을 제한하며, 치료가 필요하지만 치료 필요성을 인지하지 못하는 사람들의 치료를 촉진한다는 점에서 정신질환자나 정신장애인의 인권과 건강을 보호하는 의미를 지니고 있다. 하지만 이는 결국 정신질환을 지닌 사람들에 대해 강제적 입원치료나 시설수용을 법으로 보장한다는 점에서 의료기관 및 요양시설 혹은 이러한 기관에서 의료 및 요양을 담당하는 전문가들을 보호할 뿐만 아니라 치안을 위해 자해 및 타해의 위험성이 있는 사람들을 사회로부터 격리시킨다는 점도 부정할 수는 없다.

「정신건강복지법」의 정신의료기관 입원 및 정신요양시설 입소는 몇 가지 유형이 존재하며, 각 유형은 적용될 수 있는 상황, 입원절차, 퇴원절차에 있어 차이가 있다. 상이한 입원유형의 특성을 비교하면 〈표 5-2〉와 같다(강상경 외, 2022).

「정신건강복지법」의 입원은 크게 자신의 결정에 의한 입원과 비자발적 입원으로 구분할 수 있다. 자기결정에 의한 입원으로 '자의입원'(법제41조)과 '동의입원'(법제42조)이 있다. 자의입원은 자기결정에 근거해 스스로 입원신청을 함으로써 입원절차가 진행되며, 스스로의 퇴원신청에 근거해 퇴원절차가 진행되므로 가장 바람직한 입원유형이라 할 수 있다. 이에 비해 동의입원은 스스로의 결정에 의해 입원신청이 이루어지는데, 보호의무자의 동의가 추가로 필요하며, 퇴원은 본인의 의견과 보호의무자의 의견이 일치해야 진행된다.

비자발적 입원은 2인 이상의 보호의무자의 신청에 의한 '보호입원'(법제43조), 보호의무자가 없거나 명확하지 않을 때 정신건강의학전문의 또는 정신건강전문요원이 지방자치단체장에게 입원을 신청하는 '행정입원'(법제44조), 정신질환으로 인한 자해 및 타해의 위험성이 예상되는 긴박한 상황일 때 의사 및 경찰관의 협조를 얻어 입원이 이루어지는 '응급입원'(법제50조) 등이 있다.

특히 비자발적 입원은 그 특성상 정신질환자 본인의 신체적 자유를 제한하는 의료행위이므로 부당한 입원으로 인한 인권침해를 예방하기 위해 엄격한 절차를 포함하고 있다. 첫째, 보호입원은 반드시 보호의무자 2인 이상의 동의를 요건으로 한다. 이는 특정한 보호의무자가 자신의 이해관계 때문에 정신질환자를 입원시키는 것을 방지하기 위함이다. 둘째, 보호입원과 행정입원은 정신건강의학전문의 2인의 일치된 진단을 요건으로 한다. 이것은 정신건강의학전문의의 진단의 신뢰성을 높이고, 전문의의 이해관계에 따른 일방적 진단에 의한 입원을 제한하기 위함이다. 셋째, 비자발적 입원은 입원치료나 요양을 받을 만한 정신질환이 존재하며, 자신의

표 5-2 「정신건강복지법」의 입원 유형별 적용 상황과 입원 및 퇴원 절차

입원유형	적용될 수 있는 상황	입원절차	퇴원절차
자의입원 (법제41조)	스스로의 결정에 의해 입원치료를 희망	• 본인의 입원신청	• 본인의 퇴원신청
동의입원 (법제42조)	스스로의 결정에 의해 입원치료를 신청	• 본인의 입원신청과 보호의무자의 동의	• 본인 또는 보호의무자의 퇴원신청 • 본인과 보호의무자의 의견이 불일치하면 전문의의 진단에 따라 즉시 퇴원 또는 다른 유형의 입원으로 전환
보호입원 (법제43조)	2인 이상의 보호의무자가 입원치료를 신청	• 보호의무자 2인 이상의 입원신청과 전문의의 진단으로 진단입원(2주 이내) 실시 • 전문의 2인의 일치된 진단에 근거해 치료입원(3개월 이내) 실시 • 입원적합성심사(1개월 이내) 실시 • 계속입원심사를 통해 계속입원 결정	• 입원적합성심사결과 부적합 시 퇴원 • 본인 또는 보호의무자의 퇴원신청 시 즉시 퇴원 • 계속입원심사에서 퇴원명령이 있으면 퇴원
행정입원 (법제44조)	보호의무자가 없거나 명확하지 않은 상황에서 전문의 또는 정신건강 전문요원이 지방자치단체장에게 입원을 신청	• 정신건강의학전문의 진단에 근거해 진단입원(2주) 실시 • 전문의 2인의 일치된 진단에 근거해 치료입원(3개월 이내) 실시 • 입원적합성심사(1개월 이내) 실시 • 계속입원심사를 통해 계속입원 결정	• 입원적합성심사결과 부적합 시 퇴원 • 행정기관장에 의한 입원의 해제 시 퇴원 • 계속입원심사에서 퇴원명령이 있으면 퇴원
응급입원 (법제50조)	정신질환으로 인해 자신이나 타인의 안전에 위험을 끼칠 수 있는 급박한 상황	• 발견자가 의사 및 경찰관의 동의를 얻어 입원신청 • 의료기관이 보호의무자에 입원사실 통보 • 전문의의 진단에 따라 즉시 퇴원 또는 다른 유형의 입원으로 전환	• 전문의의 진단에 따라 입원이 불필요하다면 즉시 퇴원

건강이나 안전 또는 타인의 안전에 해를 끼칠 위험이 존재하는 경우에만 허용된다. 넷째, 비자발적 입원은 입원 후 1개월 이내에 독립적으로 운영되는 입원적합성심사위원회를 통해 입원적합성 심사를 거쳐야 한다. 또한 입원기간을 연장하기 위해서는 반드시 지방자치단체에서 운영하는 정신건강심사위원회의 계속입원심사를 거쳐야 한다.

이러한 입원규정은 정신의료기관이 아닌 정신요양시설에도 동일하게 적용되는데, 이것은 정신질환자의 불법적인 수용을 방지하여 인권을 보호하는 데 기여한다. 하지만 복지서비스에 가까운 정신요양서비스 이용에 대해 의료적 진단과 자신 및 타인의 안전에 대한 위험성 등 정신의료서비스 기준을 적용하는 것은 합리성이 낮다.

(3) 재활 및 복지 지원

「정신건강복지법」은 정신질환자의 재활 및 복지지원을 위해 정신건강복지센터 및 정신재활시설 운영에 대해 규정하고 있으며, 정신질환자 복지지원의 영역을 제시하고 있다. 「정신건강복지법」은 정신건강복지센터의 주요 기능을 자세하게 규정하지 않고 있으나 보건복지부가 매년 발간하는 '정신건강사업안내'에 따르면 주로 지역단위에서 정신건강증진, 정신질환자 사례관리 및 위기개입 등을 주요 업무로 담당해 왔다. 2016년 「정신보건법」을 「정신건강복지법」으로 전면개정하였지만, 정신질환자에 대한 복지지원기능이 강화되지는 않았기에 지속적으로 비판을 받아 왔다. 다만 2022년 정신건강사업안내는 지역정신건강복지센터의 지역특화사업 신규사업으로 '정신질환자 자립지원사업'을 제시하고 있다. 자립지원사업은 정신질환자의 고용지원, 주거지원, 평생학습지원 등을 주요 내용으로 한다(보건복지부, 2022, pp. 74-76). 이러한 자립지원사업이 활성화된다면 지역정신건강복지센터가 단지 정신건강증진 및 정신질환자 사례관리에 그치지 않고 정신질환자의 복지지원에도 기여할 수 있을 것이다.

한편, 「정신건강복지법」은 다양한 유형의 정신재활시설을 규정함으로써 지역사회 정신질환자의 재활을 지원하고 있다. 정신재활시설은 각각 기능이 다른 생활시설, 주간재활시설, 공동생활가정, 지역사회전환시설, 직업재활시설, 아동 · 청소년 정신건강 지원시설, 중독자재활시설, 생산품판매시설, 복합적 기능을 담당하는 종합시설 등을 규정하고 있다.

또한 「정신건강복지법」은 제4장 국가와 지방자치단체가 담당해야 할 정신질환자

표 5-3 「정신건강복지법」의 정신재활시설 유형(시행규칙 별표 10)

종류		사업
생활시설		가정에서 생활하기 어려운 정신질환자 등에게 주거, 생활지도, 교육, 직업재활훈련 등의 서비스를 제공하며, 가정으로의 복귀, 재활, 자립 및 사회적응을 지원하는 시설
재활훈련시설	주간 재활시설	정신질환자 등에게 작업 · 기술지도, 직업훈련, 사회적응훈련, 취업지원 등의 서비스를 제공하는 시설
	공동 생활가정	완전한 독립생활은 어려우나 어느 정도 자립능력을 갖춘 정신질환자 등이 공동으로 생활하며 독립생활을 위한 자립역량을 함양하는 시설
	지역사회 전환시설	지역 내 정신질환자 등에게 일시 보호 서비스 또는 단기 보호 서비스를 제공하고, 퇴원했거나 퇴원계획이 있는 정신질환자 등의 안정적인 사회복귀를 위한 기능을 수행하며, 이를 위한 주거제공, 생활훈련, 사회적응훈련 등의 서비스를 제공하는 시설
	직업 재활시설	정신질환자 등이 특별히 준비된 작업환경에서 직업적응, 직무기능향상 등 직업재활훈련을 받거나 직업생활을 할 수 있도록 지원하며, 일정한 기간이 지난 후 직업능력을 갖추면 고용시장에 참여할 수 있도록 지원하는 시설
	아동 · 청소년 정신건강 지원시설	정신질환 아동 · 청소년을 대상으로 한 상담, 교육 및 정보제공 등을 지원하는 시설
중독자재활시설		알코올 중독, 약물 중독 또는 게임 중독 등으로 인한 정신질환자 등을 치유하거나 재활을 돕는 시설
생산품판매시설		정신질환자 등이 생산한 생산품을 판매하거나 유통을 대행하고, 정신질환자 등이 생산한 생산품이나 서비스에 관한 상담, 홍보, 마케팅, 판로개척, 정보제공 등을 지원하는 시설
종합시설		정신재활시설 중 2개 이상의 정신재활시설이 결합되어 정신질환자 등에게 생활지원, 주거지원, 재활훈련 등의 기능을 복합적 · 종합적으로 제공하는 시설

등에 대한 복지서비스의 제공에 관해 규정하고 있다. 이 규정들은 복지지원에 대한 영역을 열거하는 데 그치고 있어 실질적으로 복지지원을 보장하기에는 한계가 많다. 제4장에 제시된 정신질환자 등을 위한 복지지원영역은 복지서비스의 개발, 고용 및 직업재활지원, 평생교육지원, 문화 · 예술 · 여가 · 체육 등의 지원, 지역사회 거주 · 치료 · 재활 지원, 가족지원 등을 포함한다.

(4) 권익보호

정신건강 문제를 경험하는 정신질환자 등은 비자발적인 치료 및 입원(시설수용)의 대상이 되거나 지역사회에서도 편견과 차별 등에 노출되기 쉽다. 그래서 「정신건강복지법」 제7장은 정신질환자의 권익보호에 대해 포괄적인 규정을 포함하고 있다.

① 차별금지와 권익보호

「정신건강복지법」은 정신질환자 또는 정신질환자 경력에 근거한 교육, 고용, 시설이용 기회의 제한, 박탈, 기타 불공평한 대우를 금지하며, 정신질환자 또는 보호의무자의 동의 없는 녹음, 녹화, 촬영을 금지한다. 그뿐만 아니라 정신질환자 또는 정신건강증진시설 관련 직무를 수행하고 있거나 수행하였던 사람이 직무상 알게 된 비밀 누설 및 공표를 금하고 있다.

② 입원 및 수용의 금지

응급입원을 제외하고는 전문의의 대면 진단에 의하지 않는 입원 및 입원기간 연장을 허용하지 않는다. 또한 법에 근거해 정신질환자를 보호할 수 있는 시설로 지정된 곳이 아닌 장소에 정신질환자를 수용하는 것을 금지하고 있다.

③ 입원 및 수용 중 인권보호

첫째, 정신건강증진시설에 입원 및 이용 중인 사람에 대한 폭행 및 가혹행위를 금지하고 있다. 둘째, 전기충격요법, 인슐린혼수요법, 마취하최면요법, 정신외과요법 등 특수치료는 대통령령에 근거해 본인 및 보호의무자에게 정보를 알리고 동의를 얻은 경우에만 적용이 가능하다. 셋째, 정신의료기관이나 요양시설 등에서 격리 및 신체적 제한을 가하는 것은 치료 또는 보호의 목적으로 전문의의 지시에 의한 경우에만 허용한다. 넷째, 정신의료기관이나 요양시설 등에서 통신과 면회의 자유를 제한하는 것은 치료목적으로 전문의의 지시에 의한 경우가 아니라면 금지된다.

④ 작업치료의 제한과 직업훈련 지원

작업치료는 치료, 재활, 사회적응에 도움이 된다고 인정되는 경우에 한해 그 위험성을 고려해 보건복지부령에 근거해 적용할 수 있다. 이러한 작업치료의 적용은 반드시 본인의 신청 및 동의를 필요로 하며, 전문의의 지시에 따라야 한다.

한편, 정신질환으로부터 회복된 사람에 대해서는 그 능력에 적합한 직업훈련을 지원하고, 적합직종을 개발 및 보급하여 직업적 지원을 제공해야 한다.

⑤ 인권교육

정신건강증진시설의 장은 종사자에 대해 인권교육을 실시함으로써 시설을 이용하는 정신질환자 등의 인권을 보호할 수 있도록 해야 한다.

⑥ 단체 · 시설의 보호 · 육성

국가 또는 지방자치단체의 장은 정신질환자의 사회적응을 촉진하고 권익을 보호하는 것을 목적으로 하는 단체 또는 시설을 보호 · 육성해야 한다.

⑦ 경제적 부담 경감

국가 또는 지방자치단체의 장은 정신질환자와 보호의무자의 경제적 부담을 줄이고, 정신질환자의 사회적응을 촉진하기 위한 의료비 경감이나 보조, 그 외 필요한 지원을 제공하여야 한다.

2. 정신건강복지정책

현재 정부의 정신건강복지정책은 5년마다 수립되는 국가정신건강복지기본계획을 통해 구체화되고 있다. 최근 발표된 제2차 국가정신건강복지기본계획은 '온국민 마음건강 종합대책'(관계부처합동, 2021)으로 발표되었으며, 2021~2025년에 걸쳐 추진된다. 이번 국가정신건강복지기본계획의 개요는 [그림 5-1]과 같다.

온국민 마음건강 종합대책은 총 6개의 정책목표, 6개의 핵심전략, 21개의 핵심과제로 구성되어 있다. 이번 정신건강복지기본계획이 갖는 정신건강복지적 특성을 살펴보면 다음과 같다.

첫째, '전 국민'을 표적집단으로 하는 정책을 강조하고 있다. 이는 정신건강복지정책이 중증정신질환자를 대상으로 하는 정책으로부터 점차 자살예방, 중독예방, 우울과 스트레스, 트라우마 등 보다 많은 국민이 경험하기 쉬운 정신건강 문제들로 개입영역을 확대하고, 치료와 재활에서부터 예방과 정신건강증진까지 포괄함을 뜻한다. 즉, 사회보장이란 관점에서 본다면 모든 국민을 '정신건강 문제'라는 사회적 위험으로부터 보호한다는 의미를 내포하고 있는 것이다.

둘째, 정신의료의 질 향상을 강조하고 있다. 특히 정신질환자의 중등도에 따른 차별화된 치료환경 제공, 정신질환에 대한 조기인지 및 조기개입, 집중치료 등을 통한 치료효과성 향상은 정신의료가 효과적이어야 하지만 그렇지 못하다는 점을 시사한다(김문근, 2021). 정부가 고려하는 구체적인 정책방안은 처음 발병한 정신질환자를 조기에 발견하여 치료를 제공하되 집중적인 치료를 제공함으로써 정신질환이 만성화되는 것을 차단하는 것을 들 수 있다. 이를 위해서는 첫 발병환자에 특화된 치료모형을 개발해야 하고, 집중적 치료에 대한 적절한 의료수가도 보장해야 한다. 이러한 접근을 통해 양질의 의료, 효과적 의료를 제공하는 것은 정신건강에 대한 국민의 권리보호를 위해 무엇보다 우선적인 정책목표여야 할 것이다.

셋째, 정신질환자의 사회통합을 위한 재활 및 자립지원을 강조하고 있다. 정신질환자가 지역사회에 통합되어 살아가려면 지속적인 치료와 재활뿐만 아니라 차

비전	마음이 건강한 사회, 함께 사는 나라
정책 목표	1. 코로나19 심리방역을 통한 대국민 회복탄력성 증진 2. 전 국민이 언제든 필요한 정신건강 서비스를 이용할 수 있는 환경 조성 3. 정신질환자의 중증도와 경과에 따른 맞춤형 치료환경 제공 4. 정신질환자가 차별 경험 없이 지역사회 내 자립할 수 있도록 지원 5. 약물중독, 이용 장애 등에 대한 선제적 관리체계 마련 6. 자살 충동, 자살 수단, 재시도 등 자살로부터 안전한 사회 구현

추진전략	핵심과제
전 국민 정신건강증진	1. 적극적 정신건강증진 분위기 조성 2. 대상자별 예방 접근성 제고 3. 트라우마 극복을 위한 대응역량 강화
정신의료서비스/ 인프라 선진화	1. 정신질환 조기인지 및 개입 강화 2. 지역 기반 정신 응급 대응체계 구축 3. 치료 친화적 환경 조성 4. 집중 치료 및 지속 지원 등 치료 효과성 제고
지역사회 기반 정신질환자의 사회통합 추진	1. 지역사회 기반 재활 프로그램 및 인프라 개선 2. 지역사회 내 자립 지원 3. 정신질환자 권익 신장 및 인권 강화
중독 및 디지털 기기 이용장애 대응 강화	1. 알코올 중독자 치료 및 재활서비스 강화 2. 마약 등 약물중독 관리체계 구축 3. 디지털기기 등 이용장애 대응 강화
자살로부터 안전한 사회 구현	1. 자살 고위험군 발굴과 위험요인 관리 2. 고위험군 지원 및 사후관리 3. 서비스 지원체계 개선
정신건강정책 발전을 위한 기반 구축	1. 정책 추진 거버넌스 강화 2. 정신건강관리 전문인력 양성 3. 공공자원 역량강화 4. 통계 생산체계 정비 및 고도화 5. 정신건강 분야 전략적 R&D 투자 강화

그림 5-1 온국민 마음건강 종합대책(2021~2025)의 개요

별과 편견으로부터 보호, 고용과 주거, 교육 · 문화 · 여가 등에 대한 지원을 필요로 하기 때문이다. 치료는 국민건강보험 및 의료급여를 활용할 수 있고, 민간의료기관을 통해 충분한 정신의료서비스가 공급되고 있어 접근성은 문제가 되지 않는다. 하지만 지역사회에서 정신질환자의 재활과 다양한 복지지원을 담당할 수 있는 정신재활시설, 주거시설, 직업재활시설 및 고용지원서비스는 전국적으로 공급이 불충분하여 서비스 이용에 어려움이 크다. 현재 정신질환자의 사회적응을 돕고, 주거서비스를 제공하며, 직업재활 및 고용지원을 담당하는 정신재활시설은 전국적으로 접근성이 매우 낮다. 하지만 정부는 정신재활시설의 설치와 운영지원을 지방자치단체에 위임하고 있는데 대부분의 지방자치단체는 재정자립도가 낮고, 정신건강복지사업에 관심도가 낮아 정신재활시설 확충에 소극적이다. 그러므로 특별한 정책적 전환이 없다면 정신재활시설 확충을 기대하기는 어려운 상황이다(강상경 외, 2022). 따라서 정부는 직접 정신재활시설을 확충할 수 있는 새로운 정책방안을 마련하거나 지방자치단체가 정신재활시설 확충에 적극적으로 나설 수 있도록 유인할 수 있는 정책수단을 찾아야 할 것이다.

3. 정신건강복지전달체계

정신건강복지전달체계는 정신건강복지정책을 실현하기 위해 전문적인 정신건강복지서비스와 급여를 적절한 대상자에게 전달하는 모든 조직 및 인력으로 구성되는 체계를 의미한다. 정신건강복지전달체계를 통해 전달되는 서비스와 급여는 전 국민을 대상으로 하는 정신건강증진서비스, 정신질환자 및 정신장애인을 대상으로 하는 의료, 요양, 재활, 복지지원, 권익보호 등이다. 정신건강복지전달체계는 정신질환 외에도 중독문제, 자살문제, 트라우마 등에 관한 서비스도 담당한다(강상경 외, 2022). 정신건강복지전달체계는 직접 서비스를 전달하는 조직 외에도 정신건강복지정책을 자문, 기획, 심의, 의결하는 조직을 포함한다.

한편, 정신건강사회복지전달체계를 구성하는 조직 중 사회복지사 및 정신건강

사회복지사가 주요인력으로 근무할 수 있는 곳은 〈표 5-4〉와 같다. 광역정신건강복지센터와 기초정신건강복지센터는 전국적으로 설치가 완료된 상황이다. 그에 비해 중독관리통합지원센터, 정신재활시설은 지역별로 지리적 접근성에 있어 격차가 크다. 예컨대 정신재활시설의 경우 울산, 경남, 강원, 전남 등은 다른 광역자치단체에 비해 시설이 매우 부족하다. 중독관리통합지원센터는 서울, 부산, 대구를 포함하는 대부분의 광역자치단체에 1~3개 설치에 불과하여 지리적 접근성이 매우 낮아 확충이 필요하다(강상경 외, 2022).

표 5-4 정신건강사회복지실천 현장(2021. 6. 30.)[2)]

조직명	전국합계	주요 기능 및 사업
광역정신건강복지센터	16	• 지역사회 정신건강연구조사 • 지역사회 자원연계 · 협력체계 구축과 컨트롤타워 • 정신질환 · 정신건강 인식개선사업 • 기초정신건강복지센터 및 중독관리통합지원센터 지원(교육, 지역맞춤프로그램 개발, 센터평가) • 지역정신건강 위기대응(위기대응팀, 정신건강상담전화) • 지역특화사업 운영(코로나19 및 재난심리지원, 찾아가는 심리지원)
기초정신건강복지센터	244	• 정신질환자 조기발견 • 미등록 정신질환자 사례관리 • 중증정신질환자 사례관리 • 치료비지원(행정입원 · 응급입원) • 지역사회정신건강 위기대응 • 일반인 · 고위험군 정신건강증진 • 정신질환 · 정신건강 인식개선사업 • 중독예방관리 • 아동청소년정신건강사업 • 정신질환자 자립지원사업

2) 광역정신건강복지센터, 기초정신건강복지센터, 중독관리통합지원센터 등은 2020년 12월 말 기준 자료이다.

중독관리통합 지원센터	50	• 중독문제 조기발견과 단기개입 • 중독질환 사례관리 • 중독질환 가족지원 • 중독예방교육 • 노숙인 및 취약계층 알코올 중독 관리사업 • 청년 중독관리사업
정신의료시설	1,949	• 입원치료 및 재활 • 외래진료 • 낮병원 운영
정신요양시설	59	• 입소자 건강관리 및 요양보호 • 재활(작업치료 및 사회복귀훈련)
정신재활시설	344	• 사회재활(정신건강관리, 일상생활기술증진활동, 사회기술증진활동, 스트레스관리활동, 동료상담, 평생교육 등) • 직업재활(보호작업, 근로작업활동 등) • 주거재활(생활시설, 공동생활가정, 지역사회전환시설)

* 출처: 보건복지부(2022).

현재 국내 정신건강복지전달체계를 살펴보면 [그림 5-2]와 같으며, 전달체계의 특성을 살펴보면 다음과 같다(강상경 외, 2022).

첫째, 중앙정부(보건복지부), 광역자치단체 및 기초자치단체 등은 정신건강복지법에 근거해 정신건강복지정책을 수립하고, 시행, 평가하는 주체이다. 중앙정부의 정신건강복지정책 수립과 시행을 지원하는 조직으로 중앙정신건강복지사업지원단, 국립정신건강센터 및 국립정신병원을 들 수 있다. 중앙정부 수준에서 정신건강복지정책 연구, 평가, 전문인력 육성 등은 국립정신건강센터가 담당하며, 다양한 정책이해관계자대표로 구성되는 중앙정신건강복지사업지원단은 정부의 정신건강복지정책을 자문하며, 전국적 사업을 지원하는 역할을 담당한다.

둘째, 광역자치단체는 정신건강복지정책과 주요사업을 담당하는 실행조직으로 광역정신건강복지센터를 두고 있으며, 정신건강복지정책과 관련한 다양한 안건을 논의하고 심사하기 위해 광역정신건강심의(심사)위원회를 운영한다. 또한 광역자

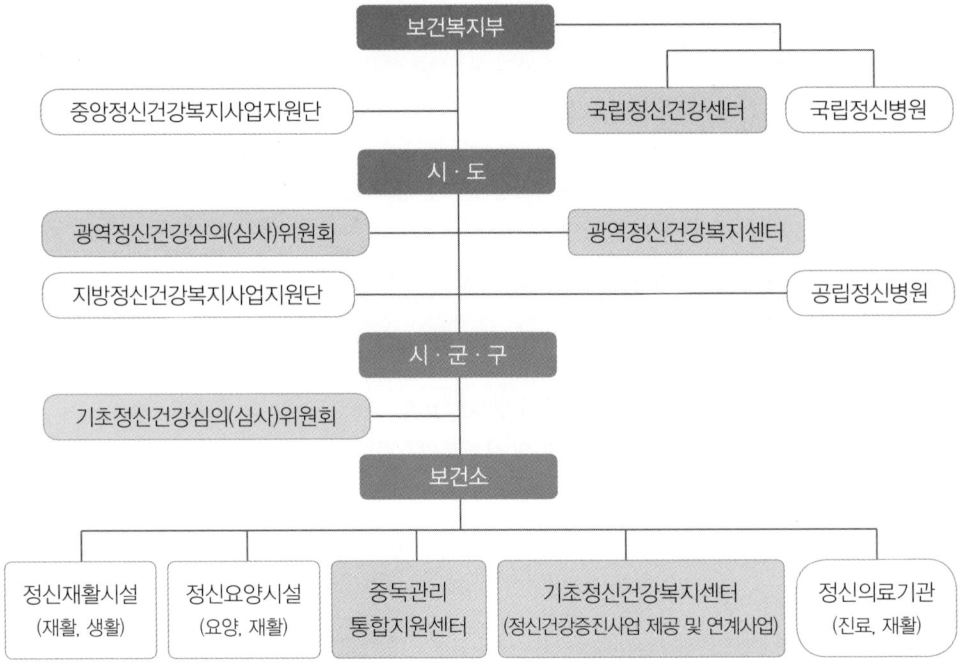

그림 5-2 정신건강증진 전달체계 현황

* 출처: 보건복지부(2022).

치단체는 지방정신건강복지사업지원단을 두어 광역자치단체의 정신건강복지정책에 대한 자문 및 사업수행 지원을 담당하도록 하고 있다. 광역자치단체의 공립정신병원은 정신질환에 대한 외래 및 입원진료서비스를 제공한다.

셋째, 기초자치단체의 정신건강복지사업은 '보건소'가 담당하고 있으며, 보건소는 정신건강복지사업 시행을 위해 직접 정신건강복지센터를 운영하거나 혹은 민간법인에 정신건강복지센터를 위탁하여 운영한다. 또한 기초자치단체는 중독문제 예방, 치유, 사례관리 등의 사업을 담당하기 위해 중독관리통합지원센터를 운영하기도 한다. 한편, 기초자치단체는 정신의료기관, 정신요양시설, 정신재활시설을 지도 · 감독하며, 정신요양시설과 정신재활시설에 대해서는 운영예산을 지원하며, 정기적으로 사업을 평가한다. 기초정신건강심의(심사)위원회는 기초자치단체의 정신건강복지사업 관련 주요 안건을 심의, 의결하며, 정신질환자의 처우개선이나 계속

입원심사 등을 담당한다.

2020년 12월을 기준으로 정신건강복지분야에 종사하는 전문인력의 현황은 〈표 5-5〉와 같다. 정신건강전문의, 정신건강전문요원, 전공의, 간호사, 사회복지사, 임상심리사, 기타 등 총 25,561명이 종사하고 있는 것으로 나타났다. 이들 중 사회복

표 5-5 정신건강복지분야 전문인력 근무현황(2020. 12. 31., 단위: 명)

구분				상근인력총계	전문인력계	정신과전문의	정신건강전문요원				전공의	간호사	사회복지사	임상심리사	기타
							계	간호사	사회복지사	임상심리사					
총계				25,561	9,578	3,649	5,929	2,241	2,904	784	512	6,077	2,720	316	6,358
기관종류	정신의료기관			19,086	6,481	3,648	2,833	1,368	848	617	512	5,391	449	211	6,042
		종합병원 정신과		4,098	1,437	715	722	336	106	280	434	1,633	127	117	350
		병원 정신과		5,553	1,733	708	1,025	539	367	119	43	1,941	123	19	1,694
		정신병원		4,316	1,318	508	810	417	333	60	32	1,455	90	7	1,414
			국립	501	252	24	228	194	21	13	23	37	0	0	189
			공립	157	68	22	46	30	12	4	0	40	6	0	43
			사립	3,658	998	462	536	193	300	43	9	1,378	84	7	1,182
		정신과의원		5,119	1,993	1,717	276	76	42	158	3	362	109	68	2,584
	정신요양시설			1,131	190	0	190	123	66	1	0	169	678	0	94
	정신재활시설			1,311	742	0	742	133	568	41	0	7	472	4	86
	정신건강복지센터			3,687	1,984	1	1,983	572	1,291	120	0	487	997	89	130
		광역		463	286	1	285	60	209	16	0	30	116	7	24
		기초		3,224	1,698	0	1,698	512	1,082	104	0	457	881	82	106
	중독관리통합지원센터			263	162	0	142	41	96	5	0	21	88	7	5
	자살예방센터			83	39	0	39	4	35	0	0	2	36	5	1
권역	수도권			11,348	4,571	1,840	2,731	963	1,421	347	298	2,550	1,021	188	2,720
	전라권			3,314	1,305	397	908	401	406	101	53	739	440	27	750
	경상권			6,947	2,367	951	1,416	441	720	255	93	1,937	636	61	1,853
	강원권			779	259	91	168	110	43	15	24	209	127	12	148
	충청권			3,173	1,076	370	706	326	314	66	44	642	496	28	887

* 출처: 보건복지부(2021).

지인력은 사회복지사 2,720명, 정신건강사회복지사 2,904명 등 총 5,624명으로 전체 종사자의 22.0%에 해당한다. 정신건강사회복지사 총 2,904명의 근무지는 정신건강복지센터 44.5%, 정신의료기관 29.2%, 정신재활시설 19.6% 순으로 높았다. 이에 비해 사회복지사 총 2,720명의 근무지는 정신건강복지센터 36.7%, 정신요양시설 24.9%, 정신재활시설 17.4%, 정신의료기관 16.5% 순으로 높았다(국립정신건강복지센터, 2020).

이처럼 정신건강사회복지사 자격증 없이 사회복지사 자격증만으로도 이러한 시설들에 근무가 가능하지만 정신건강복지센터, 정신재활시설, 정신의료기관, 중독관리통합지원센터, 국공립기관 등에 근무하며 전문적인 정신건강복지실천을 위해서는 정신건강사회복지사 2급 자격 취득이 필요하다.

정신건강전문요원은 「정신건강복지법」의 규정에 따라 정신건강임상심리사, 정신건강간호사, 정신건강사회복지사, 정신건강작업치료사로 4개 전문직으로 구성된다. 정신건강작업치료사는 2022년 법 개정으로 신설되었다. 각 전문요원별 업무범위는 〈표 5-6〉과 같이 공통업무와 고유업무로 구분된다. 정신건강사회복지사의 고유업무는 정신질환자 등에 대한 사회서비스 지원 등에 대한 조사, 정신질환자 등과 그 가족에 대한 사회복지서비스 지원에 대한 상담 · 안내 등이다. 정신건강사회복지사가 수행할 수 있는 공통업무를 살펴보면 정신재활시설을 운영할 수 있으며, 정신질환자를 위한 다양한 재활훈련, 생활훈련, 작업훈련, 개별지원계획 수립 및 시행(사례관리), 사회적응 및 재활활동, 정신질환자 및 가족을 위한 옹호활동, 행정입원의 신청, 정신건강증진 교육 및 사업 등이 있다. 즉, 정신건강사회복지사는 다른 전문직과 함께 많은 공통업무를 공유한다. 정신건강임상심리사가 심리평가와 심리교육, 심리상담 등을 고유업무로 담당하지만 정신건강사회복지사도 정신질환자를 위한 사례관리 및 재활활동을 담당하는 과정에서 상담업무 수행이 가능하며, 실제 상담업무를 담당하고 있다. 한편, 정신건강간호사가 정신질환자의 건강관리를 위해 의료적인 자료수집과 간호활동을 담당하지만 정신건강사회복지사도 사례관리과정에서 정신질환자의 정신건강을 사정하고 모니터링하며, 필요한 치료를 연계하는 등 의료적 지원을 담당한다. 또한 2022년 법 개정으로 새롭게 도입된

표 5-6 정신건강전문요원의 업무범위

<table>
<tr><th></th><th>공통업무</th><th>고유업무</th></tr>
<tr><td>정신건강
임상심리사</td><td rowspan="4">• 정신재활시설의 운영
• 정신질환자 등의 재활훈련, 생활훈련 및 작업훈련의 실시 및 지도
• 정신질환자 및 가족의 권익보장을 위한 활동 지원
• 행정입원을 위한 진단 및 보호의 신청
• 정신질환자 등에 대한 개인별 지원계획의 수립 및 지원
• 정신질환 예방 및 정신건강복지에 관한 조사 · 연구
• 정신질환자 등의 사회적응 및 재활을 위한 활동
• 정신건강증진사업 등의 사업 수행 및 교육
• 그 밖에 보건복지부장관이 정하는 정신건강증진 활동</td><td>• 정신질환자 등에 대한 심리평가 및 심리교육
• 정신질환자 등과 그 가족에 대한 심리상담 및 심리안정을 위한 서비스 지원</td></tr>
<tr><td>정신건강
간호사</td><td>• 정신질환자 등의 간호 필요성에 대한 관찰, 자료수집, 간호 활동
• 정신질환자 등과 그 가족에 대한 건강증진을 위한 활동의 기획과 수행</td></tr>
<tr><td>정신건강
사회복지사</td><td>• 정신질환자 등에 대한 사회서비스 지원 등에 대한 조사
• 정신질환자 등과 그 가족에 대한 사회복지서비스 지원에 대한 상담 · 안내</td></tr>
<tr><td>정신건강
작업치료사</td><td>• 정신질환자등에 대한 작업 수행 평가, 정신질환자등의 신체적 · 정신적 기능 향상을 위한 작업치료
• 정신질환자등과 그 가족에 대한 작업치료 교육과 작업치료 서비스 기획 · 수행</td></tr>
</table>

* 출처: 「정신건강복지법」 시행령 별표 2(2022.6. 현재)

정신건강작업치료사가 작업수행평가와 작업치료를 고유업무로 담당하지만 정신건강사회복지사 또한 정신질환자를 위해 직업상담, 직업재활, 고용지원 등의 업무를 담당할 수 있다.

정신건강전문요원 2급 자격 취득을 위한 수련자격과 수련내용은 〈표 5-7〉과 같다. 4개 전문직 모두 전문요원 2급 자격을 취득하기 위해서는 1년 동안 1,000시간 이상의 수련을 필요로 하며, 이론교육 150시간, 실습 830시간, 학술활동 20시간 이상을 이수해야 한다. 정신건강사회복지사 2급 수련을 위해서는 사회복지사 1급 자격을 보유해야 한다. 정신건강사회복지사 수련교육은 정신보건기초, 사정과 평가, 정신의학, 사회사업치료, 정신건강 문제, 사회복귀서비스 등을 포함한다.

한 연구에 의하면 정신건강 관련 현장에 종사하고 있는 정신건강사회복지사들은 정신건강사회복지사 수련교육의 주제로 '자살의 이해와 개입' '위기개입' '가족개입의 이해 및 사례분석' '정신장애인 인권과 권익옹호' '「정신건강복지법」과 정책의 이해' '생애주기별 정신건강' '중독의 이해와 개입' '정신과적 진단에 따른 면담' '지역사회 자원동원' '정신건강프로그램의 개발과 평가' 순으로 교육요구도가 높다고 인식하는 것으로 나타났다(권자영 외, 2018).

표 5-7 정신건강전문요원 2급 수련자격 및 수련과정 현황

전문요원	수련 자격 요건	이론교육 내용	수련 시간
정신건강 임상심리사	• 심리학 학사 이상 취득한 사람 • 임상심리사 2급 보유자	개인심리치료, 심리평가, 정신사회재활이론, 면담기법, 정신병리학, 정신약물학	ㅁ총 1,000시간(1년) • 이론교육 150시간 • 실습 830시간 • 학술활동 20시간
정신건강 간호사	• 의료법에 의한 간호사 면허 보유자 • 의료법에 의한 정신전문간호사 자격 보유자	지역사회간호, 건강사정 및 진단, 정신간호중재 및 치료, 발달단계별 정신간호, 간호연구	
정신건강 사회복지사	• 사회복지사 1급 보유자	정신보건기초, 사정 및 평가, 정신의학, 사회사업치료, 정신건강 문제, 사회복귀서비스	
정신건강 작업치료사	• 작업치료사 면허 보유자	정신건강기초, 정신건강작업치료 평가, 정신건강작업치료 중재 및 치료, 생애주기 정신건강 작업치료, 정신건강작업치료 연구	

* 출처: 「정신건강복지법 시행령」 별표 1, 시행규칙 별표 1(2022. 6. 현재)

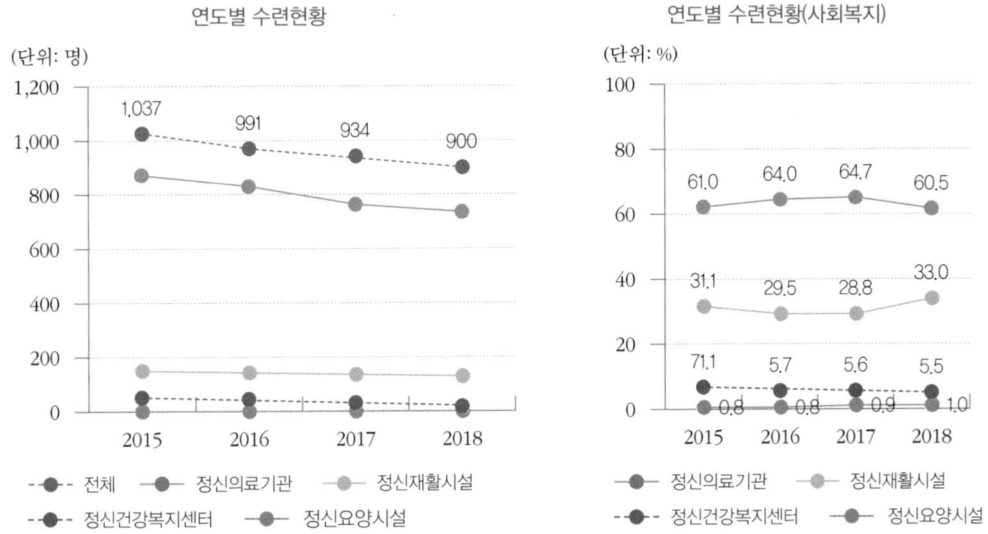

그림 5-3 정신건강전문요원 및 정신건강사회복지사 수련현황(2018년)

*출처: 2018 정신건강전문요원 실태조사 보고서

정신건강사회복지사 2급 수련을 실시하는 기관은 정신의료기관, 정신건강복지센터, 정신재활시설, 정신요양시설 등이 있다. 2018년 실시된 정신건강전문요원실태조사에 의하면 전문직역별 수련현황은 [그림 5-3]과 같다.

2018년 현재 직역별로 수련현황을 살펴보면 정신건강간호 290명, 정신건강사회복지 291명, 정신건강임상심리 319명이 수련 중이었으며 수련자 수는 완만하게 감소하고 있는 것으로 나타났다. 정신건강사회복지사 수련자의 수련기관별 현황은 정신의료기관 60.5%, 정신재활시설 33.0%, 정신건강복지센터 5.5% 순으로 나타났다(국립정신건강센터, 2018).

4. 정신건강 문제와 사회복지실천

정신건강복지 현장에서 사회복지전문직이 담당하는 전문적 역할과 서비스는 다양하나, 이 장에서는 사례관리, 정신사회재활, 주거지원, 직업적 지원, 가족지원으로 구분하였다.

1) 사례관리

사례관리는 복합적 욕구를 지닌 사람들의 기능향상과 복지를 위해 다양한 욕구를 사정하고, 직접적인 개입 또는 필요한 자원과 전문적 서비스를 연계함으로써 건강관리, 지역사회적응 등을 촉진하는 전문적 개입활동을 의미한다. 사례관리는 개별화된 지원을 위한 욕구·기능·자원 사정, 개입계획수립, 직접적인 개입, 자원연계, 옹호, 평가 등을 포함한다(양옥경, 2006). 대규모 정신의료기관이나 요양시설에 거주하던 정신질환자들이 지역사회로 복귀할 때 정신건강관리지원, 사회보장지원, 주거지원, 직업적 지원 등 다양한 지원이 필요하므로 사례관리는 지역정신건강복지센터나 정신재활시설에 근무하는 사회복지전문직에게 중요한 실천활동이라 할 수 있다.

현재 국내에서 지역사회의 정신질환자 사례관리를 담당하는 대표적인 조직은 기초정신건강복지센터이다. 기초정신건강복지센터의 정신질환자 사례관리는 처음 정신질환이 발병한 정신질환자의 조기발견, 미등록 정신질환자 등록관리, 중증정신질환자의 사례관리, 행정입원과 응급입원 대상에 대한 치료비 지원 등을 포함한다. 정신재활시설 또한 시설을 이용하는 정신질환자에 대한 사례관리를 담당한다(보건복지부, 2022). 정신재활시설의 사례관리 또한 등록자에 대한 포괄적 사정, 개별지원계획수립, 서비스조정과 개입, 모니터링 및 평가 등의 일반적 사례관리과정을 따른다(국립정신건강센터, 2020).

한편, 중독문제를 경험하는 사람에 대한 사례관리는 중독관리통합지원센터가 담당하고 있으며, 중독관리통합지원센터가 설치되지 않은 지역은 기초정신건강복지센터가 중독자 사례관리도 담당한다. 사례관리는 또한 정신과적 위기상황이나 자살위기 등과 관련한 상황에서의 위기개입을 포함한다(보건복지부, 2022).

2) 정신사회재활

정신사회재활(Psychosocial Rehabilitation)은 정신장애로 인해 오랫동안 기능적 장애를 지닌 사람이 스스로 선택한 환경에서 최소한의 전문적 개입을 받으며 성공적이고 만족스러운 삶을 살아가도록 하기 위해 필요한 기능을 향상시키며 환경적 지원을 제공하는 것을 뜻한다(Anthony et al., 2002). 사회재활은 지역사회로 복귀한 정신질환자 혹은 지역사회에서 정신의학적 치료를 받으며 재활과정에 있는 정신질환자 등을 위한 스스로 정신건강을 관리하는 훈련, 일상생활기능을 향상시키기 위한 일상생활기술훈련, 대인관계기능을 향상시키기 위한 사회기술훈련, 스트레스관리 및 여가활용에 대한 훈련 등을 포함한다. 이러한 사회재활은 기초지역정신건강복지센터, 정신재활시설, 정신요양시설 등에서 실시한다(보건복지부, 2022; 한국정신건강사회복지사협회, 2021). 한편, 정신의료기관도 입원 중인 정신질환자에 대해 시설퇴소 혹은 퇴원 후 사회적응을 향상시키기 위해 사회재활프로그램을 제공한다.

정신사회재활은 손상에 대한 치료의 연속선상에서 정신질환자의 기능을 향상시키고 일부 환경적 조정을 제공하는 데 중점을 둔다. 하지만 최근에는 전인적 접근, 회복 중심 접근, 인권 중심 접근이 강조되면서 지역사회의 정신재활시설 등에서 제공하는 사회재활서비스는 변화를 요구받고 있다. 즉, 단순한 정신건강관리훈련이나 사회기술훈련, 일상생활기술훈련 등에 그치지 않고, 지역사회에 통합되어 살아가는 데 필요한 직업적 지원, 주거지원, 교육지원 등과 같은 실질적인 서비스를 제공하는 형태로 변화가 필요한 상황이다(WHO, 2021).

3) 주거지원

앞서 살펴본 바와 같이 정신질환자에 대한 일차적 보호는 보호의무자가 담당하는데, 보호의무자가 없거나 보호의무자가 더 이상 보호할 수 없는 경우 정신의료기관이나 정신요양시설로부터 퇴원·퇴소하기 위해서는 주거지원이 필수적이다. 지역사회전환시설, 공동생활가정, 생활시설 등은 보호의무자가 가정에서 정신질환자를 보호할 수 없는 경우 활용할 수 있는 정신재활시설이다(보건복지부, 2022). 이러한 주거지원시설은 주거를 제공하면서 사회재활, 직업재활, 독립생활훈련 등을 제공한다. 하지만 영구적인 주거를 보장하지 못하며, 가정과 같은 자유로운 생활을 보장하지 못한다는 한계가 있다. 그래서 최근에는 자립생활에 가까운 체험홈, 지원주택 등 영구적이며, 실질적인 주거를 제공하는 서비스에 대한 요구가 높다(장애우권익문제연구소, 2022).

그러므로 향후 정신질환자 주거지원은 독립주거훈련을 제공하는 시설과 실질적으로 영구적인 주거공간을 제공하는 거주시설로 분리하여 운영할 필요가 있다. 특히 정신질환자가 실질적인 임대계약자가 되거나 직접 주택을 소유할 수 있는 방안을 지원하는 것이 중요하며, 이를 위해 공공임대주택 지원 등을 확대할 필요가 있다(강상경 외, 2022).

4) 직업적 지원

정신질환으로 인해 장애를 경험하는 정신장애인의 고용상황을 살펴보면 이들의 경제활동참가율은 6.0%로 전체장애인경제활동참가율 평균 31.3%에 비해 확연히 낮고, 정신장애인의 실업률은 12.6%로 장애인전체평균 5.8%보다 두 배 이상 높다(김성희 외, 2020). 이러한 정신질환자의 직업적 상황은 직업재활 및 고용지원의 필요성이 높음을 시사한다. 정신질환자는 건강 및 장애와 사회의 편견과 차별, 양질의 일자리 부족 등으로 인해 직업적 지원을 필요로 한다. 하지만 정신질환자 직업재활을 담당하는 직업재활시설은 전국적으로 17개에 불과하며, 서울, 부산, 경기지역에 몇 곳 설치되어 운영되는 데 그치고 있다(국립정신건강센터, 2021).

이러한 상황에서 정신질환자의 직업적 역량을 향상시키고, 직업적 기회를 확대하기 위해서는 부족한 직업재활시설을 보완할 직업재활 및 고용지원체계가 필요하다. 다행히 2021년 말 정신장애인의 장애인직업재활시설 활용을 제한하는 「장애인복지법」 제15조의 차별규정이 폐지되었다. 따라서 향후 장애인으로 등록한 정신질환자들은 장애인직업재활시설 이용이 가능할 것으로 기대된다. 한편, 이러한 정신장애인직업재활시설과 장애인직업재활시설, 장애인지원고용서비스 등이 정신장애인의 특성을 잘 반영하거나 정신장애인에게 적합한 합리적 편의를 제공하도록 개선되어야 할 것이다. 또한 정신장애인을 위한 양질의 일자리 확대가 중요한데, 이를 위해 정신장애인 적합직종 일자리 개발, 사회적 기업 등 사회적 경제분야의 일자리 창출, 공공부문 정신장애인 일자리 확충 등이 필요하다(강상경 외, 2022).

5) 가족지원

「정신건강복지법」에 따르면 정신질환자에 대한 포괄적 보호의무를 보호의무자에게 주어져 있는데, 보호의무자의 대부분이 가족이라는 점을 고려한다면 정신질환자 보호와 관련해 과중한 부담을 담당하는 가족을 지원하는 것은 무엇보다 중요하다. 아동보육, 노인돌봄, 장애인돌봄 등이 순차적으로 가족의 책임으로부터 사회적 책임으로 전환되어 사회서비스에 의해 대체되었다는 점을 고려할 때 정신질환자에 대한 돌봄 또한 가족에 의한 전적인 돌봄이 아니라 다양한 사회적 지원을 통해 돌봄의 '탈가족화'(혹은 사회서비스화)가 촉진되어야 할 것이다(김문근, 2019).

한편, 「정신건강복지법」이 규정하는 정신건강전문요원 중 정신건강사회복지사의 고유업무로서 정신질환자 가족에 대한 복지서비스지원이 강조되고 있다는 점은 사회복지전문직이 정신질환자 가족지원을 위한 전문적 실천에 앞장서야 함을 뜻한다. 그러므로 현 정신건강복지정책 및 전달체계는 향후 정신질환자 가족에 대한 지원서비스를 확대 및 강화할 필요가 있으며 이 과정에서 사회복지전문직의 적극적 기여가 필요할 것이다.

현재 정신건강복지체계에서 가족지원을 담당하는 주요 전달조직은 정신건강복지센터와 정신재활시설을 들 수 있다. 정신재활시설은 가족에 대한 정보제공과 교육, 가족상담, 자조모임 등을 실시하고 있다(강상경 외, 2020). 또한 서울, 경기 등 일부 지방자치단체는 정신건강복지센터를 통해 가족당사자를 동료상담가로 양성하여 정신질환자 가족지원을 실시하고 있다.[3] 이러한 가족지원활동가를 통한 가족지원은 정신질환자 가족으로서 공통된 경험을 바탕으로 정보제공, 지지체계 형성, 대처역량 향상 등을 지원하므로 돌봄부담으로 인한 가족의 스트레스 완화에 도움이 될 것이다.

향후 가족의 돌봄부담을 완화하려면 단기보호서비스, 공동생활가정과 같은 소규모 주거시설 확대, 위기개입 및 사례관리 등을 강화가 중요할 것이다. 이러한 서비스 및 지원은 정신질환자를 돌보는 가족의 실질적 돌봄부담을 완화해 줄 수 있고 가족으로부터 독립하여 자립적인 생활을 희망하는 정신질환자에게는 자립생활을 가능하게 하는 필수적 지원이기 때문이다.

5. 정신질환자 복지지원 개선 방안

최근 정신질환자 및 정신장애인의 복지지원이 강조되면서 다양한 연구와 논의가 이루어지고 있다. 정신질환자 및 정신장애인의 복지지원을 향상시키기 위해 다음과 같은 주요한 과제들이 우선적으로 해결되어야 할 것이다.

첫째, 정신질환자에 대한 포괄적 보호의 책임을 가족으로부터 사회적 돌봄으로 탈가족화할 필요가 있다. 아동·노인·장애인 돌봄이 사회서비스로 전환되어 탈가족화된 것을 고려할 때 정신질환자의 돌봄만 가족의 책임으로 귀속시키는 것은 바람직하지 않다. 더구나 가족은 돌봄부담을 감당할 수 없을 때 정신의료기관 입원이나 정신요양시설 입소와 같은 방법을 활용해 돌봄의 책임을 기피할 수 있고, 그 결과 정신질환자의 탈시설에 역행하는 불필요한 입원 및 시설수용으로 이어질 수 있기 때문이다(김문근, 2019).

둘째, 실질적으로 정신질환자의 정신건강관리, 주간보호, 사회재활, 직업재활 등을 지원함으로써 사회적응능력을 향상시키고 가족의 돌봄부담을 감소시켜 줄 수 있는 정신재활시설의 전국적인 확충이 절실하다. 다만 지방자치단체가 자발적으

3) 박종언, '정신건강복지센터에 가족지원활동가 투입하면 적은 예산으로 질 높은 서비스 제공 가능해, 2022.3.25. 마인드포스트. http://www.mindpost.or.kr/news/articleView.html?idxno=6821

로 재원을 마련하여 재활시설 확충에 나서지 않고 있으므로 중앙정부의 적극적인 대응책 마련이 필요하다(강상경 외, 2020).

셋째, 근로의사가 있는 정신질환자에게 양질의 일자리를 제공하고, 체계적인 직업적 지원을 통해 정신질환자의 경제활동참가율을 높이고, 실업률을 감소시킬 수 있는 직업재활 및 고용지원정책이 추진되어야 한다. 정신재활시설 중 직업재활시설이 전국적으로 17개에 불과하므로 전국적으로 직업재활시설 확충을 추진해야 할 것이다(강상경 외, 2022). 또한 2021년 말 정신장애인의 장애인복지서비스 이용을 차별하던 「장애인복지법」 제15조가 폐지되었으므로 정신장애인들이 장애인직업재활시설 및 장애인고용개발원 산하의 장애인직업평가 및 고용지원서비스를 적극적으로 이용할 수 있도록 지원해야 할 것이다.

넷째, 주거지원은 장기간 정신의료기관에 입원해 있거나 정신요양시설에 입소해 있는 정신질환자의 탈시설 및 지역사회자립생활에 필수적이므로 소규모 공동생활가정을 확대하고, 실제적으로 정신질환자가 소유하거나 임대계약을 맺고 자립적인 생활을 할 수 있는 지원주택 등을 확대해 나가야 할 것이다. 단기적으로는 현재의 정신요양시설, 생활시설, 공동생활가정 등 주거를 제공하는 시설의 유형을 장기거주형 시설과 훈련형 시설로 분화시켜 장기거주욕구가 있는 정신질환자에게 장기간의 거주를 보장할 필요가 있다(강상경 외, 2020).

다섯째, 정신건강복지센터는 가장 많은 정신건강사회복지사가 근무하는 곳이며, 정신질환자 사례관리, 복지지원 등을 담당하는 중심기관인데 다양한 문제로 인해 제 기능을 발휘하지 못하고 있어 운영개선이 시급하다. 정신건강복지센터는 지방자치단체(보건소)가 직접 운영하거나 민간 비영리법인 등이 위탁운영하는 방식으로 운영되는데, 폭증하는 정신건강증진업무, 지나친 지방자치단체의 통제로 인한 낮은 업무 자율성, 열악한 재정지원과 종사자 처우, 종사자 고용안정성 등의 문제를 안고 있다(유병선 외, 2020). 이러한 문제를 해결하지 못할 경우 정신질환자 사례관리, 위기대응, 복지지원 등의 부실화로 인해 그 피해가 지역사회의 정신질환자와 이들을 돌보는 가족에게 돌아가게 되므로 중앙정부와 지방자치단체가 문제해결에 적극 나서야 할 것이다.

토론주제

1. 「정신건강복지법」의 기본이념에 따르면 정신질환자는 입원 또는 입소가 최소화되도록 지역사회 중심의 치료가 우선적으로 고려되어야 하며, 정신건강증진시설에 자신의 의지에 따른 입원 또는 입소가 권장되어야 한다. 이를 위해 정부, 지방자치단체, 정신건강증진시설, 보호의무자(가족), 국민들에게 어떤 변화가 필요한가?

2. 「정신건강복지법」에 따르면 정신질환자의 보호의무자에게 과중한 의무가 부여되어 있다. 보호의무자의 부담을 완화하기 위해 어떤 정체적 변화가 필요한가?

3. 정신질환자가 병원 또는 정신요양시설이 아닌 지역사회에 통합되어 살아가기 위해 다양한 복지지원이 요구되는데, 지역정신건강복지센터와 정신재활시설의 기능과 역할은 어떤 변화가 필요한가?

4. 정신건강복지전문요원 중 정신건강사회복지사의 고유업무와 공통업무 관련 전문성을 강화하기 위해 어떤 교육과 훈련이 필요한가?

5. 정신질환자를 위한 주거지원과 직업적 지원의 한계는 무엇이며 어떤 개선 방안이 있는가?

제3부

생애주기와 정신건강

제6장

영유아기 및 아동 · 청소년기 정신건강

이 장에서는 생애 초기라고 할 수 있는 영유아기와 아동 및 청소년기까지의 정신건강에 대해서 살펴본다. 영유아기와 아동 및 청소년기에는 신체적 · 심리적 · 사회적으로 다양한 발달과업을 수행하게 된다. 이 과정에서 경험하게 되는 발달과업 성취 여부와 더불어서 유전적 요인, 개인적 요인, 사회환경적 요인의 영향은 정신건강의 긍정적· 부정적 적응 결과로 나타나게 되며, 이 시기에 형성된 정신건강은 추후 성인이 되어서도 지속해서 영향을 줄 수 있게 된다. 따라서 이 장에서는 영유아기와 아동 및 청소년기의 발달특성에 대해 간략히 살펴보고, 각 시기에 나타날 수 있는 정신건강 문제에 대해 알아본다.

1. 영유아기 정신건강 문제와 개입

영아기는 출생할 때부터 만 2세까지에 이르는 시기를 지칭하고, 유아기는 만 2세부터 만 6세까지의 시기를 지칭한다. 영유아기의 신체적 · 심리적 · 사회적 발달특성과 함께 이 시기에 확인될 수 있는 정신건강에 대해 살펴보면 다음과 같다.

1) 영유아기 발달특성

(1) 신체적 발달

영아기 초기(출생부터 6개월까지)에는 손가락을 빨기 시작하고, 움직이는 물건을 바라보며, 빠른 성장을 보이는 아이의 경우 목을 가눌 수 있게 된다. 따라서 이 시기의 영아는 사람의 얼굴, 특정한 무늬, 사물을 주시하는 것이 가능하고 물건이 움직이면 그 방향을 따라서 눈동자를 움직이는 것도 가능해진다(강상경 외, 2021). 영아기 중기(6개월부터 12개월까지)에는 한 손에서 다른 손으로 물건을 옮기거나 어떤 물체를 붙잡고 서 있는 것이 가능해지며, 12개월에 가까워질수록 혼자 서고 걷는 것도 가능해진다. 언어 측면에서는 "엄마" "아빠"와 비슷한 소리를 내기 시작하고, "안돼" "앉아" 등의 단순한 단어에 대한 반응도 보이기 시작한다. 영아기 후기(1~2세)에는 걷기나 조금씩 뛰기도 가능해지며 물건을 던지기 시작한다. 네발로 기어서 계단을 오르거나 몸을 엎드린 상태로 계단을 안전하게 내려가는 것도 가능하고, 연필이나 크레용을 사용해서 무엇인가를 그리거나 표현하는 것도 가능하다(강상경 외, 2021). 손잡이를 돌리고, 장난감을 밀고 당기며, 공을 차는 것도 가능하다. 또한 "이것 주세요" "저것 주세요" 등의 도움을 요청하는 것도 가능해지고 그림 속의 사물에 이름을 대는 것도 가능하다. 3세에 가까울수록 2개 이상의 단어로 된 문장을 사용하는 것도 가능하다(강상경 외, 2021).

유아기 초기인 걸음마기에는 영아기 후반의 아이들이 보여 주는 것과 유사한 신체적 발달을 보여 준다. 즉, 유아기의 아이는 걷기나 뛰기도 가능해지며 물건을 던지고, 두 발과 두 손을 이용해서 또는 두 발로 서서 계단을 오르거나 내려가는 것이 가능해지고, 연필이나 크레용을 이용하여 그림 등을 그리거나 무언가를 표현하기도 한다. 또한, 신체적으로 더욱 발달함으로써 손잡이 돌리기, 장난감을 던지기, 공을 발로 차기 등도 가능해진다. 유아기 후기에 이르면 젖니가 다 나오고 소근육이 발달하여 적당한 구멍이 있는 구슬을 실에 꿰는 것과 같은 정교한 행동도 가능해지고, 한 발로 뛰기, 단추 채우기, 스스로 손발을 씻고 닦는 것도 가능해진다(강상경 외, 2021).

(2) 심리적 발달

영아기의 심리적 발달은 주 양육자와의 애착(attachment) 형성에 따라서 영향을 받게 된다. 주 양육자와의 애착이 잘 형성될 경우 영아는 심리적으로 안정되어 건강한 발육이 가능해진다. 볼비(Bowlby)의 애착이론에서 얘기하는 애착반응을 살펴보면, 첫째, 친숙한 사람과 낯선 사람을 비교하며 그 차이가 크면 혼란스러워하게 되는 낯가림(stranger anxiety) 반응, 둘째, 영아가 부모나 애착을 느끼는 대상과 분리될 때 느끼는 분리불안(separation anxiety) 반응 등이 나타난다(이영호, 2016). 유아기의 심리적 발달특성은 주로 '호기심'이 발달하는 것이다. 따라서 '왜'라는 질문을 많이 하게 된다. 또한 자율성과 독립성을 균형 있게 발달시켜야 하는 시기로, 공포, 분노, 호기심, 질투, 애정 등의 감정을 적절한 방법으로 표현할 수 있도록 훈육할 필요가 있다(전석균, 2016).

프로이트의 성격 발달단계 이론에 따르면 영아기는 태내기와 출생 후부터 18개월까지의 구강기(oral stage)에 해당하고, 유아기는 약 18개월부터 4세에 해당하는 항문기(anal stage)와 4세부터 7세에 해당하는 남근기(phallic stage)이다(Freud, 1933; Robbins, Chatterjee, & Canda, 2006). 구강기는 영아가 입, 입술, 혀 등의 구강 부위에 리비도가 집중되어 이를 통해서 생리적 쾌감을 얻는 시기로, 입을 사용해서 무엇인가를 빠는 행동을 통해서 배고픔이 해소되는 경험을 함과 동시에 심리적인 만족감을 느끼게 된다. 구강기 초기에 문제가 있었던 경우는 성인이 되어서도 타인에게 지나치게 의존적이며 수동적인 성격이 된다(정옥분, 2004). 항문기는 약 18개월에서 4세에 해당한다. 프로이트에 따르면, 이 시기의 리비도는 항문에 집중되고, 유아는 대소변 훈련을 해야 하는 시기로 보았다. 유아는 대소변을 참는 방법과 방출하는 방법을 경험하고 익힘으로써 만족감을 느끼며 배변훈련을 통해서 부모에 의한 환경적 제약을 경험하게 된다. 구체적으로 유아는 대소변의 방출을 통해 신체적 긴장으로부터 해방되는 만족감을 경험하지만, 실수에 따른 이후 경험과 훈련이 어떠했는지에 따라서 향후의 성격 발달에 영향을 주기도 한다(강상경 외, 2021). 남근기는 약 4세에서 7세에 이르는 시기로, 이 시기의 리비도는 성 기관이 된다. 즉, 프로이트에 따르면 남근기에는 리비도가 성기 부위에 집중되며, 아동은 자신의 성기관에 관해 관심이 증가하고, 출산 및 성에 대해서도 많은 질문을 한다(강상경 외, 2021).

(3) 사회적 발달

영아기의 사회적 발달은 주변 사람으로부터의 적절한 자극과 반응을 통해서 발달하게 된다. 영아기 초기에 해당하는 6개월부터 12개월 사이에는 낯선 사람을 보면 우는 등의 낯가림 현상을 보이면서 엄마나 아빠 등의 주 양육자를 선호하는 특징을 보이게 된다. 유아기 초기 시기인 걸음마기에는 질투심, 소유욕 등이 생기고 동시에 자율성의 모습을 보이면서 혼자 걷거나 타인의 도움을 거부하는 등의 모습이 보이게 된다. 유아기 후기에는 또래와 어느 정도 상호작용을 하면서 놀이하는 것이 가능해지면서 점차 가족 이외의 사람과의 상호작용을 경험하게 된다(강상경 외, 2021).

에릭슨의 심리사회적 발달단계 중에서 영유아의 발달단계는 다음과 같다. 영아기의 경우 '신뢰감 대 불신감'의 단계로, 부모의 적절한 보호가 제공되는지에 따라서 신뢰감 또는 불신감이 생길 수 있다. 즉, 주 양육자와의 관계를 통해서 타인에 대한 신뢰감이라는 사회성이 발달하게 된다. 유아기 초기는 '자율성 대 수치심'의 단계, 유아기 후기는 '주도성 대 죄책감'의 단계로 구분하였다. 이 시기의 유아는 사회적 놀이와 모방놀이 등을 통해서 자율성과 주도성을 획득하게 된다(강상경 외, 2021).

2) 영유아기 정신건강 문제

영유아기에 나타날 수 있는 대표적인 정신건강 문제에는 자폐스펙트럼장애, 반응성 애착장애, 분리불안장애가 있다.

(1) 자폐스펙트럼장애

① 개념과 증상

자폐증(autism)이란 용어는 존스 홉킨스 대학교 의과대학의 소아정신과 의사인 레오 카너(Leo Kanner) 박사가 처음 사용한 용어로, '자기 자신만의 세계 속에 고립된 증세'라는 의미를 가진다(전석균, 2016). 이 용어는 DSM-IV에서 '자폐성 장애(autistic disorder)'로 바뀌었고, 이후 '자폐스펙트럼장애(autistic spectrum disorder)'로 바뀌게 된다(전석균, 2016). 이러한 자폐스펙트럼장애는 다음과 같은 특징을 가지고 있다.

- 사회성 결여: 다른 사람의 눈을 마주치지 못하고, 타인과의 신체접촉 등을 싫어함.
- 반복된 행동 · 집착적 요구: 행동함에 있어서 자신만의 방식을 고집하는 집착적 요구가 있음(예: 마루에 앉거나 특정 장소에서 뛰는 행동 등).
- 의사소통의 어려움: 언어를 의사소통의 도구로 사용하지 못하거나, 상황에 맞지 않는 단어나 문장을 사용하는 반향증을 보임.
- 사고과정의 불규칙적 발달: 언어를 통한 의사소통이 어려운 반면, 기억력이 뛰어나거나 음악, 그림에 능력을 가지고 있는 경우가 있음.

② 진단

자폐스펙트럼장애의 진단기준은 제3장 〈표 3-1〉을 참고하라.

③ 치료적 개입

자폐스펙트럼장애는 퇴행되는 유형의 장애가 아니고, 주로 부적응 행동에 초점을 맞춘 행동치료 등의 개입을 통해서 치료가 진행된다. 예를 들면, 반복되는 행동이나 공격적 행동 등의 경우 이를 제거하기 위해 다른 유형의 행동으로 대체시킬 수 있도록 개입한다. 자폐성 장애를 빠르게 발견하여 조기개입하게 될 경우 행동적 차원의 어려움이 상당히 호전될 수 있으나, 지나치게 통제가 되지 않는 과잉행동, 자해행위 등이 나타나면 약물치료가 도움이 될 수 있다.

(2) 반응성 애착장애

① 개념과 증상

반응성 애착장애(Reactive Attachment Disorder)는 외상 및 스트레스 사건과 관련된 장애로, 주로 9개월~5세 이전의 영유아에게서 나타난다. 특징으로는 다른 사람과 접촉하는 것을 회피하는 등의 사회적 관계에 어려움을 보이거나 양가적인 반응을 보인다. 8개월까지 낯선 사람을 대상으로 반드시 낯가림을 보이지 않을 경우도 있지만, 반응성 애착장애가 있을 경우 이러한 낯가림이 심하거나 반대로 강한 애착을 보이는 등의 극단적 모습을 보일 수 있다(이영호, 2016).

② 진단

반응성 애착장애의 진단기준은 〈표 6-1〉과 같다.

표 6-1 반응성 애착장애의 진단기준

1. 성인 양육자에게 항상 정서적으로 억제되고 위축된 행동을 한다. 즉, 괴로움 등을 느낄 때 양육자의 위로를 요구하거나 양육자의 위로에 반응하지 않는다.
2. 사회적 · 정서적 장애를 나타낸다. 즉, 다른 사람에 대한 반응을 나타내지 않고, 긍정적 정서를 거의 못 느끼며, 양육자와의 상호작용 중에 이유 없이 갑작스럽게 짜증, 슬픔, 공포증을 나타낸다.

3. 아동은 다음 중 한 가지 방식으로 제대로 양육받지 못한 극단적인 경험을 해야 한다.
   1) 기본적인 정서적 욕구(위로, 자극, 애정)가 성인 양육자에 의해서 충족되지 않은 사회적 방임이나 박탈
   2) 주된 양육자가 자주 바뀜으로 안정된 애착을 형성할 기회가 없었음
   3) 특정한 사람과 선택적인 애착을 형성할 기회가 현저하게 제한된 비정상적인 장소에서 양육됨(고아원 등)
4. 양육박탈의 발생에 이어서 아동의 위축행동이 나타나야 한다.
5. 자폐증 스펙트럼 장애에 해당하지 않아야 한다.
6. 이러한 장애는 아동의 연령 5세 이전에 나타나야 한다.
7. 아동은 최소한 9개월 이상의 발달 연령이어야 한다.

출처: American Psychiatric Association (2013).

③ 치료적 개입

반응성 애착장애는 주로 애착이론에 근거하고 있기 때문에 아동과 주양육자 사이의 애착관계 개선이 주된 개입 목표가 된다. 즉, 양육자의 정서적 감수성이나 반응성 등을 증진시켜서 아동과 긍정적 상호작용이 이루어질 수 있도록 함과 동시에, 양육환경에 대한 개입을 통해서 양육자가 안정된 환경에서 양육할 수 있도록 돕는 것이 필요하다.

(3) 분리불안장애

① 개념과 증상

분리불안장애(Separation Anxiety Disorder)는 애착 대상과 분리되는 것을 지나치게 두려워하거나 불안해한다는 특징이 있다. 즉, 애착 대상을 상실하게 될까 봐 지속적으로 불안해하거나 두려워하고, 심하면 신체적 증상까지 동반될 수 있다. 이러한 분리불안장애는 지나치게 밀착된 가족환경이거나 또는 과보호하는 부모의 양육태도가 영향을 줄 수 있다(김정미, 박희숙, 2019).

② 진단

분리불안장애의 진단기준은 〈표 6-2〉와 같다.

표 6-2 분리불안장애의 진단기준

1. 애착 대상과의 분리에 대한 공포나 불안이 발달 수준에 비추어 볼 때 부적절하고 지나칠 정도로 발생함
2. 다음 중 세 가지 이상의 증상이 나타나야 함
   1) 집 또는 주요 애착 대상과 떨어져야 할 때 또는 예상할 때마다 과도한 고통을 반복적으로 겪음
   2) 주요 애착 대상을 잃거나 질병이나 부상, 재앙 혹은 죽음 같은 해로운 일들이 그에게 일어날 것이라고 지속적으로 과도하게 걱정함
   3) 곤란한 일(예: 길을 잃거나 납치되거나 사고를 당하거나 아프게 되는 것)이 발생하여 애착 대상과 멀어지게 될 것이라고 지속적으로 과도하게 걱정함
   4) 분리에 대한 공포 때문에 집을 떠나 학교, 직장, 혹은 다른 장소로 외출하는 것을 지속적으로 거부하거나 거절함
   5) 집이나 다른 장소에서 주요 애착 대상 없이 있거나 혼자 있는 것에 대해 지속적으로 과도하게 두려워하거나 거부함
   6) 집에서 떠나 잠을 자거나 주요 애착 대상 곁이 아닌 곳에서 자는 것을 지속적으로 과도하게 거부하거나 거절함
   7) 분리의 주제를 포함하는 반복적인 악몽을 꿈
   8) 주요 애착 대상으로부터 분리되거나 분리가 예상될 때 반복적인 신체증상(예: 두통, 복통)을 호소함
3. 공포, 불안, 회피 반응이 아동청소년에게는 최소한 4주 이상, 성인에게는 전형적으로 6개월 이상 지속되어야 함
4. 장애가 사회적 · 직업적 또는 중요한 다른 기능 영역에서 임상적으로 현저한 고통이나 손상을 초래함
5. 장애가 다른 정신질환으로 더 잘 설명되지 않음. 예를 들어, 자폐증에서 변화에 대한 저항으로 인해 집 밖에 나가는 것을 회피하는 것, 정신병적 장애에서 분리에 대한 망상이나 환각이 있는 경우, 광장공포증으로 인해 믿을 만한 동반자 없이는 밖에 나가기를 거부하는 경우, 범불안장애에서 건강 문제나 다른 해로운 일이 중요한 대상에게 생길까 봐 걱정하는 것, 질병불안장애에서 질병이 발생할까 봐 걱정하는 것.

출처: American Psychiatric Association (2013).

③ 치료적 개입

분리불안장애의 경우 발달과정에서 나타날 수 있는 반응이기 때문에 시간이 지나면서 자연스럽게 나아질 수 있다. 그러나 일정 기간 동안 지속되거나 나아지지 않을 경우 전문가에 의한 치료적 개입이 필요할 수 있다. 구체적으로 체계적 탈감등의 행동치료가 효과적인 것으로 나타나고, 애착 대상과의 건강한 분리를 위한 구체적인 계획을 세우는 것이 필요하다. 또한 놀이치료의 경우 불안감을 없애는 데 도움이 될 수 있다.

2. 아동 · 청소년기 정신건강 문제와 개입

1) 아동 · 청소년기 발달특성

영유아기가 초등학교에 가기 이전에 해당하는 '학령전기'에 해당한다면, 아동기는 초등학교에 다니는 시기인 만 7세부터 만 12세까지의 '학령기'에 해당하고, 청소년기는 대체로 중 · 고등학교 시기인 만 13세부터 만 18세까지를 청소년기로 볼 수 있으며, 법과 교육제도에 따라서는 만 24세까지도 포함될 수 있다(강상경 외, 2021). 아동 · 청소년기의 신체적 · 심리적 · 사회적 발달특성에 대해 살펴보면 다음과 같다.

(1) 신체적 발달

아동기의 신체적 발달은 신장이나 체중에 있어 개인차이가 크게 나타나고 신체적 발달이 빠른 아동의 경우에는 무릎 등에서 성장통을 호소하는 경우도 있다. 운동기능은 영유아기와 비교할 때에 정교함과 기능 측면에서 많은 발달을 보이며 자신의 신체에 대한 통제력이 증가하게 된다. 이러한 증가된 신체적 능력이나 정교해진 운동기능을 바탕으로 또래들과 경쟁적 게임을 즐기게 된다. 신체적으로는 2차 성징이 나타나기 이전이므로 성적으로 중성기적 특징을 보인다(강상경 외, 2021). 신경계 발달의 특징으로는 뇌 중량이 만 12세 즈음 성인의 95%까지 발달하고, 위의 크기도 성인의 2/3에 이르게 되며, 팔과 어깨 등을 통제하는 능력도 성인과 비슷해져서 야구와 축구 등 대부분의 운동을 할 수 있게 된다(서혜석, 송유미, 이미영, 2009).

청소년기의 신체적 발달은 신장 및 체중에 있어서 성인과 유사한 발달특성을 나타내며, 인지적인 발달도 빠르게 나타난다. 신체학적 · 생리학적으로는 남자 청소년의 경우 남성호르몬에 해당하는 안드로겐(androgen)이 촉진되면서 고환의 발달 및 사정이 시작되고 변성기가 오면서 목소리도 변하게 된다. 여자 청소년의 경우 여성호르몬에 해당하는 에스트로겐(estrogen)이 촉진되면서 자궁 및 유방의 발달, 초경이 시작되고 임신을 준비하고 유지할 수 있는 신체적 특징을 나타내게 된다(정옥분, 2004).

피아제에 따르면 청소년기는 형식적 조작기에 해당한다(Piaget, 1954). 이 단계에 있는 청소년은 눈에 보이는 것 이외의 가능한 경우를 가정하고 생각하는 것이 가능해진다. 예를 들면, 어떤 현상이 관찰되었을 때 관찰된 현상이 다양한 환경과 상황의 영향을 받아서 나타날 가능성 중의 하나임을 인지하면서, 관찰된 현상 이외에도 다른 관찰 가능한 경우가 많이 있을 수 있음을 인식한다(정옥분, 2004).

(2) 심리적 발달

아동기의 심리적 발달에서 중요한 특징은 '나'와 '타인'의 구분이 가능해지면서 자신의 개인적 특성에 대해서 지각할 수 있는 자아개념이 발달하게 된다. 이러한 자아개념의 발달은 타인과의 비교를 통해서 '자기 스스로에 대한 긍정적 또는 부정적 태도'를 의미하는 자아존중감을 형성하는 데 영향을 주게 된다(Marsh, Craven, & Debus, 1998). 프로이트는 아동기를 잠재기(latency stage)라고 명명하였다(Freud, 1933). 잠재기 아동의 에너지는 지적 활동, 친구와의 우정 등에 집중되는 반면, 성적 관심이 약하게 표출된다고 보았다(강상경 외, 2021). 에릭슨의 심리사회적 발달이론에서 아동기는 학령기(school age)에 해당한다(Erikson, 1950). 이 시기의 아동은 지적 호기심과 그 성취가 행동의 핵심이 되며, 이러한 호기심과 부응하는 행동을 통하여 아동은 근면성과 성취감을 느끼게 된다. 반면에, 학습에 실패한다든지

과제를 수행할 능력이 없을 때 열등감이 생기게 된다(강상경 외, 2021).

청소년기 심리적 발달의 중요한 특징은 '정체감 형성'과 '심리적 유예기간(psychosocial moratorium)'이다. 에릭슨에 따르면 청소년기는 만 12세부터 22세 사이에 해당되며, 이 시기에 발달과업을 성취할 경우 '정체감'이 형성되지만 성취하지 못할 경우 '정체감 혼란'을 경험하게 된다고 보았다(정옥분, 2004; Erikson, 1950). 또한 신체적 발달은 성인과 유사하지만 아직 심리적 발달 및 그에 따른 역할은 성인에 미치진 못한다. 청소년기의 이러한 특성을 고려하여 청소년기를 심리사회적 유예기간이라고 말하기도 한다. 즉, 심리적 유예기간 동안 청소년이 본인에게 적절한 심리적 성숙과 그에 따른 역할을 배우고 익힐 수 있는 기회가 되기도 한다(강상경 외, 2021).

(3) 사회적 발달

아동기의 사회적 발달은 학교생활의 시간이 많아지면서 또래와의 상호작용이 증가하는 것과 관련이 된다. 즉, 또래와의 다양한 협동, 경쟁, 협상 등의 경험을 통해서 사회성이 발달하게 된다. 이 시기에는 주로 동성의 아이들과 어울리기를 좋아하고, 부모와의 관계에서도 동성의 부모와 동일시하여 역할의 본보기로 삼으며 동성의 부모와 특별한 관계를 가지는 경향이 있다(강상경 외, 2021). 최근에는 다양한 전자매체(TV, 인터넷, 컴퓨터, 스마트폰 등)의 영향력이 과거보다 더 커졌다. 1965년 밴듀라(Bandura)의 보보인형실험에 따르면 아동의 경우 관찰하는 내용에 따라서 학습 내용이 달라질 수 있다고 하였다. 따라서 아동기에 전자매체로 인한 사회적 발달의 긍정적 · 부정적 영향을 고려해야 한다(강상경 외, 2021).

청소년기의 사회적 발달은 이전 단계인 영유아기나 아동기와 비교할 때 보다 다양해진다. 청소년기는 가족에서 독립하지 않았기 때문에 여전히 가족에 속해서 생활하지만 사회적으로는 가족 이외의 다양한 환경에서 관계를 맺는 사람과 장소를 확장시키게 된다. 가령 학교에서의 또래관계가 그것이다. 또한 프로이트에 따르면 청소년기는 생식기에 해당하는데 이 시기에는 책임 있는 사회적 · 성적 관계를 유지하게 되며, 이성과의 사랑에서 만족감을 느끼게 되고, 이러한 특징으로 인해서 이성애착기(heterosexual period)라고도 한다(강상경 외, 2021; Freud, 1925).

2) 아동 · 청소년기 정신건강 문제

아동 · 청소년기에 나타날 수 있는 대표적인 정신건강 문제에는 주의력결핍 과잉행동장애와 품행장애가 있다.

(1) 주의력결핍 과잉행동장애

① 개념과 증상

주의력결핍 과잉행동장애(Attention Deficit and Hyperactivity Disorder: ADHD)의 특징은 크게 주의력결핍과 과잉행동이라는 두 부분으로 구분이 된다. 먼저, 주의력결핍은 이 장애의 두드러진 특징으로 일을 마칠 때까지 지속적으로 하지 못하거나 다른 사람과의 대화에서 경청하지 않는 모습을 보인다. 이러한 증상은 학업 및 과제를 수행할 때도 영향을 줄 수 있다. 과잉행동의 경우 상황과 관련이 없는 움직임을 보이거나 가만히 앉아 있지 못하고 자주 자리를 바꾸는 행동을 보인다. 또한 행동 충동을 통제하기 어려워 수업 시간에 불쑥 틀린 답을 말하거나 구조화된 놀이에서 차례를 지키지 못하는 등의 모습을 보인다. 학령기 아동의 유병률은 3~5% 정도이다(전석균, 2016).

② 진단

주의력결핍 과잉행동장애의 진단기준은 〈표 6-3〉과 같다.

표 6-3 주의력결핍 과잉행동장애의 진단기준

1. 주의력결핍(부주의) 과잉 행동-충동성의 지속적인 패턴이 개인의 기능 또는 발달을 저해하며, 다음 중에서 한 가지 이상이 만족되어야 함
   1) 주의력결핍(부주의): 다음 중에서 여섯 가지 이상의 증상이 최소 6개월 이상 지속된다. 그와 같은 증상들은 발달 수준에 적합하지 않으며, 사회적, 학업적, 직업적 활동에 직접적으로 부정적인 영향을 미친다.
      (1) 종종 세밀하게 주의를 기울이지 못하거나 학업, 직업 또는 다른 활동에서 빈번히 실수를 저지른다.
      (2) 종종 과제를 하거나 놀이를 할 때 지속적으로 주의를 집중하지 못한다.
      (3) 종종 다른 사람이 직접 말을 할 때 경청하지 않는 것처럼 보인다.
      (4) 종종 주어진 지시를 수행하지 못하며, 학업, 잡일, 작업장에서의 임무들을 완수하지 못한다.
      (5) 종종 과업과 활동을 체계화하지 못한다.
      (6) 종종 지속적인 정신적 노력을 요구하는 과업들에 참여하기를 회피하거나 싫어하거나 혹은 마지못해 한다.
      (7) 종종 과제나 활동을 하는 데 필요한 물건들을 잃어버린다.
      (8) 종종 외부 자극에 의해 쉽게 산만해진다.
      (9) 종종 일상적인 활동을 잊어버린다.
   2) 과잉행동-충동성: 다음 중 여섯 가지 이상의 증상이 최소 6개월 이상 지속됨. 그와 같은 증상들은 발달 수준에 적합하지 않으며, 사회적 · 학업적 · 직업적 활동에 직접적으로 부정적인 영향을 미침.
      (1) 종종 손발을 가만히 두지 못하거나 의자에 앉아서도 몸을 꼼지락거린다.
      (2) 종종 가만히 앉아 있어야 할 상황에서 자리를 떠나 돌아다닌다.
      (3) 종종 상황에 부적절하게 뛰어다니거나 높은 곳을 기어오른다(주의: 청소년이나 성인의 경우 좌불안석을 경험하는 것으로 제한될 수 있음).
      (4) 종종 조용한 여가활동에 참여하지 못하거나 놀지 못한다.
      (5) 종종 끊임없이 활동하거나 자동차에 쫓기는 것처럼 행동한다.
      (6) 종종 지나칠 정도로 수다스럽게 말을 한다.
      (7) 종종 질문이 채 끝나기도 전에 성급히 대답한다.
      (8) 종종 줄을 서야 하는 상황에서 자신의 차례를 기다리지 못한다.
      (9) 종종 다른 사람의 활동을 방해하거나 간섭한다.

3) 사회적 상호작용을 위한 비언어적인 의사소통 행동의 결함(예: 언어적, 비언어적 의사소통의 불완전한 통합, 비정상적인 눈 맞춤과 몸짓 언어, 몸짓의 이해와 사용의 결함, 얼굴 표정과 비언어적 의사소통의 전반적 결핍)
4) 관계 발전, 유지 및 관계에 대한 이해의 결함(예: 다양한 사회적 상황에 적합한 적응적 행동의 어려움, 상상 놀이를 공유하거나 친구 사귀기가 어려움, 동료들에 대한 관심 결여)다.

2. 심각한 부주의 또는 과잉행동-충동성의 증상들이 12세 이전에 나타났다.
3. 심각한 부주의 또는 과잉행동-충동성의 증상들이 두 가지 이상의 장면(가정, 학교 혹은 직장, 친구들 또는 친척들과 함께 있는 자리, 다른 활동 상황)에서 나타난다.
4. 이러한 증상들이 사회적, 학업적, 직업적 기능의 질을 간섭하거나 저하시킨다는 명백한 증거가 있다.
5. 이러한 증상들이 조현병이나 다른 정신증적 장애의 경과 중에만 나타나는 것이 아니며, 다른 정신장애(기분장애, 불안장애, 해리성 장애, 성격장애, 물질중독 또는 금단)에 의해 더 잘 설명되지 않는다.

출처: American Psychiatric Association (2013).

③ 치료적 개입

주의력결핍 과잉행동장애의 경우 청소년기 및 성인기가 되면서 자연스럽게 회복되는 경우가 많이 있으나, 학령기에 적절한 치료를 받지 못하면 부주의와 주의산만이 지속될 수 있다. 다양한 연구결과에서 약물치료가 도움이 된다는 것을 확인하였다. 그 외에 인지-행동치료, 사회기술 훈련, 부모교육 등을 병행하는 것이 효과적이다. 행동수정치료의 경우 토큰 활용, 타임아웃, 행동표 작성 등의 기법이 사용될 수 있고, 부모교육의 경우 일관된 양육태도를 하면서 자녀의 공격성이나 행동 변화에 도움이 될 수 있도록 한다(이영호, 2016).

(2) 품행장애

① 개념과 증상

품행장애(Conduct Disorder)는 아동기와 청소년기에 관찰되고 만 18세 이전에 발생하게 된다. 특징으로는 가출, 폭력, 공격적 행동 등이 나타나고, 잦은 학교 결석, 성적 저하, 흡연 및 음주 등의 행동을 보인다. 장애 발현 원인에는 유전적 · 생물학적 요인과 심리적 · 사회적 요인이 있다. 유전적 · 생물학적 요인에는 세로토닌 이상, 전두엽 기능 이상 등이고, 심리적 · 사회적 요인에는 학대 및 방임적 양육태도, 빈곤 등이 있다(전석균, 2016).

② 진단

품행장애의 진단기준은 〈표 6-4〉와 같다.

표 6-4 품행장애의 진단기준

1. 다른 사람의 기본적 권리를 침해하고 연령에 적절한 사회적 규범 및 규칙을 위반하는 지속적이고 반복적인 행동 양상으로 지난 12개월 동안 다음 중 적어도 3개 이상에 해당되고 지난 6개월 동안 적어도 1개 이상의 기준에 해당되어야 함
   1) 사람과 동물에 대한 공격성
      (1) 자주 다른 사람을 괴롭히거나, 위협하거나, 협박함
      (2) 자주 신체적인 싸움을 검
      (3) 다른 사람에게 심각한 신체적 손상을 입힐 수 있는 무기 사용(예: 방망이, 벽돌, 깨진 병, 칼, 총)
      (4) 다른 사람에게 신체적으로 잔인하게 대함
      (5) 동물에게 신체적으로 잔인하게 대함
      (6) 피해자가 보는 앞에서 도둑질을 함(예: 노상강도, 소매치기, 강탈, 무장강도)
      (7) 다른 사람에게 성적 활동을 강요함
   2) 재산 파괴
      (1) 심각한 손상을 입히려는 의도로 고의적으로 불을 지름
      (2) 다른 사람의 재산을 고의적으로 파괴함(방화로 인한 것은 제외)
   3) 사기 또는 절도
      (1) 다른 사람의 집, 건물 또는 자동차를 망가뜨림
      (2) 어떤 물건을 얻거나 환심을 사기 위해 또는 의무를 피하기 위해 거짓말을 자주 함(즉, 다른 사람을 속임)

(3) 피해자와 대면하지 않은 상황에서 귀중품을 훔침(부수거나 침입하지 않고 상점에서 물건 훔치기, 문서위조)

4) 심각한 규칙 위반

(1) 부모의 제지에도 불구하고 13세 이전부터 자주 밤늦게까지 집에 들어오지 않음

(2) 친부모 또는 양부모와 같이 사는 동안 밤에 적어도 2회 이상 가출, 또는 장기간 귀가 하지 않은 가출이 1회 이상 있음

(3) 13세 이전에 무단결석을 자주 함

2. 행동장애가 사회적 · 학업적 또는 직업적 기능 영역에서 임상적으로 현저한 손상을 초래함

3. 18세 이상일 경우, 반사회성 성격장애의 기준에 부합되지 않음

4. 유형

1) 소아기 발병형: 10세 이전에 품행장애 특유의 진단기준 가운데 적어도 한 가지가 발생한 경우

2) 청소년기 발병형: 10세 이전에는 품행장애의 어떠한 진단기준도 충족시키지 않는다.

5. 심각도

1) 가벼운 정도: 진단을 내리기 위해 요구되는 정도를 초과하여 나타나는 문제가 매우 적고 그리고 다른 사람에게 단지 가벼운 해를 끼친다(예: 거짓말, 무단결석, 허락 없이 밤늦게 까지 집에 들어가지 않는 것).

2) 중간 정도: 품행 문제의 수와 다른 사람에게 해를 끼치는 영향의 정도가 가벼운 정도와 심한 정도의 중간이다.(예: 피해자와 대면하지 않는 상황에서 도둑질하기, 기물 파괴하기)

3) 심한 정도: 진단을 내리기 위해 요구되는 정도를 초과하여 나타나는 품행 문제가 많거나 또는 다른 사람에게 심각한 해를 끼친다.(예: 성적 강요, 신체적 잔혹함, 무기 사용, 피해자와 대면한 상황에서 도둑질, 파괴와 침입)

출처: American Psychiatric Association (2013).

③ 치료적 개입

품행장애는 행동적 차원으로 증상이 나타나기 때문에 주로 행동수정치료 또는 인지행동치료가 이루어지게 된다. 그 외에 충동성 및 공격성을 낮출 수 있는 약물치료와 사회성을 훈련할 수 있는 사회기술훈련 프로그램 등이 도움이 될 수 있다.

토론주제

1. 태아기의 환경적 영향이 영유아기 및 아동·청소년기의 정신건강에 어떻게 영향을 줄 수 있는가?

2. 영유아기에 일반적으로 경험할 수 있는 주요 정신건강 문제는 무엇이 있고, 이에 대한 원인과 개입방안은 무엇인가?

3. 영유아기 및 아동 · 청소년기의 신체적 · 심리적 · 사회적 발달은 정신건강과 어떠한 관계를 갖는가?

4. ADHD, 품행장애 등의 외현화 문제와 불안장애, 우울증, 조울증의 내면화 문제 중 어렸을 때 직간접적으로 경험해 본 적이 있는가? 경험이 있다면 어떻게 대처 · 개입했는가?

5. 4차 산업혁명과 전자매체의 발달은 아동 · 청소년의 정신건강에 어떠한 영향을 주었는가?

제7장

성년기 및 중년기 정신건강

성인기는 20대 초반부터 노년기 전 65세 이전으로 개인적으로나 사회적으로 왕성한 활동을 하는 시기이자 생애주기 중 가장 긴 시기이다. 학자에 따라 조금씩 차이는 있으나 대체로 성인기를 연령대별로 20대에서 40세 이전의 성년기와 40세부터 65세 이전의 중년기로 구분하기도 한다. 이 장에서는 성년기(20~40세 미만)와 중년기(40~65세 미만)로 구분하여 각 시기별 발달특성 및 발달과제, 이와 관련된 정신건강 문제를 살펴보고자 한다.

1. 성년기 정신건강

1) 성년기 발달특성 및 발달과제

성년기는 흔히 성인 초기라고도 불리며 중요한 인생의 변화를 가져오는 시기이다. 성년기는 청소년기에서 중년기로 이행하는 전환기로서 한 사회의 구성원으로 융화 여부가 결정되는 인생에 있어 매우 중요한 시기이다(Erickson, 1950). 성년기는 신체적 및 인지적 측면에서 가장 정점에 있는 시기이며, 심리사회적 측면에서는 현실적인 문제해결적 사고가 발달하고 결혼, 직업 등 삶에 있어서 중요한 결정을 해야 하는 시기이다. 성년기의 발달은 아동기나 청소년기 발달과 달리 새로운 신체적 기능이나 인지적 능력의 획득에 의해서 일어나기보다는 주로 사회적 및 문화적 요인에 의해서 주도된다는 점에서 그 성격이 다르다.

(1) 성년기 발달특성

① 신체적 발달

성년기는 인생에서 신체적 건강이 최적의 상태에 이르는 시기로서, 신체적 성장과 성숙이 거의 완성된다. 20대 초반에는 신체 수행능력, 체력, 지구력, 감각 민감성, 정력 등의 신체적 상태가 최고조에 이르지만, DNA와 체세포 수준에서의 생물학적 노화가 시작된다. 정신운동 능력이 정점에 이르러 그 어떤 시기보다 반응시간이 빠르고, 근육의 힘이 강하며, 눈과 손의 협응 능력이 좋다. 신체적 상태가 최고조에 이르는 만큼 질환으로 인한 기능장애는 상대적으로 적다. 30대 후반까지는 이러한 최고의 신체 기능 수준을 유지하면서 점차적으로 생물학적 노화가 시작된다. 20~30대에는 신체 기능의 감소나 신체적 외모 변화가 느리게 일어나기 때문에 노화가 거의 눈에 띄지 않지만, 30대 이후에는 점차 빨라진다(정옥분, 2019). 성년기가 인생에서 가장 건강한 생활을 할 수 있는 시기이기 때문에 건강 문제에 관심이 적고 건강을 증진시키기 위한 노력을 별로 기울이지 않는다. 대부분의 성년기 사람들은 자신의 주관적 건강상태를 좋은 편으로 인식하고 있다. 그러나 신체적으로 건강한 성년기의 삶을 영위하기 위해서는 규칙적인 운동, 적절한 영양섭취, 금연 및 적정 음주 등의 건강행동이 요구된다.

② 인지적 발달

이 시기의 인지 및 감각 발달 등의 심리적 발달특성은 학자들에 따라 다양한 의견이 제시되고 있다. 어떤 학자들은 인지기능이 최고조에 달해 완성상태로 있다고 보는 반면, 다른 학자들은 지속적으로 발달하고 있다고 본다. 성년기는 새로운 지식을 습득하거나 새로운 상황에 적응하려는 유동성 지능 수준이 최고조에 이르지만, 사회적 경험에 의해 강화될 수 있는 결정성 지능 수준은 이후 경험 여부에 따라 지속적으로 발달될 수 있다고 본다. 유동성 지능은 타고난 지능으로 생물학적으로 결정되며 경험이나 학습과 무관한 반면, 결정성 지능은 학교교육과 일상생활에서의 학습경험에 의존하는 정신능력을 반영한다(정옥분, 2019). 이 시기는 보다 현실적이고 문제해결적 사고가 발달하여, 습득한 지식을 자신이 설정한 인생목표와 그에 적절한 과업에 연결시키기 시작한다. 예를 들어, 지식을 현실에 적용하여 문제가 발생했을 때 여러 변수를 동시에 고려하는 복합적 사고가 발달된다. 라보비 비에프(Labouvie-Vief, 1980)는 실용적 사고(pragmatic thought)와 인지정서적 복잡성(cognitive-affective complexity)을 성인기의 특징으로 설명하고 있다. 실용적 사고는 논리가 실제 생활의 문제를 해결하는 도구가 되는 사고구조를 의미하고, 인지정서적 복잡성은 긍정적 느낌과 부정적 느낌을 이해하여 이들을 하나의 복잡하고 체계화된 구조로 통합하는 능력을 의미한다(이옥경 외, 2009).

③ 사회적 발달

성년기의 사회적 발달특성 중 하나는 부모로부터의 독립이다. 오퍼 등(Offer et al., 1975)은 성년기 초기에는 부모로부터 자신을 분리된 존재로 인식하게 되는 것이 중요하다고 하였다. 이 시기의 젊은이들은 부모로부터 감독은 덜 받는 대신 새로운 감각을 추구하는 데 더 많은 자유를 갖게 된다. 부모로부터 사회적 · 정서적 · 재정적 독립을 위한 전환기에 있으며, 인생의 중요한 변화를 경험한다(Arnett, 2000). 성년기는 사랑과 가정생활, 직장에서의 승진으로 만족을 느끼고 인생목표를 실현하게 되는 시기이다. 즉, 정서적 및 성적 친밀감, 성적 관심사 공유, 미래 비전 공유 등이 결합된 이성 관계를 형성하고 배우자를 찾기 위한 사랑을 하게 된다. 또한 직업을 준비하고 선택하는 시기로서 사회적 독립이 가능한 시기이다. 직업은 경제력 획득뿐 아니라 창의력과 자부심을 획득할 수 있는 자아실현의 통로이자 사회생활의 핵심요소이다. 그러므로 직업에 대한 만족은 개인의 자아존중감과 행복에 큰 영향을 미친다.

(2) 성년기 발달과제

에릭슨의 심리사회적 발달단계에 따르면, 성년기는 연령적으로 대략 20세에서 30대 중반까지를 포함하는 시기로서 타인과 친밀감을 형성하고, 그러한 능력을 개발하여 성숙한 대인관계의 바탕을 구축하는 중요한 심리·사회적 발달단계이다(Erikson, 1959). 자신에 대한 합리적인 자아정체감을 가진다면 타인과의 상호관계에서 진실된 심리적 친밀감을 발전시키게 된다. 친밀감이란 사회적 관계를 형성하는 과정에서 자아정체감을 잃지 않고 상대방과 개방적이고 지지적이며 다정한 관계를 맺고 서로의 욕구에 대한 인식뿐 아니라 공감을 할 수 있는 능력을 말한다. 이 시기는 가족 및 학교의 사회적 관계를 벗어나서 대학 진학과 취업, 결혼 등의 과업들을 통해 새로운 대인관계를 형성할 수 있는 기회가 주어지고 대인관계의 범위가 넓어진다. 효과적이고 만족스러운 대인관계를 형성하기 위해서는 타인과의 의미 있는 관계를 경험하고 더불어 성숙한 태도로 관계를 지속할 수 있어야 한다. 타인과 친밀한 관계는 인간의 행복과 불행, 만족과 불만족을 결정하는 중요한 요소이다(조소영, 김진숙, 2020). 한편, 친밀감이 확고한 정체감에 기반한 것이 아니라면 정서적으로 안정된 관계를 형성하기 어려워 고립과 고독의 부정적 결과가 나타난다. 즉, 이 시기의 대인관계문제는 개인의 성장과 발달을 방해하며, 소외되고 고립감 속에 다양한 부적응 문제를 초래할 수 있다. 대인관계의 기피, 상대를 가리지 않는 성행위, 사랑 없는 성생활 등을 할 가능성이 있다.

성년기의 발달과제는 사랑과 일로서 인생주기에서 결혼과 출산, 취업 등의 중요한 책임과 과업이 뒤따른다. 이러한 역할과 과업을 성공적으로 수행하면 성숙한 인격과 건강한 정신건강을 유지할 수 있다. 그러나 성년기에 배우자, 부모, 직장인으로서 새로운 역할을 수행하는 과정에서 역할 갈등과 긴장이 발생하고 이로 인한 스트레스를 적절히 대처하지 못한다면 다양한 정신건강 문제가 초래될 수 있다. 역할갈등과 역할과부하는 남편과 아내 모두 경험하는데, 이를 줄이기 위해서는 부모로서, 배우자로서, 직장인으로서 역할 수행의 기준을 낮추고 완벽하게 해야 한다는 생각을 버리며, 서로 배우자, 부모, 직장인으로서의 중심역할을 나누고 균형 잡힌 삶을 유지해야 할 것이다.

2) 성년기 정신건강 문제

성년기는 청소년기에서 성인기의 전환단계로서 일과 사랑이라는 두 가지 핵심과제를 추구하는 과정에서 다양한 스트레스를 경험하게 된다. 그 결과 상당한 수준의 정서장애 및 정신건강의 문제를 갖게 된다(Moore et al., 2013).

(1) 진로 및 직업과 정신건강

① 청년 취업난 및 실업과 정신건강

생애발달주기상 성년기의 가장 중요한 발달 과업 중의 하나가 직업의 선택과 유지에 관련된 것인 만큼, 취업 및 직업과 관련된 요인은 성인의 삶에 영향을 미치는 중요한 요인이라 할 수 있다. 성년기는 고등교육을 마치고 사회로의 진출을 준비하는 시기로 부모로부터 경제적 · 정서적 · 사회적 독립을 위한 직업 선택에 많은 노력을 투자한다. 성인에게 직업이란 자신이나 가족의 생계유지 수단일 뿐 아니라 자신이 가진 능력으로 회사에서 요구하는 업무를 수행함으로써 인정이나 자기만족을 추구하는 수단이기도 하다. 즉, 직업은 자신의 내면적 욕구의 실현인 자아실현과 성취감, 다양한 인간관계의 경험, 경제적 안정의 원천이자 정신건강의 보호요인으로서 행복과 밀접한 관계가 있다. 만족스런 직장생활을 위해서는 자신에게 맞는 직업을 선택하는 것이 중요한데, 직업 선택 시 자신의 적성, 자신이 좋아하는 것에 대한 흥미, 자신이 중요하다고 추구하는 가치관 등이 고려되어야 한다.

글로벌 경기 침체, 기술혁신으로 인한 일자리 감소, 산업구조 재편으로 인한 고용 없는 성장, 노동시장 이중구조, 청년과 기업의 일자리–숙련–임금 미스매치(mismatch)로 인해 청년의 첫 일자리 취업 기간은 길어지고 있다. 이와 더불어 청년의 고학력화에 따른 일자리 미스매치의 증가로 첫 일자리 근속기간은 줄어들고 있다. 이렇듯 장기화되고 있는 취업난 및 실업, 일자리 미스매치와 취약한 근무환경 등으로 인한 이직은 성년기 근로자의 미래에 대한 불안이나 우울과 같은 부정적 정서 상태를 유지하게 하여 정신건강의 위험요인이 되기도 한다. 청년실업의 장기화로 인해 구직 의사마저 상실하게 되는 NEET(Not in Employment, Education or Training) 현상도 나타나고 있다. 취업난 및 실업은 단순히 개인의 경제적 곤란으로 끝나는 것이 아니라, 자존감을 낮추고 우울과 불안의 정서적 문제를 일으키며, 삶의 만족 수준을 저하시켜 전반적인 정신건강 수준에 부정적 영향을 미친다고 알려져 있다. 이외에도 청년실업은 알코올사용과 약물남용 등의 자기 패배적 행동과 음주문제를 초래할 수 있다. 또한 청년실업 문제는 결혼기피, 저출산 등의 문제로 이어질 수 있고, 부모 세대의 경제적 부담을 가중시키기도 한다. 이와 더불어 청년층의 장기간 실업이 노동시장 진입의 배재, 사회적 고립, 경제적 배제 등과 같은 이른바 사회적 배제의 위험성을 초래하기 때문에 개인의 심리적 안정과 정신건강에 미치는 부정적 영향력이 고착되고 구조화될 수 있다는 문제가 있다(Kieselbach, 2003).

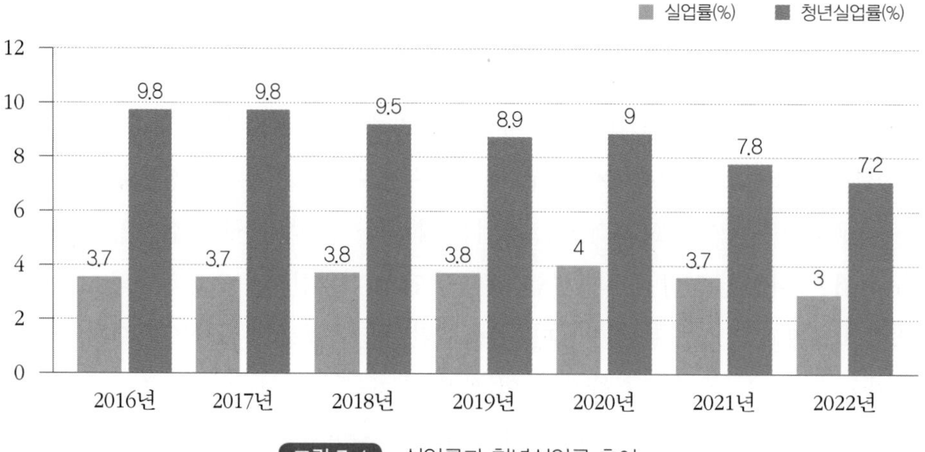

그림 7-1 실업률과 청년실업률 추이

* 출처: 통계청 「경제활동인구조사」, 청년실업률 연령 기준: 15~29세

우리나라 전체 성인실업률이 3%대인 데 반해 청년실업률은 7% 이상을 유지하고 있다([그림 7-1] 참조).

② 직장생활과 정신건강

성년기에 직장생활은 하루의 대부분을 차지할 만큼 많은 비중을 차지하고 개인의 삶에 큰 영향을 준다. 직장생활을 하면서 직장상사 혹은 동료와의 인간관계, 불합리한 업무 지시나 과도한 업무량, 마음에 들지 않는 연봉, 지나친 성과 요구와 경쟁적 환경에서의 심리적 압박, 직무 불만족, 회사와 자신의 미래에 대한 불안정성 등은 직장인의 스트레스를 가중시키고 개인의 자존감 및 직업 만족도를 저하시킨다. 이러한 직장생활과 관련된 스트레스는 불면증을 유발하여 만성피로에 시달리게 하거나 두통, 소화불량, 위궤양이나 과민성 대장증후군 등의 신체적 질환 이외에도 정신적 문제를 유발하는 요인이 된다. 예를 들어, 불면증, 무기력감, 불안, 우울증, 강박증 등의 정신적 질환을 유발할 수 있다. 이러한 직장인의 정신건강 문제는 개인뿐 아니라 가족, 기업, 사회 등 여러 이해관계자에게 영향을 미친다. 따라서 직장인의 정신건강에 대한 관심과 개입은 개인뿐 아니라 기업 및 사회의 생산성 향상 차원을 위해서라도 보다 국가적 차원에서의 관심이 필요하다.

(2) 결혼과 정신건강

① 결혼생활과 정신건강

대부분의 사람은 살면서 두 가지의 가족을 경험하게 되는데, 하나는 출생 후 부모 슬하에서 형제, 자매와 함께 자라면서 생활하는 원가족(family of origin)이고, 다른 하나는 성장 후 결혼을 통해서 새롭게 가족을 형성하여 자녀를 낳아 기르는 생식가족(family of procreation)이다(정옥분, 2004). 대부분의 성년기 젊은이는 결혼을 통해 심리사회적 과업인 친밀감의 욕구를 충족시키고, 새로운 생식가족을 형성한다. 결혼이란 서로 다른 환경에서 자라온 두 남녀가 만나 사회적으로 가장 기본적 공동체인 하나의 가족을 새롭게 형성하는 과정으로서 자신의 본래 가족에서 독립하여 독자적인 생식가족으로 전이되는 과정이다. 결혼은 성적으로 친밀한 성인들의 합법적이고 사회적으로 인가된 결합이며 자녀를 낳아서 기를 수 있는 바람직한 제도로 여겨지고 있다. 이전까지의 시기가 주로 부모 및 친구와의 관계 형성이 중요하였다면, 성년기부터는 배우자와의 관계와 결혼생활이 매우 중요하다. 성년기의 결혼은 정서적 지지, 경제적 혜택, 건강에 이로운 생활방식, 가사일의 분업과 의사결정상의 이점, 성관계의 혜택 등을 제공하기 때문에 건강에 이롭다고 설명한다(Ross, Mirowsky, & Goldsteen, 1990). 결혼은 보살핌과 사랑을 받는다는 느낌과 속내를 터놓고 얘기하고 의지할 수 있는 파트너를 제공하는 등 정서적 지지를 얻을 수 있는 원천이 된다. 또한 결혼의 경제적 혜택은 경제적 곤궁으로 인한 스트레스를 완화시키고 건강상 문제가 생겼을 때 적절한 치료를 받을 기회를 제공한다. 다만 이러한 혜택들은 결혼의 질에 따라 달라질 수 있다. 즉, 배우자와의 관계나 결혼생활이 만족스럽지 못하다면 배우자로부터 받는 정서적 지지의 수준이 낮을 수 있고, 부부 갈등으로 인한 스트레스가 크기에 정신건강에 부정적 영향을 미칠 수 있다.

결혼은 서로 살아온 환경이나 문화적 배경이 다른 사람이 만나서 삶의 다양한 영역을 공유해야 하기 때문에 상호적응의 과정이 요구된다. 즉, 자신과 다른 배우자의 성격, 가치관, 사고방식, 생활방식 등을 이해하고, 자신이 지닌 개인적 기질과 가치 등을 점검함으로써 결혼 후 나타나는 문제들을 효과적으로 대처하고 적응하기 위한 조정과 협력이 필요하다. 성년기의 결혼생활은 부부간의 적응과 새로운 확대가족과의 적응이 요구되는 시기로서 원만한 적응이 이루어진다면 결혼만족도는 높을 것이다. 부부간 의사소통은 결혼생활의 만족도와 부부 관계의 질에 영향을 미치는 요인 중의 하나로서 긍정적인 의사소통은 성공적인 결혼생활의 중요 요인이다. 부부간의 원활한 의사소통은 서로 간의 이해수준을 증진시킴으로서 배우자에 대한 이해와 수용의 폭이 넓어질 수 있다. 이는 부부가 함께 직면하는 문제들을 효과적이고 협력적으로 대처해 가는 것을 가능하게 하여 궁극적으로 결혼만족도의 향상을 이끌어 낼 수 있다.

② 자녀 출산 및 양육과 정신건강

성년기의 자녀 출산을 통한 부모 역할은 남편과 아내 모두에게 상당한 적응을 요구한다(Cowan & Cowan, 2000). 자녀를 출산하고 영유아를 양육하는 시기는 부부의 삶의 방식과 결혼생활을 바꾸어 놓는다. 부모로서 새로운 역할에 적응이 불가피하므로 양육 부담과 스트레스가 뒤따르기 마련이다.

여성에게 임신과 출산은 어머니로서의 역할전환이 일어나는 주요 인생사건(life events)이다. 이 시기에 여성은 새로운 생명 탄생에 대한 설렘과 기대로 행복을 느끼게 되지만, 한편으로는 자녀에 대한 책임과 양육에 대한 두려움과 스트레스를 경험하기도 한다. 여성은 출산과 함께 자녀 양육의 주요 부분을 책임지게 되며, 어머니로서의 새로운 역할에 맞추어 자신의 가치와 활동을 새롭게 재구성하게 되는데, 그 과정은 상당한 정신적 · 육체적 노력을 필요로 한다. 실제로 상당수의 어머니가 아이 출산 후에 더 많은 개인적 문제를 경험하며, 결혼 만족도 역시 출산 전에 비해 감소하는 것으로 나타났다(Levy-Shiff, 1994). 이렇듯 출산 후 산모들은 이전보다 우울, 불안, 짜증 등의 부정적인 감정을 더 자주 경험하며, 신체적으로도 약해져 쉽게 피로해진다. 어머니로서의 역할 전환에 따르는 이러한 부정적인 영향들은 보통 시간이 지남에 따라 차츰 완화되지만 일부 산모의 경우 정서적 · 육체적 고통이 심해져 임상적 우울증 기준을 넘는 산후우울증을 경험하기도 한다(Smith & Howard, 2008). 이들은 사회적 고립감, 수면장애, 공허함, 슬픔, 좌절, 상실감, 의욕부진 등의 고통을 경험하며, 심한 경우 자살시도를 하기도 한다. 우울한 아내와 남편은 부모기로의 전이 후 결혼 불만족뿐 아니라 더 많은 부부갈등과 긍정적인 부부간 상호작용이 부족한 것으로 보고되고 있다. 경험적으로도 영유아기 자녀를 둔 부부가 경험하는 양육 스트레스는 결혼만족도에 부정적인 영향을 미치는 것으로 보고된다. 또한 산후우울증은 산모 자신에게 커다란 고통이 될 뿐 아니라, 남편과 자녀를 비롯한 다른 가족 구성원의 삶에도 부정적인 영향을 미친다. 특히 태어난 아기에게 미치는 산후우울증의 부정적인 영향은 매우 광범위하며 그 피해도 상당하다. 예를 들어, 산후우울증을 경험한 어머니의 자녀들이 우울하지 않은 어머니의 자녀들에 비해 정서 · 행동상의 문제를 더 많이 보였으며, 사회적 · 인지적 발달 수준도 더 낮은 경향이 있다(Rutter, 1990; Cummings, Davies, & Simpson, 1994).

과거에는 양육은 주로 여성의 역할로 여겨졌으며, 상대적으로 남성은 실질적인 양육의 책임과 의무에서 벗어나 있었다. 하지만 현대는 여성의 사회 진출과 핵가족화로 인해 아버지의 양육 참여가 불가피해졌다. 이로 인해 부모 중 어느 한 사람의 부모 역할이 아니라 부모 모두가 자녀에게 미치는 영향과 관계의 중요성이 강조되고 있다. 사회활동을 통한 가정의 경제적 지원과 엄격한 훈육을 통해 가정의 통솔자 역할을 하는 것에 제한되어 있었던 아버지의 모습은 자녀 양육에도 적극적으로 개입하며 자녀를 보살피고 자녀와 실질적으로 상호작용하는 친밀한 양육자의 역할로 그 모습이 변화하고 있다. 이제는 부모 중 한 사람이 주 양육자로서의 역할을 하는 것이 아니라, 부모가 협력하여 자녀를 양육하는 가정이 증가하고 있다. 자녀양육 활동에서 발생되는 곤란과 어려움이 반복되고 누적되어 부모가 자신의 역할에 대한 불편함과 부담감을 인지적 · 정서적으로 경험하는 일상적인 스트레스를 뜻하는 양육 스트레스는 부모 모두 경험하지만 주로 여성인 어머니가 더 많은 양육 스트레스를 경험한다(Abidin, 1992). 양육 스트레스는 자녀양육 방식에 영향을 미쳐 아동 발달에 역효과를 가져올 수 있을 뿐만 아니라 부모 자신의 심리적 안녕에도 부정적 영향을 미친다. 이 시기에 부모로서의 역할 적응을 순조롭게 하기 위해서는 먼저, 부모로의 역할전이에 대한 준비, 육아와 양육방식에 대한 교육, 부부간 역할과 책임에 대한 재정비와 합의가 이루어져야 할 것이다.

최근에는 남녀가 결혼을 하지 않은 채로 함께 사는 동거가족이 새로이 등장했으며, 독신자의 수도 증가하고 있으며, 결혼한 부부 사이에 자녀 출산을 기피하고 부부 중심의 가족이 증가하고 있다.

2. 중년기 정신건강

1) 중년기 발달특성 및 발달과제

중년기는 인생의 전반에서 후반으로 넘어가는 전환점으로서, 성숙기 또는 갱년기로 묘사되기도 한다. 중년기 시기를 정하는 데 있어서도 학자마다 약간씩 다른 견해를 갖고 있어 35세에서 65세에 이르기까지 매우 다양하다. 중년기는 사회 경제적 활동의 결과로 수준 높은 삶에 대한 열망과 이를 실현할 수 있는 자원을 갖게 되고, 직업적으로도 전문성을 쌓고 절정에 이르는 시기이다. 한편, 중년기는 죽음과 인간의 유한함과 노화를 경험하고 삶의 무의미함과 공허감을 느끼게 되는 시기이기도 하다. 더욱이 중년기 이전까지의 삶이 만족스럽지 않았을 때 위축, 불안, 우울 등 심리적 어려움을 겪기도 한다. 이 시기에는 주요 과업의 성취에 관한 평가부터 전체 삶의 조망, 인간의 삶과 죽음에 대한 존재론적 탐구, 영성적 자각에 이르기까지 개인적 및 사회적 차원에서 삶의 재구조화가 일어나기도 한다. 이러한 특징으로 중년기를 청소년기와는 다른 의미의 2차 성장기라고도 한다(Sadler, 2000).

(1) 중년기 발달특성

① 신체적 발달

중년기는 장년기 혹은 후기 성인기로 불리기도 하며 연령대로는 주로 40세에서 65세 노년기 전까지에 해당하는 시기를 의미한다. 이 시기에는 대부분 신체적 능력과 건강이 감퇴하는 부정적인 신체적 발달을 경험한다. 인생 전반에 걸쳐 신체적 기능이 쇠퇴하는 점진적 노화가 일어남으로써 전반적으로 신진대사가 저하되고 여성과 남성 모두 체중이 늘기 시작한다. 신체적 건강 저하로 인해 질병에 취약해지며, 당뇨, 고혈압, 순환기 질환, 암, 비만 등의 만성질환의 유병률도 급격하게 증가하기 시작한다. 또한 질병으로 인한 사망률이 높아진다. 중년기 신체적 변화의 특징으로 남성과 여성 모두 생리적 변화를 수반하는 갱년기를 경험하게 된다. 여성은 50대를 전후로 여성호르몬의 급격한 감소에 이어 폐경을 경험하면서 번열증, 골다공증, 요실금 등의 신체적 변화와 과민, 불안, 피로, 우울 등의 심리적 변화도 나타난다. 남성 갱년기는 40대부터 남성호르몬의 분비가 점진적으로 감소함으로 인해 성욕이나 의욕 감퇴, 피로, 골밀도 및 근육 감소, 불안, 초조 등의 증상이 나타난다. 중년기 여성과 남성은 각각 에스트로겐과 테스토스테론 분비의 감소로 인한 신체적 변화를 겪으면서 여성다움과 남성다움이 많이 억제된다. 중년기 자녀들이 성장하여 집을 떠나면서 남성은 정서적이고 감성적으로 변하는 데 반해, 여성은 자기주장적이고 독립적으로 변하는 성역할 교차 현상이 나타난다(정영숙 외, 2018).

② 인지적 발달

중년기의 생물학적 노화가 진행되면서 동시에 기억력 감퇴의 인지적 변화가 나타난다. 반면, 오랜 기간 획득한 지식과 경험을 바탕으로 복잡하고 불확실한 상황에 대한 통찰력과 판단력을 가능하게 하는 지혜를 갖추는 시기이기도 하다. 성년기에서 살펴보았듯이 전반적으로 결정성 지능은 꾸준히 증가하지만 유동성 지능은 감소한다고 보는 것이 일반적이다. 결정성 지능과 전문성이 증가함에도 불구하고 인지 능력이 감퇴한다. 예를 들면, 대부분 오래된 일에 대해서는 잘 기억을 하지만 비교적 최근의 일에 대해 잘 잊어버리고 기억을 못하는 경우가 많아진다. 새로운 것을 배우는 학습능력도 점점 감퇴하고 융통성이 적어 새로운 것에 적응하거나 받아들이기를 어려워하며 변화에 저항하는 모습을 보이기도 한다. 오랜 경험을 통해 얻은 지혜로 문제해결능력은 높으나, 빠른 속도를 요구하는 문제들은 잘 해결하지 못한다는 특징이 있다.

③ 사회적 발달

중년기에 일어나는 사회적 변화의 주요 영역으로 가정과 직장에서의 은퇴와 자녀의 독립을 들 수 있다. 중년기 사회적 발달특성은 정년퇴직, 실직, 자녀의 성장과 결혼, 부모님, 배우자나 친구의 죽음, 이혼, 별거 등으로 인한 새로운 삶에 재적응을 해야 하는 시기라는 것이다. 자녀들이 출가하고 나면 빈 둥지의 시기를 맞게 되고 직장을 그만두게 되면서 지금까지 해 오던 역할이 감소하게 된다. 그리고 늙은 부모를 돌보아야 하는 압력과 자신의 자녀교육에 대한 재정적인 압박이 있을 수 있다.

조기은퇴나 정년퇴직으로 인한 일에서의 은퇴는 직업생활을 함으로써 향유해 왔던 모든 심리사회적 기능을 상실한다는 점에서 위기일 수 있다. 은퇴 후 수입 감소뿐 아니라 사회적 지위의 상실, 자아정체감의 상실, 사회적 유대관계의 감소, 역할 상실 등을 경험하게 된다. 특히 조기은퇴는 상대적으로 퇴직자의 노화를 유발하고 중년기 위기를 유발하는 원인이 될 수 있다. 은퇴는 완전히 새로운 삶의 시작이므로 생각의 전환, 계획과 준비를 새로이 하여 새로운 단계로의 삶으로 전환해야 한다.

이 시기는 남성과 여성 모두 점진적으로 긍정적 자아개념과 적응 능력을 갖추게 된다. 즉, 자기확신감이 증가하고 자신의 능력을 발전시킬 수 있는 보다 자유로운 시기이다. 폭넓은 대인관계와 높은 대인관계 만족도는 긍정적 정신건강을 유지할 수 있는 자원이라 할 수 있다. 중년기에 지혜, 리더십, 이해심이 많고 건강과 활력이 넘친다면 실제로 인생의 황금기라고 할 수 있다.

(2) 중년기 발달과제

에릭슨(Erikson, 1978)은 중년기를 발달이 완료된 상태가 아닌 과정의 한 상태로 보았으며, 이 시기에 해결해야 할 발달과제와 극복해야 할 위기로 생산성과 침체성을 들고 있다. 이 시기의 주된 관심은 부모됨과 직업에서의 성취를 통해 자신의 흔적을 영속적으로 남길 수 있는 무엇인가를 생산하는 것이다. 다시 말하면, 긍정적 태도인 생산성을 지니게 되면 삶의 여러 가지 측면에서 안정되고 성숙된 시기로서 단순히 자신과 자기 세대의 이익과 번영에만 관심을 쏟는 것이 아니라, 후손과 미래에 좀 더 나은 세상을 물려주기 위해 헌신하고 창의적인 생각에 많은 관심을 모으게 된다는 것이다. 그러므로 이 시기의 중년들은 자신들의 발전을 포기할 수도 있으며, 가족을 위해 희생해야 하는 상황에도 과감하게 개입하려 한다. 또한 세상을 개선하는 일에도 적극적으로 동참하여 다른 사람을 섬기는 일에 참여하고, 가치 있는 일에 자신을 투자하려고 노력한다. 다음 세대를 건강하게 만들어 가는 데 깊은 관심을 나타내며, 전적인 신뢰와 창의적인 자세로 실제로 그 일에 참여하기도 한다. 이처럼 생산성은 사회가 존재하는 데 빼놓을 수 없는 능력이며 건강한 인격 형성의 근본이 된다.

반면에, 부정적 태도인 침체성을 지닌 중년은 다른 사람들을 돌본다든지 창의적인 일이나 생산적인 결과를 낳는 일에는 전혀 관심을 보이지 않는다. 이들은 장기적인 안목이 없고 순간순간 닥치는 대로 살며, 근시안적인 만족을 충족하기에 급급하다. 보다 나은 세계를 만들려는 열정이 없기 때문에 자기 세계에만 몰두하게 되고, 방종을 초래하게 된다. 겉으로만 친밀한 척할 뿐 마음이 빈곤하며 다른 사람의 일에 별 반응이 없다. 또한 쉽게 따분해하고 무기력하며 늘 수동적인 자세를 취한다. 에릭슨은 생산성과 침체성의 중년기 위기를 극복하는 과정에서 돌봄이란 덕목이 생기는데, 이는 사랑과 필요 또는 우연적으로 일어나는 것에 대해서 넓어져 가는 관심이라고 했다. 중년기의 돌봄은 후세대에 희망, 의지, 목표, 능력, 성실, 사랑의 덕목을 자극하는 동기가 된다. 그렇지만 돌봄 현상이 부정적으로 나타날 때는 무관심이나 침체감이 생기게 된다. 그러므로 계속 성장하고 생산성을 확보하기 위해서는 새로운 자원과 새로운 희망을 활용할 수 있어야 한다(정옥분, 2019).

펙(Peck, 1968)은 에릭슨의 이론에 근거하여, 성공적 중년기를 위한 네 가지 발달과업을 제안하였다. 첫째, 중년기에는 체력 저하를 경험하게 되는데, 이를 보완하기 위한 과업으로 체력이나 신체적 강화보다는 인생의 경험으로부터 획득한 지혜를 조화시켜 정신력을 더 강화시켜야 한다는 것이다. 둘째, 체력 저하와 관련하여 성기능 또한 감퇴되므로, 이성 배우자와의 관계에서는 성적 요소의 중요성을 상대적으로 감소시키고 부부관계를 동료로서의 관계로 재정의함으로써 성기능 저하에 따른 위기를 극복해야 한다. 셋째, 부모나 친구의 사망 또는 자녀의 독립 등의 결과로 애정의 대상을 점차 상실해 가는 시기이므로 보다 다양하고 개방적인 대인관계를 통해서 제한된 애정 대상의 상실에 따른 위기를 극복해야 한다. 넷째, 과거의 고정 관념이나 경험에 사로잡혀 판단과 사고의 고정화를 초래하지 말고, 융통성과 개방성으로 새로운 변화를 수용하여 정신적 경직화를 조심해야 한다.

2) 중년기 정신건강

(1) 직장생활과 조기은퇴

중년기에 안정적 직장생활을 유지하고 사회적 성공을 경험하면서 대부분의 사람은 자신의 직업에 만족하고 정착하게 된다. 중년기 직업에서의 성공은 경제적 여유뿐 아니라 사회적으로 많은 영향력을 행사하게 되고 존경을 받게 된다. 중년기 직장생활의 성공은 개인의 성취 욕구, 지적 능력, 대인관계 기술 등을 요구한다. 직장생활을 하면서 직장 내 인사 관계, 일의 난이도 및 과중한 업무 부담, 작업환경과 자율성의 정도, 고용불안정 등으로 인해 여러 가지 스트레스를 경험한다. 특히 업무를 수행하는 과정에서 지속적으로 과도한 에너지를 사용함으로서 소진(burnout)을 경험하게 된다(신명희 외, 2014). 소진의 증상으로 만성피로, 일 요구에 대한 분노감, 자기비판, 냉소감, 고립감, 하찮은 일에 대해서도 쉽게 폭발, 작은 두통, 위장장애, 체중 감소나 체중 증가, 호흡곤란, 불면증, 무기력감, 우울증 등을 보인다.

중년기 후기에는 은퇴를 생각하게 되면서 의욕이 저하되는 동시에 직업만족도도 감소하게 된다. 이와 함께 목표를 축소하거나 보다 높은 수준의 개인적 욕구를 충족하기 위해 직업전환을 시도하나 이는 쉬운 일이 아니다. 직장에서 소외감을 느껴 자발적으로 그만두거나 외적 요인에 의해 그만두게 되면 불안과 절박한 느낌이 뒤따른다.

중년기 직업생활에서 가장 위협적인 사건은 조기은퇴로 인한 실업의 문제이다. 실업의 문제는 어느 연령층에서나 중대한 사건이지만, 특히 중년기 실업은 경제적 어려움뿐 아니라 새로운 직업으로 전환 기회가 거의 없고, 인생에서 성취감을 경험할 기회를 상실하게 되어 심각한 위기감을 경험하게 된다. 또한 가정과 사회에서 위치를 상실하면서 자신의 존재감과 자존감에 상처를 입게 된다.

(2) 빈 둥지 증후군

중년기 동안 대부분의 부모는 자녀가 사춘기를 지나면서 부모와의 심각한 갈등이 줄어들고 관계가 개선된다. 이는 자녀가 부모를 새로운 시각으로 보게 되면서 부모와 자녀와의 관계가 친구관계로 변화하게 된다. 이러한 긍정적 관계를 형성하기 위해서는 부모는 자녀가 독립적으로 되는 과정을 인정해 주어야 한다. 그러나 자신의 역할을 주로 자녀의 어머니로서 규정하고 자녀에게 헌신하여 자신의 삶이 없었던 경우라면 자녀가 독립함으로써 덧없음과 회한을 경험하게 된다. 중년기 성인들은 자녀 독립 후 부부만 남게 되면서 자녀가 떠나 버린 공허감으로 인해 정서적 빈곤과 우울증으로 대표되는 빈 둥지 증후군(empty nest syndrome)을 경험하게 된다. 그러나 많은 경우 자녀가 독립하게 되면 자유롭고 홀가분한 느낌, 안도감과 행복감을 경험하게 된다. 자녀 독립 후 부부가 많은 시간과 경험을 공유하고 의사소통이 많아지고 상대방에 대한 배려가 높아지면서 부부관계 만족도가 높아진다. 중년에도 자신이 맺고 있는 여러 관계에서 유대를 돈독히 하고 때로는 자신의 삶을 즐기기 위한 준비와 노력을 하는 중년기 성인이 늘어나면서 중년기 위기나 우울에 대한 접근이 달라지고 있다. 중년의 위기라는 용어 대신 자신의 꿈과 미래에 대한 생각을 다시 재정립하고 그것을 추구하기 위해 더 적극적으로 인생 후반기를 살아가는 이 시기를 중년기 재조정 기간으로 봐야 한다고 제안하기도 한다(성현란 외, 2019).

3. 성년기 및 중년기 정신질환

성인기는 생애주기 중 가장 긴 기간에 해당되며, 개인적으로나 사회적으로도 중요하고 의미 있는 역할을 하는 인생의 황금기라고 할 수 있다. 성인기는 취업, 결혼, 자녀출산과 양육, 직장생활 등으로 다양한 역할을 수행하는 시기이며, 이러한 역할수행에서 발생하는 다양한 스트레스가 정신건강을 위협할 수 있다. 또한 생애주기의 전환점을 시작으로 생물학적 · 심리사회적 변화와 함께 다양한 위기상황의 경험 등으로 인해 우울, 불안과 같은 심리적 압박감, 정신건강의 복합적인 변화가 일어날 가능성이 증가한다. 따라서 성인기의 정신건강은 유전적 소인이나 성격과 같은 내적 요인보다도 그들의 발달과업을 수행하면서 경험하는 위기와 밀접하게 관련되어 있다고 할 수 있다. 성인기에 주로 많이 나타나는 정신질환에는 조현병, 주요우울장애, 양극성장애, 불안장애, 강박장애, 중독 문제 등이 있다.

1) 조현병

조현병은 인간의 지각, 인지, 사고, 정서, 행동 등 다양한 영역에서 이상이 생겨 망상이나 환각, 와해된 사고와 행동을 포함하는 부적응적 증상을 보이는 주요 정신질환이다. 정신분열병 병명의 편견을 바로잡고 인식을 개선하기 위해 2010년에 조현병(調絃病)으로 변경하였다. '조현'이란 현악기의 줄을 고른다는 의미로, 조현병의 특성인 정신의 부조화(마치 현악기가 제대로 조율되지 않은 것처럼 혼란을 겪는 상태)를 치료를 통해 조화롭게 하면 좋은 소리를 내는 현악기처럼 정상적인 생활이 가능하다는 의미를 담고 있다. 조현병 증상은 양성증상(positive symptoms)과 음성증상(negative symptoms) 두 가지로 구분된다. 양성증상은 정신기능의 왜곡이나 과다로 인한 망상, 환각, 지리멸렬한 사고장애, 괴이하고 혼란된 행동 등이며 급성기에 흔히 나타난다. 음성증상은 정상적으로 나타나는 정신기능들의 소실, 결핍 또는 감소로서 무언증(현저하게 빈약한 언어 또는 내용 없는 언어), 감정 또는 정동둔마(감정표현의 능력 감소), 무쾌감증(기쁨 체험 불능, 사회적 상호작용에서의 흥미상실), 무의욕증(목적지향적 행동을 시도하거나 유지하지 못함), 사회적 위축, 운동지체, 사고 차단 등이 있다(APA, 2013).

조현병의 평생 유병률은 대략 0.3~0.7% 정도로 알려져 있다(APA, 2013). 조현병의 발병 시기는 10대 후반에서 30대 중반 사이가 많으며, 남성은 20대 초·중반, 여성은 20대 후반에 많이 나타난다. 조현병의 원인이 단일요인에 의한 것이 아니기 때문에 다양한 치료방법을 활용한다. 조현병에 대한 치료는 환자를 중심으로 개별화되어야 하며 단일 치료만으로는 효과를 거둘 수 없기에 약물치료, 상담 및 치료,

정신사회재활이 병행되어야 한다.

2) 주요우울장애

우리가 흔히 우울증으로 알고 있는 병명은 DSM-5에서 주요우울장애로 명명한다. 주요우울장애는 일상의 삶에 흥미를 느끼지 못하고 우울한 기분을 주된 증상으로 하는 기분장애이다. 주요우울장애는 거의 매일 우울한 기분, 흥미나 즐거움의 저하가 지속되어 생활이 침체되고 사회적 관계도 위축된다. 주요우울증 삽화 기간 동안 자살시도의 가능성이 높으며, 실제로 약 15%가 자살한다고 알려져 있다. 주요우울장애의 평생 유병률은 남성이 5~12%, 여성이 10~25%로 나타난다(APA, 2013).

주로 약물치료와 인지행동치료가 많이 활용된다. 인지이론에 따르면 우울증은 인지적 왜곡에서 기인한다고 보며, 자기 자신, 세상, 미래에 대한 부정적인 생각이 자신의 경험을 왜곡되게 해석하여 우울한 감정이 지속된다고 본다. 이러한 왜곡된 믿음을 찾아 교정하여 증상을 호전시키기 위해 노력한다. 행동이론에서는 자신에게 도움이 되는 활동을 하지 않는 것이 습관이 되어 우울증이 발생한다고 보고, 보상 행동을 늘리는 등의 여러 전략을 활용하여 우울증을 치료한다.

3) 양극성장애

우리가 흔히 알고 있는 조울증은 DSM-5에서는 양극성장애로 명명되며, 이는 기분의 변화가 심하여 기분이 고양되는 조증 상태와 우울한 기분 상태가 교차되어 나타나는 장애를 말한다. DSM-5에서 제시한 양극성장애는 제1형 양극성장애, 제2형 양극성장애, 순환성장애로 구분된다. 제1형 양극성장애는 우울한 기분과 조증상태가 교차되어 나타나는 장애이며, 조증 상태는 1주 이상 지속된다. 제2형 양극성장애는 우울한 기분과 경조증 상태가 교차되어 나타난다는 점에서 제1형 양극성장애와 구분된다. 순환성장애는 경미한 우울상태와 경조증 상태가 2년 이상 장기적으로 교차되어 나타나는 장애이다. 양극성장애 및 관련 장애의 평생유병률은 4% 내외로 나타나고 있어 이에 대한 관심이 증가하고 있다.

양극성장애의 급성기에는 조증삽화, 우울삽화 등의 기분 증상과 더불어 증상이 심할 경우 망상, 환청 등 정신병적 증상이 동반되어 약물치료가 선행되고 있다. 이후 급성기 증상이 호전되면 재발 방지를 위한 정신치료가 진행되는데, 주로 개별 혹은 집단 인지행동치료, 가족치료, 대인관계치료, 스트레스 관리 훈련 등이 활용된다.

4) 불안장애

불안장애는 불안과 공포를 특징으로 하는 장애를 말한다. 불안(anxiety)이 주로 미래에 다가올 막연한 위험에 대한 두려운 감정이라면 공포(fear)는 현재 알고 있는 위협에 대한 두려운 감정이다. DSM-5에서 제시하는 하위 불안장애 유형에는 분리불안장애, 선택적 함구증, 특정 공포증, 사회불안장애(사회공포증), 공황장애, 광장공포증, 범불안장애 등이 포함된다. 여기에서는 성인기에 많이 경험하는 공황장애와 범불안장애를 중심으로 살펴보고자 한다.

① 공황장애

공황은 생명에 위협을 느낄 정도의 상황에서 오는 갑작스런 공포감을 의미하며, 공황발작은 특별히 위협을 느낄 만한 상황이 아님에도 불구하고 신체의 경보체계가 오작동을 일으키며 위협을 느끼는 것과 같은 상황에서와 같은 반응을 일으키는 병적인 증상을 말한다. 공황장애는 이러한 공황발작을 반복적으로 경험하는 장애이다.

우리나라에서는 공황장애의 평생 유병률은 0.5%로 알려져 있으나, 매년 꾸준히 증가하는 추세를 보이고 있다. 공황장애 유병률은 주로 청소년기에서 서서히 증가하여 성인기에 가장 높으며, 평균 발병 연령은 25세로 알려져 있다(APA, 2013).

공황장애는 극심한 공포와 고통이 갑작스럽게 발생하여 수분 내에 최고조에 이르러야 하며, 그 시간 동안 다음의 열세 가지 증상 중 네 가지 이상의 증상이 나타나야 한다. DSM-5에 제시된 증상에는 심계항진, 발한, 몸이 떨리거나 후들거림, 숨이 가쁘거나 답답한 느낌, 질식할 것 같은 느낌, 흉통 또는 가슴 불편함, 메스꺼움 또는 복부불편감, 어지럽거나 불안정하거나 멍한 느낌이 들거나 쓰러질 것 같음, 춥거나 화끈거리는 느낌, 감각이상, 비현실감 혹은 이인증, 스스로 통제할 수 없거나 미칠 것 같은 두려움, 죽을 것 같은 공포가 있다.

공황장애 치료를 위해 약물치료와 심리치료가 활용되는데, 특히 스스로 자신의 불안과 공포를 통제할 수 있도록 돕는 인지행동치료가 효과적인 것으로 알려져 있다. 인지행동치료에서는 복식호흡 훈련, 긴장이완훈련, 불안통제기술, 신체적 감각에 대한 파국적 오해의 인지적 수정 등이 활용된다.

② 범불안장애

범불안장애는 다양한 상황에서 광범위하고 지속적인 만성적 불안과 과도한 걱정을 보이는 장애를 말한다. 범불안장애를 지닌 사람은 생활 전반에서 지나친 걱정과 조심성을 보이고 사소한 일에도 잘 놀라고 초초해한다. 이들이 느끼는 불안은 한 가지에 머무르는 것이 아니라 생활 전반에 걸쳐 다양한 주제로 나타난다. 과도한 긴장과 경련이 일어나서 직업생활에 지장을 초래하고 사회생활을 전혀 못하게 될 수도 있다. 경우에 따라서는 불안을 약물 사용을 통해 처리하는 과정에서 중독자로 전락할 수도 있다.

우리나라 불안장애의 평생 유병률은 전체 9.3%로, 남자 6.7%, 여자 11.7%였다. 대부분의 불안장애에서 남자보다 여자의 유병률이 높았고, 일반적으로 여성이 남성보다 2배 정도 더 많다.

범불안장애 진단을 내리기 위해서는 직장이나 학업 같은 일상 활동에서 지나치게 불안해하고 걱정하며, 그 기간이 최소 6개월 이상으로 그렇지 않은 날보다 그런 날이 더 많아야 한다. DSM-5에서 제시된 안절부절못하거나 낭떠러지에 서 있는 느낌, 쉽게 피로함, 집중하기 힘듦, 과민성, 근육 긴장, 수면장애의 여섯 가지 증상 중 세 가지 이상의 증상이 나타나면 범불안장애로 진단한다. 이 장애는 매우 흔한 문제이지만 다른 장애에 비해 치료법이 잘 발달되어 있지 않은 편이다. 범불안장애도 다른 불안장애와 마찬가지로 인지행동치료가 중요한 치료법으로 활용되고 있다.

5) 강박장애

강박장애는 자신의 의지와 무관하게 특정한 생각(강박사고)이나 행동(강박행동)을 반복하는 장애이다. 강박사고는 자신이 원치 않음에도 불구하고 지속적으로 마음속에 떠올라서 스스로 이 생각을 조절하기가 어렵다. 이로 인해 불편함과 불안을 느끼게 되는데, 이런 불안을 줄이거나 해소하려는 강력한 욕구에 따라 강박행동을 반복하게 된다. 이러한 강박행동은 강박사고와 관련된 심리적 고통을 줄이거나 불안해하는 두려운 사건을 예방할 수 있는 현실적인 대안이 아닌 경우가 많으며, 대부분 그 정도가 과하다. 따라서 병적인 강박은 불합리하다고 느끼지만 멈추지 않고 떠오르는 생각과 멈춰야 하는 걸 알지만 반복하게 되는 행동을 의미한다. 예를 들어, 오염에 대한 공포로 과도하게 닦거나 손을 씻는 오염/청결 강박, 여러 번 점검하고 확인하는 확인 강박, 숫자를 세거나 특정한 행동을 의례적으로 반복하는 행동, 자신이나 타인에게 공격적인 행동을 할지 모른다는 걱정을 포함하는 불안감 및 금기시되는 성적/종교적인 생각이 반복해서 떠오르는 강박, 대칭과 정확성 및 정리정돈에 몰두하는 강박, 쓸모없는 물건을 버리지 못하고 불필요하게 모아 두는 저장 강박 등 매우 다양하다.

강박장애는 전 세계적으로 인구의 약 2~2.5% 정도에서 평생 동안 한 번 이상 경험하게 되는 비교적 흔한 병이고, 인간에게 장애를 가져오는 10대 질환 중 하나로 WHO에서 보고되고 있다.

강박장애는 대개 10대 후반에서 20대 초반에 주로 시작되는데, 평균적으로 강박장애가 시작된 후 14~17년이 지난 후에 치료를 받는 것으로 알려져 있다. 인생의 매우 중요한 시기에 강박장애로 인한 불안과 집중력 저하로 자신의 능력을 제대로 발휘하지 못하고 학업이나 사회생활에서 뒤처지게 된다. 치료가 늦어지고 증상이 만성화되어 치료 효과가 떨어질 수밖에 없다. 강박장애를 치료하기 위해서 노출 및 반응방지 기법(exposure and response prevention therapy: ERP)을 포함하는 인지행동치료 및 세로토닌 재흡수 억제제 등을 이용한 약물치료 등의 방법이 활용된다.

6) 중독 관련 장애

중독은 알코올 중독, 마약 중독, 도박 중독, 게임 중독과 같이 어떤 물질이나 행위에 지나치게 빠져 부정적인 결과가 초래됨에도 불구하고 쾌감 혹은 만족감을 주는 것에 강박적으로 매달리게 되는 만성적 뇌의 질환으로서의 중독(addiction)을 의미한다. 중독질환은 알코올, 마약, 본드 등 어떠한 물질에 중독되는 '물질중독'과 도박이나 게임 혹은 쇼핑처럼 행위에 중독되는 '행위중독'으로 나눌 수 있다. 우리나라 성인의 대표적인 4대 중독질환에는 알코올 중독, 마약 중독, 도박 중독, 게임 및 인터넷 중독이 포함된다.

조절 능력의 상실은 중독으로 진행되고 있음을 알려 주는 중요한 신호이다. 일례로 소주 한 병만, 일차의 술자리만, 한 시간만, 십만 원만 등 사용량, 시간, 비용의 약속을 지키지 못하는 것이 조절 능력을 잃어버리고 있다는 신호이다. 조절 능력 상실을 시작으로 건강을 잃고, 빚을 지고, 직업을 잃고, 소중한 가족관계를 악화시키며, 부모로서, 가장으로서, 자식으로서, 사회인으로서 역할뿐만 아니라 미래의 기회까지 잃게 된다. 또한 호기심에서 시작한 마약이 한 번으로 그치지 않고 결국 범법 행위와 구속으로 이어져 사회의 밑바닥으로 내려앉게 되거나, 재미로 시작한 도박이 재산 탕진으로 이어져 극단적인 선택을 하게 되는 경우를 쉽게 접할 수 있다.

알코올 중독이든, 마약류 중독이든, 도박 중독이든 너무도 쉽게 재발할 수 있는 평생 지속되는 병이지만, 치료될 수 있는 질환이다. 중독 질환을 가지고 있다 해도 지속적인 외래 치료와 자조 모임 참석, 가족들의 도움, 종교 및 취미 활동 등을 지속적으로 해 나감으로써 회복에 이를 수 있다.

4. 성년기 및 중년기 정신건강 정책과 서비스

성년기 및 중년기 정신건강증진을 위해 관계 부처가 협력하여 생애주기별 및 생활터별 정신건강 서비스를 제공한다([그림 7-2] 참조). 성년기 및 중년기 정신건강 문제에 대한 주요 개입방법으로는 대학교 학생상담센터, 사업장 · 기업체의 직장인 정신건강 프로그램을 지원하고 지역사회의 정신건강복지센터와의 연계를 활성화하고자 노력하고 있다. 또한 근로자를 대상으로 「산업안전보건법」을 기반으로 한 안전보건 교육 수행 시 정신건강 예방교육을 강화하기 위한 노력을 하고 있다. 고용센터에서는 실업이나 미취업 상태에 있는 청년을 대상으로 심리상담 서비스를 제공하여 정신건강 문제 예방에 대한 관심을 높이고, 고위험군의 경우 지역사회 정신건강복지센터로 연계하여 문제에 대한 조기개입을 향상시키고자 노력하고 있다. 트라우마센터에서는 고객의 폭언 · 폭행, 산업재해, 동료의 자살 등으로 충격받은 근로자의 정신건강 관리를 위한 전문상담을 진행한다(보건복지부, 2021).

서비스 산업 종사자의 비중이 높아지면서 감정노동자의 정신건강 문제에 대한 심각성이 대두되고 있다. 콜센터나 방문노동자와 같은 고위험군 감정노동자의 정신건강 문제를 예방하기 위해 보호 매뉴얼을 개발하고 사업장별로 이행 여부를 점검하는 등의 사업장 차원의 적극적 역할을 강조하고 있다. 예를 들어, 치료나 상담

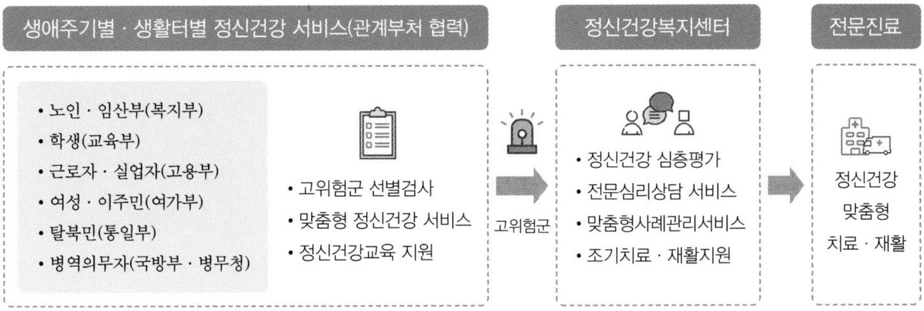

그림 7-2 생애주기별 정신건강 서비스

을 위한 지원, 업무 일시 중단 및 전환 등의 예방적 조치에 대한 범위를 확대하고 있다(보건복지부, 2021).

청년기와 중년기는 가족과 관련된 발달과업이 이루어지는 시기인 만큼 고위험 가구에 대한 정신건강 서비스 지원을 위한 노력이 지속적으로 이루어지고 있다. 예를 들어, 위기가구 심리상담, 출장상담소, 주민센터 상담창구 개설 등이 이러한 노력의 일환이다. 또한 지역에 따라 통합정신건강증진사업을 기반으로 찾아가는 서비스가 추진되고 있다. 이와 더불어 정신건강에 대한 정보제공, 자가검진, 서비스 연계 등을 통합적으로 제공하고자 하는 노력도 진행되고 있다.

토론주제

1. 성년기와 중년기 1인 가구의 특성과 이에 따른 정신건강의 문제는 무엇이 있는가?

2. 성년기 결혼이 개인에게 미치는 심리사회적 변화는 어떠한가?

3. 중년기의 발달과업과 정신건강의 문제는 어떤 관련성이 있는가?

4. 그동안 빈 둥지 증후군이나 샌드위치 시기 등으로 표현되는 중년기를 위기로 보는 시각이 지배적이었다. 그러나 근래에는 자신의 꿈과 미래에 대한 생각을 다시 재정립하고 그것을 추구하기 위해 더 적극적으로 변화시킬 수 있는 전환기로 보기도 한다. 그렇다면 우리나라 성인의 중년기는 위기인가, 전환기인가?

5. 성인기에 주로 경험하는 주요 정신건강의 문제는 무엇이고 이를 해결하기 위한 정신건강 서비스와 사회적 지원에는 무엇이 있는가?

제8장

노년기 정신건강

평균수명의 증가로 노인 인구가 많아질 뿐 아니라 출산율의 저하로 노인의 상대적인 구성비가 높아지면서 전체 사회의 인구고령화가 진행된다. 전 세계적으로 인구고령화가 진행되는 가운데, 우리 사회는 가장 빠른 고령화를 경험하고 있다. 2018년 노인 인구가 전체 인구의 14.3%로 고령사회에 진입한 이래, 2025년에는 노인 인구가 20%로 초고령사회에 진입할 것으로 예측되고 있다. 무엇보다 우리나라는 합계출산율이 1명 미만인 저출산 국가이기 때문에 고령화는 더욱 가속화되어 65세 이상 노인 인구 비중이 2035년에는 30%, 2050년에는 40%를 넘어설 전망이다. 특히 85세 이상 초고령 인구가 급격히 증가하여 85세 이상 인구 구성비가 2020년 1.5%에서 2070년 14.4%로 증가할 전망이다(통계청, 2021). 2030년생 한국 여성의 평균수명은 90.82세로 한국은 세계 최장수 국가가 될 것으로 전망된 바 있으며, 높은 교육수준, 낮은 비만율, 고혈압 등 만성질환 관리가 잘되고 있는 것, 전국민 건강보장시스템 등이 이유로 제시되었다(Kontiset al., 2017).

이러한 가운데 노년기 정신건강은 개인적 차원을 넘어 공중보건의 측면에서도 중요한 의미를 갖는다. 노인우울증이나 치매와 같은 노년기 주요 정신장애의 발생은 인구사회학적인 변화와 밀접한 관련을 가지며 개인적 차원에서 대처하기 어려운 특성을 갖기 때문이다. 우리사회는 인구고령화의 가속화, 노인 1인 가구의 증가, 노인빈곤 문제와 불평등의 심화 등 인구사회적 변화가 지속되는 가운데 노인우울증, 치매와 같은 노인정신건강 문제 또한 증가할 것이며, 이에 대한 사회적 관심과 대처가 중요하다. 이 장에서는 먼저 노년기 특성에 대해 간략히 살펴본 후, 노년기 주요 정신건강 문제인 노인우울증과 치매에 초점을 두어 살펴보고자 한다.

1. 노년기 특성

인간은 전 생애에 걸쳐 발달한다. 발달(development)이란 일생에 걸쳐 점진적으로 일어나는 체계적인 변화로 생물학적, 심리적, 사회적 측면을 포괄한다. 발달은 상승적 변화뿐 아니라 퇴행적 변화까지 포함하는 것으로 유전과 환경의 상호작용에 의해 이루어지며, 일정한 방향으로 연속적으로 이루어지지만 상당한 개인차도 존재한다. 노화(aging)는 시간이 흐름에 따라 생물학적, 심리적, 사회적 측면에서 나타나는 점진적이고 정상적인 발달과정상의 변화를 의미하며, 상실과 쇠퇴가 특징적으로 나타나지만 회복과 성장도 일어나며, 노화의 정도나 속도에는 개인별로 차이가 있다(권중돈, 2020).

첫째, 생물학적 노화(biological aging)는 시간이 흐름에 따라 신체적, 생물학적 구조와 기능이 변화하여 자연스럽게 쇠퇴해 가는 것을 의미한다. 생물학적 노화로 신장과 체중 감소, 근육 용적의 감소, 골밀도 감소 등 신체 구조의 변화가 나타나고, 심혈관계, 내분비호르몬계, 신경체계 등 신체 기능이 저하된다. 또한 질병에 대한 저항능력이 저하되며 궁극적으로는 뇌를 비롯한 신체기관의 정지로 죽음에 이르게 된다(권중돈, 2020; 대한노인정신의학회, 2018).

둘째, 심리적 노화(psychological aging)는 감각 및 지각 기능, 정서 및 성격, 인지기능 등이 시간에 따라 변화하는 것을 의미한다. 심리적 노화가 진행됨에 따라 신체 내 · 외부의 정보를 뇌에 전달하는 시각, 청각, 미각 등의 감각기능이 저하되고, 감각기관이 수집한 정보를 의식적 수준에서 처리하고 평가하는 지각기능의 반응 속도가 저하된다(권중돈, 2000). 성격이란 한 개인의 사고, 정서, 행동적 측면에서 나타나는 각각의 고유한 특성을 말하는데, 성격에 대한 발달이론 가운데 에릭 에릭슨의 자아정체 발달이론(Erickson, 1982)에서는 전 생애를 통해 지속적으로 형성되는 심리사회적 8단계를 제시하고 각 과정의 정서적 위기를 해결하면서 점차 성격구조를 성숙시켜 나간다고 보았다. 8단계 가운데 마지막 발달단계인 노년기에는 자아통합 대 절망이라는 심리적 위기를 해결하고 지혜를 얻을 수 있다고 하였다. 연령이 증가하면서 인지기능도 변화하는데 인지기능은 단일영역이 아니라 다영역으로 구성되어 있으며, 각 인지영역에 따라 감퇴, 유지, 혹은 증진이 나타날 수 있다(대한노인정신의학회, 2018).

셋째, 사회적 노화(sociological aging)는 인간의 노화가 개인적 차원에서만 진행되는 것이 아니라, 사회적 상호작용을 통해 지속적인 사회화 과정을 거치고, 사회규범 속에서 지위와 역할의 변화를 경험하며 이루어진다는 것을 의미한다. 우리 사회는 개인의 자율성과 독립성의 가치가 전통적인 규범을 대체하고 있는데, 이러한 가치관이나 사회규범의 변화는 노인의 삶과 밀접한 관련을 갖는다. 이러한 변화가 가족과 관련해서 가장 뚜렷하게 표출되는 것이 바로 가구형태의 변화이다(이현주, 정은희, 2021). 성인 자녀와 동거하는 노인의 비율은 1994년 54.7%에서 2020년 20.1%로 급격히 낮아진 대신 노인독거가구는 1994년 13.6%에서 2020년 19.8%로 증가했고, 노인부부가구도 1994년 26.8%에서 2020년 58.4%로 크게 증가했다(이가옥 외, 1994; 이윤경 외, 2020). 또한 연령주의(Ageism)는 노인에 대한 부정적 의미의 편견이나 차별을 의미하는데, 사회구성원들의 노인에 대한 인식과 태도도 노화과정에 영향을 줄 수밖에 없다. 이와 같이 노화는 개인 내적인 변화뿐 아니라 사회적 맥락 속에서 상호작용을 통해 이루어진다.

2. 노년기 우울증

노년기 우울증은 노화 과정과 밀접한 관련을 갖지만 정상 노화가 아니라는 것을 인식하는 것이 중요하다. 즉, 노년기에는 질병과 장애, 은퇴, 사별, 역할 변화, 고독감 등 여러 상실과 변화를 경험하면서 우울증상을 경험할 가능성이 증가하지만, 노년기 우울증은 노화 과정에서 겪는 자연스러운 현상이 아니라 임상적 개입을 요하는 중요한 문제이다. 무엇보다 우리나라의 노인 자살률은 심각한 수준인데, 우울증은 자살의 강력한 위험요인으로 자살한 노인의 50~87%에서 자살 당시에 우울증이 있는 상태인 것으로 보고되었다(오병훈, 2006). 그러나 우울증을 경험하는 노인 스스로가 자발적으로 치료를 받기 어렵고, 노인들은 여러 신체 질병이나 장애를 동시에 가지고 있어서 우울증상인지 신체 질환에 따른 증상인지 감별이 어려우며, 노화의 과정으로 치부되기도 한다. 우리나라에서 65세 이상 노인 가운데 정신건강 문제 고위험군 중 실제 치료서비스로 연계된 비율은 2.2%로 다른 연령집단(아동청소년 4.9%, 성인 5.1%)에 비해서도 낮았다(국립정신건강센터, 2018). 따라서 노년기 우울증에 대해서는 지역사회에서 적극적으로 발견하고 개입하는 것이 무엇보다 중요하다.

1) 진단 및 역학

노년기 우울증에 대한 유병률은 조사 장소와 대상, 측정 방법의 차이 등으로 인해 역학 조사마다 큰 차이가 있어서 정확한 유병률을 파악하기 어렵다. 가장 최근에 우리나라에서 전국 규모로 실시된 2021년 정신건강실태조사에 따르면 주요우울장애 일년 유병률은 60~69세에서 1.7%(남자 1.9%, 여자 1.6%), 70~79세에서 3.1%(남자 0.3%, 여자 5.4%)로 보고되었다(국립정신건강센터, 2021). 2020년 노인실태조사에서는 전체 노인 인구의 13.5%(남자 10.9%, 여자 15.5%)에서 유의미한 우울증상이 있는 것으로 나타났다(이윤경 외, 2020). 우울증상(depressive symptoms)은 슬

표 8-1 주요우울장애의 진단기준

1. 다음 증상 중 5개 이상이 2주 동안 지속되어 기능의 저하를 초래하고, 적어도 한 가지 증상은 우울감 또는 흥미나 즐거움의 소실일 것
   1) 거의 매일 우울함
   2) 거의 하루종일 일상생활의 흥미와 기쁨이 감소(주관적 또는 객관적으로)
   3) 체중감소 또는 식욕변화
   4) 불면증 또는 과다수면
   5) 정신운동성 초조 또는 정신운동성 지체
   6) 피곤함 또는 기력 저하
   7) 무가치감 또는 과도한 자책감
   8) 사고능력과 집중력의 저하 또는 결정을 내리지 못함)
   9) 반복적인 죽음에 대한 생각 또는 반복적인 자살사고 혹은 자살시도
2. 상기 증상이 사회적, 직업적, 임상적으로 유의한 장애를 초래할 것
3. 약물 등의 물질이나 의학적 상태에 기인한 것이 아닐 것

프다거나 일상생활에서 흥미가 감소하는 등의 증상을 말하고, 우울장애(depressive disorder)는 이러한 증상으로 인해 사회적, 직업적으로 해 오던 일을 하지 못하는 기능상의 장애가 생긴 경우에만 진단되기 때문에(〈표 8-1〉 참조), 우울증상 유병률보다 우울장애 유병률이 훨씬 낮다.

조사대상 및 측정방법에 따라 유병률은 상이하지만 분명한 것은 질병과 장애가 있거나 시설에 입소한 노인의 우울증 유병률이 지역사회 거주 노인보다 훨씬 높다는 것이다. 노년기 우울증상에 대한 쾨니히와 블레이저(Koenig & Blazer, 1992)의 연구에서는 지역사회 거주자의 15%, 외래환자의 20%, 입원환자의 40%, 수용시설 거주자의 50%에서 의미 있는 우울증상이 있다고 보고된 바 있다.

2) 위험요인

다른 연령집단에서와 마찬가지로 노인에서도 여성의 우울증 유병률이 높다. 이

에 대해서는 생물학적 차이, 성별에 대한 사회의 기대 차이, 기분에 대한 인지와 대처의 차이, 치료율의 차이 등으로 설명된다(Feliciano & Arean, 2007). 또한 노인 우울증에서는 사회경제적 지위에 따른 건강불평등이 있는 것으로 보고되어 왔다(Miech & Shanahan, 2000; Lorant et al., 2003). 즉, 학력이 낮을수록, 빈곤할수록 우울의 위험이 높아진다는 것이다. 우리나라의 노인빈곤율은 2011년 46.5%에서 2020년 39.9%로 점차 감소하는 양상을 보이고 있으나(통계청, 2021), 여전히 OECD 회원국 평균의 3배 정도로 가장 높은 노인빈곤율이 지속되고 있다. 기초연금 도입으로 노인빈곤율이 완화되고는 있으나, 여전히 노후소득보장이 미흡한 실정이다. 국민기초생활 수급자 가운데 65세 이상 고령자 비율이 28.9%에 이르고, 여성 수급자가 남성보다 2배 많아 여성 노인의 빈곤문제가 심각한 상황이다(통계청, 2018). 현재 우리나라 노인 세대의 낮은 학력과 높은 노인빈곤율은 우울과 밀접한 관련을 가질 수 있다.

이러한 인구사회학적 위험요인 이외에도 신체적 노화가 진행됨에 따라 질병과 장애로 인한 통증이나 독립성의 상실을 경험하면서 노인우울증의 위험이 높아진다. 뇌혈관질환, 치매, 갑상선기능저하증, 심근경색증 등 노년기에 발생하는 질병이 우울증을 초래할 수 있다. 뇌의 노화와 함께 뇌내의 구조적 변화, 뇌혈관 변화, 뇌신경전달물질의 변화 등 여러 생물학적 요인도 노년기 우울과 관련이 있는 것으로 알려져 있다(대한노인정신의학회, 2018).

사회적 요인 가운데 우울증과 관련이 깊은 생활사건은 사별이다(Bruce, 2002). 정신질환의 진단 및 통계 편람 제4판(Diagnositc and Statistical Manual of Mental Disorder, DSM-IV)에서는 사별이 우울증의 배제기준으로 있었으나, 제5판으로 개정되면서 사별을 경험하고 우울장애 증상을 보이는 경우에도 적극적으로 치료할 것을 권고하고 있다. 사별 이후에는 여성보다 남성이 더 큰 심리적 어려움을 겪는 것으로 알려져 있다(이현주, 정은희, 2021; Williams & Umberson, 2004). 그러나 일반적으로는 사별 이후 겪는 심리적 고통이 지속되기보다 시간이 지나면서 감소하는 경향이 있다(Stone et al., 2013). 또한 노년기에는 사별, 자녀의 독립 등 여러 요인에 의해 가구형태의 변화를 경험한다. 독거노인일수록 더 빈곤하고(김명일, 2020), 고독감이나 우울감도 더 높은 것으로 알려져 있다(Cheng et al., 2008; Ye & Chen, 2014).

3) 임상양상 및 특성

노인에서의 우울증은 성인 우울증과 증상 발현에서 몇 가지 다른 특징을 보인다. 먼저, 노인 우울증은 과거에 이미 가지고 있던 우울증이 재발한 조발성 우울증과 노년기에 처음 증상이 나타난 만발성 우울증으로 구분될 수 있다. 성인기에 발병한 우울증과 달리 노년기에 첫 발병한 경우에는 외부의 사건이나 스트레스에 따른 반응성 우울증(reactive depression)으로 이해할 수 있다(대한노인정신의학회, 2018; Koeing & Blazer, 1992).

노년기에 우울증을 가진 경우 우울한 기분을 직접 호소하기보다는 식욕 감퇴, 활력 상실, 수면의 어려움 등 신체적 어려움을 호소하여 본인은 물론 주변에서도 우울을 의심하지 못하는 경우가 많은데, 이러한 경우를 가면 우울(masked depression)이라고 한다. 노인 스스로도 자신이 겪는 어려움을 우울증과 연결 짓기 어렵고 때로 증상을 숨기기도 하며, 노인뿐 아니라 전문가들도 노화 과정상의 어려움으로 오해하기 쉽다. 노년기 우울증의 이러한 특성은 발견과 치료를 더욱 어렵게 만드는 요인이 된다. 우울증상은 우울한 기분과 같은 정서적 측면에서 나타날 뿐 아니라 자존감 저하, 무가치감, 죄책감, 집중력과 기억력 저하, 건강염려증적 호소, 자살사고와 같은 인지적 측면, 활력의 상실, 식욕, 수면 등 신체적 측면에서의 어려움으로 나타날 수 있다. 따라서 지역사회에서 일차적으로 노인을 접하는 전문가들은 노인을 상담할 때에 이러한 노년기 우울증의 특성을 이해하고 면밀히 평가해야 한다.

노년기 우울증에서는 정신운동속도의 지연, 집중력과 기억력 저하가 흔하게 나타난다. 치매가 아닌데도 인지기능의 손상을 보여 치매로 오인되기 때문에 가성 치매(psudo-dementia)라고도 한다. 즉, 치매가 아닌 우울장애를 가진 노인에게 인지기능의 손상이 나타날 수 있는데, 이 경우 우울증상이 호전된 후에는 인지기능도 호전된다. 그러나 가성 치매만 존재하기보다는 치매와 우울장애가 동반된 경우가 더 많다. 치매와 우울장애의 관계는 복잡하여 노년기 우울증으로 인지 저하가 나타나기도 하지만, 치매 노인에게도 우울증은 흔한 증상이다. 치매 환자의 50%에서 우울증상이 있고, 알츠하이머병 치매의 20~30%는 주요우울장애를 갖는 것으로 나타나기 때문에 우울증과 치매를 감별하는 것은 쉽지 않다(대한노인정신의학회, 2018). 특히 초기 치매에서 우울증상이 많이 나타나기 때문에 이 둘의 복잡하고 밀접한 연관성을 고려해야 한다.

4) 개입

(1) 약물치료

노년기 우울증의 약물치료에는 항우울제 중 선택적 세로토닌 재흡수 억제제(selective serotonin reuptake inhibitor, SSRI), 세로토닌-노르에피네프린 재흡수 억제제(serotonin-norepinephrine reuptake inhibitor, SNRI), 도파민-노르에피네프린 재흡수 억제제(norepinephrine & dopamine reuptake inhibitor, DNRI)에 해당하는 부프로피온(bupropion), 노르아드레날린 및 선택적 세로토닌 항우울제(noradrenergic and specific serotonergic antidepressant)에 해당하는 멀타자핀(mirtazapine), 비교적 최근에 개발된 항우울제인 보티옥세틴(vortioxetine) 등이 권고되고 있으며, 전통적으로 노년기 우울증에 처방되었던 삼환계 항우울제(tricyclic antidepressant, TCA)는 부작용의 우려로 권고되지 않고 있다(한규만, 2022). 노인들은 만성질환으로 인해 이미 여러 약물을 복용 중인 경우가 많으므로 약물 간 상호작용을 고려하여 항우울제를 사용해야 하고, 노화에 따른 약동학과 약역학의 변화로 항우울제의 부작용에 더 예민할 수 있음을 고려해야 한다(이승환, 정영조, 2002; 대한노인정신의학회, 2018).

(2) 심리적 개입

성인 우울증에서와 마찬가지로 노인에서도 심리치료는 주요 치료전략이며, 경증의 우울증에서는 약물치료보다 심리치료가 더 효과적일 수 있다(대한노인정신의학회, 2018). 우울증에 효과적인 정신치료는 인지행동치료, 문제해결치료, 대인관계치료 등이 있으며 그 가운데 인지행동치료의 효과에 대한 근거가 많고 가장 보편적으로 활용되고 있다. 인지행동치료에서는 자기 자신과 상황에 대해 부정적으로 평가하기 때문에 우울증상이 발생한다고 가정하며, 우울증상에 이르게 되는 이러한 사고의 틀을 수정하여 심리적 어려움을 극복하고 노년기 변화에 잘 대처할 수 있도록 돕는 것을 목적으로 한다.

(3) 사회적 개입

노년기에 발생한 우울증이 사회환경적 요인에 따른 반응성 우울증인 경우가 많음을 고려할 때, 개인에 대한 치료적 접근뿐 아니라 사회적 개입 또한 매우 중요하다. 빈곤할수록 우울의 위험이 더 높아지므로, 경제적인 지원이나 열악한 주거환경을 개선하도록 지원하는 것이 유용할 수 있다. 특히 현재 우리나라 노인 세대는 부모를 부양하고 자식 교육에 헌신하며 일생을 보내느라 정작 본인의 노후준비는 뒷전이었는데, 급격한 인구사회학적 변화와 가치관의 변화로 자녀로부터의 부양을 기대하기 힘들어진 상황에서 예상치 못하게 더 길어진 노년기를 힘겹게 보내고 있다. 우리나라 노인의 공적연금 수급률은 점차 증가하여 65세 이상 고령자의 53.1%는 공적연금을 받고 있지만, 여성 노인의 공적연금 수급률은 38.2%로 남성 노인의 수급률인 72.6%의 약 절반 수준에 그치고 있다(통계청, 2021). 빈곤여성노인, 국민기초생활 수급자보다 더 열악한 비수급 빈곤층 등에 대한 지원을 확대할 필요가 있으며, 열악한 주거환경 개선, 노년기 근로 및 사회활동의 기회를 확대하는 것은 노인 우울증에 대한 예방적 접근이 될 수 있을 것이다.

사회적 개입으로 중요하게 고려해야 할 것은 노년기 사회적 관계망이다. 사별과 독거가 노인우울증의 위험요인으로 작용할 수 있지만, 사별한 노인이나 독거노인이라고 해서 모두 다 우울한 것은 아니다. 버크만(Berkman, 2000)은 노년기에 사별 등으로 친밀한 관계를 상실하게 되는데, 다른 형태의 관계가 이를 대체할 수 있는가가 중요하다고 하였다. 사회적 관계가 충분하거나 활발히 사회적 활동을 하는 것이 독거노인의 고독감과 소외, 우울감을 낮출 수 있다(석재은, 장은진, 2006; 이현주, 정은희, 2021; Michael et al., 2001). 즉, 독거가구 그 자체가 소외나 고립을 의미하는 것이 아니므로, 노년기 다양한 사회적 관계망을 형성하고 상호교류하며 사회적 활동을 활발히 할 수 있도록 지원하는 것이 중요하다.

3. 신경인지장애

인구고령화로 노인인구 증가와 함께 치매 인구도 증가하면서 치매는 개인과 가족을 넘어 우리 사회의 중요한 보건복지 이슈로 대두되었다. 국제사회에서도 국가적 차원의 전략을 수립하고 보건복지 정책에서 치매를 우선순위에 두고 있으며, 우리나라 역시 치매에 대해 적극적인 대응을 해 왔다. 2008년 치매와의 전쟁을 선포한 이후, 2012년 8월에 「치매관리법」을 제정하였으며, 1차에서 4차에 이르는 치매관리종합계획을 수립하여 치매관리를 위한 전달체계와 인프라를 확충하며 여러 사업들을 추진해 오고 있다. 또한 2014년 '치매환자 가족의 간병부담 경감을 위한 치매관리대책'을 발표한 이후 경증 치매환자도 노인장기요양보험제도를 통한 지역사회 서비스를 제공받을 수 있게 되었다. 이와 같이 국제사회뿐 아니라 우리 사회에서도 치매에 대한 국가의 역할을 강조하는 이유는 개인적 차원에서 감당하기 어려운 치매의 특성 때문이다.

치매가 진행되면 기억을 포함한 전반적인 인지기능이 손상되면서 행동상의 문제가 생기고 독립적으로 삶을 영위하기 위한 전반적인 기능이 손상된다. 그런데 그 유병기간이 길어서 우리나라 알츠하이머 치매환자의 경우 증상이 처음 나타난 이후에는 평균 12.6년, 진단을 받은 이후에는 평균 9.3년을 생존하는 것으로 나타났다(Go et al., 2013). 긴 유병기간은 높은 사회경제적 부담을 야기한다. 2019년 치매환자 1인당 연간 관리비용은 2,072만 원으로 가구소득이 낮은 노인가구에서는 경제적 부담이 더 클 것으로 예상되며, 국가적 차원에서 보면 2019년 치매환자 연간 총 국가치매관리비용은 16조 5천만 원으로 2040년에는 약 63조 원까지 증가할 것으로 추정된다(중앙치매센터, 2021). 치매는 의료서비스뿐 아니라 장기요양, 사회서비스 등 포괄적이고 연속적인 서비스를 필요로 하므로 다학제 간 협력이 필요하고, 예방적 접근과 인식개선을 위해서는 사회 전반의 노력을 요구한다고 할 수 있다(이현주, 2017).

1) 진단 및 역학

치매라는 용어가 여전히 널리 사용되고 있지만 2013년에 미국정신의학회에서 발표한 『정신질환의 진단 및 통계 편람』 제5판(Diagnositc and Statistical Manual of Mental Disorder, DSM-5)에서는 치매(dementia)라는 용어 대신 주요 신경인지장애(major neurocognitive disorder)로 개정되었고, 경도 신경인지장애(mild neurocognitive disorder)가 새롭게 인지장애 분류에 포함되었다. 즉, 기존의 DSM-IV에서는 인지장애가 섬망, 치매, 기억상실성 및 기타 인지장애로 분류된 것과 달리, DSM-5에서는 인지장애를 섬망, 주요 신경인지장애 및 경도 신경인지장애로 분류하고 있다.

DSM-5에서 주요 신경인지장애는 복합주의력(complex attention), 집행기능(executive function), 학습과 기억(learning and memory), 언어(language), 지각-운동(perceptual-motor), 사회적 인지(social cognition) 중 1개 이상의 인지 영역에서 인지손상이 나타나 일상생활의 장해를 초래하고, 이러한 인지손상이 섬망이나 다른 정신질환으로 설명되지 않는 상태를 의미한다(〈표 8-2〉 참조).

DSM-5에서 주목할 것은 기존의 경도인지장애(Mild cognitive impairment)가 경도 신경인지장애라는 정식 진단명으로 포함되었다는 것이다(〈표 8-3〉 참조). 경도 신경인지장애는 정상노화에서 보이는 인지 저하와는 구별되는 명백한 인지 저하

표 8-2 주요 신경인지장애의 진단기준

1. 하나 또는 그 이상의 인지 영역(복합적 주의, 집행 기능, 학습과 기억, 언어, 지각-운동 또는 사회 인지)에서 인지 저하가 이전의 수행 수준에 비해 현저하다는 증거는 다음에 근거한다.
   1) 환자, 환자를 잘 아는 정보 제공자 또는 임상가가 현저한 인지기능 저하를 걱정하고
   2) 인지 수행의 현저한 손상이 가급적이면 표준화된 신경심리 검사에 의해, 또는 그것이 없다면 다른 정량적 임상 평가에 의해 입증
2. 인지 결손은 일상 활동에서 독립성을 방해한다(즉, 최소한 계산서 지불이나 치료약물 관리와 같은 일상생활의 복잡한 도구적 활동에서 도움을 필요로 함).
3. 인지 결손은 오직 섬망에 있는 상황에서만 발생하는 것이 아니다.
4. 인지 결손은 다른 정신질환(예: 주요우울장애, 조현병)으로 더 잘 설명되지 않는다.

표 8-3 경도 신경인지장애의 진단기준

1. 하나 또는 그 이상의 인지 영역(복합적 주의, 집행 기능, 학습과 기억, 언어, 지각-운동 또는 사회 인지)에서 인지 저하가 이전의 수행 수준에 비해 경미하게 있다는 증거는 다음에 근거한다.
   1) 환자, 환자를 잘 아는 정보 제공자 또는 임상가가 경도 인지 기능 저하를 걱정하고
   2) 인지 수행의 경미한 손상이 가급적이면 표준화된 신경심리 검사에 의해, 또는 그것이 없다면 다른 정량적 임상 평가에 의해 입증
2. 인지 결손은 일상 활동에서 독립적 능력을 방해하지 않는다(예: 계산서 지불이나 치료약물 관리와 같은 일상생활의 복잡한 도구적 활동은 보존되지만 더 많은 노력, 보상 전략 및 조정이 필요할 수 있다).
3. 인지 결손은 오직 섬망이 있는 상황에서만 발생하는 것이 아니다.
4. 인지 결손은 다른 정신질환(예: 주요우울장애, 조현병)으로 더 잘 설명되지 않는다.

가 있지만 일상생활수행능력에서는 큰 문제가 없는 상태이다. 한 개인에게 인지 저하가 나타날 때 그것이 정상노화의 범주인지 아니면 치매병리 발생에 따른 것인지 구별하는 것은 쉽지 않다. 지금까지 정상범주는 아니지만 치매로 진단될 수는 없는 상태를 구분하려는 시도들이 있어왔고, 그간 다양한 용어로 정의되어 왔다. 그 가운데 널리 받아들여진 용어가 경도인지장애(Petersen et al., 1999)이다. 경도인지장애가 치매의 전 단계인가에 대해서는 논쟁이 있지만 치매의 위험이 높은 집단임은 분명하다. 정상노인의 경우 1년에 약 1~2%에서 치매가 발생하는 것에 비해 경도인지장애를 가진 노인은 1년에 약 10~15% 정도에서 치매가 발생하는 것으로 알려져 있다(Peterson & Morris, 2003). 최근에는 경도인지장애를 조기에 발견하고 개입하는 것이 더욱 중요해졌다. 알츠하이머병과 같은 퇴행성 치매의 경우 뇌병리가 상당히 진행된 후에야 경미한 수준의 인지감퇴가 나타난다는 것이 알려지고(Jack et al., 2010), 치매의 초기에 진행 속도를 지연시키는 치료제에 대한 연구 및 적극적 인지훈련을 통해 경도의 인지손상이 회복되거나 인지기능이 유지될 수 있다는 연구결과들이 보고되고 있기 때문이다(Youn et al., 2011). 치매의 진단과정은 [그림 8-1]과 같다.

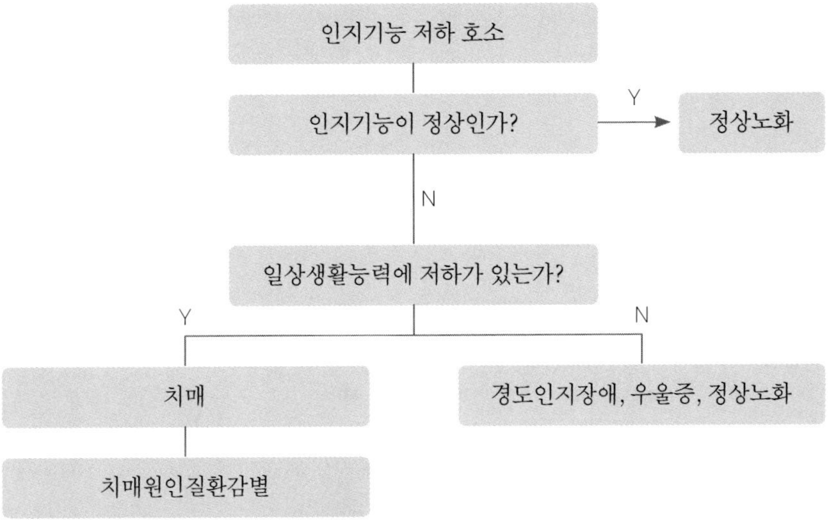

그림 8-1 치매의 진단과정

출처: 보건복지부, 중앙치매센터(2017).

2016년 전국 치매역학조사의 유병률 결과에 따르면, 2021년 기준 60세 이상 노인의 치매유병률은 7.2%(90만 명), 65세 이상 노인의 치매유병률은 10.3%(88만 명)로 추정되었다([그림 8-2] 참조). 치매 인구는 가파르게 증가하여 2030년에는 136만 명, 2040년에는 220만 명, 2050년에는 300만 명을 넘을 것으로 예상된다. 2021년 기준 경도인지장애 유병률은 60세 이상에서 20.2%, 65세 이상에서 22.7%로 노인 5명 중 1명이 경도인지장애를 겪고 있는 것으로 추정되었다([그림 8-3] 참조). 치매 유형별로는 2017년 기준 알츠하이머치매가 74.4%, 혈관성 치매가 8.7%, 기타 치매가 16.9%를 차지하였다(보건복지부, 중앙치매센터, 2017).

2008년과 2012년에 시행된 전국 치매역학조사와 2016년 결과를 비교해 보면, 75세 미만 초기노인의 치매유병률은 감소한 반면, 75세 이상 후기노인에서 치매유병률이 연령 증가와 함께 급증하였으며, 특히 85세 이상 초고령 인구에서는 치매유병률이 38.4%에 이르는 것으로 나타났다. 이는 치매발병률과 사망률 모두 낮아지는 역학적 변화로 해석할 수 있다(보건복지부, 중앙치매센터, 2017).

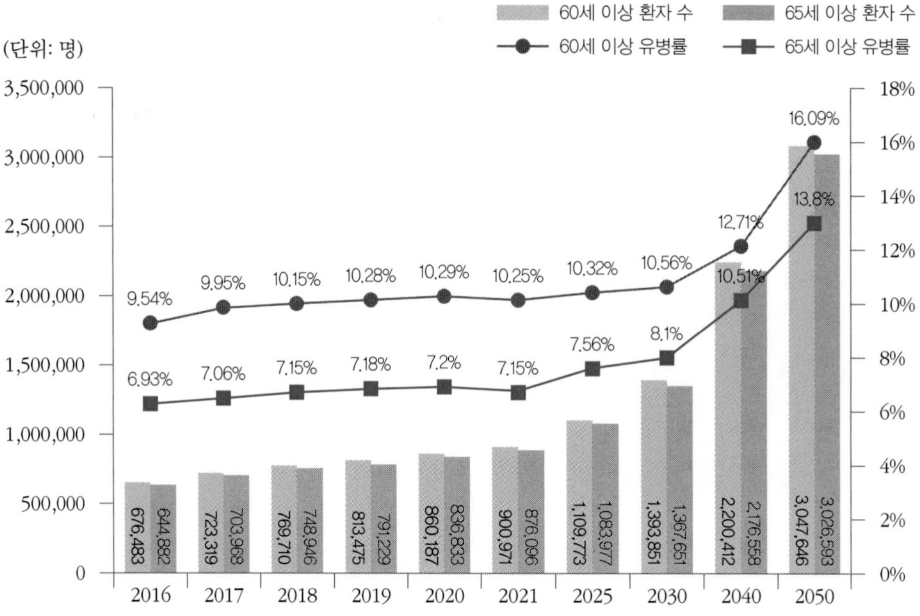

그림 8-2 한국 노인의 치매유병률 및 치매 인구수 추이

출처: 2016년 전국 치매역학 조사(보건복지부, 중앙치매센터, 2017)

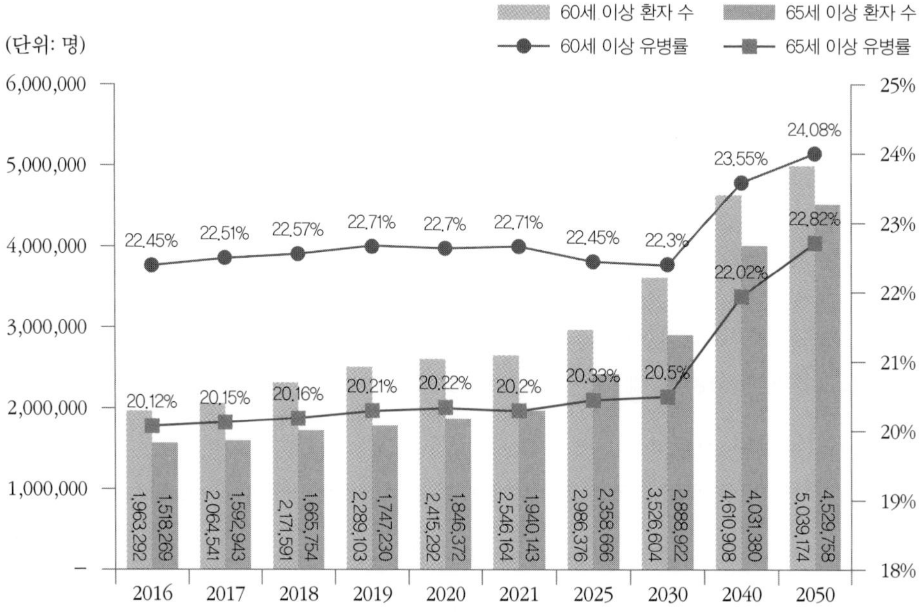

그림 8-3 한국 노인의 경도인지장애 유병률 및 경도인지장애 인구수 추이

출처: 2016년 전국 치매역학 조사(보건복지부, 중앙치매센터, 2017)

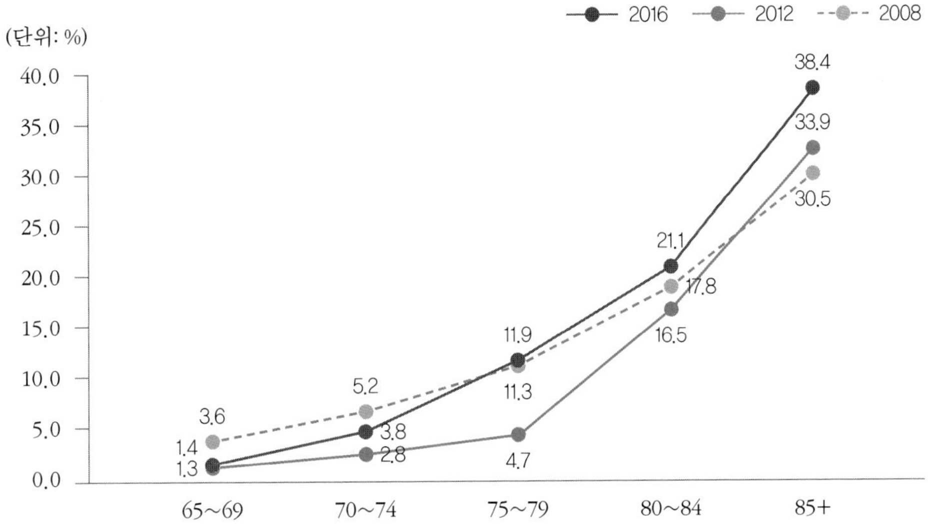

그림 8-4 2008년, 2012년, 2016년 치매유병률 조사 결과에 따른 연령구간별 치매유병률 비교

출처: 2016년 전국 치매역학 조사(보건복지부, 중앙치매센터, 2017)

2) 위험요인

치매유병률은 연령과 함께 급격히 증가한다. 메타분석에서 치매유병률이 65세 이후 연령이 5세 증가할 때마다 약 두 배씩 증가하는 것으로 분석되었다(Jorm et al., 1987). 즉, 60~64세의 치매유병률은 0.7%이지만, 65~69세에서는 1.4%, 70~74세는 2.8%, 75~79세는 5.6%, 80~84세는 11.1%, 85세 이상은 23.6%로 5년마다 2배씩 증가하는 양상을 보였고, 이후 여러 학자의 연구에서도 유사한 양상으로 보고되었다. 특히 80세 이후 치매유병률은 급격히 증가하기 시작하며, 95세 이상에서는 약 50%에 이르러 2명 중 1명이 치매를 갖게 된다(OECD, 2015).

여성에게서 알츠하이머치매가 더 많고, 남성에게서는 혈관성 치매가 더 많은 것으로 알려져 있다. 남성노인에게서 혈관성 치매가 더 많은 것은 뇌졸중의 주요한 위험요인인 흡연이나 음주가 남성에서 더 많기 때문일 수 있다. 그러나 성별과 치매 유병률의 관계가 언제나 일관된 것은 아니다. 가족력이나 아포지단백 E4 대립유전자와 같은 유전적 요인도 치매의 위험요인인 것으로 알려져 있다(대한치매학회, 2021).

연령, 성별 및 유전적 위험요인은 개인의 노력이나 사회정책에 의해 변화될 수 없는 요인들이다. 그러나 수정 가능한 위험요인이 있다는 것에 주목할 필요가 있다. 학력, 흡연, 운동부족, 우울증, 중년의 비만, 고혈압, 당뇨 7개가 주요하면서도 수정 가능한 위험요인이다(Barnes & Yaffe, 2011). 낮은 학력은 치매의 강력한 위험요인이다(Plassman et al., 2007). 교육으로 인한 생애 전반의 정신적 자극을 통해 인지보유고(cognitive reserve)가 구축되기 때문에 치매 병리가 시작되어도 덜 손상된 인지적 전략을 통해 손상된 부분을 보상함으로써 치매 증상의 발현을 늦추는 것으로 알려져 있다(Stern et al., 1999). 흡연은 인지 저하 및 치매와 밀접한 관련이 있으며, 흡연과 치매와의 관계를 설명하는 메커니즘은 혈관질환이다(Anstey et al., 2007; Cherbuin et al., 2009). 운동부족 역시 심혈관질환의 위험인자로서 치매의 상대적 위험도에 대한 분석에서 미국에서는 1위, 전 세계적으로는 3위의 위험요인으로 분석되기도 하였다(Barnes & Yaffe, 2011). 노튼 등(Norton et al., 2014)도 7대 위험요인에 대한 메타 분석을 통해 치매의 상대적 위험도를 제시하였는데, 운동부족의 위험도가 가장 높은 것으로 보고했다. 우울과 인지기능은 매우 복잡한 관계에 있어서 치매의 증상으로 우울증이 나타나기도 하고, 우울증이 치매발생의 위험을 높이는 위험요인이기도 하다. 중년의 비만, 고혈압, 당뇨도 혈관 메커니즘을 통해 치매 발생에 기여하는 것으로 알려져 있다(Barnes & Yaffe, 2011). 노년기가 아닌 중년기의 만성질환이 치매의 위험요인임을 기억하는 것이 중요하다.

3) 임상양상 및 특성

치매를 평가할 때에는 인지기능(Cognition), 일상생활수행능력(Activities of daily living: ADL), 이상행동(Behavior), 원인질환(Differential diagnosis)의 네 가지를 살펴보아야 한다. 기억하기 쉽게 앞 글자로 A, B, C, D로 표현되기도 한다. 즉, 치매의 진단을 위해서는 인지기능과 일상생활수행능력을 평가해야 하고, 이상행동은 진단에 필수적이지는 않지만 치매환자와 가족의 고통을 감소시키기 위해서 중요하게 다루어져야 하며, 치매를 유발하는 원인질환을 알아야 한다.

(1) 인지기능

치매 노인에게 가장 먼저 살펴봐야 하는 부분은 인지기능이다. 치매 노인의 인지 저하로 흔히 기억력을 떠올리지만 인지기능은 기억력뿐 아니라 주의집중력, 언어능력, 시공간능력, 전두엽 집행기능 등 여러 영역으로 구분되며, 치매로 인한 인지손상은 인간에게 다음과 같은 변화를 가져온다(대한노인정신의학회, 2018; 대한치매학회, 2021; Hepburn et al., 2008).

치매가 왔음을 알려 주는 초기 신호는 기억(memory)의 저하이다. 초기에는 최근의 일을 기억하지 못하다가 점차 오래된 기억도 왜곡이 일어나거나 사라진다. 기억이란 정보가 받아들여져서 뇌에 저장 가능한 형태로 부호화(encoding)되고 저장(storage)되었다가 필요할 때 인출(retrieval)되는 과정이다. 알츠하이머치매에서는 단기기억에서 장기기억으로 정보를 전이하고 응고화(consolidation)시켜서 장기기억에 저장하는 과정에 장애가 발생하는데 해마(hippocampus)의 기능장애가 원인인 것으로 추정된다. 혈관성 치매와 파킨슨병에서의 기억장애는 저장된 정보를 인출하는 단계에서의 장애로 주로 나타난다.

주의력(attention)을 통하여 인간은 주변에서 한꺼번에 많은 일이 일어나도 필요한 과업에 선택적으로 초점을 유지하여 집중할 수 있다. 치매 노인은 쉽게 주의를 빼앗겨 고도의 집중력을 요하는 일뿐 아니라 일상생활에서도 과업에 집중하는 데 어려움을 겪게 된다.

치매로 인한 언어기능(language)의 상실은 단어 찾기에서 시작된다. 알츠하이머병의 초기에는 이름대기능력에 장애가 나타나기 시작하여 점차 이해력, 따라말하기, 읽기 및 쓰기장애도 나타난다. 치매가 진행됨에 따라 사용하는 문장들이 짧아지고 단순해지며 단어들이 생략되기도 하고 언어에 대한 이해력도 감소하여 점차 의사소통에 어려움이 생기고 나중에는 생각을 표현하는 것에 어려움을 겪는다.

시공간능력은 시지각능력과 시공간 구성능력으로 분류된다. 치매 노인은 시공간능력 장애로 인해 익숙한 환경에서도 길을 잃고 자기 집을 못 찾거나, 집 안에서도 화장실이나 방의 위치를 혼동하며, 나중에는 가족의 얼굴을 알아보지 못하게 된다.

계획을 세우고 목표를 이루기 위해 행동을 효율적으로 수행해 나가는 일련의 고위 인지기능을 의미하는 집행기능(executive functions)의 문제는 전두엽에 손상이 있을 때 나타난다. 모든 치매에서 초기부터 나타나지는 않지만, 치매가 진행됨에 따라 대부분의 치매에서 추상적인 사고능력, 문제해결능력, 판단력 등 집행기능에서 장애가 나타난다.

(2) 일상생활수행능력

인지기능 저하가 있더라도 일상생활수행능력의 장애가 없다면 치매로 진단되지 않으므로 이는 치매를 평가할 때 매우 중요하다. 일상생활수행능력은 신체적 일상생활수행능력(Physical ADL: PADL)과 도구적 일상생활수행능력(Instrumental ADL: IADL)으로 구분된다. 신체적 일상생활수행능력은 대소변 가리기, 세면하기, 목욕하기, 옷 입기, 식사하기, 보행하기, 계단 오르내리기 등 자신을 돌보는 데 필요한 기본적인 신체기능을 의미한다. 도구적 일상생활수행능력은 전화 사용, 음식 준비, 약 복용하기, 물건 사기, 집안일하기, 교통수단 이용, 금전 관리와 같은 사회생활을 유지하기 위한 복합적인 일상생활을 독립적으로 수행할 수 있는지를 의미한다.

도구적 일상생활수행능력은 치매 초기 단계부터 저하되어 때로는 치매 진단 이전에 IADL의 저하를 가족이 먼저 발견하는 경우가 있어 치매의 조기 진단에 유용하게 활용되기도 한다(대한치매학회, 2021). 일상생활수행의 장애가 있다는 것은 결국 독립적인 삶을 영위하기 어려워졌음을 의미하며, 가족의 보호부담을 높이고 치매 노인의 시설 입소를 증가시키는 요인으로 작용하므로(Luppa et al., 2008), 치매 진단뿐 아니라 이후 돌봄 계획 수립에도 있어서도 중요한 요소이다.

(3) 이상행동

치매 진단기준은 아니지만 치매 노인이 어떠한 이상행동, 즉 행동심리증상을 보이는지 확인해야 한다. 대부분의 치매 노인은 하나 이상의 이상행동 증상을 보인다. 주요 증상으로는 망상(delusion), 환각(hallucination), 초조/공격적 행동(agitation/aggression), 우울(depression), 불안(anxiety), 다행감(euphoria), 무감동/무관심(apathy/ indifference), 탈억제(disinhibition), 과민/불안정(irritability/lability), 비정상적인 반복 행동(aberrant motor behavior), 야간이상행동(night-timebehavior), 식욕/식습관의 변화(appetite/eating change) 등이 있다. 이러한 증상들은 치매가 진행되는 과정에 따라 그리고 원인질환에 따라 차이가 있다.

치매의 행동심리증상을 평가하는 것은 몇 가지 차원에서 매우 중요하다. 첫째, 행동심리증상은 치매의 인지기능보다 먼저 치매의 초기 증상으로 나타날 수 있으며, 특히 전두측두엽 치매에서 초기 증상일 수 있다. 둘째, 가족돌봄자의 부양부담을 높여 입원이나 시설입소를 결정짓는 주요 원인이 된다. 많은 가족돌봄자에게 있어 치매 노인이 보이는 이상행동은 이해하기 힘들고 대처하기 힘든 낯선 행동들이다. 실제 치매 노인들은 보호자를 따라다니기, 반복해서 질문하기, 불안, 초조, 배회, 통제되지 않은 행동과 언어, 불면, 의심, 소리지르기, 공격적 행동 등을 하는데, 가족들이 이러한 행동을 이해하고 대처하기란 쉬운 일이 아니다. 셋째, 인지손상과 달리 행동심리증상은 약물치료를 통하여 조절되거나 호전될 수 있으므로 면밀히 관찰하고 평가하는 것이 중요하다(대학치매학회, 2021). 또한 문제행동이 어떤 상황에서 어떻게 나타나는지 잘 관찰해서 불편함을 일으키는 요소를 다루어 주면 문제행동을 감소시킬 수 있으므로 세심한 관찰이 필요하다(Hepburn et al., 2008).

(4) 원인질환

치매는 여러 원인질환에 의해 유발되고 그 원인에 따라 각기 다른 임상 경과를 보이며, 이에 따라 진행/퇴행/비가역치매인지 치료 가능한 치매인지 구분할 수 있다. 치매는 진단명이 아니라 증상군으로, 치매를 일으키는 원인질환을 진단해야 한다. 치매를 일으키는 원인질환은 약 50여 종에 이르고, 대부분은 비가역치매이지만, 1~10%는 치료 가능한 치매이다. 치료 가능한 치매의 원인질환에는 갑상샘저하증, 알코올 중독을 포함한 약물중독, 우울증, 뇌종양, 만성감염질환 등이 있다. 치매 유형별로 알츠하이머병이 전체 치매의 50~70%, 혈관치매가 20~30%, 그 외 2~5%가 루이소체치매, 전두측두엽치매, 파킨슨병 치매 등으로 각각의 특성은 다음과 같다(대한노인정신의학회, 2018; 대한치매학회, 2021).

치매를 일으키는 가장 흔한 질환은 알츠하이머병이다. 베타 아밀로이드 단백질(Aβ)이라는 독성을 가진 작은 단백질이 과도하게 만들어져 뇌에 침착되면서 형성되는 아밀로이드 판(amyloid plaques)과 타우 단백질의 비정상적인 집합인 신경원섬유매듭(neurofibrillary tangles)이 주요 병리학적 특징이다. 뇌세포의 퇴화로 기억력을 비롯한 여러 인지기능이 점진적으로 저하되어 일상생활의 장애가 초래된다.

치매의 원인질환 가운데 두 번째로 흔한 것은 혈관성 치매이다. 뇌혈관질환에 의한 뇌손상으로 인지장애가 발생하며, 알츠하이머 치매가 여자에서 더 많은 것에 비해 혈관성 치매는 남자에서 흔하다. 알츠하이머에서 인지 저하가 점진적으로 진행되는 것과 달리 혈관성 치매에서는 인지장애가 갑자기 발생하여 계단식으로 악화되는 경향이 있고, 알츠하이머보다 인지 저하 속도는 느리지만 생존기간은 더 짧다.

루이소체 치매(dementia with Lewy bodies)에서는 파킨슨 증상이라고 불리는 움직임의 장애가 나타난다. 인지기능의 변동이 심하여 수분, 수시간, 수일에 걸쳐 인지기능의 변동이 발생하는데 그 정도나 기간은 개인마다 다르다. 반복적이고 복합적인 환시가 나타나는 것도 루이소체 치매의 임상적 특징 중 하나이다. 루이소체 치매는 알츠하이머병에 비해 기능장애 정도가 커서 가족의 부담이 높고 사망률도 더 높은 것으로 보고된다. 루이소체 치매와 파킨슨병 치매는 구분이 쉽지 않은데, 파킨슨병이 발병한 이후 인지기능의 저하가 나타나면 파킨슨병 치매를 고려하게 된다.

전두측두엽 치매는 인지기능보다는 이상행동이 두드러지게 나타나는 것이 특징적이다. 성격, 사회적 행동, 감정조절에서의 변화, 언어장애가 나타나고 점차 전반적인 인지감퇴로 이어진다. 발병 연령이 낮아서 50대에 흔히 발생한다. 발병연령이 낮은데 인지 저하보다 이상행동이 현저하게 나타나므로 진단에 어려움이 있다.

4) 개입

아직 치매 치료제가 개발되지 않은 상황이므로 치매에 대한 비약물적 접근과 예방적 접근이 중요하게 다루어지고 있다(Baumgart et al., 2015). 치매에 대한 비약물적 접근은 치매 노인의 인지기능 향상을 위한 인지기반치료, 치매에 대한 예방적 접근, 치매 노인을 돌보는 가족에 대한 정서적 지지와 교육 및 훈련에 이르기까지 포괄적이다.

(1) 약물치료

임상에서는 인지장애의 증상 개선이나 증상의 발현을 지연시키기 위한 약물치료가 이루어지고 있다. 알츠하이머병으로 인해 뇌 속에서 여러 신경전달물질의 변화가 일어나는데, 콜린 신경세포 수의 감소 정도와 아세틸콜린의 감소가 알츠하이머병 환자의 인지 저하와 관계가 깊다고 알려져 있다. 콜린 기능을 강화시키기 위해서 콜린분해효소(cholinesterase: ChE)를 억제시켜 아세틸콜린 양을 증가시키는 ChE 억제제가 사용된다(대한치매학회, 2021). 그러나 콜린성 약물은 인지기능 개선 효과에서 한계가 있어 비콜린성 신경전달 장애를 보완하는 새로운 인지기능 개선제 개발이 활발히 진행되고 있으며, N-메틸-D 아스파르트산염(N-methyl-D-aspartate: NMDA) 수용체 길항제인 메만틴(memantine)이 주로 중등도에서 중증의 알츠하이머병에 대한 치료제로 사용되고 있다(대한노인정신의학회, 2018).

(2) 비약물적 치료

비약물적 치료 가운데 대표적인 것은 인지기반치료이다. 인지기반치료의 이론적 근거는, 첫째, 뇌가 손상으로부터 회복될 수 있다는 뇌의 가소성(brain plasticity)과 둘째, 손상된 뇌에서 남아 있는 부분이 손상에 대해 보상 작용을 한다는 데에 있다(대한노인정신의학회, 2018).

인지기반 치료프로그램은 방법 및 내용에 따라 인지훈련(cognitive training), 인지재활(cognitive rehabilitation), 인지자극(cognitive stimulation)으로 구분할 수 있다(〈표 8-4〉 참조). 인지훈련은 특정 인지 영역을 향상시키기 위해 일련의 표준화된 과제를 수행하도록 한다. 구조화된 환경에서 표준화된 도구를 사용하며, 태블릿 PC와 같은 전자기기나 가상현실을 활용하는 등 다양한 도구를 활용한 전산화 인지훈련도 이루어지고 있다(대한치매학회, 2021). 인지재활은 인지손상에 따른 장애를 갖고

표 8-4 인지기반 치료프로그램의 비교

	인지훈련	인지재활	인지자극
치료 대상자	정상 노화성 인지 감퇴 경도인지장애 초기치매	경도인지장애 치매	정상 노화성 인지 감퇴 경도인지장애 치매
목표	손상된 특정 인지 영역의 기능 회복	일상생활기능과 삶의 질 향상	인지 및 행동 개선
치료 효과의 일반화	훈련 영역이 다른 인지 영역의 증진으로 전이된다고 가정	보통 치료 효과가 인지 전반의 호전으로 전이된다고 가정하지 않음	인지자극 활동이 전반적인 인지의 증진을 촉진한다고 가정
치료 회기의 구조화	구조화된 회기 ◀——————————▶ 덜 구조화된 회기		

출처: 대한노인정신의학회(2018).

있는 상황에서 보존되어 있는 인지기능을 통해 손상된 인지영역으로 인한 장애를 보완할 수 있도록 도우며, 인지기능의 향상보다는 일상생활기능의 향상에 초점을 둔다. 인지자극은 인지활동을 촉진하도록 하는 광범위한 활동들을 포괄하는 것으로, 음악, 원예, 요리, 게임, 퍼즐을 비롯하여 회상치료, 현실지향훈련과 같은 다양한 활동과 프로그램이 인지자극이 될 수 있다(대한노인정신의학회, 2018).

(3) 예방적 접근

치매의 위험을 낮추기 위해서는 전체 인구집단을 대상으로 수정 가능한 위험요인의 관리와 조절에 초점을 두는 공중보건정책과 예방적 접근이 중요하다. 특히 치매의 임상적 증상이 탐지되기 수년에서 수십 년 전인 40대부터 이미 뇌의 병리는 시작되므로(Jack et al., 2010), 노년기가 아닌 중년기부터 혈관성 위험인자를 예방하고 관리하는 것이 무엇보다 중요하다. 또한 평생교육을 통하여 노년기에도 학습과 지적 자극이 지속될 수 있도록 기회를 제공하는 것이 필요하다. 실제로 신체운동, 인지적 활동, 신체적 활동, 여가활동 등에 참여하고 있는 노인일수록 인지기능이 높을 뿐 아니라(Niti et al., 2008), 실험연구를 통하여 신체운동이 인지기능을 향상시킨다는 것을 보고한 연구도 있다(Lautenschlager et al., 2008). 최근에는 여러 위험요인들을 동시에 관리하는 시도와 그 효과성에 대한 연구들도 이루어지고 있다. 심혈관계 위험이 높은 사람들에게 신체활동, 영양, 인지훈련, 사회적 활동, 심혈관계 위험요인을 같이 관리하는 방법을 통해 인지기능이 유의하게 향상되었음이 보고되기도 하였다(Ngandu et al., 2015).

(4) 치매 노인 가족지원

치매 노인뿐 아니라 돌봄제공자에 대한 개입도 중요하다. 치매 노인을 돌보는 가족은 높은 부양부담과 정신건강 및 신체건강의 어려움을 겪게 된다. 가족돌봄자의 68%가 높은 부양부담을 느끼고, 65%는 우울증상을 경험하며, 돌봄 강도가 높기 때문에 취업 유지에도 어려움을 겪는 것으로 보고된다(Alzheimer's Association, 2013; Papastavrou et al., 2007). 가족의 높은 부양부담은 시설입소를 앞당기는 결과를 가져오므로(Hebert et al., 2001), 가족의 부양부담을 낮추고 치매 노인이 가능한 오래 지역사회에 머물도록 하는 것이 중요하다.

치매 노인을 돌보는 가족의 부양부담을 낮추기 위해서는 무엇보다 가족들이 치매라는 질병에 대해 잘 알고 대처할 수 있도록 지원하는 것이 필요하다. 현재 우리나라에서는 중앙치매센터에서 광역치매센터, 그리고 시군구 치매안심센터에 이르는 치매관리전달체계를 구축하여 정보제공, 치매가족지지 프로그램, 가족교육 프로그램, 자조집단 운영, 가족상담 등을 지원하고 있다. 그러나 치매는 점차 진행되기 때문에 계속해서 새로운 돌봄 전략이 시도되어야 한다. 또한 지역사회에서 시설을 아우르는 광범위한 정책과 서비스를 알고 치매진행단계에 맞는 적절한 서비스를 선택할 수 있어야 하는데, 이는 쉬운 일이 아니다. 따라서 정보제공과 정서적 지지 및 교육을 넘어서는 훈련 프로그램과 사례관리가 활성화되어야 한다.

토론주제

1. 성인 우울증과 다른 노인 우울증의 특성에는 어떠한 것이 있는가?
2. 노인 우울증을 겪는 개인에 대한 치료적 접근뿐 아니라 사회적 측면에서 가능한 개입에는 어떠한 것이 있는가?
3. 치매에 대해서 왜 개인적 차원을 넘어 국가적 차원의 전략과 대응이 필요한가?
4. 경도 신경인지장애란 무엇이며, 임상적으로 어떠한 의미를 갖는가?
5. 치매를 평가할 때 고려해야 하는 네 가지는 무엇이며, 특히 행동심리증상을 평가하는 것은 어떠한 의미를 갖는가?
6. 치매의 수정 가능한 위험요인에 대해 어떠한 공중보건정책과 예방적 접근이 필요한가?

제4부

주요 정신건강 이슈별 사회복지실천

제9장

트라우마와 정신건강

인간은 살아가면서 상실, 폭력, 재난 등 다양한 트라우마를 경험한다. 트라우마는 한 개인의 신체, 정서, 인지, 관계, 자아상 등에 부정적인 영향을 미치며, 다양한 정신건강의 어려움을 초래하기도 한다. 특히 우리 사회에서 세월호 참사, 지진, 산업재해, 코로나19에 이르기까지 다양한 사회적 재난이 발생하면서 트라우마에 대한 관심은 더욱 높아지고 있다. 트라우마는 한 개인의 삶에 부정적인 영향을 미치기도 하지만, 이를 효과적으로 회복해 나가는 과정을 통해 오히려 삶의 의미를 통합하고 성장으로 나아가기도 한다. 이 장에서는 트라우마와 정신건강에 대해 이해하고, 회복 과정 및 제도적 대응에 대해 살펴보고자 한다.

1. 트라우마 관련 경험

1) 아동학대

아동학대란 보호자를 포함한 성인이 아동의 건강 또는 복지를 해치거나 정상적 발달을 저해할 수 있는 신체적 · 정신적 · 성적 폭력이나 가혹행위를 하는 것과 아동의 보호자가 아동을 유기하거나 방임하는 것을 말한다. 아동학대의 유형은 신체적 학대, 정서적 학대, 성학대, 방임으로 나눌 수 있다.

신체적 학대란 보호자를 포함한 성인이 아동에게 우발적인 사고가 아닌 상황에서 신체적 손상을 입히거나 또는 신체손상을 입도록 허용한 모든 행위를 말한다. 정서적 학대란 보호자를 포함한 성인이 아동에게 행하는 언어적 모욕, 정서적 위협, 감금이나 억제, 기타 가학적인 행위를 말하며 언어적 · 정신적 · 심리적 학대라고도 한다. 정서적 학대의 예로 적대적 언어폭력, 잠을 재우지 않는 것, 벌거벗겨 내쫓는 행위, 형제나 친구 등과 비교하거나 편애하는 행위, 가정폭력을 목격하도록 하는 행위, 시설 등에 버리겠다고 위협하거나 짐을 싸서 쫓아내는 행위 등이 있다. 성학대란 보호자를 포함한 성인이 자신의 성적 충족을 목적으로 18세 미만의 아동에게 행하는 모든 성적 행위를 말한다. 방임은 보호자가 아동에게 위험한 환경에 처하게 하거나 아동에게 필요한 의식주, 의무교육, 의료적 조치 등을 제공하지 않는 행위를 말하며 유기란 보호자가 아동을 보호하지 않고 버리는 행위를 말한다.

「2020 아동학대 연차보고서」에 따르면, 아동학대 사례는 총 30,905건으로 전년 대비 2.9% 증가하였고 피해아동의 성별은 남아가 15,815건(51.2%), 여아가 15,090건(48.8%)이다. 학대행위자는 부모가 25,380건으로 전체의 82.1%를 차지한다. 학대의 유형은 중복학대가 14,934건으로 가장 많으며 그다음으로 정서적 학대, 신체적 학대, 방임, 성학대의 순으로 나타났다. 아동학대로 사망한 아동은 총 43명이며 그중 1세 이하(24개월 미만) 아동이 27명으로 62.8%를 차지한다.

아동학대는 발달기 아동의 자아개념과 자아존중감에 심각한 손상을 주게 되어

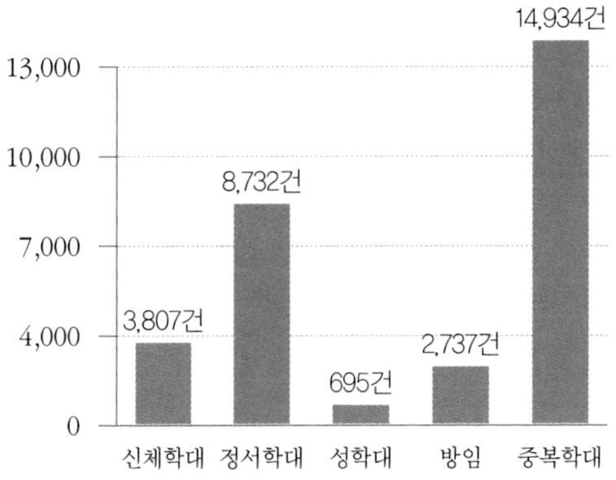

그림 9-1 아동학대 유형

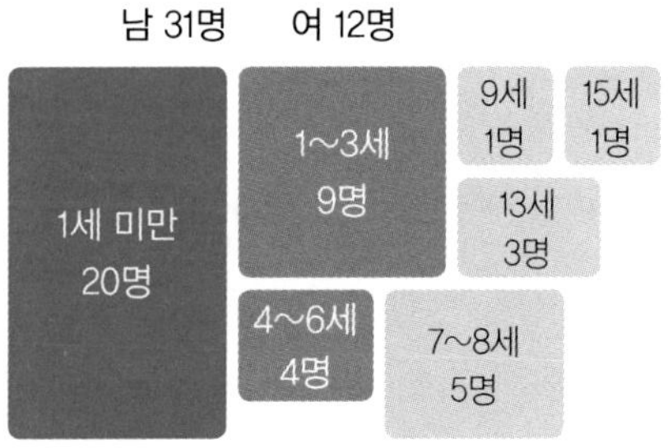

그림 9-2 아동학대 사망 아동 성별 및 연령

* 출처: 보건복지부(2021).

성인기까지 후유증이 남게 된다. 오랜 기간 학대를 받으면 대인관계를 형성하는 능력에 손상을 입게 되어 직장 동료관계나 결혼관계, 부모로서의 역할 수행 능력에도 어려움을 겪게 된다. 아동학대로 인한 후유증이 얼마나 심각하게 오래 지속될지는 다양한 복합적 요인 간의 상호작용에 좌우된다. 즉, 학대 발생 당시 아동의 연령, 가정상황이나 환경, 학대 유형, 빈도, 기간, 정도, 학대행위자와의 관계, 학대 이후의 생활, 아동의 기질이나 대처능력, 가족이나 지역사회의 지지, 전문가들의 개입 방식 등에 따라 달라질 수 있다.

2) 성폭력

성폭력이란 성을 매개로 상대방의 의사에 반하여 가해지는 성적 행위로 모든 신체적 · 언어적 · 정신적 폭력을 포괄하는 광범위한 개념으로 원치 않거나 거부하는 행위를 상대방에게 계속하거나 강요하는 것을 의미한다. 강간, 윤간, 강도뿐만 아니라 성추행, 언어적 희롱, 음란 전화, 성기 노출, 아내 강간 등 상대방의 의사를 무시한 채 행위를 한 경우 폭행이 없어도 강간, 강제추행으로 인정된다.

성폭력범죄는 2019년 기준 32,104건이 발생하여 인구 10만 명당 61.9건이었다.

지난 10년 동안 지속적으로 증가하여 10년 전에 비해 77.4%가 증가하였다(대검찰청, 2019). 성폭력 이외의 강력범죄 발생비가 감소하고 있는 추세와 대조적이다. 최근 성폭력 범죄의 증가는 스마트폰 등 전자기기 사용의 보편화로 카메라 등을 이용한 촬영 범죄와 추행 범죄의 증가에 기인한다.

성폭력은 가해자가 낯선 사람이든, 아는 사람이든 그 경험이 매우 충격적이며 피해자들에게 장기적인 영향을 끼친다. 성폭력 피해의 후유증은 심리적 · 신체적 · 사회적 차원에서 나타나는데, 특히 심리적 후유증이 심각하다. 심리적 후유증으로 불안감, 수치심, 고립감, 우울증, 죄책감, 낮은 자기존중감. 대인관계 민감성, 외상성 스트레스 장애, 알코올이나 약물남용, 신체화 장애, 성기능장애, 과도한 성행동, 섭식장애 등을 들 수 있다. 여성가족부에서 실시한 성폭력 안전실태조사에 의하면 성폭력 피해를 경험한 경우 19.7%가 정신적 고통을 경험한 적이 있다고 응답하였다. 여성은 24.4%, 남성은 7.1%로 여성이 3배 이상 높게 나타났다. 여성의 경우 '수치심/모욕감' 59.4%, '폭력(행위자)에 대한 적대감이나 분노' 32.6%, '계속 성폭력 피해 당시의 생각이 남' 26.8%, '불안 및 우울' 20.7%, '성폭력을 다시 당할 것 같은 두려움' 13.1%, '자신에 대한 실망, 무력감, 자아상실' 11.8%, '사람 만나는 것을 기피'10.2% 순으로 나타났다(여성가족부, 2019).

3) 가정폭력

가정폭력은 가족 구성원 사이의 신체적 · 정신적 또는 재산상 피해를 수반하는 행위이다. 가정폭력 유형은, 첫째, 정서적 폭력으로 부당하고 심한 말로써 상대방의 감정을 상하게 만드는 것이며 언어적 폭력을 포함한다. 둘째, 신체적 폭력은 신체적 위협을 포함한 모든 폭력적인 행동을 말한다. 셋째, 성적 폭력은 상대방의 동의 없이 하는 모든 성적인 행동과 요구, 무례한 성적 접촉을 말한다.

「2019년 가정폭력 실태조사」에 따르면, 배우자에 의한 폭력 피해 경험률은 여성이 10.9%, 남성이 6.6%였으며, 그중 신체적 · 성적 폭력 피해율은 여성이 5.9%, 남성이 1.3%였다. 폭력의 유형별로는 여성의 경우 정서적 폭력 8.3%, 성적 폭력 4.6%, 신

그림 9-3 여성의 폭력피해 경험률

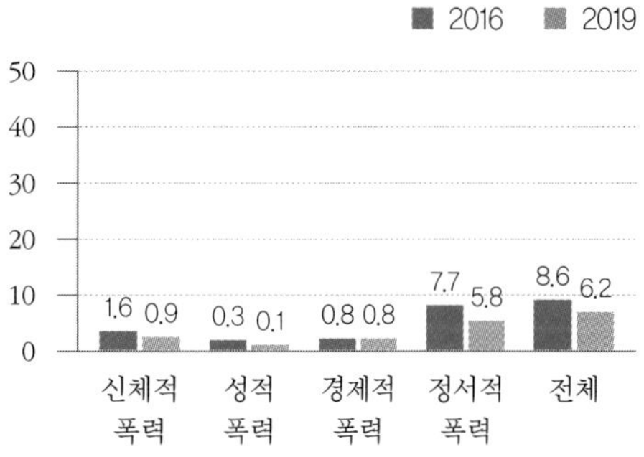

그림 9-4 남성의 폭력피해 경험률

* 출처: 보건복지부(2020).

체적 폭력 2.1%, 경제적 폭력 1.2% 순이었으며 남성은 정서적 폭력 6.0%, 신체적 폭력 0.9%, 경제적 폭력 0.8%, 성적 폭력 0.6% 순이었다. 이는 2016년 조사결과 대비 약간 감소한 수치이다.

가정폭력은 두려움, 분노, 우울증, 무력감, 자책감, 낮은 자존감 등의 후유증을 남긴다. 가정폭력 가해자에 대한 친밀감과 신뢰감을 상실하게 되며, 삶의 의욕을 상실하게 된다. 가정폭력 실태조사에서도 지난 1년간 배우자의 폭력으로 무력감, 자존감 하락, 가해 배우자에 대한 적대감, 분노 등을 경험하는 것으로 나타났으며, 전반적으로 여성의 정신적 고통이 남성보다 다소 높은 것으로 나타났다. 특히 가정폭력 피해자가 청소년인 경우 발달 과정에 부정적인 영향을 미치며 성인이 되어서도 지속적인 후유증을 남기게 된다. 가정폭력을 경험했던 청소년이 가지는 주된 정서는 분노감정과 자살충동, 두려움과 공포이다. 부모의 폭력에 대처할 수 없고, 이유 없이 당해야만 하는 것은 자녀들로 하여금 분노 감정을 일으키며, 이를 해결하는 방법으로 자신의 존재 자체를 없애고자 하는 자살충동으로 나타나게 된다. 직접 폭력에 노출되지 않더라도 간접적으로 부모 간의 폭력에 노출된 경우에도 문제행동과 정서적 어려움을 나타내게 된다.

4) 학교폭력

학교폭력은 학교 내외에서 학생을 대상으로 발생한 상해, 폭행, 감금, 협박, 약취, 유인, 명예훼손, 모욕, 공갈, 강요, 강제적인 심부름, 성폭력, 따돌림, 사이버 따돌림, 정보통신망을 이용한 음란폭력 정보 등에 의한 신체적 · 정신적, 또는 재산상의 피해를 수반하는 행위를 말한다. 학교폭력이 일반 폭력과 다른 점은 같은 학교의 급우 또는 선후배 등 이미 알고 있는 관계 속에서 발생하는 경우가 많고, 학교라는 공간 안에 가해자와 피해자가 함께 있기 때문에 언제든 폭력이 행사될 수 있다는 점이다. 또한 학교폭력은 친구들 사이에 알려져 정신적 고통이 더 심각할 수 있고, 연속적으로 행해지면서 하나의 문화처럼 형성될 위험성을 안고 있다. 학교폭력의 유형으로 신체, 언어, 관계, 성, 사이버 폭력 등이 있으며, 집단 따돌림은 대표적인 관계적 폭력이다. 집단 따돌림은 최근 인터넷과 스마트폰 등 정보통신기기가 발달함에 따라 SNS 등을 통해 특정 학생에 대한 반복적이고 지속적인 심리적 공격, 거짓 사실의 유포 등의 형태로 심각해지고 있다.

2019년 교육부에서 초중고 학생들을 대상으로 학교폭력 실태조사를 한 결과 전체 피해응답률은 1.6%로 전년 대비 증가하였으며 학교 급별로 초 3.6%, 중 0.8%, 고 0.4%로 나타났다. 피해 유형별로는 언어폭력, 집단 따돌림, 사이버 괴롭힘, 스

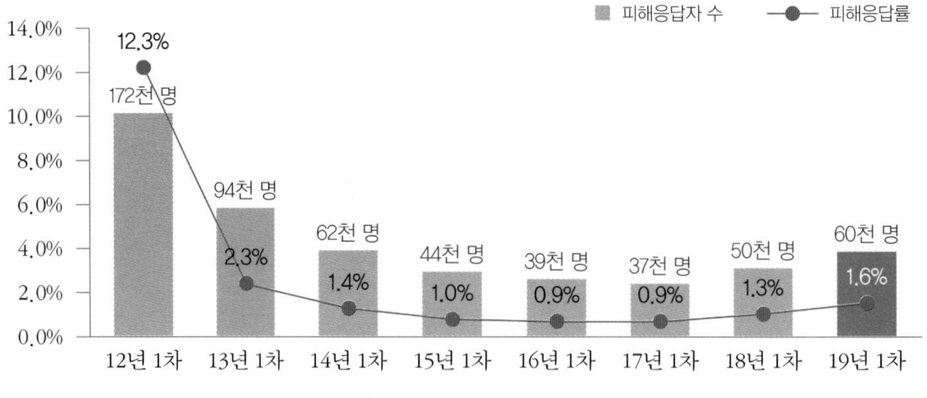

그림 9-5 전체 피해응답률

* 출처: 교육부(2020).

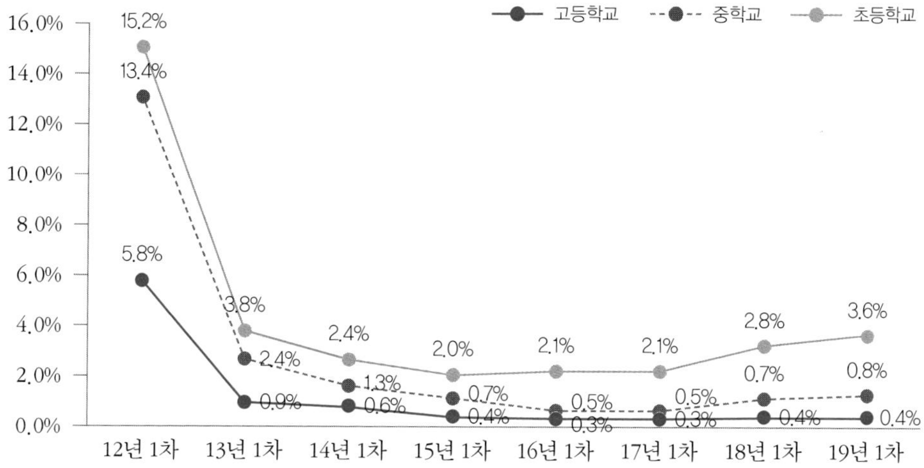

그림 9-6 학교급별 피해응답률

* 출처: 교육부(2020).

토킹, 신체 폭행 등의 순으로 나타났다. 전반적으로 학교폭력 피해경험의 연령이 낮아지고 있으며, 사이버 폭력을 포함한 정서적 폭력의 비중이 증가하는 추세이다(교육부, 2020).

학교폭력 피해 청소년은 지나친 각성, 불안, 공포, 두려움, 혼란, 의심, 예민성, 우울, 위축, 무력감 등 감정통제의 어려움을 갖게 된다. 이러한 정서조절의 어려움은 자기파괴적 행동이나 자살 몰두, 극단적 위험의 감수 등 행동적 반응으로 나타날 수 있다. 다른 사람이 자신을 평가하는 방식으로 평가하게 되어 자신을 무기력하고, 무능하다고 생각하고, 수치심, 자기비판, 죄책감을 느낌으로써 부정적인 자기인식을 갖게 된다. 관계에 있어 또래와의 신뢰를 잃게 되고, 학교가 안전하지 않다는 두려움으로 유급, 결석, 낮은 학업성취 등의 행동을 나타내게 된다.

5) 재난

재난은 개인의 안녕을 위협하고 삶의 터전을 파괴하여 개인과 사회에 막대한 물적 · 인적 손실을 야기하는 위험한 상황이다. 재난은 크게 자연재난과 사회재난으로 구분한다. 자연재난은 기후학적(태풍, 홍수, 대설, 가뭄 등), 지질학적(눈사태 산사태 등), 지형학적(지진, 화산폭발 등), 생물학적(병충해, 콜레라 등) 재난이 있다. 2020년 기준 인명피해 현황을 살펴보면, 호우로 44명, 폭염으로 29명, 태풍으로 2명이 사망하거나 실종됐다. 재산피해는 호우, 풍랑 · 강풍, 태풍, 한파의 순이며 2020년 한 해 동안 1조 3천억 원에 이른다(행정안전부, 2020).

사회재난으로는 도로교통, 화재, 산불, 철도, 가스 관련, 해양, 유 · 도선, 환경오염, 공단 내 시설, 광산, 전기, 승강기, 항공기 사고 등이 해당된다. 최근 10년간의 사회재난 발생 추이를 살펴보면, 2011년 3건에서 2019년 28건, 2020년 25건으로 꾸준하게 증가하고 있다. 일반적으로 사회적 재난이 더 많은 정신건강 후유증을 더 오랜 기간 동반한다. 재난 이후 인명이나 재난 피해뿐만 아니라 심리적 후유증에 대해서도 사회적 관심을 갖게 된 것은 세월호 참사 이후이다.

재난 경험자는 직접적 정도에 따라 5차로 나눌 수 있다. 1차는 재난으로 인해 직접적인 충격이나 손상을 받은 사람이다. 이들은 기본적인 생존에 대한 걱정, 의미 있는 사람이나 소유물에 대한 상실감, 안전에 대한 불안, 재경험으로 인한 수면장애 등을 경험한다. 2차는 1차 피해자의 가족이나 친구, 동료 등 가까운 지인이다. 우울, 불안, 불면을 겪으며, 죄책감, 원망, 사망에 대한 강박적 반추, 정서적 해리

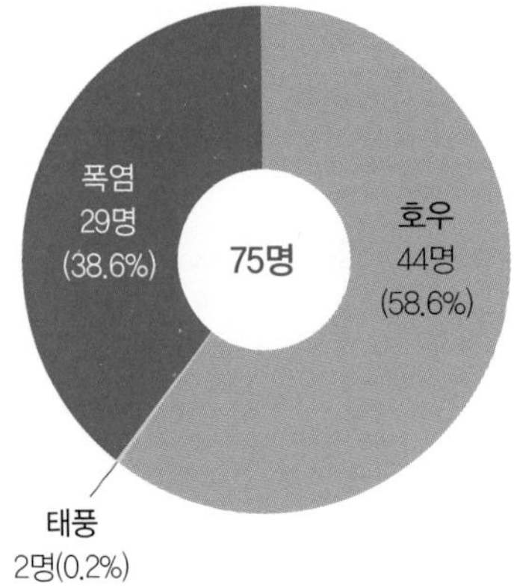

그림 9-7 2020년도 자연재난 인명피해 현황

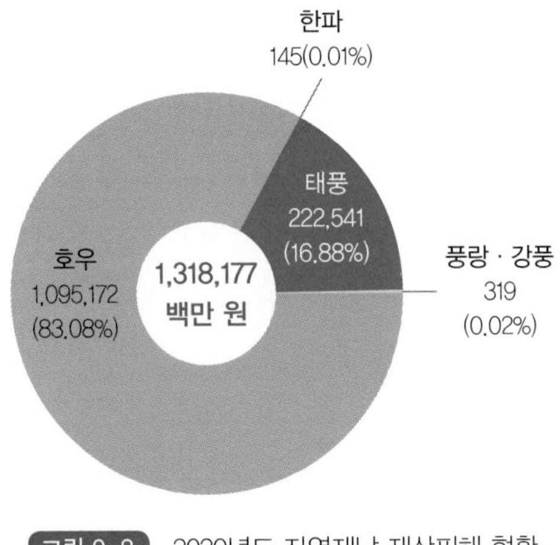

그림 9-8 2020년도 자연재난 재산피해 현황

* 출처: 행정안전부(2020).

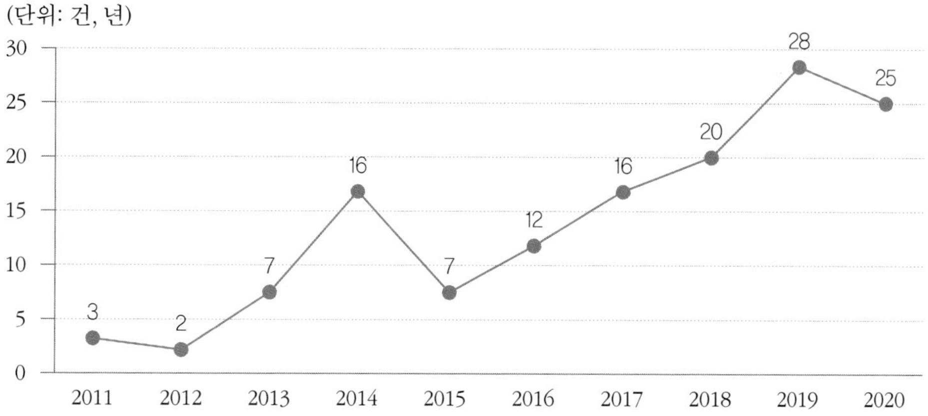

그림 9-9 최근 10년간 사회재난 발생 추이(2011~2020년)

출처: 행정안전부(2020).

등을 경험한다. 특히 상실을 경험한 경우 쇼크, 사망 사실의 부인, 분노, 우울, 수용의 단계를 거치게 된다. 3차는 재난 지원 인력으로, 재난상황에 참여하였던 관련 소방관, 경찰관, 응급대원, 의사, 간호사, 사회복지사, 상담가, 성직자 등이다. 4차는 재난이 일어난 지역사회에 거주하는 주민이며, 5차는 매스컴이나 대중매체를 통하여 간접적인 심리적 스트레스를 겪는 모든 국민이다.

코로나19는 전 세계가 경험한 사회적 재난이었다. 코로나19 이후 OECD 주요국에서 우울감을 호소하고 불안장애를 보이는 사람들이 3배 이상 증가하였다. 한국은 우울 수준이 36.8%로 OECD 평균인 21.8%를 상회하였다. 코로나19는 우울과 불안뿐만 아니라, 공포, 분노, 사회적 관계 단절, 가까운 사람의 사망으로 인한 심리적 고통을 가져왔다. 특히 감염자는 감염에 대한 걱정과 불안뿐만 아니라 격리로 인한 고립감, 외로움, 우울, 분노, 공포를 느끼며, 가족과 지인에 대한 죄책감, 불면, 공황, 낙인 불안, 직장 문제 등을 경험하게 된다. 피해자이면서 가해자라는 심리적 불안감을 갖게 된다(이만우, 2021). 코로나19 경험은 대규모 사회적 재난이 초래하는 심리정서적 영향에도 관심을 높이는 계기가 되었다.

2. 트라우마의 이해

1) 트라우마

트라우마(trauma)란 의학적 용어로 외상(外傷)을 의미하며, 일반적으로 개인이 충격적인 경험을 했을 때 받는 심리적 고통을 뜻한다. 트라우마는 세 가지 요소로 구성된다. 첫째, 사건(event)으로서, 사망이나 폭력 등 트라우마를 발생시킨 사건이나 상황들이 있다. 둘째, 경험(experience)으로서, 사건을 어떻게 경험했는가이다. 언제, 어디서, 어떻게, 얼마나 자주 경험했는가에 따라 달라질 수 있으며, 사건이 외상적인지 아닌지를 결정하게 되는 개인적인 경험을 의미한다. 셋째, 영향(effect)으로서, 사건으로 인해 신체적, 정서적, 사회적, 영적으로 나타나게 되는 부정적인 결과이다.

잠재적인 외상성 사건(potentially traumatizing event: PTE)은 개별적 사건과 사회적 사건으로 구분할 수 있다. 개별적 사건으로는 신체적 · 심리적 학대, 성폭력, 교통사고, 강도나 살인 등의 범죄, 가족의 심한 부상이나 사망 등이며, 이러한 사건을 목격하는 것도 해당된다. 사회적 사건으로는 지진 · 화재 · 홍수 등의 재해, 지역사회에서의 범죄나 폭력, 부상이나 사망 사고, 테러, 대규모 환경오염 등이 포함된다. WHO에서 21개 국가를 대상으로 조사한 결과, 가장 많이 발생하는 트라우마는 사랑하는 사람의 사망(30.5%), 타인에 대한 폭력 목격(21.8%), 폭력 경험(18.8%)의 순이었다(Stein, et al., 2010).

트라우마는 한 개인의 신체, 정서, 인지, 관계, 자아상에 부정적인 영향을 미친다. 트라우마는 기억, 집중, 학습에 부정적인 영향을 미치며, 심장 질환, 비만, 중독, 면역력 저하 등의 신체적 질병을 유발하기도 한다. 감정의 조절 및 표현 능력을 저하시키고, 안전과 위험을 구분하는 역량을 떨어뜨린다. 타인을 신뢰하고, 협력하며, 건강한 관계를 형성하는 데 어려움을 초래하고, 희망이나 긍정적인 자아상에도 부정적인 영향을 미치게 된다.

2) 외상 후 스트레스 장애

외상 후 스트레스 장애(posttraumatic stress disorder: PTSD)란 심각한 외상을 경험한 후 나타나는 임상적 문제를 특징으로 한다. 일반 인구에서 평생 외상성 사건을 겪는 확률은 39~74%로 추정된다. 외상성 사건을 겪는다고 모두 외상 후 스트레스 장애가 발병하는 것은 아니어서, 외상 후 스트레스 장애의 평생 발생률은 9~15%, 평생 유병률은 8% 정도로 보이나 진단되지 않은 사람들 중 5~15% 정도는 준임상적인 형태의 외상 후 스트레스 장애를 겪는 것으로 추정한다. 성인 남성과 여성의 유병률에도 차이가 있어 여성의 경우 10%, 남성의 경우 4%로 여성에서 두 배 정도 높은 것으로 보고되고 있다(대한신경정신의학회, 2017).

DSM-5에서 정의하고 있는 외상 후 스트레스 장애의 진단기준은 다섯 가지이다. 첫째, 외상성 사건의 경험으로서, 실제적이거나 위협적인 죽음, 심각한 부상 또는 성폭력에의 노출을 직접 경험 또는 목격하는 것이다. 둘째, 침습(intrusion)으로서,

표 9-1 외상 후 스트레스 장애의 진단기준

1. 실제적이거나 위협적인 죽음, 심각한 부상, 또는 성폭력에의 노출이 다음과 같은 방식 가운데 한 가지(또는 그 이상)에서 나타난다.
   1) 외상성 사건에 대한 직접적인 경험
   2) 그 사건이 다른 사람들에게 일어난 것을 생생히 목격함
   3) 외상성 사건이 가족, 가까운 친척 또는 친한 친구에게 일어난 것을 알게 됨
   4) 외상성 사건의 혐오스러운 세부 사항에 대한 반복적이거나 지나친 노출의 경험(예: 변사체 처리의 최초 대처자, 아동학대의 세부 사항에 반복적으로 노출된 경찰관)
2. 외상성 사건이 일어난 후에 시작된 외상성 사건과 관련이 있는 침습 증상의 존재가 다음 중 한 가지에서 나타난다.
   1) 외상성 사건의 반복적, 불수의적이고, 침습적인 고통스러운 기억
   2) 꿈의 내용과 정동이 외상성 사건과 관련되어 반복적으로 나타나는 고통스러운 꿈
   3) 외상성 사건이 재생되는 것처럼 그 개인이 느끼고 행동하게 되는 해리성 반응(예: 플래시백)
   4) 외상성 사건을 상징하거나 닮은 내부 또는 외부의 단서에 노출되었을 때 나타나는 극심하거나 장기적인 심리적 고통

5) 외상성 사건을 상징하거나 닮은 내부 또는 외부의 단서에 대한 뚜렷한 생리적 반응

3. 외상성 사건이 일어난 후에 시작된 외상성 사건과 관련이 있는 자극에 대한 지속적인 회피가 다음 중 한 가지 또는 두 가지 모두에서 명백하다.
   1) 외상성 사건에 대한 또는 밀접한 관련이 있는 고통스러운 기억, 생각 또는 감정을 회피 또는 회피하려는 노력
   2) 외상성 사건에 대한 또는 밀접한 관련이 있는 고통스러운 기억, 생각 또는 감정을 불러일으키는 외부적 암시(사람, 장소, 대화, 행동, 사물, 상황)를 회피 또는 회피하려는 노력
4. 외상성 사건이 일어난 후에 시작되거나 악화된 외상성 사건과 관련이 있는 인지와 감정의 부정적 변화가 다음 중 두 가지(또는 그 이상)에서 나타난다.
   1) 외상성 사건의 중요한 부분을 기억할 수 없는 무능력
   2) 자신, 다른 사람 또는 세계에 대한 지속적이고 과장된 부정적인 믿음 또는 예상(예: "나는 나쁘다" "누구도 믿을 수 없다" "이 세계는 전적으로 위험하다" "나의 전체 신경계는 영구적으로 파괴되었다")
   3) 외상성 사건의 원인 또는 결과에 대하여 지속적으로 왜곡된 인지를 하여 자신 또는 다른 사람을 비난함
   4) 지속적으로 부정적인 감정상태(예: 공포, 경악, 화, 죄책감, 수치심)
   5) 주요 활동에 대해 현저하게 저하된 흥미 또는 참여
   6) 다른 사람과의 사이가 멀어지거나 소원해지는 느낌
   7) 긍정적 감정을 경험할 수 없는 지속적인 무능력
5. 외상성 사건이 일어난 후에 시작되거나 악화된, 외상성 사건과 관련이 있는 각성과 반응성의 뚜렷한 변화가 다음 중 두 가지(또는 그 이상)에서 현저하다
   1) (자극이 거의 없거나 아예 없이) 전형적으로 사람 또는 사물에 대한 언어적 또는 신체적 공격성으로 표현되는 민감한 행동과 분노폭발
   2) 무모하거나 자기파괴적 행동
   3) 과각성
   4) 과장된 놀람 반응
   5) 집중력의 문제
   6) 수면 교란(예: 수면을 취하거나 유지하는 데 어려움 또는 불안정한 수면)
6. 장애(진단기준 2~5)의 기간이 1개월 이상이어야 한다.
7. 장애가 사회적 사회적, 직업적 또는 다른 중요한 기능 영역에서 일상적으로 현저한 고통이나 손상을 초래한다.
8. 장애가 물질의 생리적 효과나 다른 의학적 상태로 인한 것이 아니다.

반복적, 불수의적, 침습적 고통스러운 기억, 꿈, 플래시백, 단서에 노출되었을 때 극심한 심리적 고통과 뚜렷한 생리적 반응이 나타나는 것이다. 셋째, 회피(avoidance)로서, 기억, 생각 또는 감정을 회피하고, 외상과 관련된 사람, 장소, 행동, 대화, 사물, 상황을 회피하는 것이다. 넷째, 인지와 감정의 부정적 변화로서 외상성 사건을 기억할 수 없거나, 자신, 타인, 세상에 대한 과장된 부정적 믿음, 지속적 부정적 감정 상태, 흥미의 저하가 나타난다. 다섯째, 각성(arousal)으로서, 공격성과 분노, 예민, 무모하거나 자기파괴적 행동, 과각성, 과장된 놀람 반응, 수면문제 등이 나타난다.

3) 복합 외상 후 스트레스 장애

장기적으로, 특히 어렸을 때 만성적, 반복적, 장기적 트라우마를 겪은 사람들에게서 나타나는 심각한 스트레스 장애이다(민성길, 2015). 아동학대, 성폭행, 재난, 전쟁포로 등의 피해자에게서 주로 나타난다. 현재 진단적으로는 외상 후 스트레스 장애에 포함시키지만 개입에 있어서는 특별한 고려를 필요로 한다.

복합 외상의 증상은 다음의 여섯 가지 영역으로 나타난다(Herman, 1997). 첫째, 정서적 충동성 조절의 변화 영역이다. 이 영역에는 정서표현 조절에 대한 어려움, 위험한 행동 추구로 발생하는 문제들, 자해를 통해 스스로를 다치게 하려는 경향, 자기파괴나 자살에 대한 집착, 위험한 또는 부적절한 성적 행동 등이 포함된다. 둘째, 주의력과 의식에 대한 변화의 영역이다. 일상생활에서 요구하는 주의력의 수준을 벗어나 기억상실 또는 해리장애, 비현실감, 이인화의 증상을 보인다. 장기간에 걸쳐 반복적으로 외상을 경험할 경우 의식을 현실에서 분리해 대처하게 된다. 셋째, 자기인식에 대한 변화의 영역이다. 자기 자신에 대한 무력감, 무능감, 만성적인 죄책감과 자신에 대한 열등감을 느끼게 된다. 이 세 가지 요인은 복합적으로 영향을 미쳐 부정적인 자기 평가, 학습된 무기력, 수치심, 죄책감을 불러온다. 넷째, 타인과의 관계 변화 영역이다. 사람을 불신하고, 인간관계를 피하고, 다른 사람들을 희생자로 만들거나 자신을 재희생시키기도 한다. 다섯째, 신체화 증상과 관련된 영역이다. 만성적인 외상 경험에 노출될 경우 스트레스 조절 호르몬과 관련된 기능이 손상되고, 이는 신체적 증상으로 이어진다. 신체기억(somatic memory)은 암묵적인 몸의 기억으로서, 만성통증 등의 신체화로 나타나게 된다. 여섯째, 의미체계의 변화 영역이다. 그동안 가지고 있었던 신념에 회의를 갖게 되고, 삶의 긍정적인 변화를 위해 노력하지 않는다. 삶의 의미를 잃었다고 생각하며, 미래에 대한 희망이 없다고 생각한다.

4) 외상 후 성장

외상에 대한 전통적인 접근은 외상에 대한 피해를 최소화하고 예방하는 것과 외상 후 스트레스를 완화하기 위한 치료에 관심을 가졌다. 하지만 외상성 사건을 경험하더라도 어떤 사람은 외상 후 스트레스로 진단되지만 어떤 사람은 외상 후 오히려 삶의 의미를 발견하고 이전보다 더 긍정적인 모습을 가지도 한다. 이와 같이 외상 후 스트레스에 대처하고, 성장과 성숙이라는 긍정적인 변화를 보이는 현상을 외상 후 성장(posttraumatic growth: PTG)라고 정의한다(Tedeschi & Calboun, 1995).

외상성 사건은 개인의 삶을 뒤흔드는 강력한 경험을 유발하며, 개인의 가치, 삶의 목표, 신념 체계를 흔들고 감정에 휩싸이게 만드는데, 외상 후 이를 반복적으로 되새기고 반추하는 과정에서 고통과 동시에 이를 감소시킬 수 있는 행동 전략을 찾게 된다. 시간이 지나가고 행동전략을 발전시키면서 감정적 동요가 잦아들면 사건에 대해 의도적으로 반추를 하게 된다. 사건 자체에 머무는 것을 넘어 사건의 원인이나 의미, 삶에 미친 영향 등 고차원적인 반추 과정을 반복하면서 외상 전후의 삶이 통합되고, 신념, 가치관, 정체성, 삶의 서사와 지혜가 형성되어 외상 후 성장으로 이어지게 된다. 글쓰기, 대화, 기도와 같은 자기노출과 사회적 지지가 있을 때 의도적 반추가 보다 촉진될 수 있으며, 외상 후 오히려 새로운 삶의 장을 열 수 있게 된다(최승미, 2008).

5) 트라우마 기반 접근

트라우마 기반 접근(Trauma-informed approach)은 외상의 영향에 대한 이해와 대응에 기초하여, 서비스 제공자와 생존자 모두의 신체적 · 심리적 · 정서적 안전을 강조하며, 생존자가 통제감과 임파워먼트를 회복할 수 있는 기회를 창조하는 강점 기반 접근이다(Hopper, Bassuk, & Olivet, 2010).

트라우마 기반 접근은 다음의 네 가지 요소를 강조한다. 첫째, 트라우마의 광범위한 영향에 대해 인식하고 잠재적인 회복의 경로를 이해한다. 둘째, 실천현장에서 만나는 클라이언트, 가족, 전문가와 관련된 다양한 사람에게 나타나는 트라우마의 신호와 증상을 인식한다. 셋째, 트라우마에 대한 지식을 정책, 절차, 실천 등에 통합시킨다. 넷째, 트라우마를 재경험하지 않도록 적극적으로 예방한다.

트라우마는 모든 인간에게 일어날 수 있는 인생 전반에 걸친 이슈이며, 사회복지현장에서 만나는 클라이언트 누구나 트라우마 경험이 있을 수 있다고 전제해야 한다. 특히 삶의 과정에서 상실이나 폭력을 경험한 클라이언트는 다양한 트라우마의 신호와 증상을 드러낼 수 있다. 사회복지사는 이를 민감하게 이해하고 반응할 수 있어야 하며, 실천과 정책의 과정에 트라우마의 영향을 고려해야 한다.

트라우마로 인한 부정적인 영향은 우울, 자살, 정신질환 등의 정신적 어려움으로 연결될 수 있다. 실제로 정신건강 서비스 이용자 중 절반에서, 많게는 80% 이상이 한 번 이상의 트라우마 경험이 있는 것으로 실증 연구에서 확인되고 있다(Goodman et al., 1999; Posner et al., 2008). 하지만 정신건강 사회복지사는 클라이언트에게 중요한 트라우마를 충분히 다루지 못한 채, 증상을 없애거나 완화하는 대증요법에 멈추었다. 무엇보다 클라이언트가 서비스 이용과정에서 트라우마를 재경험하지 않도록 보호하며, 예방적 조치를 취해야 한다. 특히 강압적인 치료 과정, 피해자를 비난하는 전문가들의 언어와 태도가 이미 트라우마를 경험한 클라이언트에게 자칫 트라우마의 재경험이라는 부정적인 영향을 미칠 수 있음을 인식해야 한다.

트라우마 기반 접근을 위한 주요 원칙은 다음과 같다. 첫째, 안전해야 한다. 종사자나 이용자 모두에게 물리적 환경과 대인관계가 안전하다고 느껴져야 한다. 둘째,

신뢰성과 투명성이다. 서비스를 이해하고, 신뢰하며, 비밀보장이 명확하고, 운영이 투명하게 이루어져야 한다. 셋째, 동료지지가 중요하다. 공통된 경험과 공감을 통한 동료지지와 상호자조는 희망, 안전, 회복, 치유를 증진시킨다. 넷째, 협업과 상호관계로서 모든 구성원이 권한과 의사결정을 공유하며, 협력적 관계를 맺는다. 다섯째, 임파워먼트, 목소리와 선택이다. 각자가 목소리를 내고, 선택 기회를 가지며, 자기옹호와 역량강화가 이루어지도록 한다. 여섯째, 문화적, 역사적, 성별 이슈에 민감성을 가지고, 고정관념과 편견을 넘어 적극적으로 대응한다.

6) 이차적 외상 스트레스

타인의 충격적인 외상성 사건을 목격했거나, 외상성 사건을 경험한 사람들을 도와주는 업무를 하는 직업을 가진 사회복지사, 간호사, 경찰관, 상담자들은 외상 피해자가 느끼는 것과 아주 유사한 형태의 외상을 겪게 되는데, 이를 이차적 외상이라고 한다. 원조 전문가들은 트라우마를 경험한 클라이언트로부터 상세한 이야기를 직접 듣게 됨으로써 심각한 수준의 이차적 외상 스트레스를 경험한다. 이차적 외상 스트레스 개념과 유사한 개념으로 대리외상(vicarious traumatization)이 사용되기도 한다. 이차적 외상 스트레스는 외상 후 스트레스 장애의 진단적 개념에 근거하여 관찰 가능한 증상에 초점을 맞춘 반면, 대리외상은 내적인 의미부여 방식, 정체성, 자신과 타인에 대한 신념 등 인지와 신념체계의 부정적인 변화에 초점을 둔다(한소정, 2017).

대인 서비스에 가장 중요한 역량이 공감능력이지만, 역설적이게도 이는 이차적 외상 스트레스에 가장 강력한 위험요인이 될 수 있다. 그 외에도 교육이나 슈퍼비전의 부족, 희생자와의 동일시, 동료나 가족으로부터의 불충분한 지지, 외상 발생 시 대책 미비 등이 위험요인이 될 수 있다. 반대로, 체계적인 직업 및 안전 교육, 슈퍼비전 체계, 안전한 업무환경, 적정 업무량, 외상 발생 시 상담, 휴식, 업무 순환 등의 체계적인 지원은 보호요인이 된다. 이차적 외상 스트레스에 대한 대처의 핵심은 예방이다. 따뜻한 슈퍼비전 체계를 통해 스트레스에 대처하고 관리할 수 있도록 지지해야 한다. 기관 차원에서의 스트레스 해소 프로그램, 직원 재충전, 자기돌봄 지원이 필요하다. 직무능력 향상뿐 아니라 감정을 다루는 훈련도 이루어져야 하며, 외상 후 성장을 위한 환경조성, 자원연결, 사회적 지지가 중요하다(황순찬, 2019).

3. 트라우마의 회복

트라우마로부터의 회복은 관계가 밑바탕이 되어야 한다. 고립 속에서는 회복이 일어나지 않는다. 사람들과 새롭게 연결되는 과정에서 외상경험으로 인해 손상되고 변형되었던 심리적 기능, 즉 신뢰, 자율성, 주도성, 능력, 정체성, 친밀감 등의 기본 역량이 살아날 수 있다. 회복의 제1원칙은 피해자의 역량강화이며, 스스로의 통제력을 회복하는 데 있다. 전문가는 조력자로서 피해자의 선택권을 최대화하고 힘을 복구할 수 있도록 도와준다. 회복은 신뢰적 관계를 토대로 안전, 기억과 애도, 일상 재연결이라는 세 단계를 거쳐 이루어지며, 그 과정은 나선형의 경로를 따른다(Herman, 1997).

1) 안전의 확립

피해자는 트라우마로 인해 통제력을 상실하였기 때문에 스스로 힘을 회복할 수 있도록 제일 먼저 안전을 확립해야 한다. 피해자는 자신의 신체 안에서 안전하지 못하다고 느낄 수 있다. 신체의 과반응과 과각성을 감소시키기 위한 약물치료, 이완요법과 같은 행동치료, 스트레스를 다루기 위한 운동 치료 등을 실시한다. 건강에 주의를 기울이고 수면, 식사, 운동 등 신체기능을 조절하며, 외상 후 증상을 다루고 자기파괴적인 행동을 통제한다.

안전을 확립하는 일은 신체를 조절하는 능력에서부터 시작하여 점진적으로 환경을 통제하는 능력을 키우는 영역으로 확장된다. 환경 통제란 안전한 생활 환경, 경제적인 안정, 이동 능력 등 일상의 전 범위를 아울러 자기를 보호하는 계획을 마련하는 것이다. 안전한 환경은 피해자 혼자서 만들 수 없기 때문에 적절한 사회적 지지가 반드시 필요하다.

급성 외상을 경험한 사람은 안전한 피난처를 필요로 한다. 특히 가해자가 가족 구성원인 경우 쉼터와 같은 안전한 곳으로 피신해야 한다. 피해자가 믿을 수 있고 자신을 안전하게 지지해 줄 수 있는 사람을 찾도록 도와준다. 그 사람은 피해자가 일상생활의 기본적인 과제를 해결할 수 있도록 돕고, 때로는 급박한 위기 상황을 함께 견뎌내야 한다. 그리고 쉼터 이후와 같이 장기적으로 안전한 환경을 마련하기 위한 계획을 세워 나가야 한다.

2) 기억하고 애도하기

일반적으로 트라우마의 기억은 언어화되어 있지 않으며 정적(靜的)이다. 피해자가 표현하는 이야기는 지루하고, 전형적이며, 감정이 묻어나지 않는다. 이야기는 시간에 따라 진전하지 않고, 말하는 사람이 가지고 있는 감정이나 해석을 드러내지 않는다. 마치 스틸사진이나 무성 영화와 같다. 회복의 두 번째 단계는 피해자가 과거의 기억에 직면하고, 재구성하는 단계이다.

트라우마를 재구성할 때는 사건이 일어나기 전부터 일어난 이후까지 이어진 상황을 검토함으로써 '삶의 흐름을 재생'하고 과거와 연결되는 느낌을 회복해야 한다. 피해자는 사실을 자세하게 이야기하면서 외상성 사건을 재구성하며, 얼어붙었던 심상과 감각의 파편을 천천히 모아서 이야기를 맞추어 나간다. 단지 일어났던 사건만 재구성하는 것이 아니라 무엇을 느꼈는지도 재구성한다. 트라우마 자체를 제거하는 것이 목적이 아니라 트라우마를 삶으로 통합하는 것이다.

트라우마는 신체적인 상실뿐만 아니라 심리적 후유증을 남긴다. 때로는 소중한 사람들을 잃음으로써 생긴 빈자리를 마주해야 한다. 피해자는 트라우마를 이야기하면서 상실에 대해 깊은 슬픔에 빠지게 된다. 애도는 슬픔을 안전하게 느끼고 상실했던 모든 것을 애도할 수 있어야 한다. 하지만 애도는 너무나 힘들기 때문에 이 단계에서 가장 정체되기도 한다. 수많은 기억과 애도하기를 지나고 나면, 트라우마를 이야기하면서도 예전만큼 강렬한 감정이 올라오지 않는 순간이 찾아온다. 트라우마가 경험의 단지 일부가 되는 것이다. 더 이상 인생의 중심이 되지 못한다. 진정한 과거가 된다. 이 시점에서 피해자는 현재의 삶을 일으켜 세우고, 미래의 열망을 추구하는 과제와 마주하게 된다.

3) 일상과 다시 연결하기

과거를 마무리 지은 피해자는 미래를 생성하는 과제에 직면한다. 이 단계에서 피해자는 마치 낯선 나라에 입국하는 망명자가 된 느낌을 가진다. 과거와는 다른 환경에서 새로운 삶을 살아내야 한다. 첫 번째 회복 단계에서 발생했던 문제들이 다시 나타날 수 있다. 다시 한번 신체, 주변 환경, 물질적 욕구, 사람들과의 관계를 보살피는 데 힘을 기울여야 한다. 첫 번째 단계의 목표가 기본적인 안전을 다지는 데 있었다면 세 번째 단계의 목표는 보다 적극적으로 세상에 참여할 준비를 시키는 데 있다. 이러한 과정을 통해 새로운 자기, 이상적이고도 현실적인 자기를 만들어 간다. 회복 단계를 거치면서 피해자는 새로운 자부심을 느낀다. 피해자는 자기 안에 놓인 평범함, 나약함, 한계뿐만 아니라 다른 사람과 연결되어 있다는 느낌, 다른 사람들의 도움과 고마운 마음을 완전하게 알게 된다. 때로는 자신의 트라우마 경험을 통해 다른 사람들을 돕기도 한다.

회복의 완결은 없지만, 회복이라는 과제를 떠나 일상생활의 과제로 관심을 돌릴 수 있다. 인생에서 즐거움을 느끼는 능력이 회복되고, 대인관계에 완전히 참여할 수 있게 되었다면 이는 완결의 좋은 지표라고 볼 수 있다. 심리학자 메리 하비는 완결을 판단하기 위해 다음과 같이 일곱 가지 기준을 정의했다. 첫째, 외상 후 스트레스 장애의 심리적 증상이 감당할 만한 수준으로 완화되었다. 둘째, 트라우마 기억과 관련된 감정을 견딜 수 있다. 셋째, 자신의 기억에 대한 재량을 가지고 있다. 즉, 트라우마를 기억할지, 기억을 젖혀 둘지를 선택할 수 있다. 넷째, 외상성 사건의 기억이 일관된 이야기로서 감정과 연결되어 있다. 다섯째, 손상된 자존감이 회복되었다. 여섯째, 중요한 관계가 다시 확립되었다. 일곱째, 트라우마 이야기를 아우르는 일관된 의미 체계와 신념이 구성되었다.

4. 재난 정신건강 서비스

1) 국가트라우마센터

(1) 설립 배경 및 근거

국가 재난에 대한 심리지원은 2013년 국립서울병원 공공정신보건사업단에 심리적 외상관리팀이 발족되면서 시작되었다. 특히 2014년 전국민에게 충격을 주었던 세월호 사건이 발생하면서, 피해자 심리지원이 전격적으로 시작되고 심리위기지원단으로 기능이 강화되었다. 이후 중동기호흡기증후군(MERS), 가습기 살균제, 포항지진, 제천 화재사고 등 큰 국가적 재난 사건이 지속적으로 발생하면서 피해자에 대한 체계적인 심리지원의 필요성이 대두되었다. 이에 2018년 4월 국가트라우마센터를 개소하고, 그해 12월 「정신건강복지법」을 개정하여 국가트라우마센터 설치 · 운영에 대한 법적 근거를 마련하였다. 2020년에는 코로나19의 발생으로 전 국민의 정신건강을 위한 맞춤형 심리지원 및 찾아가는 서비스가 강화되었다. 2020년 이후 권역별 트라우마센터를 설치하여 서울, 영남, 충청, 호남, 강원 지역으로 확대되었다.

국가트라우마센터 외에도 2012년 광주민주항쟁으로 인한 국가폭력 생존자 지원을 위한 광주트라우마센터가 2012년, 세월호 피해자 지원을 위한 안산트라우마센터(안산온마음센터)가 2014년, 포항지진트라우마센터가 2019년 개소하였다.

(2) 국가트라우마센터 역할

① 재난 정신건강 위기대응

대규모 재난 발생 시 재난 심리지원을 직접 수행한다. 재난 관련 정보 수집 및 상황 모니터링, 대응체계 구축 및 통합심리지원단 구성, 현장 재난 심리지원 본부 가동 및 현장 상담소 운영, 찾아가는 마음안심버스 운영 등을 한다. 지역의 소·중규모 재난에 대해서는 심리지원 역할을 한다.

재난 정신건강 서비스의 기반을 구축한다. 재난 정신건강 서비스 현황조사, 권역별 재난 심리지원 거버넌스 체계 구축, 재난 정신건강 서비스 운영 표준 매뉴얼 개정, 재난 현장 맞춤형 위기 대응 지침을 개발 및 보급한다. 재난 대비 유관기관 방재 합동훈련을 통해 대응 역량을 준비한다.

트라우마에 대한 대국민 인식 전환을 위해 각종 매체 등을 통한 재난 정신건강 대국민 인식 개선 캠페인이나 광고를 실시한다.

② 트라우마 회복 프로그램 개발 운영

재난 경험자들의 심리상태를 파악하여 집중 관리가 필요한 고위험군을 선별하고, 심리검사와 심층면담에 따라 근거기반의 트라우마 회복 프로그램을 운영한다. 우선 외상 후 스트레스 장애, 우울, 불안 등 다각적으로 마음건강검사를 구성하고 효과적인 개입을 위한 선별기준을 개발한다.

재난 경험자를 위한 트라우마 회복 프로그램을 개발하여 보급한다. 불안 및 긴장감 완화를 위한 안정화 기법 중심 프로그램, 스트레스 대처기술 증진 프로그램, 트라우마 기억처리 및 통합, 애도 프로그램 등을 운영한다.

③ 재난 정신건강 지원인력 교육·훈련

재난 정신건강 지원인력 양성을 위해 단계별 교육 과정을 진행하며, 현장중심형 전문인력 양성을 위한 교육 프로그램을 개발·운영한다. 재난 정신건강 지원 인력 관리를 위해 데이터베이스를 구축하여 재난 발생 시 효율적인 전문인력을 활용할 수 있도록 한다.

④ 재난 트라우마 조사·연구

재난 트라우마 경험자를 추적·관찰·연구함으로써 정신건강 문제를 다면적·

장기적으로 평가하여 고위험 및 만성화 요인을 규명한다. 연구윤리 가이드라인 개발과 지자체의 재난 심리지원 대응 역량 강화 전략을 마련함으로써 재난 현장에서 안전하고 윤리적인 심리지원 및 연구를 추진하기 위한 체계를 구축한다.

⑤ 마음안심버스 운영

국가적 재난 발생 시 신속하게 현장에 투입하여 재난 정신건강 서비스를 제공하기 위해 '찾아가는 재난 정신건강 서비스 마음안심버스'를 운영한다. 재난 정신건강을 평가하고, 의료기기를 이용해 스트레스를 측정한다. 현장에서 안정화 프로그램 및 심리교육을 실시하며, 필요한 경우 개인 및 집단 상담도 진행한다.

2) 심리적 응급처치

심리적 응급처치(psychological first aid)는 고통에 처해 도움을 필요로 하는 사람들에게 인도적인 도움을 주는 행위로 기존의 전문적인 심리개입이 아니라 긴급 상황에서 필요한 현실적이고 직접적인 도움을 포함하는 심리·사회적 서비스이다(박해인 외, 2020). 심리적 응급처치는 재난 직후로부터 수일까지를 뜻하는 급성기에 실질적인 도움을 제공하여 외상성 사건으로 인한 초기의 충격을 줄이고 재난 경험자의 단기적·장기적인 적응적 대처를 강화하는 것을 목적으로 한다.

심리적 응급처치는 기존의 전문적인 심리적 개입과는 제공 방식이나 환경이 달라 별도의 교육이 필요하지만 간단한 기본 원칙으로 구성되어 있으므로 충분한 교육을 받으면 정신건강 전문가뿐만 아니라 일반인도 누구나 활용할 수 있는 장점이 있다. 심리적 응급처치는 다음의 여덟 가지 핵심활동으로 구성된다(국립정신건강센터, 2021).

① 첫 접촉과 관계 형성

소속기관과 이름 등 자기소개를 하여 신뢰감을 형성하고, 담요 제공 및 당장 필요한 기본적인 욕구를 파악하여 제공한다. 비밀보장에 대해 안심시키되, 다만 자타해 등 안전을 위해서는 정보를 공유할 수 있음을 안내한다.

② 안전과 지지

재난심리지원에서 가장 중요한 것은 해가 될 수 있는 요인을 빨리 제거하는 것이다. 물리적으로 안전한 공간을 확보하고, 대응 활동과 제공하고 있는 서비스에 대한 정보를 제공한다.

③ 안정화

재난 경험으로 인한 신체적·정신적 반응에 대해 지지하고, 해리, 과각성 및 심리적 어려움을 확인한다. 필요한 경우 안정을 취할 수 있는 호흡법, 근육이완, 나비포옹 등 안정화 기법에 대해 안내한다.

④ 현재의 요구와 고통 파악을 위한 정보 수집

정확하지 않은 정보나 불필요한 자극으로부터 보호할 수 있도록 안내하고, 알고 싶은 정보나 현재 가장 시급한 요구가 무엇인지를 파악한다. 정보수집 시 외상이 재경험되지 않도록 주의한다.

⑤ 실제적인 문제해결 지원

현재의 가장 시급한 요구나 과제에 대해 파악하고 행동계획을 통해 실제적인 지원을 한다. 이때 재난 경험자 스스로 자신의 필요를 명확하게 인식하고 해결할 수 있도록 돕는다.

⑥ 사회적 지지 체계와의 연계

혼자 고립된 경우, 힘든 상황을 이야기하고, 비슷한 경험을 한 사람들과 감정을 나눔으로써 위로받을 수 있음을 격려하고, 가족, 친구, 다른 재난 경험자 혹은 지원단체와 연결한다. 타인과의 연결감과 공감대 형성으로 회복을 촉진할 수 있다.

⑦ 대처방법에 대한 정보 제공

스트레스에 대해 현재 어떻게 대처하고 있는지를 탐색하고, 긍정적인 대처 방법은 격려하며, 부정적인 대처에 대해서는 효과적인 방법에 대한 정보를 제공하고 새로운 행동패턴으로 변화하도록 지원한다.

⑧ 협력 서비스와 연계

재난 경험자에게 의학적 처치가 필요하거나, 정신건강에 대한 전문적인 개입이 요구될 때에는 다른 전문가 혹은 기관과 연계한다.

심리적 처치 시 진술을 강요하거나, 과도한 병리화, 전문용어의 사용, 단정적인 발언, 불확실한 정보나 개인정보 유출은 하지 않아야 한다.

토론주제

1. 트라우마의 세 가지 요소는 무엇이며, 이를 유발할 수 있는 사건에는 어떠한 것이 있는가?
2. 외상 후 성장의 의미는 무엇이며, 어떠한 과정을 통해 이루어지는가?
3. 트라우마 회복 과정에서 안전의 확립을 위해 어떠한 지원이 필요한가?
4. 국가트라우마센터의 역할은 무엇이며, 개발 보급하고 있는 회복프로그램은 어떠한 것이 있는가?
5. 실천 현장에서 트라우마 기반 접근이 중요한 이유는 무엇인가?

제10장

자살과 정신건강

자살은 한국 사회에서 가장 심각한 정신건강 문제이다. 자살을 한 개인의 심리정서적인 문제로뿐만 아니라 사회환경적인 관점으로 이해해야 한다. 한 개인이 경험하는 삶의 위기는 경제상황, 가족 구조 변화, 미디어 환경 등과 맞물리며 자살로 이어진다. 세계보건기구는 국가자살예방 지침을 제시하고 있으며, 한국에서도 자살예방 법률을 제정하고 정책과 서비스를 확대해 가고 있다. 이 장에서는 자살에 대한 사회학적 · 심리학적 · 정신의학적 이해를 살펴보고, 자살 현황과 이에 대응하는 정책 및 서비스에 대해 살펴본다. 이를 통해 자살예방 · 개입 · 사후 개입을 위한 실제적인 지원방법과 더불어 사회환경적 접근의 중요성을 이해하도록 한다.

1. 자살의 이해

1) 사회학적 이해

자살을 하나의 사회적 현상으로 본 대표적인 이론은 에밀 뒤르켐(Emile Durkheim)의 자살론이다. 뒤르켐은 미국과 유럽 국가들의 자살률을 비교하면서 자살의 원인을 개인 수준이 아닌 사회적 관점으로 봐야 한다고 주장하였다(Durkheim, 2019). 뒤르켐에 따르면 자살은 사회의 특정한 상태를 반영하여 네 가지 유형으로 나눌 수 있다. 즉, 이기적 자살, 이타적 자살, 아노미적 자살, 숙명적 자살의 네 가지로 구분되며, 이는 2개의 차원에 근거를 두고 있다. 하나는 사회적 통합이고, 또 하나는 사회적 조정이다. 사회적 통합은 사회구성원이 사회적인 네트워크 안에 결속되어 있는 정도이며, 사회적 조정은 사회구성원의 욕구와 행동이 사회적 가치와 규범에 통제받는 정도를 말한다.

이기적 자살(egoistic suicide)은 사회적 통합수준이 떨어지고 사회유대가 약화되어 사회구성원 간 지지를 받지 못하고, 삶 속에서 도움을 받을 수 없다는 생각이 들 때 발생한다. 사회적 유대관계가 단절되어 정서적 고립감으로 고통받게 되면 자살을 선택할 수 있다. 현대 사회에서 경제적 발전과 더불어 개인주의와 물질주의가 확산되고 전통적인 공동체와 가족관계가 무너지면서 자살율이 높아지게 된다. 이타적 자살(altruistic suicide)은 사회통합 수준이 너무 높아 국가 등 특정한 집단을 위해 자신을 희생해서라도 집단을 존속시키기 위해 이루어진다. 사회적 혹은 정치적 메시지를 표출하기 위한 자살이나 가까운 가족의 사망에 따른 자살, 자녀에게 폐를 끼치지 않으려는 노인의 자살 등이 해당된다. 아노미적 자살(anomic suicide)은 급격한 사회변동으로 규범적 규제력이 약해지고 사회환경 변화에 적응하지 못해 발생한다. 사회문화적 가치가 급속하게 변해 감에 따라 과거의 도덕적 가치가 쓸모없어지고, 새로운 가치들에 적응하지 못하는 혼란을 겪으며 자살을 하기도 한다. 이는 경제적 호황기에도 나타나는데, 높아진 개인의 욕구 수준과 그에 미치지 못하는 현실의 괴리로 인해 문제가 발생하기도 한다. 숙명적 자살(fatalistic suicide)은 사회 권위와 과도한 규제력으로 너무 많은 구속과 요구가 있을 때 발생한다. 정신병원에 강제로 구금당했던 정신질환자나 타인의 돌봄에 의지해야 하는 암 말기환자 등의 자살이 해당된다.

자살에 대한 사회적 영향은 '베르테르 효과(Werther effect)'나 '파파게노 효과(Papageno effect)'로도 설명된다. 베르테르 효과는 괴테의 '젊은 베르테르의 슬픔'에서 자살한 주인공의 이름에서 유래된 것이다. 유명인이나 충격적인 자살 사건이 보도되면 비슷한 방식의 후속 자살이 늘어난다는 이론으로, 자살행위를 모방하는 심리로 설명한다. 특히 언론 미디어의 자살 사건 보도가 미치는 영향을 강조하는데, 보도된 내용이 구체적일수록 모방효과가 더욱 증가한다. 반면, 파파게노 효과는 자살에 대한 언론 보도를 자제하면 자살 충동을 예방할 수 있다는 긍정적인 효과를 뜻한다. 파파게노는 모차르트의 오페라 마술피리에 나오는 캐릭터로 연인과 이루지 못한 사랑을 비관해 자살하려고 할 때, 요정의 도움으로 이를 극복하고 연인과 재회한다는 일화에서 유래한 말이다. 자살 관련 보도를 통제하는 것이 자살예방에 더욱 중요하다는 것을 강조한다(김항아, 2015).

2) 심리학적 이해

자살에 대한 심리학적 이론의 출발은 정신역동적 접근이다. 프로이트(S. Freud)는 자살을 전치된 살해 충동의 결과로 설명하였다. 즉, 내재화된 대상을 향한 파괴적 소망이 자신을 향하게 되면서 자살을 하게 된다는 것이다. 사람이 사랑하는 대상을 잃게 되면 그 대상을 유지하고자 잃어버린 사람을 내적 투사하게 되고, 잃어버린 사람에 대한 분노가 사랑하는 대상을 상징화한 자신의 마음으로 향해 우울 상태가 되고 자살이 일어날 수 있다는 것이다. 아들러(A. Adler)는 자살을 사람들과의 관계에서 비롯되는 행동으로 정의하며 자살하려는 사람은 충분하지 않은 사회적 관심으로 인해 자신에게 상처 입히는 것과 다른 사람을 해치는 것을 동일시하여 자살하게 된다고 보았다.

벡(A. Beck)은 인지이론에서 절망감을 자살 행동의 가장 중요한 요인으로 보았다. 즉, 미래에 대한 부정적 기대가 자신을 부정적으로 인식하게 하고, 이는 절망으로 이어져 자살의 매개가 된다는 것이다. 슈나이드먼(E. Shneidman)은 자살을 자기 스스로에 의해 유발된 소멸의 의식행위이며 해결책으로 이해하였다. 사람이 중요한 심리적 요구가 좌절되면 다양한 부정적 감정이 생겨 정신적 고통을 만들고 이것이 자살로 이어진다고 보았다(김효진, 2020).

바우마이스터(R. Baumeister)는 자살을 '자기로부터의 도피', 즉 '자기와 관련된 고통스런 감정과 생각으로부터 도피하기 위한 수단'으로 보는 '도피이론(escape theory)를 주장하였다. 자살은 보통 6단계의 과정을 거치는데, 첫째, 외적 환경으로 인해 빚어지는 현실 상황이 일반적인 기대나 표준에서 벗어나는 단계, 둘째, 기대와 현실의 불일치로 인한 부정적 상황에 대해 자기 탓, 자기비난을 하며 자기 존중감이 저하되는 단계, 셋째, 이로 인해 자신에게 매우 민감해져 지나치게 자신을 인식하는 단계, 넷째, 우울이나 불안 같은 부정적인 정서 상태의 단계, 다섯째, 인지적 왜곡 단계, 여섯째, 자살 단계를 거친다고 보았다. 이 이론은 사람들이 자살행동을 어떻게 결정하는지를 일련의 과정적 구조로 설명하고 있다(박재숙, 2011).

3) 정신의학적 이해

자살을 의학적으로 설명하고자 하는 시도는 유전자, 신경전달물질, 콜레스테롤, 시상하부-뇌하수체-부신의 작용 등이 자살을 유발한다고 본다. 특히 신경전달물질 중 하나인 세로토닌을 자살의 주 원인으로 본다. 세로토닌은 뇌의 시상하부 중추에 존재하는 신경전달물질로 공격적이고, 충동적인 행동을 억제하며 행복의 감정을 느끼게 해 주는 기능을 한다. 그 외에도 식욕, 수면, 기억력, 학습에도 영향을 미치는 것으로 알려져 있다. 이에 세로토닌 분비가 적어져 기능이 저하되면 여러 가지 정서, 행동 장애가 생기고 자살 행동이 나타나게 된다고 본다. 이에 정신의학적 접근은 우울증 환자들의 자살을 예방하기 위해 세로토닌 활성도를 높이는 약물치료를 강조한다.

자살은 조현병, 기분장애, 불안장애, 약물사용장애 등 주요 정신질환과 관계가 있다. 특히 자살 사망자의 사후 부검에서 약 60% 정도가 주요우울장애 혹은 다른 기분장애를 겪었던 것으로 보고되고 있다(전홍진, 2012). 단일 요인으로는 자살에 영향을 미치는 가장 중요한 요인으로 널리 알려져 있다. 알코올 의존은 주요우울장애와 함께 자살사고와 자살시도에서 흔히 관찰된다. 자살시도자의 경우 시도 당시 술에 취한 상태이었거나, 알코올 중독자가 자살로 사망하는 비율 또한 높은 것으로 알려져 있다.

미국정신의학회는 개정된 DSM-5에서 정식 진단명은 아니지만 '더 연구를 필요로 하는 상태' 부분에 자살행동장애와 비자살 자해를 포함시키고 있다. 자살행동장애는 정치적이나 종교적 목적이 아닌, 오로지 죽으려는 목적으로 의지적인 자살시도를 한 경험이 지난 2년 안에 한 번 이상 있었던 경우를 말한다. 즉, 자살시도를 정신장애로 분류하는 것인데, 과연 한 번의 자살시도가 있더라도 그것을 정신병리적으로 접근해야 하는지 그 타당성에 대해서는 논의가 진행 중이다(민성길, 2015).

2. 자살 현황

1) 자살자 수 및 자살률

우리나라의 자살 현황은 2020년 기준 자살자 수는 13,195명, 1일 평균 자살자 수는 36.1명, 인구 10만 명당 자살률은 25.7명이다. 1988년부터 2019년까지 자살률 추이는 외환위기였던 1998년에 급격히 증가한 이후 2003년 카드대란 사태와 2009년 글로벌 금융위기 직후를 기점으로 더욱 증가하였고, 2011년 자살률이 인구 10만 명당 31.7명까지 높아져 최고치를 기록하였다. 이후 감소하는 추세였으나 2018년부터 다시 증가하는 양상을 나타냈다. 2020년에는 전년 대비 감소한 것으로 나타나 앞으로의 추세를 지켜볼 필요가 있다. 성별에 따른 자살률 추이는 남자가 여자보다 높은 자살률을 유지하고 있고, 성별 자살률 차이가 1997년까지는 인구 10만 명당 5.6~9.9명이었으나 1998년 이후에는 10명 이상, 2010년 이후에는 20명 이상

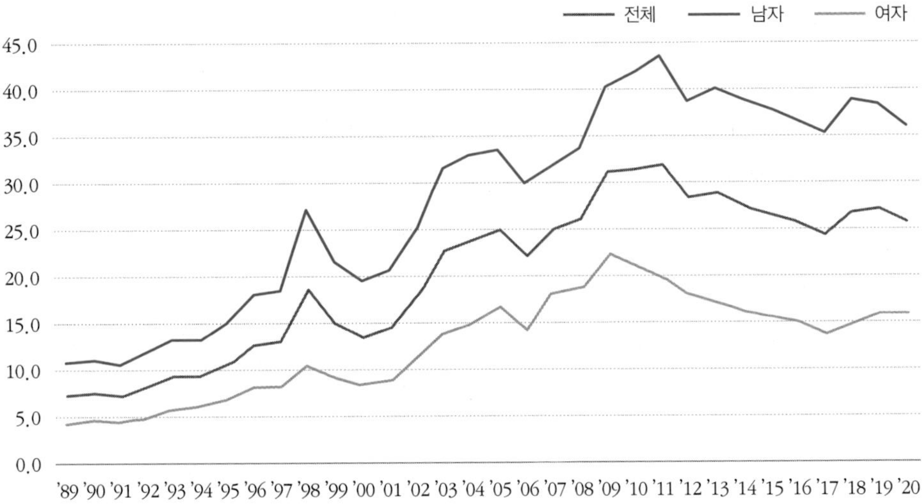

그림 10-1 1989~2020년 자살률 추이

출처: 보건복지부, 자살예방센터(2022).

이었으며, 2020년에는 남자가 여자보다 자살률이 19.6명 더 높았다.

2019년 12월 기준, OECD 회원국의 최근년도 자살률 현황을 살펴보면, 한국은 10만 명당 23.0명으로 1위를 차지하고 있으며, 전체 평균 11.3명의 2배가 넘는다. 이러한 추세는 10년 이상 유지되고 있다.

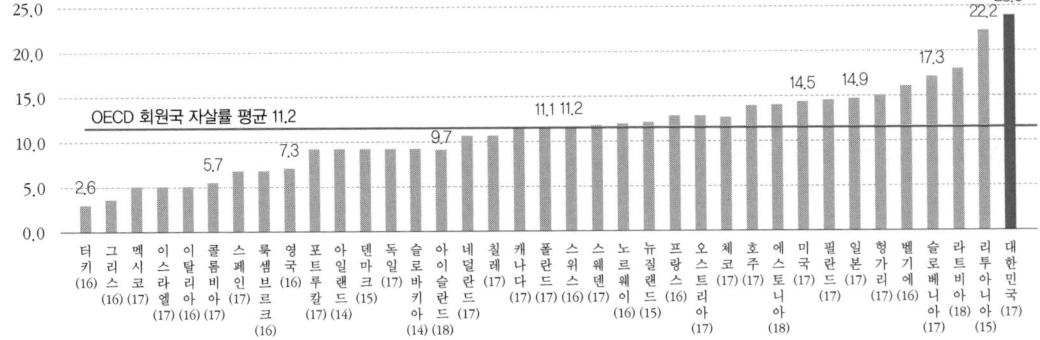

그림 10-2 OECD 회원국 자살률 현황

출처: 중앙자살예방센터(2020).

2) 자살사망자 특성

2020년 통계청 사망 원인 통계에서 자살사망자의 특성을 살펴보면, 남자의 자살률은 35.5명, 여자는 15.9명으로 남자가 여자보다 2.2배 높았다. 연령대별로는 50대가 2,606명으로 가장 많고, 자살률은 연령이 높을수록 높아지는 경향을 보여 80세 이상(62.6명), 70대(38.8명), 50대(30.5명)의 순으로 높게 나타났다. 특히 80대가 다른 연령대에 비해 자살률이 매우 높게 나타났다. 전반적으로 2018년 이후 10대, 20대의 경우 자살률이 증가하는 양상을 보이고 있는 반면, 40대, 50대, 70대, 80대는 감소하는 추세를 보이고 있다.

시 · 도별 자살자 수는 경기가 3,129명으로 가장 많고, 연령표준화 자살률은 충남 27.9명, 제주 25.5명, 강원 25.4명 순으로 높다. 세종이 18.3명으로 연령표준화 자살률이 가장 낮고, 가장 높은 충남과의 격차는 1.5배이다.

수단별로는 목맴이 52.3%로 가장 많고, 그다음이 추락 16.6%, 가스중독 14.4%, 농약중독 5.2%로 나타났다. 최근 5년간 수단별 자살 비율은 목맴, 추락, 가스중독의 순이었다. 농약음독은 꾸준히 감소하는 추세이다.

2020년 경찰청 통계에서의 동기별 자살 비율을 살펴보면, 정신적 · 정신과적 문제가 38.4%로 가장 많고, 이어 경제생활 문제 25.4%, 육체적 질병 문제 17.0%, 가정 문제 7.0%, 직장 또는 업무상의 문제 3.9%, 남녀 문제 2.8%, 사별 문제 0.8%의 순으로 많았다. 성별로는 남자의 경우 경제생활 문제가 가장 많고, 여자는 정신적 · 정신과적 문제가 가장 많았다. 남자가 여자보다 경제생활 문제, 직장 또는 업

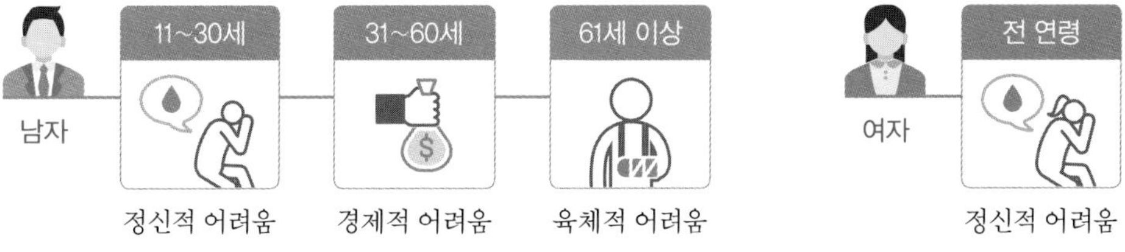

그림 10-3 성별 · 연령별 자살 동기

출처: 보건복지부, 자살예방센터(2022).

무상의 문제, 육체적 질병 문제, 가정 문제의 비율이 높았고, 여자는 정신적 · 정신과적 문제, 남녀문제, 사별문제로 인한 자살 동기 비율이 상대적으로 높았다.

3) 한국 사회 자살의 특성

(1) 거시적으로 국가경제 부침에 의존

자살률은 부정적인 경기변동의 영향을 크게 받는 경향이 있다. 1997년 외환위기, 2002년 카드대란, 2008년 미국발 금융위기 등을 겪으면서 자살률이 수직상승

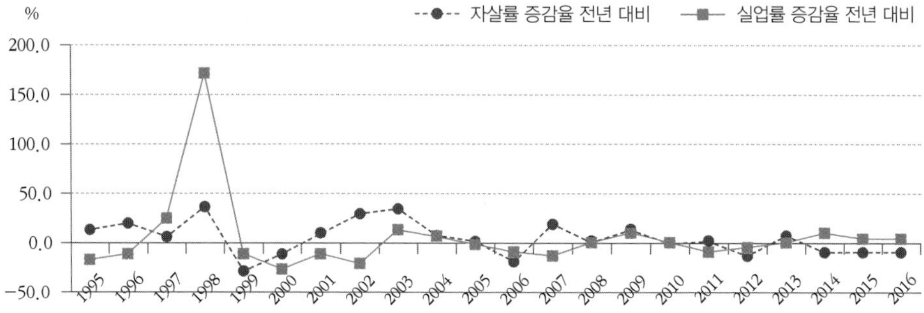

그림 10-4 실업률 변화와 자살률의 변화(1998~2016년)

* 출처: 보건복지부(2018).

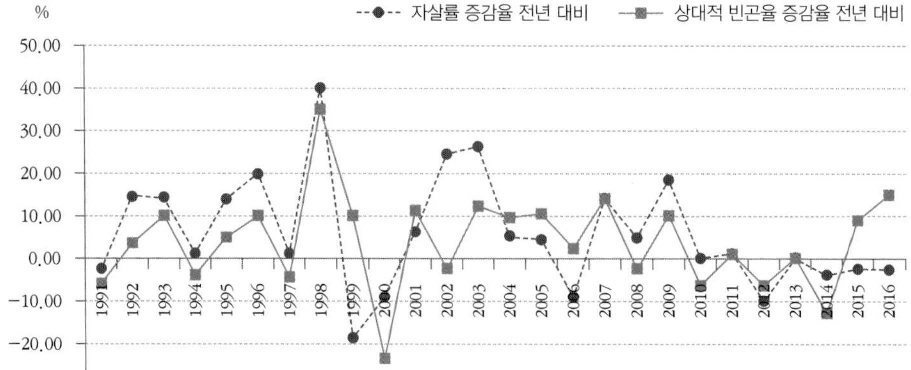

그림 10-5 상대적 빈곤률의 변화와 자살률의 변화(1990~2016년)

출처: 보건복지부(2018).

한 뒤 지속적으로 높은 수준을 유지하고 있다. 경제적인 요인으로 실업률의 변동과 자살률 변동이 높은 상관관계를 나타내고 있으며, 경제적 불평등과 차별도 자살률에 부정적인 영향을 미친다.

(2) 사회구조 및 문화적 여건

사회적 요인으로는 낮은 사회 통합수준과 이혼의 증가 등 가족 관계 약화로 인하여 사회적 상호작용과 지지체계가 취약해진 것을 들 수 있다. 정신질환에 대한 편견이 높아 정신적 어려움에 대한 도움과 치료를 적기에 받지 못하거나, 자살문제에 대한 심각성을 인지하지 못하는 사회적 인식도 중요하다. 특히 자살에 대한 선정적 보도는 모방자살을 초래하거나 자살방법을 확산시킬 위험이 있어 주의가 필요함에도 자살보도 권고기준에 대한 언론의 인식이나 협조가 아직 부족하다.

(3) 삶의 위기는 자살의 직접적 동기로 작동

자살의 주요한 동기로 정신적 문제, 경제적 문제, 신체적 질환이 많다. 이는 연령에 따라 다소 차이가 있어서 30대 이하까지는 정신과적 문제, 40대, 50대는 경제적인 문제, 60대 이상은 신체질환이 상대적으로 큰 비중을 차지하고 있다. 이러한 삶의 위기에 처해 있을 때 지원을 요청할 공식적 · 비공식적 연계가 없으면 자살시도로 이어질 수 있다. '수원 세 모녀 사망 사건' 등 어려운 환경에 처해 있음에도 불구하고 공적 지원을 신청조차 하지 않고 자살을 하는 사례가 여전히 발생하고 있다.

(4) 지역의 특수성 고려

지역에 따라 자살이 주로 발생하는 연령, 직업 및 자살 수단이 다르다. 노인이 많은 농촌은 질병을 원인으로 하는 자살이, 공업지역에서는 경제적 문제로 인한 중장년 자살이, 숙박업소 밀집 지역에서는 가스중독으로 인한 자살이 빈번하다. 조선업 구조조정 등으로 인근 지역의 자살률이 대폭 증가하거나 신도시 개발로 외부 인구 유입이 많은 지역에서도 자살률이 증가한다. 따라서 지역의 특수성에 기반을 둔 자살예방 정책이 중요하다.

4) 자살사망자에 대한 심리부검

심리부검(psychological autopsy)이란, 자살 유족의 진실과 기록 검토를 통해 자살사망자의 심리 행동 양상 및 변화 상태를 확인하고 자살의 구체적인 원인을 검증하는 체계적인 조사방법이다. 심리부검은 수집된 정보를 바탕으로 국가 차원의 자살 예방정책 수립에 기여할 수 있으며, 나아가 자살 유족들의 건강한 애도에 도움을 주는 등 긍정적 효과가 있다(중앙심리부검센터, 2019).

심리부검은 지역의 정신건강복지센터 및 경찰서를 비롯한 여러 기관을 통해 신청할 수 있으며, 자살 사별 유족이 홈페이지나 전화로 직접 면담을 신청하기도 한다. 심리부검은 정보제공자(유족) 1인당 주면담원과 보조면담원 각 1인, 총 2인이 배정되어 실시된다. 자살사망자 1명당 2명의 유족이 면담에 참여할 수 있으므로, 유족 2명이 참여한다면 총 4명의 면담원이 배정되어 면담을 진행한다. 면담 시 개발된 심리부검 도구인 K-PAC 2.1(Korea-Psychological Autopsy Checklist 2.1)을 적

표 10-1 K-PAC 2.1 구성

영역	항목	
정보제공자 (유족)	• 일반정보 • 유족의 심리정서적 상태 • 유족이 반응 및 대처	
대상자 (자살사망자)	• 일반정보 • 자살행동 및 사망정보 • 직업 및 경제상태 • 가족 및 부부관계 • 연애관계 및 가족 외 대인관계	• 기타(성격, 취미 및 과거력) • 건강상태정보(고인의 신체 및 정신) • 정신건강 정보(가족 및 친구) • 정신과적 진단면담 • 면담 종결 및 유족 제언
면담원 평가	• 자살 사망 당시 치명도 • 고인의 추정 정신질환 및 심각도 • 고인 가족의 추정 정신질환 등 • 별도 작성: 심리부검 보고서	

*출처: 중앙심리부검센터(2019).

용한다. 이 도구는 정보제공자(유족), 대상자(자살사망자), 면담원 평가 등 세 가지 영역으로 구분되며 세부 항목은 〈표 10-1〉과 같다.

2015년부터 2019년까지 자살사망자에 대한 심리부검 결과, 대상자 중 35.2%가 사망 전 1회 이상 자살시도를 한 것으로 나타났다. 사망자 중 93.5%가 사망 전 경고신호를 보였으나, 이를 주변인이 인지한 경우는 22.5%에 불과한 것으로 나타났다. 전 연령대에서 수면, 감정 상태의 변화가 두드러졌고, 주변을 정리하는 행동적 경고 신호도 91.2%가 나타냈다. 연령별로는 34세 이하는 외모 관리 무관심, 신체적 불편감, 35~49세는 인간관계 개선, 대인기피, 50~64세는 식사상태 및 체중변화, 65세 이상은 소중한 물건을 다른 사람에게 주는 행동 변화를 주로 나타냈다.

생애주기 스트레스에 따른 연령대별 자살경로를 살펴보면, 20대는 관계 문제의 악순환이 두드러졌다. 가족, 친구, 연인 등 친밀한 관계에서의 갈등이 반복되었고, 대인관계의 어려움이나 부적응 문제로 우울장애나 불안장애 등 정신건강 문제가 발생하는 양상을 보였다. 30대는 직장에서의 반복되는 문제가 두드러졌다. 구직과정 및 취직 후 업무 관련 스트레스와 더불어 부채로 인한 경제적 어려움, 가정과 직장 내 대인관계 문제 등이 가중되며 사망에 이른 경우가 많은 것으로 나타났다. 40대는 성별에 따라 차이가 있었는데, 남성은 사업 부진이나 주식 실패와 같은 경제적 문제가 선행되고, 이후 대인관계 갈등, 직업적 문제 등이 연쇄적으로 발생하는 양상을 보였다. 여성은 우울장애 등 정신건강 문제 발생 후 사회적 관계를 단절하며, 심리정서적 지지기반이 취약해지고, 경제적 스트레스가 가중되면서 문제가 악화되는 것으로 나타났다. 50대는 갱년기 증상이 맞물려 상황이 악화되며, 60대는 부부 관련 스트레스가 가중되고, 70대 이상은 신체질환에 따른 고통과 가족의 지지 감소로 인한 고립감과 외로움이 자살에 영향을 미치는 것으로 나타났다.

이러한 심리부검의 결과는 연령대별 자살 경고 신호의 특징을 파악하고, 근거중심의 대상자 맞춤형 자살예방 사업의 근거 자료로 활용된다.

3. 자살예방 정책 및 법률

1) 세계보건기구 국가자살예방 전략을 위한 시행 지침 LIVE LIFE

세계보건기구는 자살예방을 위한 국가정책의 지침으로서 LIVE LIFE를 제시하고 있다. 자살예방을 위한 네 가지 증거기반 개입 시행의 실제적 측면과 시행에 필수적인 여섯 가지 공통 요소에 대해 제시하고 있다.

(1) LIVE LIFE의 핵심요소

① 상황분석

자살예방 활동의 계획과 시행을 위한 정보를 제공하기 위해 관련 데이터를 수집하고, 상황분석을 실시하며, 보고서를 생산한다. 분석 결과가 예산 확보 및 제도 시행에 영향을 미칠 수 있도록 의사결정자, 정책결정자, 재원제공자와 공유한다.

② 다부문협력

자살의 위험 요인은 여러 영역과 관련되어 있기 때문에 다부문협력이 필수적이다. 자살을 단순히 건강 문제로 보지 않고, 범정부 부처들과 비정부 및 지역사회 집단이 함께 참여하여 정보를 공유하고 실천 전략을 실행하기 위해 협력한다.

③ 인식 개선 및 옹호

자살이 심각한 사회문제라는 것을 대중에게 알리기 위해 의사소통을 조직화하는 것이다. 지역사회 차원의 행사부터 국가적 공공 홍보 캠페인까지 다양한 방식으로 이루어질 수 있다. 전달할 메시지를 결정하고, 목표로 하는 청중에 맞게 구성하며, 소통 수단을 선택하고, 수용성과 잠재적 영향력을 사전에 시험해 보아야 한다.

④ 역량 개발

건강 전문가의 교육에 자살예방을 포함시키거나, 교사, 아동 복지 전문가, 고객과 자주 접촉하는 미용사 등의 사람들을 대상으로 교육을 실시할 수 있다. 훈련 대상이 매우 다양한 것을 고려하여 맥락에 맞게 교육 훈련을 조정하고, 지식을 강화하는 것이 중요하다.

⑤ 재정 확보

많은 경우 열악한 경제 상황, 자살을 심각한 문제로 보지 않는 것, 자살이 예방가능하다는 인식이 부족하여 재정 확보가 제대로 이루어지지 않는 경우가 많다. 서비스 개발뿐만 아니라 정책, 전략, 계획을 개발하고 시행하는 데에도 예산의 투입이 중요하다.

⑥ 감시체계, 모니터링 및 평가

감시체계를 통해 지금까지 시행된 자살 및 자해에 대한 데이터를 제공하며, 개입의 효과성에 대해 지속적인 모니터링과 평가가 이루어져야 한다. 분명한 목표와 지표가 없다면 성과를 확인하기 어렵고, 재정 확보를 위한 근거를 제시하기도 어렵다.

(2) 자살예방에 효과적인 주요 개입

① 자살 수단에 대한 접근 제한

자살 수단의 차단이 자살예방에 효과적이라는 것은 많은 연구를 통해 입증되었다. 농약을 금지하거나, 무기를 제한하거나, 투신 장소에 방벽을 설치하는 등의 조치를 취할 수 있다. 자살 수단을 이용하기 어렵게 만드는 것은 급박한 위기로 인해 고통을 겪고 있는 사람이 되돌릴 수 없는 행동을 취하기 전에 그러한 위기를 통과할 수 있는 시간을 벌어 준다.

② 책임감 있는 자살 보도를 위한 미디어와의 상호작용

자살에 관한 보도가 모방으로 인한 자살을 증가시킬 수 있다. 특히 유명인에 대한 자살보도나 자살방법에 대한 구체적인 묘사는 더욱 영향을 미친다. 자살보도를 모니터링하고, 유해 콘텐츠를 선별하고 삭제하는 등의 노력이 필요하다.

③ 청소년의 사회정서적 생활기술 증진

청소년기는 정신건강 문제가 발생할 수 있는 위험이 높은 시기이며, 사회정서적 기술을 획득하는 데 중요한 시기이다. 청소년과 자살에 관해 이야기하는 것은 자살위험을 증가시키지 않으며, 도움이 필요할 때 보다 쉽게 접근할 수 있게 만든다. 교사에 대한 훈련, 안전한 학교환경 만들기, 자살위험에 대한 명확한 대응 절차, 부모의 인식 증진 노력도 함께 이루어져야 한다.

④ 자살 행동에 의해 영향을 받은 사람의 조기 선별, 평가, 관리 및 후속조치

자살위험에 노출되어 있거나 자살을 시도한 적이 있는 사람들에게 필요한 지원과 관리가 제공되어야 한다. 자살위험이 확인되었을 때 조기에 개입하는 것이 핵심이며, 자살 시도자 및 유족에 대한 지원이 중요하다.

2) 국내 자살예방 정책 추진

자살문제에 대응하기 위하여 정부에서는 2004년 자살예방대책 기본계획 수립을 시작으로 5년 단위의 자살예방 기본계획을 수립하여 추진하였다. 2011년 「자살예방 및 생명존중문화 조성을 위한 법률」을 제정함으로써 자살예방을 위한 제도적 인프라 구축이 본격화되었다. 정부의 적극적인 노력에도 불구하고 자살률이 획기적으로 낮아지지 못하는 상황에서 2018년 자살예방 정책의 전 부처적, 범사회적 추진을 위해 자살예방 종합대책을 보완한 '자살예방 국가행동계획'을 수립하였으며, 2023년부터 제5차 자살예방기본계획을 추진 중이다.

2018년 보건복지부에서는 자살예방정책과를 신설하여 자살예방사업이 효과적

으로 기획 · 추진되도록 하고, 국정조정실에 추진단을 설치하여 부처 간 정책조율 및 실적점검을 하도록 하였다. 2019년 국무총리를 위원장으로 하는 '자살예방정책위원회'를 신설하여 12개 부처 · 청 및 관련 전문가가 참여하여 보다 효과적인 범부처 정책대응을 해 나가고 있다.

자살예방 전달체계로 2012년 중앙자살예방센터, 2014년 중앙심리부검센터가 설치되었으며, 이 두 기관은 2021년 한국생명존중희망재단으로 통합되었다. 한국생명존중희망재단은 자살예방체계 구축과 운영 · 지원에 중추적 역할을 담당하기 위하여 2021년에 설립되었다. 자살예방 정책 및 기본계획 수립 지원, 자살예방 연구 및 통계분석, 생명지킴이 및 전문인력 교육, 미디어 모니터링 및 홍보, 지자체 사업 지원 및 평가, 고위험군 관리 제도 및 사업 운영 · 지원, 심리부검 운영 및 분석 등의 사업을 추진하고 있다.

「자살예방 및 생명존중문화 조성을 위한 법률」 제13조에 근거하여 시 · 도지사 및 시장 · 군수 · 구청장은 지방자살예방센터를 설치 · 운영할 수 있다. 자살예방센터의 업무는 자살 관련 상담, 자살위기 상시현장출동 및 대응, 자살시도자 사후관리, 자살자의 유족지원 및 관리, 자살예방 홍보 및 교육, 자살예방 전문 인력 양성 등이다. 전국적으로 자살예방센터를 독립 운영하고 있는 지역은 아직 소수이며, 대부분의 지역은 정신건강복지센터에서 사업을 추진하고 있다.

3) 「자살예방 및 생명존중문화 조성을 위한 법률」

「자살예방 및 생명존중문화 조성을 위한 법률」은 벌칙까지 총 6장 25조로 구성되어 있다. 총칙에서는 기본정책과 의무에 대해 규정하고 있으며, 제2장에서는 기본계획수립과 자살예방정책위원회에 대한 내용을 담고 있다. 제3장은 자살예방대책으로 실태조사 및 심리검사, 자살시도자의 사후관리와 자살예방센터 설치에 대한 내용을, 제4장은 생명존중문화 조성을 위한 자살예방의 날, 교육, 홍보, 자살보도 권고기준 등에 대한 내용을 포함하고 있다.

표 10-2 「자살예방 및 생명존중문화 조성을 위한 법률」

제1장 총칙	제1조 목적 제2조 기본정책 제2조의 2 정의 제3조 국민의 권리와 의무 제4조 국가 및 지방자치단체의 책무 제5조 사업주의 책무 제6조 다른 법률과의 관계
제2장 기본계획의 수립 등	제7조 자살예방기본계획의 수립 제8조 연도별 시행계획의 수립 · 시행 등 제9조 시 · 도별 시행계획의 조정 등 제10조 계획수립의 협조 제10조의2 자살예방정책위원회
제3장 자살예방대책 등	제11조 자살실태조사 제11조의 2 심리부검 제12조 자살통계 분석 및 정보관리체계 구축 제12조의 2 자살시도자 등의 사후관리 제13조 자살예방센터의 설치 제14조 자살위험자 지원 및 정신건강증진대책
제4장 생명존중문화 조성 등	제15조 생명존중문화 조성 제16조 자살예방의 날 제17조 자살예방 상담 · 교육 제18조 자살예방을 위한 홍보 제19조 자살유발정보예방체체계의 구축 제19조의 2 자살보도 권고기준 준수 협조요청 제19조의 3 긴급구조대상자 구조를 위한 정보제공요청 등 제19조의 4 정보통신서비스 제공자의 의무
제5장 보칙	제20조 자살시도자 등에 대한 지원 제21조 명예 및 생활의 평온에 대한 배려 제22조 전문인력의 양성 제23조 민간단체 등의 지원 제24조 비밀누설의 금지 제24조의 2 관계기관의 협조

4. 자살에 대한 예방 · 개입 · 사후 서비스

1) 자살예방교육

자살예방교육을 통해 자살에 대한 이해와 관심을 높임으로써 주변에서 자살의 위험을 발견하고 연계할 수 있도록 한다. 대표적인 교육 프로그램이 '보고듣고말하기(보듣말)'로서, 자살위험에 처한 주변인의 '신호'를 인식하여 지속적인 관심을 가지고 적절한 도움을 받을 수 있는 자원과 연계할 수 있도록 교육한다. 구체적으로 각 단계를 살펴보면 다음과 같다.

첫째, '보기'에서는 자살을 암시하는 언어적 · 행동적 · 상황적 신호를 이해하고 발견하는 것이다. 자살을 생각하는 사람들은 자살을 생각한다는 것을 먼저 말하지 않는 경우가 많다. 하지만 자살하려는 사람은 도움을 바라고 있으며, 단지 주변 사람들이 알아채지 못할 뿐이다. 실제로 심리부검결과에 따르면, 자살사망자 중 92.2%가 자살을 암시하는 경고신호를 보냈지만, 주변에서 경고신호를 알아차린 비율은 21.0%에 불과하다. 따라서 자살을 생각하는 사람들이 보내는 신호를 먼저 보고, 발견하고 알아채 주어야 한다.

둘째, '듣기'에서는 자살에 대한 생각을 갖고 있는지 묻고 적극적으로 경청하는 것이다. 우선 자살에 대해 명확하게 물어보는 것이 중요하다. 자살에 대한 생각, 계획, 수단, 날짜, 시도에 대해 직접적으로 물어봄으로써 대답하는 과정에서 감정이 환기되어 자살에 대한 생각을 감소시킬 수 있다. 죽음을 생각하는 사람은 살려는 마음을 동시에 갖고 있으며, 죽고 싶다는 외침은 살고 싶다는 SOS이기도 하다. 자살에 대한 옳고 그릇됨의 가치판단, 비난이나 비판, 화냄, 충고하는 말투, 주관적인 생각을 강요하는 것은 바람직하지 않으며, 주의 깊게 경청하면서 말의 내용뿐만 아니라 감정에 주의를 기울이는 자세가 필요하다.

셋째, '말하기'는 자살을 생각하는 사람의 위험성을 확인한 후 전문가에게 의뢰하는 과정이다. 이전 자살시도 유무, 정신과질환의 유무, 알코올 남용, 자살방법의

표 10-3 자살의 경고 신호

언어적 신호	• 자살이나 살인, 죽음에 대한 말을 자주 함 • 신체적 불편감을 호소 • 자기비하적인 말을 함 • 자살하는 방법에 대해 질문함 • 사후세계를 동경하는 말을 함 • 자살한 사람들에 관한 이야기를 꺼냄 • 편지, 수양록, 노트 등에 죽음 관련 내용을 적음
행동적 신호	• 수면상태 변화 • 식사상태 변화 • 주변을 정리함 • 자신의 자살에 대한 계획을 세움 • 평소와 다른 비일상적인 행동, 공격적 · 충동적 행동 • 집중력 저하 및 사소한 일에 대한 결정의 어려움 • 외모관리에 대한 무관심 • 자해행동이나 물질남용을 보임 • 죽음에 관련된 음악, 시, 영화에 과도하게 몰입 • 인간관계를 개선하려고 노력하거나 신변 정리 • 평소 소중히 여기던 물건을 다른 사람에게 줌
상황적 신호	• 자살사망자가 사망 전 경험한 스트레스는 다층적이며 복합적임 • 정신건강 및 신체건강 관련 문제 • 가족 · 부부 · 친구 · 애인과의 갈등이나 이별 등 관계 관련 스트레스 사건 • 과도한 업무부담, 사회적 지위의 상실 등 직업 관련 스트레스 사건 • 도박이나 주식 투자 등으로 감당하기 어려운 경제적 손실, 가족의 심각한 경제적 어려움 등 경제 관련 문제 • 학업 관련 스트레스 사건 • 좌절이나 실패 • 공개적으로 망신을 당하거나 비난을 받음 • 구타, 가정폭력 · 성폭력 등을 당함

준비 여부와 치명성, 자살계획의 구체성, 지지자원 등 위험요인을 파악한 후 자살예방센터 등 전문기관에 연계할 수 있도록 한다.

2) 자살촉발 위험요인 제거

자살 수단의 위험성을 차단하거나 완화하는 것은 자살예방에 실제적인 효과가 있다. 우리나라의 경우 농약이나 번개탄을 이용한 자살시도나 대교에서의 투신 등을 예방하기 위한 노력이 이루어지고 있다. 농촌지역에 농약보관함 설치, 번개탄 판매 행태 개선, 숙박업소에 일산화탄소 감지기 설치, 대교에 안전난간 설치, 자살 빈번 장소에 자살예방 안내 문구 설치 등을 하고 있다. 자살 수단의 접근성 자체를 차단하거나 자살위험을 신속하게 발견하고, 지원에 대한 정보를 제공함으로써 자살을 줄일 수 있다.

미디어나 언론의 자살 관련 부적절한 보도는 자살을 촉발하는 요인이 될 수 있다. 이에 자살보도 권고기준을 마련하여 언론사에 배포하고 정기적인 교육 및 모니터링을 실시한다. 또한 동반자살 모집 등 온라인상 자살유해정보 유통을 금지하고

표 10-4 자살보도 권고기준 3.0

전문	• 자살보도에는 사회적 책임이 따릅니다 • 잘못된 자살보도는 사람을 죽게 할 수도 있습니다 • 자살보도 방식을 바꾸면 소중한 생명을 구할 수 있습니다
다섯 가지 원칙	1. 기사 제목에 '자살'이나 자살을 의미하는 표현 대신 '사망' '숨지다' 등의 표현을 사용합니다. 2. 구체적인 자살 방법, 도구, 장소, 동기 등을 보도하지 않습니다 3. 자살과 관련된 사진이나 동영상은 모방자살을 부추길 수 있으므로 유의해서 사용합니다. 4. 자살을 미화하거나 합리화하지 말고, 자살로 발생하는 부정적인 결과와 자살예방 정보를 제공합니다 5. 자살 사건을 보도할 때에는 고인의 인격과 유가족의 사생활을 존중합니다.

모니터링하며, 처벌 근거를 마련한다.

3) 자살 위기지원

자살위험자가 가진 정신적 어려움을 중심으로 상담서비스를 제공함으로써 자살위험성을 낮추고, 자살위험자가 가진 욕구와 문제의 특성에 따라 통합 사례관리체계에 의뢰 후 적절한 서비스를 제공받을 수 있도록 연계 · 협력함으로써 삶을 유지할 수 있도록 한다. 자살위기지원 서비스는 접수, 조사 및 선정, 계획수립, 서비스 제공, 평가, 종결, 추후관리의 과정으로 이루어지며, 각 과정별 주요 활동은 〈표 10-5〉와 같다.

표 10-5 자살 위기지원 서비스 과정별 주요 활동

서비스 과정별 기능		주요 활동
접수	• 사례 접수상담 • 서비스 적합성 판단	• 사례 접수 • 서비스 적합성 판정 –정신과적 위기분류 평정척도 실시 –서비스 제공 및 개인정보 제공 · 활동 동의(구두) –거주지, 주호소문제 등 확인
조사 및 선정	• 조사 • 대상자 선정 및 분류 (사례회의) • 서비스 지속여부 판단	• 자살위험성 심층조사 –정보수집 및 사전척도 등 관련 평가 진행 • 사례회의를 통한 대상자 선정 및 분류 (자살 위기지원 서비스, 통합사례관리체계 의뢰)
계획 수립	• 계획 수립 • 서비스 안내 및 동의 • 통합사례관리체계 의뢰 • 서비스 지속 여부 판단	• 개입계획 수립 • 서비스 제공 및 개인정보 제공 · 활동 동의 –자살위기상담 서비스 안내 –서비스 및 개인정보 제공 · 활동 동의(서면) • 만성 · 복합사례에 대한 통합사례관리체계 의뢰 및 협력 –협력하여 자살 위기지원 서비스 제공 계획 수립

서비스 제공	• 자살 위기상담 서비스 • 서비스 연계 • 서비스 점검	• 구조화된 자살 위기상담 서비스(8회기) 제공 • 필요 서비스 연계 –정신과적 치료연계 및 의료비 지원 –통합사례관리체계 연계 · 협력 • 서비스 제공계획 이행 상황, 자살위험성 변화 점검 –매 회기 자살위험도 점검 –통합사례관리 대상자는 통합사례회의 통해 점검
평가	• 평가(사례회의)	• 대상자의 변화 정도 평가 –자살위험성 –정신과적 증상 • 개입 목표달성 정도 평가 • 서비스 진행 과정 평가 • 사례회의를 통한 종결, 이관 등 논의
종결	• 종결 준비 및 종결 • 추후관리 안내 및 동의	• 서비스 제공 과정에 대한 리뷰, 격려 • 종결 이후 도움을 요청할 수 있는 정보 제공 • 추후관리 안내 및 동의(재확인)
추후 관리	• 추후관리	• 기본 추후관리(최대 6개월) • 장기 추후관리(기본 추후관리 종료~최대 3년)

* 출처: 보건복지부, 중앙자살예방센터(2021).

자살 위기상담은 자살 고위험군을 대상으로 구조화된 자살 위기 상담을 제공함으로써 자살충동 및 자살사고를 감소시키고자 한다. 〈표 10-6〉과 같이 주 1회, 8회기로 구성된다. 4~6회기에는 대상에 따라 생각의 변화를 돕는 모듈, 정서행동의 변화를 돕는 모듈, 마음을 챙기는 모듈 중 선택하여 진행할 수 있다.

표 10-6 자살 위기상담 서비스 구성

회기	내용	
회기 전	• 자살위기상담서비스 안내 • 사전 척도 측정	• 상담 구조화하기
1회기	• 자살위험수준 점검	• 안전계획수립
2회기	• 자살 경고 증상	• 자살 위험요인과 보호요인
3회기	• 자살위험과 관련 있는 정신질환	• 나를 돌보기
4회기 5회기 6회기	• 대상에 따른 상담 모듈 진행 –생각의 변화를 돕는 모듈 –정서행동의 변화를 돕는 모듈 –마음을 챙기는 모듈	
7회기	• 스트레스 대처기술 기르기	• 안전대처카드 작성
8회기	• 자살위험도 추이 분석: 자살사고, 완화요인, 악화요인 파악 • 스트레스 대처 기술 향상: 자기주장하기, 용서하기 • 사후척도 측정	

출처: 보건복지부, 중앙자살예방센터(2021).

4) 자살시도자 사후관리

자살시도자와의 첫 대면 시 전문가의 태도가 중요하다. 침착한 태도를 유지하여 자살시도자가 안정된 분위기 속에서 도움을 받도록 한다. 수용적인 태도로 경청하고, 관심과 이해하는 태도가 잘 전달될 수 있도록 해야 한다. 절대 자살시도자가 취하려는 자살방법에 대해 부정적으로 말하지 않으며, 단순한 조언은 생략하고, 막연하게 잘 될 것이라고 말하는 것도 금물이다. 자살시도 후에 응급처치가 필요한 상황이 아니라면 최대한 편안한 장소에서 따뜻한 음료 등을 마시면서 안정감을 갖도록 도와준다.

자살시도가 발생하면, 경찰 및 소방은 위기 개입, 대상자의 의료기관 이송 및 연계 업무를 수행하게 된다. 자살시도자의 가족 외 다수의 관계자를 대해야 하고, 위기에 가장 적절하고 효율적 방식으로 대처해야 한다. 자살시도자에 대한 사후관리는 다음의 단계에 따라 진행해야 한다(보건복지부, 중앙자살예방센터, 2019).

첫째, 자살시도자의 활력징후(vital sign)를 확인한다. 필요시 인공호흡 등의 심폐소생술을 실시한다. 정서적인 스트레스와 불안도가 높은 상황에서 올바른 결정을 내릴 수 있도록 침착하게 대처한다.

둘째, 자살시도의 성격에 따라 응급진료 기관과 즉시 연락하고 정신건강 진료가 이뤄져야 한다. 많은 경우 자살시도에 사용된 약물과 독극물을 확인하고 음독량을 알아보는 것이 중요하다. 사용하지 않은 약물 및 빈 병을 응급진료 기관에 주어 음독한 약물을 의료진이 확인할 수 있게 하는 것이 도움이 된다.

셋째, 자살을 시도한 사람과 우선적으로 만나거나 관계를 맺는 것이 필요하다. 관계는 편안하고 위협적이지 않으며, 공감하고 우호적이어야 한다.

넷째, 대화를 시도하는 것은 매우 중요하다. 당사자가 자유롭게 느낌을 말할 수 있도록 대화를 이끌어야 한다. “좀 어떠세요?” 등 개방형 질문이 좋으며, 자살시도자를 도울 수 있을 만한 단서를 찾아내는 것이 핵심이 된다. 이 과정에서 자살시도자가 죄책감을 느끼지 않도록 일선 대응요원은 각별히 주의해야 한다. 비난이나 행동에 대한 비판적 태도, 못마땅하게 여기는 듯한 언행은 삼가야 한다.

다섯째, 의료시설로 이송되지 않아도 되는 경우에는 자살수단을 제거하려는 노력이 가장 먼저 선행되어야 한다. 가족이나 가까운 친구가 당사자의 회복을 돕고 필요시 치료기관에 의뢰할 수 있도록 해야 한다.

여섯째, 당사자는 적절한 치료와 후속 조치를 받도록 정신건강복지센터 혹은 중독 관련 치료 기관 등에 연계되어야 한다. 정신건강복지센터로의 의뢰는 필요한 의료적 처치와는 별개로 이루어져야 한다.

일곱째, 현장에 도착한 가족 혹은 그 외 관계자들은 정서적으로 심각한 혼란과 분노에 압도될 수 있다. 이들 모두를 온정적인 태도와 세심함으로 대할 필요가 있다. 자실시도자가 의식이 없거나 중상을 입은 경우, 현장에 있는 이들이 중요한 정보(음독한 약물이나 과거 자살시도 이력 등)의 원천이 될 수 있다. 만일 가족이나 기타 관계인이 현장에 없을 경우에는 연락을 취하여 주요 정보를 얻는 것이 필요하다.

자살시도자 사후관리의 일환으로 ‘응급실기반 자살시도자 사후관리사업’을 실시하고 있다. 응급실에 내원한 자살시도자의 정서적 안정을 촉진하고, 필요한 치료 및 서비스를 연계하여 자살 재시도를 예방하기 위한 목적을 가진다. 응급의학과 및 정신건강의학과 의료진을 포함한 사례관리 팀을 구성하여 자살시도자에 대한 신체적 안정화, 정신과적 치료, 퇴원 후 최소 1개월 이상 사례관리 서비스를 제공하며, 정신건강복지센터와의 연계 · 협력 체계를 구축하며, 기술지원을 한다.

5) 자살유족 지원

사랑하는 사람을 자살로 잃는 일은 매우 힘들고 고통스러운 경험이며, 남은 사람들의 삶을 완전히 바꿔 버릴 수 있다. 일반적으로 자신에게 중요하고 의미 있는 사람을 자살로 잃고 삶의 변화를 겪은 사람들을 자살유족 혹은 자살생존자(suicide survivor)라 한다. 자살유족은 고인과의 친밀감 또는 자살로 인한 심리적 충격 정도에 따라 자살한 사람의 친인척, 심리적으로 가깝고 친밀한 사람, 자살로 인해 스트레스를 받은 사람으로 분류한다. 일반적으로 자살 1건 발생 시 심각한 영향을 받게 되는 유족은 최소 5명에서 10명 정도이다.

자살유족은 사별 이후 슬픔, 충격, 분노 등의 심리적인 문제와 함께 일상을 살아가는 상황에서 예상치 못한 문제에 당면하게 된다. 자살유족의 자살위험성은 8.3~9배가량 높고, 사별 후 정신건강에도 부정적인 영향을 미치게 되므로 자살유족을 위한 서비스와 프로그램을 통해 신속하게 지원해야 한다.

자조모임을 통해 같은 아픔을 지닌 유족들이 서로의 아픔을 공감하고 치유의 과정을 함께해 나간다. 참여자 간에 슬픔을 공유하고, 지지와 격려를 통해 변화를 체험하며, 자기표현의 기회를 통해 절망감을 완화하고, 스스로 통제할 수 있는 방법을 터득할 수 있다. 참여자 간 다양한 시각에서 조언해 줄 수 있어 자신의 상황과 감정을 이해할 수 있다. 나아가 회복된 유족이 현재 어려움을 겪고 있는 유족을 돕는 '동료지원'이 중요하다. 훈련된 자살 유족이 다른 유족의 심리적 안정을 돕고, 유족 간의 유대감을 강화하며, 지역사회와 소통하며 유족의 권익 옹호 활동을 해 나간다.

표 10-7 유족지원 프로그램 내용

위기개입 프로그램	• 보호의무자 고지 • 자살위험을 낮추기 위한 상담 • 상황에 따른 응급개입(정신건강 서비스 연계 및 법적 입원 포함) • 광역 및 자살예방센터를 통한 야간 모니터링 제공
마음건강교육 프로그램	• 자살에 대해 이야기하기 • 정신건강과 자살 • 자살을 선택한 이유(고인 및 자살자의 일반적 심리 이해) • 유족의 슬픔과 애도에 대한 이해 • 트라우마와 그 후 • 회복을 돕는 방법
사회기술향상 프로그램	• 나의 생활 스캔하기 • 마음 풀어 내기(힘듦을 언어적, 비언어적으로 표현) • 고인 이야기하기(자살이라고 인정하기, 고인을 이야기하고 고인에 대해 질문할 때 대답하는 훈련하기) • 우선순위 정하고 처리하기 • 가족 간 역할 재정립하기 • 일상생활 변화 주기(유족과의 친밀감 도모, 환경 변화를 통한 기분전환)

* 출처: 자살유족을 위한 공간 '따뜻한 작별' 홈페이지(www.warmdays.co.kr)

토론주제

1. 사회학적 관점에서의 자살의 유형은 어떠하며, 그중 한국 사회에서 의미가 있는 것은 무엇인가?
2. 한국 사회 자살의 특성은 어떠하며, 그에 따른 예방전략은 어떠해야 하는가?
3. 세계보건기구에서 제시하는 국가자살예방 전략의 주요한 개입방법은 무엇이며, 그에 따른 미디어 전략은 어떠해야 하는가?
4. 자살예방교육에서 강조하는 자살 경고 신호에는 어떠한 것이 있는가?
5. 자살유족이 경험하는 어려움은 무엇이며, 효과적인 지원은 어떠한 것이 있는가?

제11장

중독과 정신건강

현재 우리나라는 인구 5천만 명 중 약 618만 명이 알코올, 마약, 도박, 인터넷 중독인 4대 중독에 해당하는 것으로 추산되는데, 이는 국민 8명 중 1명은 중독문제를 경험하고 있는 셈이다. 중독으로 인한 폐해는 중독자 개인뿐 아니라 가족 및 사회 전반에 부정적 영향을 미친다. 중독으로 인한 사회경제적 비용은 109조 9천억 원으로, 중독문제는 국가경쟁력을 저해하는 심각한 위협요인 중 하나로 국가가 관심을 가져야 할 사회문제로 대두되고 있다. 이에 국가에서는 알코올, 마약, 도박, 인터넷 중독을 4대 중독으로 분류하고 중독 문제를 해결하기 위해 다양한 노력을 기울이고 있다. 이 장에서는 사회문제가 되고 있는 중독에 대한 기본적 이해와 우리나라 4대 중독인 알코올, 마약, 도박, 인터넷 중독의 실태와 관련 정책 및 서비스에 대해서 살펴볼 것이다.[1]

1) 이 장의 일부 내용은 강상경 외(2022)의 '제11장 중독'의 일부 내용을 수정 · 보완한 것이다.

1. 중독의 이해

1) 중독의 개념과 증상

중독(中毒)에 대한 개념은 두 가지 의미가 혼용되어 일상에서 사용되고 있다. 그중 하나는 의학적 · 생물학적 의미의 중독으로서, 영어로는 'poisoning' 또는 'intoxication'에 해당한다. 이는 남용하려는 의도 없이 유해한 물질이 인체에 유입되어 그 독성으로 장애를 유발하는 경우(예: 농약중독, 수은중독 등)를 말한다. 다른 하나는 심리학적 의미의 중독으로서, 영어로는 'addiction'에 해당한다. 이는 일단 사용하기 시작하여 해로운 결과가 있음에도 불구하고 스스로 조절하지 못하고 그것 없이 견디지 못하게 되는 병적 상태를 의미한다(조근호 외, 2020).

DSM-5에서는 중독을 물질 관련 및 중독 장애(Substance-Related and Addictive Disorders)에 포함하였으며, 이 범주는 물질 관련 장애와 비물질 관련 장애로 구분된다([그림11-1]). 물질-관련 장애 범주에는 물질사용장애와 물질로 유발된 장애가 포함된다. 물질사용장애는 문제가 있음에도 불구하고 특정 물질을 지속적으로 사용함으로써 초래되는 개인적 고통과 사회적 부적응을 의미하며, 물질로 유발된 장애는 특정한 물질을 섭취했을 때 보이는 부적응적 심리상태를 의미한다. 물질사용장애는 조절능력의 상실, 사회적 손상, 위험한 사용, 약물학적 기준(내성과 금단)에 의해 진단된다(APA, 2013). 물질로 유발된 장애는 물질중독, 물질금단, 기타 물질/약물치료로 유발된 장애로 분류된다. DSM-5에서 물질 관련 장애에는 열 가지 서로 다른 종류의 약물이 포함되며, 여기에는 알코올, 카페인, 대마, 환각제, 흡입제, 아편계, 진정제, 수면제 또는 항불안제, 자극제, 담배, 기타물질이 포함된다. 각 물질별로 독립적인 구체적인 진단이 이루어지게 되는데, 예를 들어 알코올 관련 장애, 카페인 관련 장애, 환각제 관련 장애 등으로 진단된다. DSM-5에서 비물질 관련 장애에는 도박장애가 포함되었는데, 이는 물질 관련 장애와 증상 등이 유사하여 이 범주에 포함되었다. 논란이 되고 있는 인터넷 게임장애는 DSM-5에서는 '추가

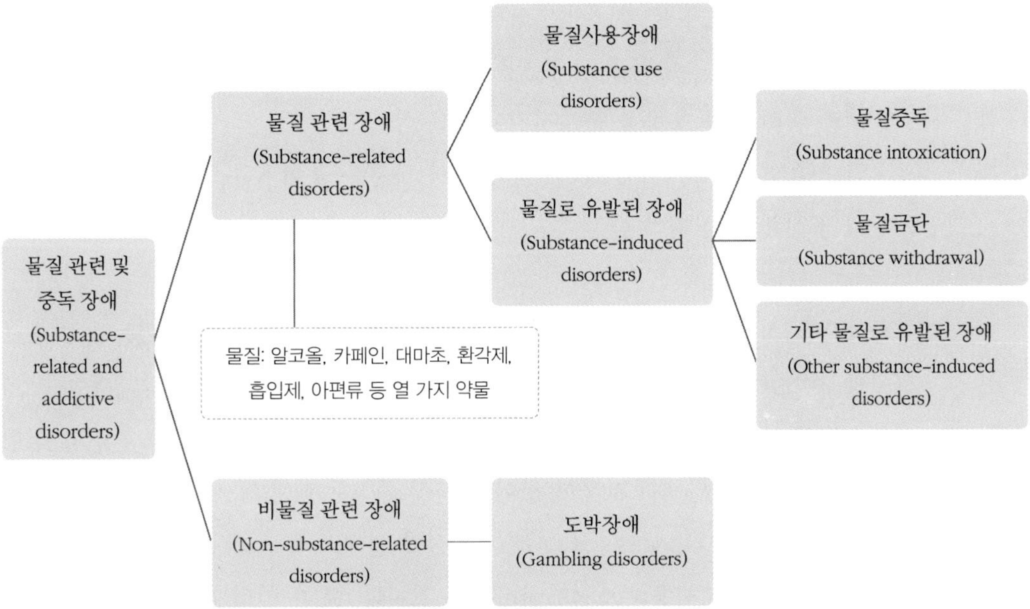

그림 11-1 물질 관련 및 중독 장애 분류

연구가 필요한 진단적 상태'로 분류하고 정식 진단명에는 포함시키지 않았다.

DSM-5에서의 중독 유형 분류와 더불어 중독 유형에 대한 분류를 물질중독과 행위중독으로 구분하기도 한다. 물질중독은 말 그대로 알코올이나 약물처럼 어떤 화학물질에 의해서 신체적 · 심리적으로 의존하는 현상을 의미하며, 행위중독은 도박, 쇼핑, 게임, 인터넷 등과 같이 어떤 심리적 현상이나 행동을 반복하는 데 의존하는 현상을 의미한다.

다음은 중독 영역에서 사용되고 있는 대표적인 용어이다.

- 오용(misuse): 약물의 사용 목적에는 맞지만 양, 복용 횟수, 강도와 방법이 부적절함
- 남용(abuse): 약물을 규정된 목적과 다르게 의도적으로 사용하여 개인의 신체적 · 심리적 · 사회적 · 직업적 역할 기능에 손상을 초래함
- 의존(dependence): 물질을 과도하게 사용하여 남용의 부작용과 내성 및 금단

증상 같은 의존성을 발달시킨 상태
- 내성(tolerance): 물질을 사용했을 때 효과가 점차로 감소하거나 같은 효과를 얻기 위해 점차 용량을 증가시켜야 하는 상태
- 금단증상(withdrawal symptoms): 물질의 사용을 줄이거나 중단하였을 때 나타나는 신체적, 심리적 증상

중독은 뇌의 기능적 적응에 의해 중독에 대한 갈망을 해소할 수 있는 방향으로 사고방식이 변하게 만들고, 판단하고 사고하는 지각 기능이 객관화되지 못하고 왜곡되는 경우가 많고, 죄책감, 수치심, 억압 회피 등의 다양한 감정으로 혼란을 경험하는 특징을 보인다. 중독자들이 보이는 핵심 증상은 다음의 세 가지로 설명된다. 이는 강박적 집착(Compulsion, Craving), 조절의 실패(loss of Control), 부작용에도 불구하고 지속적으로 사용(Continuation)하는 것이다. 또한 인터넷 사용을 비롯한 행위중독에서는 다음의 여섯 가지가 공통된 특징으로 제시되고 있다. 첫째, 대상 활동으로 개인의 생각과 행동의 대부분을 지배하는 현저성(salience)이 나타나고, 둘째, 활동이 기분을 바꾸거나 개선하는 기분 변화(mood modification)를 보이며, 셋째, 동일 효과를 얻기 위한 활동량의 증가인 내성(tolerance)이 나타나며, 넷째, 활동이 중단되거나 감소했을 때 나타나는 금단(withdrawal)증상을 보이고, 다섯째, 대인관계, 일, 교육 등 일상생활과 충돌을 유발하는 갈등(conflict)이 발생하고, 여섯째, 재발(relapse)을 반복한다(Griffith, 2005).

이렇듯 물질중독이든 행위중독이든 모두 각각의 종류와 성질은 서로 다르지만 뇌를 매개로 하여 보이는 행동 반응은 유사하게 나타난다. 즉, 알코올, 마약 등의 물질중독뿐 아니라 도박, 게임, 인터넷 등의 행위중독 역시 뇌에서의 생화학적 변화나 사고방식, 대처방식, 대인관계 등이 유사하고 중독으로 인해 개인과 가정의 삶이 피폐해진다는 점에서 모든 종류의 중독은 결국 동일한 문제라고 할 수 있다.

2) 중독의 원인

중독은 단일 원인이 아닌 여러 복합적인 요인에 의해 발생하는 질환이다. 현재 중독문제 개입을 위한 모델로 생심리사회모델(Bio-Psycho-Social model)이 가장 보편적으로 사용된다. 이 모델은 중독에 개인의 생물학적 취약성과 개인을 둘러싼 사회환경적 요인들이 영향을 미치고 이에 대처하는 심리적 요인도 영향을 미친다고 본다. 따라서 물질중독과 행위중독을 아우르는 전반적인 중독의 원인을 생물학적 · 심리학적 · 사회적 측면으로 구분하여 살펴보고자 한다.

(1) 생물학적 측면

생물학적 측면에서 중독은 생화학적 요인이나 유전적 요인에 의해 나타나는 생물학적 질환이기 때문에 개인의 노력과 의지만으로는 회복되기 어렵다고 보는 관점이다. 신경생화학적 관점에서 중독은 중피질 변연계 도파민 회로의 이상에서 기인한다고 설명한다. 뇌에는 즐거움을 주는 행동을 반복하는 보상회로(reward pathway) 또는 쾌락중추가 있는데, 이 회로는 물질과 같은 인위적인 보상 자극에 의해서 활성화되고, 기쁨, 동기부여, 감정조절, 운동 등에 관여하는 도파민을 분비하여 기쁨과 쾌감을 느끼게 한다. 인위적 보상 물질을 사용하면 음식, 물, 양육의 자연보상보다 2~10배 많은 양의 도파민이 분비되고 효과도 훨씬 오래 지속된다. 그러므로 평상시 자연보상 행동이 주던 쾌감이나 즐거움이 상대적으로 줄어듦에 따라 일상생활이 밋밋하고 생기가 없고 우울해진다. 지속적인 물질사용으로 인해 많은 도파민이 분비되면 뇌는 도파민의 양을 조절하기 시작한다. 따라서 보상회로에 대한 도파민의 영향이 낮아짐에 따라 약물사용 초기와 같은 쾌감과 즐거움을 느끼기 위해서 점점 더 많은 양의 물질을 자주 사용하게 되고 종국에는 중독에 이르게 된다(조성남 등, 2021).

또한 양자, 쌍생아 연구들을 통해 유전적 요인이 중독에 영향을 미친다고 보고하고 있다. 예를 들어, 알코올 중독자 부모의 자녀는 일반 자녀보다 알코올 중독자가 될 확률이 4배나 높은 것으로 나타났다. 병적도박에 대한 가족 연구에서 부모가 도박문제를 지닐 경우 자녀에게 도박문제가 발생할 위험이 3배 정도 높아진다고 한다(한국중독정신의학회, 2019).

(2) 심리학적 측면

심리학적 측면에서 중독을 설명하는 대표적인 이론으로는 학습이론과 자가-투약(self-medication) 가설이 있다. 중독이 학습과정의 문제라고 보는 학습이론을 기반으로 한 모델들에서는 중독을 과잉 학습된 습관으로 설명한다. 쾌락을 위해 사용되는 약물이 정적 및 부적 강화요인으로서 작용하고, 기분전환을 위해 사용한 약물에 점점 중독되어 간다고 본다.

자가-투약 가설에서는 약물이 심리적 고통을 경감시켜 주기 때문에 쾌감보다는 우울, 분노, 부끄러움, 버림받음 등의 부정적 정서를 방어하고 보상하기 위해 약물을 사용한다고 설명한다. 즉, 고통스러운 결과를 회피하는 능력이 모자라서 불쾌한 감정을 피하려고 약물에 빠지게 되는 것이다(Khantzian, 1997). 어린 시절 부모의 보호 역할이 내재화되지 못해 자기돌봄 능력이 부재하여 자존감이나 대인관계에서 어려움이 발생하고 결국 중독에 취약하게 만든다고 본다. 중독자들이 물질사용을 통해 편안함과 만족감을 느끼기 때문에 중독은 대인관계의 어려움과 부정적 정서를 보상하기 위한 일종의 적응행동으로 본다.

대체로 중독자들은 수줍음이나 소외감을 많이 느끼며, 예민, 불안, 의기소침하며 타인과 관계 맺기를 어려워하고 자존감이 낮다. 또한 쉽게 자극에 흥분하고 즉각적인 만족을 추구하는 편으로 알려져 있다. 중독자 중 반사회성 또는 경계성 성격 장애가 많은 것으로 보고된다. 이러한 성격의 사람들은 물질을 현실로부터의 도피로 삶의 문제를 회피하고, 물질을 통한 만족감에 도취하고 현실에 대한 무관심 속으로 은둔하는 수단으로 사용한다. 중독자 모두가 성격이 부적절한 것은 아니지만, 부적절한 성격일수록 물질 남용과 중독에 이를 가능성이 커지는 것 또한 사실이다.

(3) 사회적 측면

사회적 측면에서 중독은 개인적 특성보다는 사회구조적 요인에 의해서 발생한다고 본다. 즉, 물질, 특히 술과 약물에 대한 사회문화적 관습과 태도, 해당 지역에서의 구입 용이성, 동료의 유혹과 압력 등을 통해 물질과 관련된 행동이 영향을 받고 결정된다는 것이다. 전통적으로 우리나라는 음주와 도박에 허용적인 문화로 일상생활에서 주류 구입이 용이하고 도박을 여가의 수단으로 즐겨 왔다. 이러한 문화적 특성은 알코올 중독이나 도박 중독에 대한 민감성과 위험성을 저하시켜 중독문제를 초래하는 요인이 될 수 있다.

하위문화이론에서는 물질사용에 우호적인 특정 사회집단과 관련이 있으면 물질사용을 배우게 되고, 물질사용에 부정적인 집단과 관련이 있으면 물질사용의 기회가 줄어든다고 설명한다. 하위문화이론에서는 개인의 물질사용은 그를 둘러싼 사회환경적 요인이 중요하다고 보며, 물질을 제공해 주고 물질의 사용법을 설명해 주는 역할모델을 해주는 사회집단과의 상호작용을 통해서 중독에 이르게 된다고 본다. 이는 중독자들이 물질을 사용하는 집단과 주로 어울리게 되는 현상을 설명해 준다.

2. 4대 중독

1) 알코올 중독

(1) 알코올 중독의 개념 및 특징

물질중독의 대표적인 알코올 중독은 DSM-5에서는 알코올사용장애(Alcohol Use Disorder)로 사용한다. 알코올사용장애는 알코올사용의 경도에서부터 만성적 재발과 강박적 사용의 고도 수준까지의 넓은 범위의 장애를 포괄하는 중립적 단어로서 사용된다. 그러나 이 장에서는 사회적으로 통용되고 4대 중독을 통일성 있게 명명하기 위해 알코올 중독 용어를 사용한다. 일반적으로 알코올 중독은 부정적이거나 해로운 결과에 대한 고려 없이 알코올을 사용하고자 하는 충동으로 알코올에 대한 신체적 · 심리적 의존을 의미한다. WHO(1995)는 알코올 중독을 "전통적 음주습관의 영역을 넘거나 또는 사회에서 인정하는 범위보다 지나치게 많이 음주하고 사회와 가정에 지장이 있고 이상을 초래하는 경우"라고 정의한다. 다음은 DSM-5에서의 알코올사용장애 진단기준이다.

표 11-1 알코올사용장애의 진단기준

1. 임상적으로 심각한 기능손상이나 고통을 유발하는 알코올사용의 부적응적 패턴이 다음 중 2개 이상의 방식으로 지난 12개월 이내에 나타났어야 한다.
   1) 알코올을 흔히 예상했던 것보다 더 많은 양 또는 더 오랜 기간 마신다.
   2) 알코올사용을 줄이거나 통제하려는 지속적인 노력을 기울이지만 매번 실패한다.
   3) 알코올을 획득해서 사용하고 난 후 그 효과로부터 회복하는 데 많은 시간을 허비한다.
   4) 알코올을 마시고 싶은 갈망이나 강렬한 욕구를 지닌다.
   5) 반복적인 알코올사용으로 인해서 직장, 학교나 가정에서의 주된 역할 의무를 수행하지 못한다.
   6) 알코올의 효과에 의해서 초래되거나 악화될 수 있는 지속적인 신체적 또는 심리적 문제가 있음을 알면서도 알코올사용을 계속한다.
   7) 알코올사용으로 인해서 중요한 사회적 · 직업적 또는 여가활동이 포기되거나 감소된다.
   8) 신체적 위험이 존재하는 상황에서도 반복적으로 알코올을 사용한다.
   9) 알코올에 의해서 초래되거나 악화될 수 있는 지속적인 신체적 또는 심리적 문제가 있음을 알면서도 알코올사용을 계속한다.
   10) 내성이 다음 중 하나의 방식으로 나타난다.
      (1) 중독이 되거나 원하는 효과를 얻기 위해 현저하게 증가된 양의 알코올이 요구된다.
      (2) 동일 용량의 알코올을 지속적으로 사용함에도 현저하게 감소된 효과가 나타난다.
   11) 금단이 다음 중 하나의 방식으로 나타난다.
      (1) 알코올의 특징적인 금단증후군이 나타난다.
      (2) 금단증상을 완화하거나 피하려고 알코올(또는 관련된 물질)을 사용한다.

* 경도: 2~3개 해당/ 중등도: 4~5개 해당/ 고도: 6개이상

(2) 알코올 중독의 현황

2016년 정신질환실태 역학조사에 의하면, 정신질환 평생유병률(평생 동안 한 가지 이상의 정신질환에 한 번 이상 이환된 적이 있는 비율)은 25.4%이며, 그중 알코올사용장애의 평생유병률은 12.2%로 가장 높게 나타났다([그림 11-2] 참조). 이는 우리가 평생을 살아가면서 10명 중에 적어도 1~2명은 심각한 술 문제를 유발하는 알코올사용장애에 걸릴 수 있다는 것이다. 알코올사용장애의 평생유병률은 남자가 18.1%, 여성이 6.4%로 남성이 여성보다 약 3배 높다. 세계보건기구(WHO)에서 발표한 전 세계 평균 4.1%보다도 압도적으로 높은 수치로서 우리나라의 알코올사용장애가 심각하다는 것을 알 수 있다. 특히 최근 들어 여성의 알코올사용장애 유병률이 증가하고 있다. 20대는 2001년 4.8%에서 6.9%로 1.4배 증가하였으며, 30대는 2001년 1.4%에서 2016년 2.8%로 2배나 증가하였다. 우리나라 알코올사용장애 추정 환자 수는 약 139만 명이나, 이 중 정신건강 서비스 이용 비율은 12.1%에 불과한 것으로 나타났다. 알코올은 중독을 일으키는 약물 중 유해성 1위인 물질이며, 음주는 전 세계 질병부담 요인 중 7위를 차지한다. 또한 음주로 인한 폐해는 개인과 가족뿐 아니라 안전을 위협하는 다양한 사회적 문제와 밀접한 관련이 있기 때문에 사회적 차원의 폐해도 크다. 2013년 기준, 음주로 인한 사회경제적 비용은 9조 4천억 원에 달하며, 교통사고 사상자의 약 10.2%는 음주운전이 원인이며, 전체 강력범

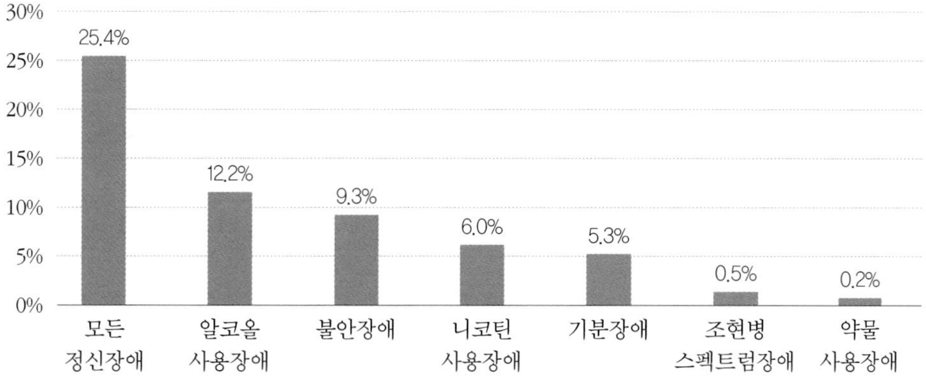

그림 11-2 주요 정신장애 평생유병률

* 출처: 보건복지부, 삼성서울병원(2017), p. 13.

죄의 28.3%는 주취상태에서 발생한 것으로 보고되고 있다(보건복지부, 한국건강증진개발원, 2019).

우리나라의 음주자 중 주 1회 이상 폭음(남자 7잔, 여자 5잔 이상)하는 비율은 47.7%로 전 세계 음주자의 폭음률 평균인 39.5%와 비교하면 높은 비율을 차지한다(WHO, 2018). 또한 알코올사용장애의 전 단계라고 할 수 있는 고위험 음주율(1회 평균 음주량이 남성 7잔, 여성 5잔 이상이며, 주 2회 이상 음주하는 비율)은 2018년까지 증가하다가 2019년에는 12.6%로 전년 대비 감소하였다. 특히 남성은 2009년 대비 2.8% 감소한 반면, 여성은 1.1% 증가하였다([그림 11-3] 참조).

청소년 음주율을 살펴보면 현재 음주자 2명 중 1명이 위험음주자로 나타나고 있으며, 2020년 청소년의 첫 음주 경험 연령은 13.4세로 나타났다. 현재 음주율(최근 30일 동안 1잔 이상 술을 마신 적이 있는 사람의 백분율)은 전체 10.7%(남학생 12.1%, 여학생 12.6%)로 보고되고 있다. 한편, 현재 음주자의 위험 음주율(현재 음주자 중 최근 30일 동안 평균 음주량이 남자 소주 5잔, 여자 소주 3잔 이상인 사람의 백분율)은 전체 52.2%로 높게 나타났다. 청소년 주류구매 용이성은 66.2%로 우리나라는 청소년이 쉽게 술을 살 수 있는 환경이라 할 수 있다(질병관리청, 교육부, 2020).

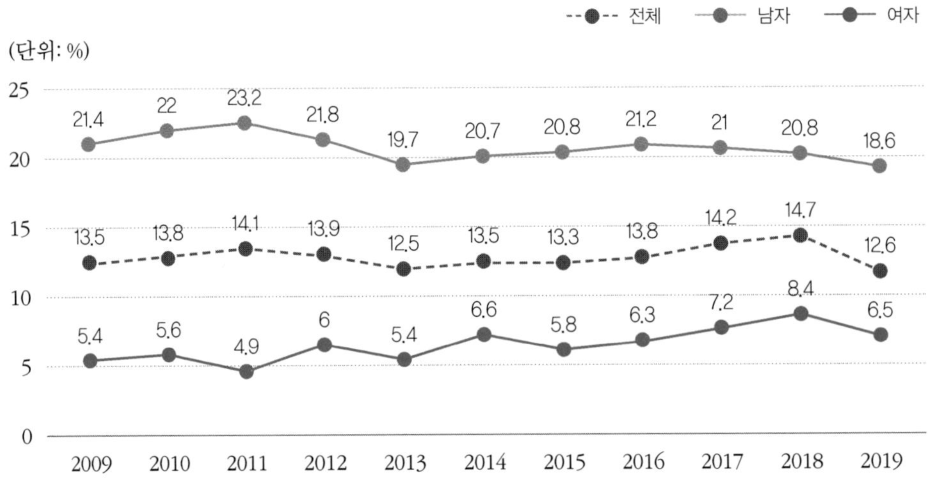

그림 11-3 고위험 음주율

*출처: 보건복지부, 질병관리청(2020).

(3) 알코올 중독과 가족

① 공동의존

알코올 중독은 많은 연구자에 의해 가족병으로 정의되고 있다. 즉, 알코올 중독자뿐 아니라 부인과 자녀, 즉 가족 모두에게 신체적 · 정서적 · 경제적으로 부정적 영향을 미치는 만성적이며 진행적인 질환이다(Herman, 1971). 공동의존(Co-dependence)이란 알코올 중독자와 친밀한 관계에 있는 사람들(배우자 또는 자녀)이 알코올 중독자와의 지속적 관계에서 건강하지 못한 삶의 방식을 유지시켜 나가는 것을 의미한다(Johnson, 1980). 중독자 가족관계의 대표적인 특성으로 간주되는 공동의존은 중독자 가족의 역기능을 평가하고 치료하는 구성틀로도 활용된다. 공동의존자들은 대게 낮은 자존감, 부정직성, 분노, 적개심, 무기력감, 혼돈, 완벽주의, 의존성, 부정주의 등의 특성을 지니며, 타인과 기능적인 경계를 형성하고 관계를 형성하는 데 어려움을 경험한다. 또한 자신의 욕구보다는 중독자의 욕구를 충족시키는 데 우선적으로 중점을 두는 편이다(윤명숙, 1997).

공동의존의 유형은 학자들에 따라 다양한 유형으로 구분하고 있으나 일반적으로 공동의존 유형을 다음의 다섯 가지로 분류한다. 공동의존 유형이 한 가지 유형만 보이는 것이 아니라 한 유형을 지닌 가족이 동시에 다른 유형의 특성을 갖거나 변형된 의존 형태를 보일 수도 있다(Cermak, 1986: 36-40). 첫째, 순교자적 유형으로 '술 마시는 이유가 내가 잘못했기 때문'이라고 생각한다. 자신만이 이 사람을 고칠 수 있다고 여기고 술마시는 사람을 자신이 보살펴야 한다는 생각으로 헌신하고 희생한다. 둘째, 박해자적 유형으로 알코올 중독자를 비난한다. 자신의 잘못보다는 상대방의 잘못에만 초점을 두고, 알코올 중독자를 데리고 사는 자기가 좋은 사람이라고 생각하기에 상대방만을 비난한다. 셋째, 공모자적 유형으로 중독자의 단주 노력을 계속적으로 방해하며, 단주로 인한 변화에 불안을 느껴 공모자나 협조자가 된다. 알코올 중독자가 술을 마시는 것을 허용하거나 자발적으로 술을 사다 주기도 하여, 일관성 없는 행동을 지적하면 자신의 행동을 부인한다. 넷째, 냉담한 유형으로 희망을 포기하여 알코올 중독자를 돕는 것을 포기한다. 감각적으로 무감각한 상태가 되어 인생의 희망과 의미가 전혀 없는 냉담한 태도를 보인다. 다섯째, 술친구적 유형으로 중독자와 삶의 스타일과 신념체계가 매우 가까워 함께 술을 마시며 중독으로 쉽게 전이될 수 있다.

② 알코올 중독자 자녀

알코올 중독자의 배우자뿐만 아니라 그 자녀들도 중독자에 부정적 영향을 받는데, 알코올 중독 가정에서 성장하고 있는 자녀들을 지칭하는 용어로 코아와 아코아가 있다. 코아(Children Of Alcoholics: COA)는 20세 미만의 중독자 자녀를 지칭하며, 성인이 된 자녀를 아코아(Adult Children Of Alcoholics: ACOA)라 지칭한다. 이들은 조절의 문제, 불신의 문제, 자기 요구의 무시, 감정의 부정, 책임감이나 확실히 매듭짓는 능력 부재의 어려움, 자기정체성의 문제, 대인관계 친밀감에 대한 어려움, 비정상적인 죄책감과 낮은 자존감, 우울감, 중독자와의 결혼 등의 어려움을 겪는 것으로 보고되고 있다(Cermak & Brown, 1982). 알코올 중독자 가정의 자녀들은 알코올 중독자와 역기능적인 적응 방식을 택하게 되고, 이러한 적응패턴에 의해 형성되는 자녀의 유형은 다음의 네 가지로 분류된다(〈표 11-2〉 참조).

표 11-2 알코올 중독자 자녀의 네 가지 유형과 특성

	가족영웅, 위대한 아이	희생양, 문제아	가족의 익살꾼, 마스코트	잊혀진 아이
외적 특성	• 과도한 책임감 • 즐거움을 갖지 못함 • 작은엄마 역할	• 적대감, 반항, 위축 • 부정적 관심받음 • 말썽꾸러기	• 미성숙, 과다행동 • 집중력/학습장애 • 보호받기 원함	• 조용하고 수줍음 • 백일몽, 무시됨
내적 특성	• 혼란, 죄책감, 두려움 • 낮은 자존감, 부적절감 • 자신에게 불만족	• 분노, 부적절감 • 낮은 자존감 • 버려진 느낌	• 낮은 자존감 • 외로움, 공포심 • 부적절감	• 외로움, 버려진 느낌 • 자신이 중요하지 않다는 느낌

가족에게 보이는 행동	• 가족에게 자랑스러움을 가져다줌	• 부정적 행동으로 가족의 주목을 받음	• 즐거움, 유머를 가져다줌으로 안도	• 걱정, 근심을 일으키지 않으므로 안도
도움받은 경우	• 책임감과 능력이 있고 조직적인 사람으로 성공	• 회복, 현실수용 • 타인을 돕는 삶	• 독립성, 기지, 유머를 지닌 매력적인 사람	• 독립/창조적, 자기주장적 • 상상력이 뛰어남
도움받지 않은 경우	• 일중독자, 충동적 • 조절통제 요구가 큼 • 의존적 배우자와 결혼	• 알코올/약물 중독자 • 계획하지 않은 임신 • 법적 문제 야기	• 충동적, 히스테리적 • 스트레스 조절 못함 • 가족영웅과 결혼	• 우유부단, 무기력 • 즐거움이 없고 혼자 지냄 • 무절제한 성생활

*출처: 이미형 외(2001).

2) 마약 중독

(1) 마약류 중독의 개념 및 특징

흔히 마약 · 향정신성의약품 · 대마를 마약이라고 혼용하여 사용하는데, 정확한 용어는 '마약류'이다. 마약류란 일반적으로 생각, 느낌, 또는 행동에 변화를 줄 목적으로 섭취하여 정신에 영향을 주는 물질(Psychoactive substance)이다. 협의로는 오남용의 방지를 목적으로 생산, 판매, 사용이 통제되는 약물(illicit drugs)을 지칭하고, 법률적으로는 「마약류 관리에 관한 법률」에 정의된 마약, 향정신성의약품 및 대마를 총칭한다. 생리적 작용에 따라서는 중추신경 흥분 또는 억제 작용을 하는 마약류(코카인, 아편, 대마, 니코틴 등)와 의학적 사용에 의한 마약류(모르핀, 프로포폴 등)으로 구분되기도 한다. 세계보건기구(WHO)에서는 마약류를 약물에 대한 욕구가 강제적일 정도로 강하고(의존성), 약물의 양이 증가하는 경향이 있으며(내성), 사용을 중지하면 온몸에 견디기 힘든 증상이 나타나며(금단증상), 개인에 한정되지 아니하고 사회에도 해를 끼치는 약물로 정의하고 있다(대검찰청, 2021). 마약류는 주로 진통이나 마취 목적의 의료용으로 사용되고 있으나, 이를 오락용 또는 행복감을 느끼기 위해 오용 · 남용하게 되면 신체적 · 정신적 의존성을 유발하게 된다.

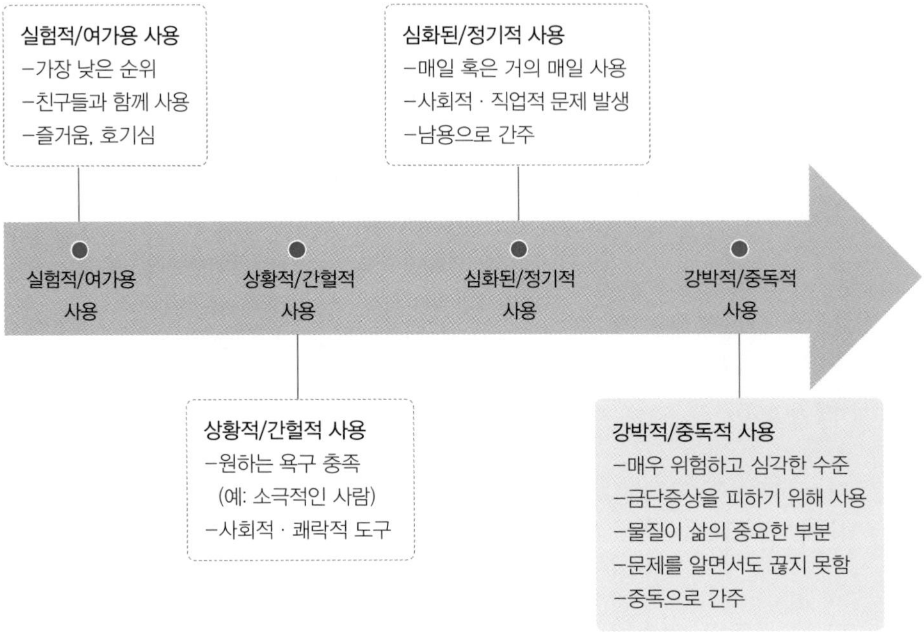

그림 11-4 약물 사용의 진행 과정

출처: 책미힐미 홈페이지(http://bgnmh.go.kr/checkmehealme)

마약류 중독은 단계적으로 진행되는데, 처음에는 실험적 · 여가적으로 사용하던 약물을 상황적 · 간헐적, 정기적 · 심화적, 중독적 · 강박적으로 사용하게 된다([그림 11-4] 참조). 마약류는 신체의 모든 부분에 영향을 미치며 지속적인 건강 문제를 야기하는데, 얼굴이나 피부가 검게 변하고 신장, 간, 폐, 신장, 위장 등의 모든 장기가 병들 수 있다. 마약류 사용은 뇌에 영향을 미치므로 감정이 변하고 환각을 경험하게 된다. 뇌를 손상시켜 행동과 기분에 영향을 미치며 이런 문제는 일시적이거나 혹은 평생 지속될 수 있다. 특히 대뇌 전전두엽에 손상을 미치고, 정신적으로 황폐해지고 성격변화도 일어난다.

마약류 중독의 특징을 다섯 가지로 정리할 수 있다. 첫째, 마약류 중독은 일차적인 질환이다. 즉, 다른 문제의 일차적인 원인이 된다. 둘째, 마약류 중독은 진행성 질환이다. 즉, 증상들은 치료받지 않으면 계속 나빠지게 된다. 셋째, 마약류 중독은 만성질환이다. 당뇨병처럼 지속적이고 계속적이다. 넷째, 마약류 중독은 치명적인 질환이다. 즉, 치료받지 않으면 다른 질병보다 사망률이 훨씬 높고 그 외 관련된 사고(교통사고, 화상, 낙상 등)를 동반할 확률이 높다. 다섯째, 마약류 중독은 가족 질환이다. 즉, 가족의 역할, 기능, 의사소통 등에 역기능을 초래하며 전체 가족 체계에 영향을 미친다. 의존자뿐만 아니라 함께 생활하고 있는 가족들도 상호작용하면서 공동의존 증상을 동반한다.

(2) 마약류 중독의 현황

우리나라에서 마약 사용은 불법이기 때문에 전 국민을 대상으로 한 마약류 사용 실태조사가 이루어지기 어려운 환경이고 마약류 중독자의 유병률에 관한 자료가 없다. 대부분의 마약 정책은 적발된 마약류 중독 사범자의 수를 통한 추정치를 토대로 수립하고 있다. 적발된 마약류 중독 사범의 수가 2015년도에 1만 명을 넘어선 이래 꾸준히 증가하여 2020년도에는 18,050명까지 증가하였다. 또한 마약류 중독 사범의 분포비율을 살펴보면([그림 11-5] 참조), 2011년 이래 향정신성 의약품 사용에 의한 검거자가 최소 전체의 75% 이상을 차지하고 있어 마약이나 대마보다 월등히 높은 비율을 보이고 있다. 예전에 우리나라는 마약 청정국이었으나 이제는 더

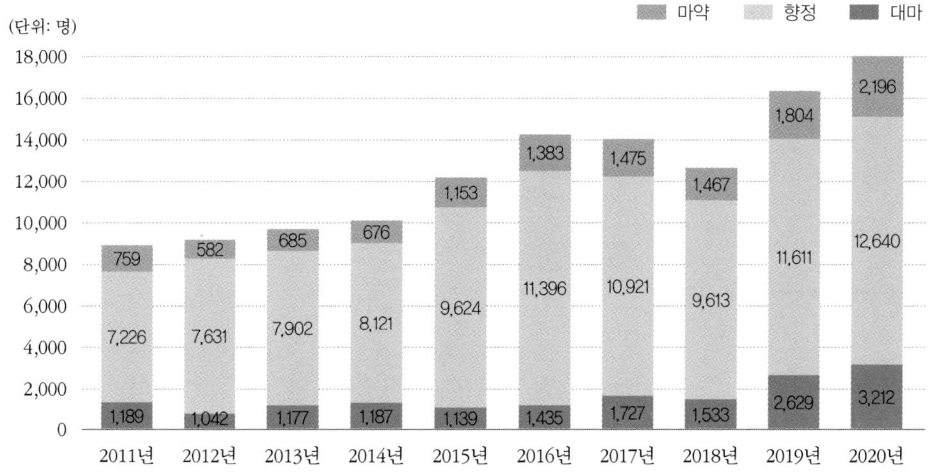

그림 11-5 최근 10년간 국내 마약류 사범 추이

출처: 대검찰청(2021).

이상 마약안전 국가라고 할 수 없는 상황이다.

2019년 마약류 사범의 직업별 점유율은 무직(31%), 회사원(4.5%), 노동(3.7%), 농업(2.5%) 순으로 나타났다. 과거에는 마약류 중독의 문제를 일부 조직폭력배 등의 일탈로만 생각했으나, 이제는 회사원, 주부, 청소년, 대학생층으로 번지고 있어 심각한 사회문제들을 초래하고 있다. 연령별 현황을 살펴보면([그림 11-6] 참조), 2020년도 전체 마약류사범 중 20~30대가 49.9%를 차지하여 젊은층의 마약류범죄가 심각한 것으로 나타났다. 특히 2021년 9월 기준 10대는 358명으로 전년동기(179명) 대비 100% 증가, 20대는 3,621명으로 전년동기(2,729명) 대비 32.6% 증가한 것으로 나타났다([그림 11-7] 참조).

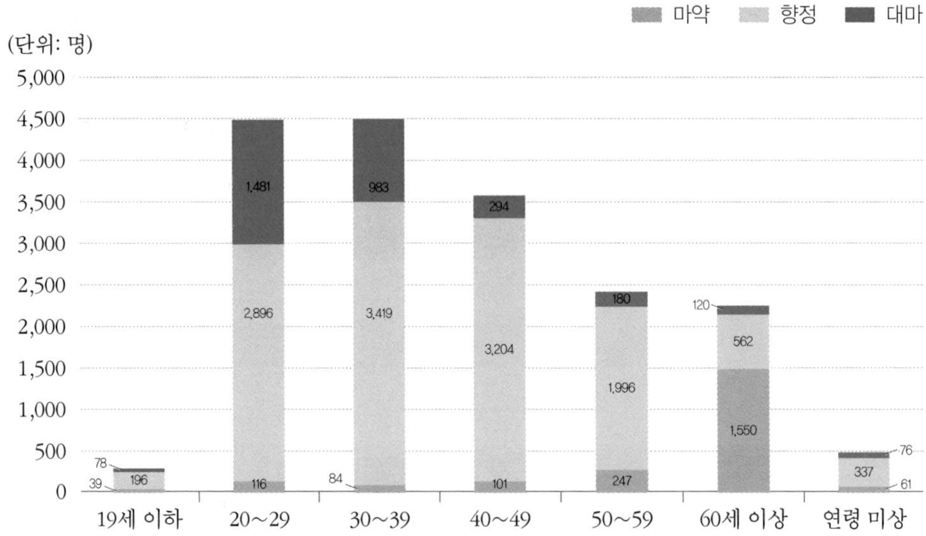

그림 11-6 마약류별 연령별 현황

출처: 대검찰청(2021), p. 234.

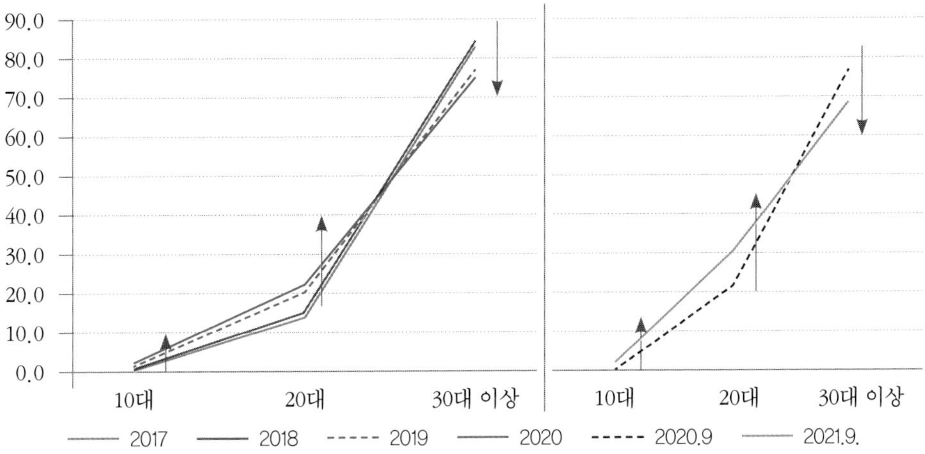

연도	2017	2018	2019	2020	2020.9	2021.9.
10대	119 (0.8)	143 (1.1)	239 (1.5)	313 (1.7)	179 (1.4)	358 (3.0)
20대	2,112 (15.0)	2,118 (16.8)	3,521 (21.9)	4,493 (24.9)	2,726 (21.8)	3,621 (30.5)
30대 이상	11,892 (84.2)	10,352 (82.1)	12,284 (76.6)	13,244 (73.4)	9,574 (76.8)	7,900 (66.5)

그림 11-7 연령별 마약류 사범 수 및 구성비 현황

출처: 국무조정실(2021).

3) 도박 중독

(1) 도박 중독의 개념 및 특징

① 도박 중독의 개념

일반적으로 도박이란 당사자가 서로 금품을 걸고 승부를 다투고 그 득실을 결정하는 행위로서 우연성과 위험부담이 따르는 모험행위이다. 많은 사람이 때때로 오락의 한 형태로 도박을 하는데 그 정도의 차이에 따라 문제가 발생하기도 한다. 과도한 도박은 개인과 가족, 사회적 영역에서 부정적 결과가 나타날 수 있다. 즉, 자신에게 허용된 것보다 더 많은 돈과 시간을 도박에 소모하고, 지나친 부채, 대인관계 문제, 불법 도박 행위, 직장생활에서의 피해 등 다양한 생활 영역에서 부정적 결과를 초래한다.

DSM-IV에서 병적도박(pathological gambling)을 충동조절장애(impulse control disorders)로 분류하였으나, DSM-5에서는 도박장애(gambling disorder)로 명명하고 중독질환으로 재분류하였다. 이는 도박장애가 다른 중독질환과 원인, 생물학적 근거, 경과, 임상적 특징 및 치료적 측면에 있어서 유사하다는 점이 인정되었기 때문이다(민성길, 2015). 도박 중독은 반복적 도박행위로서 도박에 대한 자기통제 실패의 결과이다. 도박행위를 위해 지나친 자원(시간적, 경제적, 사회적 요소 등)을 소비하고 그로 인해 개인의 삶의 질 영위에 문제가 발생함에도 이러한 도박행위를 조절하거나 통제하는 것에 어려움을 겪는 증상으로 정의할 수 있다. 다음은 DSM-5에서의 도박장애의 진단기준이다.

표 11-3 도박장애의 진단기준

1. 지난 12개월 동안 지속적이고 반복적인 문제성 도박행동이 나타나고 임상적으로 심각한 손상이나 고통이 다음 항목 중 4개 혹은 그 이상이 나타난다.
   1) 원하는 흥분을 얻기 위해 액수를 늘리면서 도박을 함
   2) 도박을 조절하거나 줄이거나 중지하려고 할 때 안절부절하거나 과민해짐
   3) 도박을 조절하거나 줄이거나 중지하려는 노력이 반복적으로 실패
   4) 종종 도박에 집착(예: 과거의 도박경험을 생각하고 다음 도박의 승리를 예상하거나 계획하고 도박으로 돈을 벌 수 있는 방법을 끊임없이 생각)
   5) 스트레스를 경험(예: 무기력함, 죄책감, 불안, 우울)할 때 자주 도박을 함
   6) 도박으로 잃은 돈을 만회하기 위해 다시 도박판에 감
   7) 도박으로 잃은 돈을 숨기기 위해 거짓말을 함
   8) 도박으로 인해 친밀한 관계, 직업, 교육 기회를 상실하거나 위험해짐
   9) 도박으로 야기된 절망적인 경제 상태에서 벗어나기 위해 남에게 의존

* 경도: 4~5개 해당/ 중등도: 6~7개 해당/ 고도: 8~9개 해당

② 도박 중독자의 행동적 및 심리적 특징

AADAC(Albert Alcohol and Drug Abuse Commission: AADAC, 2000; 박상규 외, 2017 재인용)에서는 도박 중독자의 특징을 다음과 같이 정리하였다. 도박 중독자의 행동적 특징은 다음과 같다.

- 도박하는 데 많은 시간을 보낸다.
- 점차 많은 돈을 걸고 점차 더 빈번하게 도박을 한다.
- 돈을 잃은 후 잃은 돈을 충당하기 위해 곧바로 도박을 한다.
- 대박을 꿈꾼다.
- 도박행위를 절제하겠다고 약속하지만 지키지 않는다.
- 중요한 가정사보다 도박을 좋아한다.
- 행동에 대한 설명을 거부하거나 그에 대해 거짓말을 한다.
- 돈을 딴 것에 대해서 자랑을 한다.
- 도박 중 소재 파악이 불가능하다.

도박 중독자의 심리적 특징은 다음과 같다.

- 감정이 가라앉거나 고조되는 등의 감정기복이 있으며, 간간히 정상적인 감정을 몇 달 동안 유지한다. 비주기적으로 자신이 돈을 따는 것에 대해 의구심이나 걱정으로 우울에 빠지곤 한다. 특히 우울증은 도박 중독자에게서 흔하다.
- 지속적인 노력과 느긋하게 보상을 기다리는 일을 재정적인 안정을 추구하는 데 있어서 방해요인으로 간주하는 경향이 있다.
- 가까운 가족 및 친구와 친밀하게 지내는 능력과 자신의 감정을 솔직하게 표현하는 능력이 부족하다. 배우자와 의미 있는 대화를 잘 나누지 않고 성적 관계도 소원하다.
- 일부 중독자들은 성격장애의 특성을 보인다. 예를 들어, 계획을 과장하고, 타인의 의견에 지나치게 반응하고, 자존심에 예민한 모습을 보이며, 가까운 가족

이나 친구들의 감정에 쉽게 공감하지 못하고 종종 자아도취에 빠져 있다.

- 삶의 과정에서 발생하는 일을 숙명적으로 받아들이는 경향이 있다. 그들은 자신의 삶이 자신들의 자발적인 선택의 결과라고 생각하기보다는 외부 요인에 의해 조종된다고 생각한다.

③ 도박 중독 및 회복 과정

레저와 로젠탈(Lesieur & Rosenthal, 1991)은 도박 중독에 이르게 되는 과정을 4단계로 구분하여 설명하고 있다. 첫 번째는 승리단계로 우연한 도박으로 돈을 따면서 흥분을 하고 승리에 대한 환상으로 점차 도박에 빠져드는 시기이다. 두 번째는 손실단계로 도박으로 인한 빚이 늘어나고 손실을 메꾸기 위해 거짓말을 하며 도박에만 집착하여 직장생활과 대인관계에서 문제가 발생한다. 세 번째는 절망단계로 도박하는 시간이 증가하고 대인관계에서 소외되고 늘어 가는 빚으로 법적문제가 발생하며, 공금횡령 단계까지 진행되기도 하고 2~3년 이내 파산상태에 이르기도 한다. 네 번째는 포기단계로 절망, 자살, 이혼, 약물사용 및 음주 증가, 감정 파괴 등의 다양한 문제가 발생하고 법적으로 구속되기도 한다. 이러한 중독과정을 거쳐 결

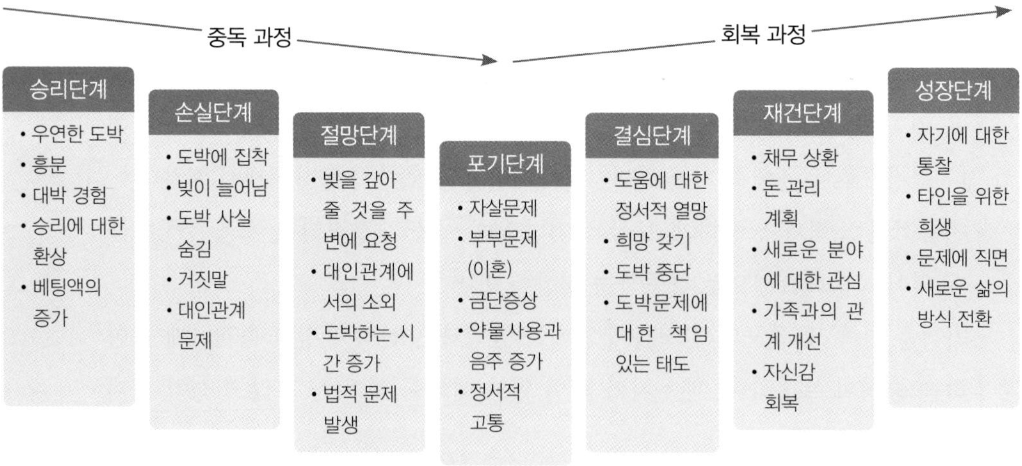

그림 11-8 도박 중독 및 회복 과정

출처: 한국도박문제관리센터 홈페이지(https://www.kcgp.or.kr)

심, 재건, 성장단계의 회복과정에 이르게 된다. 다섯 번째인 결심단계에서는 도박 행동을 줄이기 위해서 외부지원이 필요하다는 것을 깨닫고 지지네트워크에 보다 많이 접촉하면서 희망적인 느낌을 갖기 시작한다. 여섯 번째인 재건단계에서는 손상된 관계를 개선시키며, 자신의 행동이 주변 사람들에게 어떤 영향을 미치는지 이해하고 의사소통을 개선한다. 일곱 번째인 성장단계에서는 다시 타인과 가까워지고 타인의 욕구를 충족시켜 주면서 자신감과 성취감을 느끼기 시작한다([그림 11-8] 참조).

(2) 도박 중독의 현황

한국인의 도박 중독 유병률을 살펴보면 5.3%로 호주(3.5%), 영국(2.5%), 캐나다(1.8%) 등 해외 선진국보다 약 2배 이상 높은 수준이다. 국내 도박 중독 유병률은 2018년 5.3%(중위험도박 4.2%, 문제성도박 1.1%)로 2016년 5.1%에 비해 0.2% 증가했다(사행산업통합감독위원회, 2020 [그림 11-9] 참조).

최근 들어 도박을 처음 경험하는 연령이 낮아지는 추세를 보이며, 불법 온라인 도박을 하는 청소년의 수가 증가하고 있어 청소년 도박 행동이 사회문제로 대두되고 있다. 2020년 청소년 도박문제 실태조사(한국도박문제관리센터, 2020)에 따르면 우리나라 중 · 고등학교 재학생의 도박문제 위험 수준(선별도구: CAGI)은 조사대

그림 11-9 주요 국가의 도박 중독 유병률 현황(CPGI 기준)

출처: 사행산업통합감독위원회(2020).

상 15,349명 중 2.4%(위험군 1.7%, 263명, 문제군 0.7%, 114명)가 도박문제 위험집단으로 나타났다. 이는 우리나라 중·고등학교 재학생 약 269만 명 중 약 6만 6천 명이 도박문제 위험집단(위험군 약 4만 6천 명, 문제군 약 2만 명)에 해당되는 것으로 추정된다. 특히 고등학생 조사대상 7,978명 중 도박문제 위험집단은 1학년 2.5%(65명), 2학년 2.9%(73명), 3학년 3.8%(109명)로 조사돼 학년이 올라갈수록 도박문제가 심화되는 것으로 나타났다. 청소년 도박은 청소년기 발달에 부정적 영향을 미치고 이후 성인기 도박으로도 이어질 수 있기에 관심이 요구된다.

4) 인터넷 중독

(1) 인터넷 중독의 개념 및 유형

인터넷 중독은 행위중독의 한 유형으로 인터넷을 과다하게 사용하여 인터넷 사용에 대한 의존성과 금단 및 내성의 병리적 증상을 보이고, 이로 인해 일상생활에 장애가 발생한 상태로 정의할 수 있다. 인터넷 사용의 보편화, 초고속 인터넷 발달, 개인 컴퓨터 및 모바일 기기의 휴대 등이 보편화됨에 따라 인터넷 사용의 증가로 인해 인터넷 게임 및 스마트폰 과다 사용 등의 사회문제가 대두되고 있다.

DSM-5에 인터넷 중독에 대한 진단기준은 없지만, 인터넷게임장애(Internet Gaming Disorder)를 '추가 연구가 필요한 진단적 상태'로 분류하고, 진단기준이 임상적 사용을 위한 것이 아님을 명시하고 있다.

인터넷 중독을 행위중독으로 보는 경우, 인터넷 중독에서 나타나는 증상은 다음과 같다(서장원, 2017). 첫째, 인터넷 사용에 몰두한다. 인터넷 사용에 몰두되어 현실의 요구나 책임보다는 생활의 중심이 인터넷 사용과 관련되어 있다. 생활의 우선순위가 인터넷 사용이고 인터넷을 하지 않을 때도 인터넷 관련 생각에 빠져든다. 이를 위해 어떠한 어려움이나 불이익도 감수하고 일상생활에 부정적인 영향이 발생하는데도 인터넷 사용을 갈망하고 빠지게 된다. 둘째, 기분조절 수단으로 인터넷을 사용한다. 인터넷을 처음 사용하게 된 배경은 기분조절과 관련이 없는 경우가 많다. 그러나 인터넷의 기분조절 기능을 경험하게 되면 부정적 감정을 경험할 때나

별다른 이유 없이 기분이 가라앉을 때 인터넷을 반복적으로 사용한다. 셋째, 금단 증상이 나타난다. 물질중독만큼 뚜렷하지는 않으나, 인터넷 사용을 중단하였을 경우 심각한 초조감이나 불안감, 우울, 짜증 등의 심리적 증상이 나타난다. 넷째, 내성이 생긴다. 역시 물질중독만큼 뚜렷하지 않으나, 내성은 새로운 콘텐츠를 추구하는 경향으로 나타난다. 다섯째, 대인관계 및 직업에서의 부정적 결과가 나타난다. 과다한 인터넷 사용으로 대인관계에서의 관심이 저하되고 극단적으로는 관계 단절까지 나타나기도 하며, 근무시간에 사적인 인터넷 사용으로 상사와 갈등을 겪기도 한다. 여섯째, 통제감의 결여를 보인다. 인터넷 사용에 통제력을 잃고 원래 의도했던 시간보다 더 오랜 시간을 사용하거나 시간감각을 잃고 게임에 몰두하게 된다. 인터넷 사용을 줄이고자 노력하지만 억제하지 못하고 반복적으로 실패한다.

영(Young, 1999)은 인터넷 중독의 유형을 다섯 가지로 분류하고 있다. 이는, 첫째, 사이버 게임중독증으로 컴퓨터 게임이나 프로그램에 관한 강박적 몰입으로 행동적 장애를 보이는 중독증, 둘째, 사이버 섹스중독증으로 채팅방이나 사이버 섹스에 몰입하는 행동적 장애, 셋째, 사이버 관계중독증으로 실제 친구나 가족관계를 대체하는 사이버 공간에서 채팅방이나 동호회 등의 온라인 대인관계에 몰입하는 경향을 보이는 대인관계 장애, 넷째, 사이버도박이나 전자상거래구매에 몰입하는 특징을 보이는 네트워크 강박증, 다섯째, 강박적 웹서핑이나 자료검색에 몰입하는 특징을 보이는 정보과부하 중독증이다.

(2) 인터넷 중독의 현황

인터넷 중독으로 인해 인터넷 사용에 대한 조절력을 상실하고, 학업, 업무, 대인관계 등의 일상생활에서 문제가 될 정도로 인터넷을 사용하며, 장시간 사용으로 인한 두통, 체중 변화, 손목터널 증후군의 신체 질환이 발생하기도 한다. 또한 인터넷 사용을 숨기기 위해 거짓말을 하면서 가족들 간의 갈등도 나타나고 있다. 인터넷 중독으로 인한 사회경제적 비용은 연 7조 8천억 원에서 10조 1천억 원으로 추정되며, 청소년의 학습 기회 손실 비용은 연간 최저 4,124억 원에서 최대 1조 3,872억 원으로 추정된다(이해국, 2011; 한국정보화진흥원, 2009).

정신질환 실태조사(2016)에 의하면 인터넷 중독 유병률은 1.4%로 2011년 대비 0.4% 증가하였다. 이 중 여자의 인터넷 중독이 0.7%에서 2.2%로 3배가량 증가한 반면, 남자의 경우 1.9%에서 0.7%로 감소하였다(〈표 11-4〉 참조).

표 11-4 인터넷 중독 유병률

	2011년	2016년
전체	1%	1.4%
남성	1.9%	0.7%
여성	0.7%	2.2%

* 출처: 보건복지부(2012), 보건복지부(2017).

인터넷 중독은 플랫폼으로서의 인터넷뿐만 아니라 콘텐츠 종류로 게임, 음란물 시청, SNS 및 채팅, 온라인 도박 등 다양한 영역으로 나타날 수 있다. 스마트폰 중독 역시 플랫폼뿐만 아니라 콘텐츠로서의 특성으로 인해 인터넷 중독과 유사성을 보이며, 24시간 소지가 가능하여 스마트폰을 이용한 인터넷 사용이 컴퓨터보다 더 조절이 어렵다(한국정보화진흥원, 2012). 최근 들어 국민의 스마트폰을 통한 인터넷 이용이 증가함에 따라 스마트폰 과의존이 심화되는 추세이고, 국가에서는 스마트

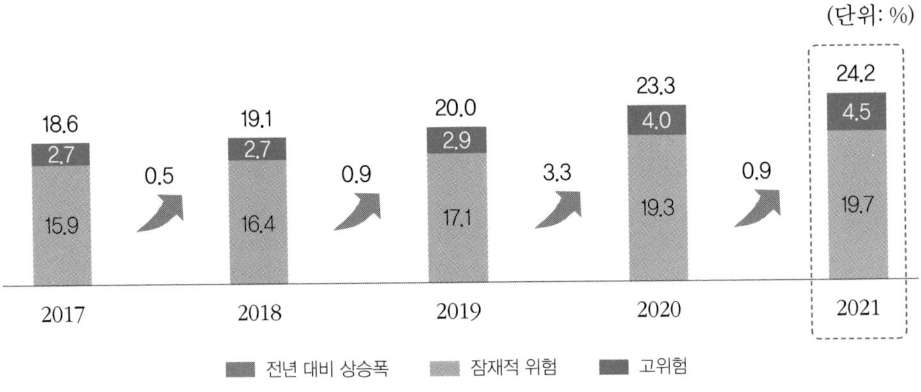

그림 11-10 연도별 스마트폰 과의존 위험군 현황

*출처: 과학기술정보통신부, 한국정보화진흥원(2021).

폰 과의존 실태조사가 2016년부터 진행되고 있다. 2021년 스마트폰 과의존 실태조사에 의하면, 우리나라 스마트폰 이용자 중 24.2%가 스마트폰 과의존 위험군으로 조사되었다. 매년 스마트폰 과의존 위험군 비율이 증가하고 있으며, 과의존 위험군 중 고위험군은 4.5%로 전년 대비 0.5% 상승하였고, 잠재적 위험군은 19.7%로 전년과 유사하였다([그림 11-10] 참조).

연령대별로 살펴보면 대상별 과의존 위험군 비율은 청소년(37.0%), 유아동(28.4%), 성인(23.3%), 60대(17.5%) 순으로 조사되었고, 그중 청소년의 스마트폰 과의존 위험군 비율의 상승폭이 가장 높게 나타났다([그림 11-11] 참조).

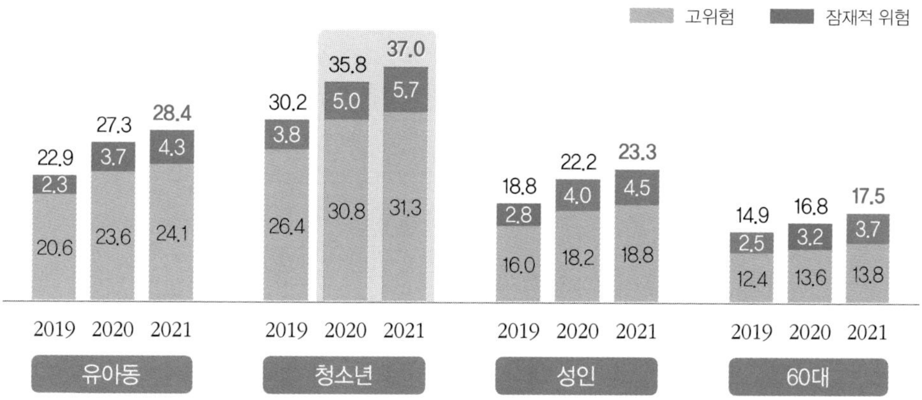

그림 11-11 연도별 및 대상별 스마트폰 과의존 위험군 현황

* 출처: 과학기술정보통신부, 한국정보화진흥원(2021).

3. 중독 관련 정책 및 치료 · 재활서비스

1) 중독 관련 정책

중독 관련 정책은 「국민건강증진법」과 「정신건강복지법」에 근거하여 수립되고 있다. 「국민건강증진법」에 근거한 제5차 국민건강증진종합계획 2030(HP 2030)의

비전	마음이 건강한 사회, 함께 사는 나라
정책 목표	1. 코로나19 심리방역을 통한 대국민 회복탄력성 증진 2. 전 국민이 언제든 필요한 정신건강 서비스를 이용할 수 있는 환경 조성 3. 정신질환자의 중증도와 경과에 따른 맞춤형 치료환경 제공 4. 정신질환자가 차별 경험 없이 지역사회 내 자립할 수 있도록 지원 **5. 약물중독, 물질이용장애 등에 대한 선제적 관리체계 마련** 6. 자살 충동, 자살 수단, 재시도 등 자살로부터 안전한 사회 구현

추진전략	핵심과제
전 국민 정신건강증진	1. 적극적 정신건강증진 분위기 조성 2. 대상자별 예방 접근성 제고 3. 트라우마 극복을 위한 대응역량 강화
정신의료서비스/ 인프라 선진화	1. 정신질환 조기인지 및 개입 강화 2. 지역 기반 정신 응급 대응체계 구축 3. 치료 친화적 환경 조성 4. 집중 치료 및 지속 지원 등 치료 효과성 제고
지역사회 기반 정신질환자의 사회통합 추진	1. 지역사회 기반 재활 프로그램 및 인프라 개선 2. 지역사회 내 자립 지원 3. 정신질환자 권익 신장 및 인권 강화
중독 및 디지털 기기 이용장애 대응 강화	**1. 알코올 중독자 치료 및 재활서비스 강화** **2. 마약 등 약물중독 관리체계 구축** **3. 디지털기기 등 이용장애 대응 강화**
자살로부터 안전한 사회 구현	1. 자살 고위험군 발굴과 위험요인 관리 2. 고위험군 지원 및 사후관리 3. 서비스 지원체계 개선
정신건강정책 발전을 위한 기반 구축	1. 정책 추진 거버넌스 강화 2. 정신건강관리 전문인력 양성 3. 공공자원 역량강화 4. 통계 생산체계 정비 및 고도화 5. 정신건강 분야 전략적 R&D 투자 강화

그림 11-12 제2차 정신건강복지기본계획

* 출처: 보건복지부(2021).

정신건강관리 분과에 중독문제가 중점과제로 설정되었다. 「정신건강복지법」에 근거한 제2차 정신건강복지기본계획(2021~2025년)에서는 약물중독, 디지털 기기 이용장애 등에 대한 선제적 관리체계 마련을 정책목표로 설정하고, 이를 달성하기 위해 추진전략과 세부목표를 수립하여 사업을 수행하고 있다([그림 11-12] 참조).

우리나라 인구 중 333만 명(6.7%)이 외래치료가 필요한 4대 중독자인 것으로 조사되었으며, 중독은 주요우울장애, 양극성장애, 광장공포증, 사회 공포증, 특정 공포증, 외상 후 스트레스 장애 등과 유의한 동반이환을 보이고 있다(이해국 외, 2012). 장기적으로 전문적 치료와 관리가 요구되는 중독 문제를 해결하기 위해 보건복지부, 법무부, 여성가족부, 과학기술정보통신부 등의 여러 부처에서 관련법을 마련하여 다양한 서비스 제공과 인력 양성에 힘쓰고 있다. 그러나 현재 알코올, 마약, 도박, 인터넷 등의 중독문제 관리 업무가 정부 내 여러 부처로 분산되어 있고, 관련 법규의 산재 및 서비스의 공백과 중복 등으로 통합적 예방과 관리가 이루어지지 못하고 있다. 〈표 11-5〉에서는 우리나라의 4대 중독으로 분류되는 알코올 중독, 마약류 중독, 도박 중독, 인터넷 중독과 관련된 관련 부처, 정책 근간이 되는 법규 및 서비스 기관을 정리하였다.

표 11-5 4대 중독 대상별 법 · 제도 및 관련 서비스 제공 기관

구분		관련 부처	관련 근거 법률/제도	내용	서비스 기관
알코올	산업 관리	국세청	• 주세법	-주세, 주류 제조 · 판매 · 면허 관리	• 병원 및 보건소 • 중독관리통합센터(50개) • 정신건강복지센터(260개) • 알코올 중독자 재활 시설(10개) • 국가지정 알코올 중독전문병원(7개)
			• 전통주등 산업진흥에 관한 법	-전통주 제조 및 판매 촉진	
	예방 홍보 치료 재활	보건복지부	• 국민건강증진법	-주류광고, 마케팅 규제 등	
			• 정신건강복지법	-중독관리통합지원센터 설치 및 운영: 알코올 중독자 상담, 치료, 재활 및 사회복귀 지원, -중독폐해 예방 및 교육사업	
		여성가족부	• 청소년보호법	-청소년 주류 판매 및 이용금지	
		경찰청	• 도로교통법	-음주운전 금지	

마약	산업관리	대검찰청	• 마약류관리에 관한 법률	–마약류 관리 · 감독 및 단속, 벌칙	• 치료보호 의료기관 (국 · 공립병원포함 19개) • 국립법무병원 • 마약퇴치운동본부(중앙 및 12개 지부) • 교정시설 (8개) • 보호관찰소(16개) • 약물중독재활센터(4개)
		식약처	• 관세법	–세관장 확인대상 물품 지정	
	예방 홍보 치료 재활	보건복지부	• 마약류관리에 관한 법률	–마약류 중독자 치료보호, 수강명령	
			• 마약류 중독자 치료보호 등에 관한 규칙	–마약 사용허가 신청, 마약류 중독자에 대한 실태조사	
			• 정신건강복지법	–중독관리통합지원센터 설치 및 운영: 마약 중독자 상담, 치료, 재활 및 사회복귀 지원, 중독폐해 예방 및 교육사업	
		식약처	• 마약류관리에 관한 법률	–마약퇴치운동본부 설립: 마약류의 폐해 홍보, 마약 중독자 사회복귀를 위한 사회복지사업	
		법무부	• 치료감호 등에 관한 법률	–마약류 사범에 대한 치료감호, 치료명령	
			• 보호관찰 등에 관한 법률	–보호관찰 대상자의 준수사항	
도박	산업관리	문화체육관광부	• 관광진흥법 • 경륜경정법	–카지노업 관리 –경륜경정 관리	• 한국도박문제관리센터 (14개 지역센터) • 희망길벗 경륜 · 경정중독예방치유센터 • 강원랜드 중독관리센터 • 유캔센터(32개 센터)
		기획재정부	• 복권 및 기금법	–복권관리	
		농림축산식품부	• 한국마사회법	–경마관리	
	예방 홍보 치료 재활	총리실 (사감위)	• 사행산업통합감독위원회법	–도박 중독 예방 및 치유 · 재활 서비스	
		보건복지부	• 정신건강복지법	–중독관리통합지원센터 설치 및 운영: 도박 중독자 상담, 치료, 재활 및 사회복귀 지원, 중독폐해 예방 및 교육사업	

<table>
<tr><td rowspan="6">인터넷</td><td>산업
관리</td><td>문화체육
관광부</td><td>• 게임산업진흥에 관한 법률</td><td>–게임 산업 관리</td><td rowspan="6">• 한국정보화진흥원
• 국립청소년인터넷드림마을(1개)
• 스마트쉼센터(18개)
• 게임과몰입힐링센터(6개)
• 아이윌센터(10개)
• Wee센터
• 중독관리통합센터(50개)
• 정신건강복지센터(260개)
• 청소년상담복지센터
• 한국도박문제관리센터 (14개 지역센터)</td></tr>
<tr><td rowspan="5">예방
치료
재활</td><td>과학기술
정보통신부</td><td>• 국가정보화 기본법</td><td>–인터넷 중독의 예방 및 해소를 위한 교육/ 인터넷 중독대응센터 설치 · 운영
–3년마다 인터넷중독 예방 및 해소를 위한 종합계획 수립</td></tr>
<tr><td>여성가족부</td><td>• 청소년보호법</td><td>–인터넷 게임중독의 피해 청소년에 대한 예방, 상담 및 치료, 재활 서비스 지원
–청소년 인터넷게임 건전이용 제도</td></tr>
<tr><td>문체부</td><td>• 게임산업진흥에 관한 법률</td><td>–올바른 게임 이용/게임리터러시 교육
–게임시간 선택제</td></tr>
<tr><td>교육부</td><td>• 초중등교육법 시행령</td><td>–사이버폭력예방 중점학교 운영</td></tr>
<tr><td>보건복지부</td><td>• 정신건강복지법</td><td>–중독관리통합지원센터 설치 및 운영: 인터넷중독자 상담, 치료, 재활 및 사회복귀 지원, 중독폐해 예방 및 교육사업</td></tr>
</table>

출처: 중독포럼(2012).

지역사회의 대표적인 중독 전문 개입 기관인 중독관리통합지원센터에서는 예방교육부터 사례관리와 재활프로그램, 노숙인 등 취약계층의 자활상담, 지역사회 보건복지 네트워크 구축까지 광범위한 중독관리사업을 수행하고 있다. 중독관리통합지원센터는 전국에 50개소에 불과하며, 전문인력과 예산부족으로 증가하는 중독문제의 대응에 어려움이 있다. 중독관리통합지원센터는 국민건강증진기금을 재원으로 운영되며, 국비와 지방비의 매칭으로 이루어진다. 〈표 11-6〉은 중독관리통합지원센터의 기본 사업을 정리하였다.

표 11-6 중독관리통합지원센터의 기본중독관리 사업

1. 기본적 중독관리사업		
영역	필수 사업	선택 사업
중독문제 조기 발견 및 개입 서비스	• 알코올문제 신규 발견 및 이용체계 구축 • 고위험음주군 조기 발견 및 단기 개입 서비스	• 타 중독(도박, 인터넷, 마약) 신규 발견 및 이용체계 구축 • 기타 중독(도박, 인터넷, 마약) 고위험군 조기 발견 및 단기 개입 서비스
중독질환 관리 사업	• 알코올 중독자 관리체계 구축 –사례관리 서비스 –재활 프로그램	• 알코올 중독자 위기관리 서비스 • 알코올 중독자 직업재활 서비스 • 기타 중독 관리체계 구축 –사례관리 서비스 –재활프로그램
중독질환 가족지원사업	• 알코올 중독자 가족 신규 발견 및 이용체계 구축 –사례관리 서비스 –가족모임 지원 서비스	• 알코올 중독자 및 기타 중독자 가족 신규 발견 및 이용체계 구축 –가족교육 및 프로그램
중독 예방 및 교육사업	• 취약계층 알코올문제 교육사업 • 인식개선 및 홍보사업	• 아동 · 청소년 예방교육사업 • 직장인 중독 예방지원사업 • 지역주민 예방교육사업
지역사회 사회안전망 조성사업	• 보건복지 네트워크 구축 • 지역 인프라 구축	• 지역 법무 연계 · 협력체계 구축 • 자원봉사 관리 · 운영체계 구축 • 경찰 및 응급지원 네크워크 구축
지역진단 및 기획	–	• 지역사회 진단 및 연구 • 지역 특성을 고려한 특화 서비스 기획 • 자원조정 및 중재
2. 노숙인 및 취약계층 알코올 중독 문제 관리사업		
• 유관기관 연계망 구축 • 유관기관 역량 지원 • 사례 발굴 및 사례관리 서비스 • 대상자별 집단상담 교육 운영 프로그램		

3. 청년 중독 예방관리 사업

- 홍보 및 교육: 캠페인, 청년층 집중시설 예방 등 홍보 교육
- 발굴 및 개입: 검사, 초기상담 및 등록, 치료 연계
- 지원: 상담, 사례관리, 중독 프로그램, 치료모니터링, 재활기관 연계
- 지지: 자조모임, 중독자 가족지원, 지역공헌활동

2) 중독 관련 치료 및 재활 서비스

샤퍼 등(Shaffer et al., 2004)은 중독 치료는 단일치료법보다는 다양한 중독에 공통적으로 적용되는 일반치료와 특정 중독에 적용되는 개별 치료법을 적절히 활용하는 '다중양식 칵테일식 접근법(multimodal cocktail approach)'이 효과가 있다고 하였다. 일반적으로 물질중독이나 행위중독에 대한 치료는 입원치료, 약물치료, 행동치료, 심리치료, 동기강화 면담, 12단계 자조집단 프로그램, 치료공동체 등의 치료방법이 효과가 있는 것으로 보고되고 있으며, 이러한 다양한 치료방법을 적절히 조합하는 것이 치료 및 재활에 효과적이라고 알려져 있다.

(1) 외래치료

일반적으로 외래치료(outpatient treatment)에서는 일주일에 한 번 개별치료나 집단치료, 가족치료, 교육 등이 제공된다. 이외에도 좀 더 구조적이고 집중적인 집중외래치료(intensive outpatient)에서는 중독의 의료적인 측면, 재발예방, 스트레스 관리, 대인관계, 자기주장 등의 교육집단 등을 운영한다. 또한 낮 시간에만 치료에 참여하고 저녁에는 집으로 돌아가는 낮치료(day treatment)도 있다. 낮치료는 일주일에 5~7일 동안 8시간씩 운영되며, 재활시설에서와 유사한 정신사회적 재활서비스가 제공된다.

(2) 입원치료

병원에서는 집중적인 의료적 · 정신과적 · 심리사회적 평가가 가능하다. 따라서 입원치료(inpatient treatment)에서는 중독자들이 의존하고 있는 물질을 완전히 중단하는 것을 목표로 하여, 의료적 · 정신과적 진단, 해독의 의료적 관리, 중독과 관련된 의료문제 관리, 정신과적 위기 등을 다룬다.

① 해독치료

해독치료는 본격적인 중독치료를 위한 가장 기본적인 준비단계이다. 중독 관련 치료 초기에는 입원치료를 통한 약물의 금단증상을 안전하게 치료하는 해독치료와 손상된 신체건강을 회복하기 위한 치료가 동시에 이루어진다.

② 약물치료

약물치료는 남용물질에 대한 탈조건화를 일으키는 도구로서 활용되고 있다. 디설피람(Disulfiram)은 1952년에 소개된 혐오치료 약물로서, 아세트알데하이드 수소화 효소를 억제하여 알코올의 체내 대사과정 중 아세트알데하이드의 산화를 차단한다. 디설피람 복용 중 음주를 하면 축적된 아세트알데하이드가 신체에 불쾌한 반응(홍조, 두통, 기절, 구토, 호흡곤란 등)을 일으키고 이것이 반복되면 음주를 혐오 · 기피하게 된다는 원리이다. 그러나 갈망증상과 혐오반응을 연결시켜 학습하는 것에 대한 효과의 한계가 나타나 잘 사용되지 않는다.

음주에 대한 갈망을 줄여 주는 항갈망제로 아캄프로세이트(Acamprosate)와 날트렉손(Naltrexon)이 사용된다. 아캄프로세이트는 알코올로 인한 흥분독성으로부터 신경을 보호하며, 단주시기에 증가되는 식욕저하의 효과가 있다고 알려져 있다. 날트렉손은 중추신경계에서 오피오이드 수용체 길항작용을 통해 물질 관련 장애의 긍정적 강화효과인 쾌락과 갈망을 차단시키는 데 효과가 있는 것으로 보고된다. 행위중독은 물질중독처럼 뇌 신경계에서 일어나는 생물학적 변화가 유사하여, 물질의존에 사용되는 약물이 행위중독 치료에서도 사용되고 있다. 대표적인 예인 날트렉손은 도박 중독 치료에 흔히 활용되고 있다(이경순 외, 2007).

③ 인지행동치료

인지행동치료는 개별 혹은 집단을 통해서 이루어진다. 인지행동치료는 인지치료와 행동치료가 통합된 치료로서 인지치료는 비현실적인 믿음과 비논리적 추론으로 왜곡된 상황을 스스로 깨닫고 수정하도록 가르치고 돕는 치료이며, 행동치료는 문제행동을 과거 경험의 반복이나 조건화 과정을 통해 학습된 것으로 보고 이를 치료하는 것이다. 특히 중독자들을 대상으로 한 인지행동치료는 먼저 중독을 일으키는 개인의 감정(느낌)이나 상황(단서)이 무엇인지 밝혀내고 재발을 일으키는 스트레스를 다루는 데 초점을 둔다. 인지행동 치료의 목표는 중독에 이르게 되는 사고과정을 변화시키고 실생활에서 일어날 수 있는 재발상황을 설정하여 거절하기 연습, 평소 떠오르는 갈망과 감정 변화를 조절할 수 있는 다양한 행동 기법을 연습한다. 각 회기별로 토론과 교육이 주로 진행되며 영화나 사례를 활용하기도 한다.

④ 동기강화 상담

동기강화 상담(Motivational Interviewing: MI)은 중독자의 양가감정을 탐색하여 해결해 줌으로써 내면의 변화 동기를 강화시키고 변화를 위한 계획을 수립하고 수립된 계획을 실행할 수 있는 기술을 개발하는 데 초점을 둔다. 동기강화 상담의 목적은 내담자가 변화해야 하는 이유를 알도록 도우며 변화에 대한 의지를 강화시키는 데 있다(Miller & Rollnick, 2002). 따라서 동기강화 상담은 중독치료에 있어서 중독자의 변화를 향한 동기를 강화하여 행동변화를 이끌 수 있기 때문에 알코올, 인터넷, 니코틴, 도박 등 다양한 중독분야에서 효과적인 모델로 알려져 있다(신성만, 권정옥, 2008).

동기강화 상담의 1단계에서는 네 가지 기본기법[OARS: Open question(개방형질문)/Affirming(인정해 주기)/Reflecting(반영적 경청)/Summarizing(요약하기)]을 활용하여 양가감정을 탐색하고 변화동기를 형성한다. 2단계에서는 인지적 · 경험적 변화촉진활동(관찰, 독서요법, 역할놀이 심리극, 공감훈련 등)과 행동적 변화촉진활동(이완훈련, 체계적 감각둔감법, 주장훈련 및 긍정적 자기진술, 자조집단, 사회적 지지나 치료적 관계 등)을 통해서 변화동기를 강화하고 행동변화를 이끌도록 한다.

(3) 재활치료: 치료공동체

치료공동체(Therapeutic community: TC)는 기존의 전통적인 치료에 대한 자조집단의 변형으로 회복중인 알코올 중독자와 약물 중독 환자들이 참여하여 조직된 거주 재활 프로그램이었다. 이후 치료공동체는 많은 발전이 이루어져 현재 전 세계 65개국 이상에서 적용되고 있다. 오늘날 치료공동체라는 용어는 일반적인 용어로 자리 잡았고, 알코올과 광범위한 약물치료자에게 제공되는 여러 가지 장기간 · 단기간의 거주 프로그램뿐 아니라 낮병원 치료프로그램과 외래 프로그램에서도 활용되고 있다.

치료공동체는 전문가와 회복자를 포함한 초학제적인 접근방법으로 교육, 훈련, 재활을 통하여 신체적 · 정서적 건강의 회복을 목적으로 한다. 그뿐만 아니라 자신의 사회적 · 경제적 삶을 유지하고 발달시키기 위한 능력을 개발하고 상호학습을 통한 삶의 가치와 태도를 재형성하도록 원조한다(De Leon, 2000). 치료공동체는 공동체를 활용하여 개인 스스로가 변화하는 것을 돕는다. 중독자들의 치유, 학습, 변화를 촉진시키기 위해 치료공동체의 구조(사회적 조직), 구성원(직원과 거주자), 일상생활방법들(집단, 모임, 작업, 레크리에이션)이 활용된다. 즉, 공동체는 개인을 돕기 위해 존재한다. 치료공동체에서의 주요 활동은 개별상담, 집단치료, 대인관계훈련, 교육, 시설 내 직업기능(요리, 청소, 페인트 칠, 수선 등)과 실습으로 진행된다. 치료공동체에서는 구성원들 간의 상호작용이 치료적 기능을 하도록 하며, 다른 구성원으로부터 도움이나 지지를 받기도 하고 어려움에 처한 다른 구성원을 돕거나 지지하는 치료자의 역할을 한다. 구성원들은 건강한 행동양식을 형성하며 지식적인 측면뿐 아니라 정서적인 자기통찰을 통해 단주/단약 생활을 유지해 나간다. 또한 현재보다 나은 삶으로의 변화를 촉구하며 자조(self-help)와 상호자조(mutual self-help)를 통해서 변화가 이루어진다(De Leon, 2000).

(4) 자조집단

자조집단은 중독자와 그 가족의 회복에 매우 도움이 되는 것으로 알려져 있다. 자조집단이란 중독 문제를 겪고 있는 본인 및 가족들을 위한 자조모임이다. 자조집단에서 12단계와 12전통을 기초로 중독자들이 그들의 공동문제를 해결하고, 다른 사람들이 중독으로부터 회복되도록 돕기 위해 경험을 나누고 힘과 희망을 준다. 알코올 중독자를 위한 자조모임에는 중독자를 위한 익명의 알코올 중독자들의 모임(Alcoholics Anonymous: A. A.), 알코올 중독자 가족들의 모임(Al-anon), 알코올 중독자 자녀들의 모임(Al-a-teen)이 있다. 마약 중독자들을 위한 자조모임에는 익명의 약물 중독자들의 모임(Narcotics Anonymous: N. A.)이 있으며, 도박 중독자들을 위한 자조모임에는 단도박 모임(Gambling Anonymous: G. A.)과 도박 중독자 가족모임(Gam-anon)이 있다.

토론주제

1. 물질중독과 행위중독의 공통점은 무엇인가?
2. 중독자의 치료와 회복에 있어서 가족의 역할과 중요성은 어떠한가?
3. 알코올, 게임, 인터넷 중독 등 다른 중독에 비해서 마약 중독자의 발견과 치료가 어려운 이유는 무엇인가?
4. 중독 문제에 대해 생리심리사회적 · 통합적 관점에서 개입해야 할 필요성은 무엇인가?
5. 알코올 중독자 자조모임인 A. A.에서의 12단계와 12전통은 무엇이고, 알코올 중독자 재활에 있어서 자조모임이 가지는 중요성은 무엇인가?

제12장

다문화사회와 정신건강

한국은 단일민족사회인가? 한국은 오랜 기간 우리가 단일민족사회라는 신화(myth)를 토대로 한국인의 정체성을 만들어 왔다. 하지만 역사에서 드러나듯이 우리는 이전부터 다민족사회, 다문화사회로서 존재해 왔다. 다만 우리 스스로를 다문화사회로 받아들이기 시작한 것은 불과 2000년대 중반에 들어서이다. 특히 2000년대 중반을 기점으로 외국인과 한국인 간 이루어지는 국제결혼 건수가 급증하면서 한국사회는 다문화가족과 이주민에 대한 관심을 가지게 되었으며 그때부터 국내에서 생활하는 이주민의 적응과 생활, 삶에 대한 정책적, 실천적 관심을 가지게 되었다. 이런 관심은 곧 이주민을 위한 정책과 서비스 마련으로 이어졌으며 그 결과 전국적으로 다양한 사회복지서비스 제공기관이 설립되어 운영되고 있다. 하지만 여전히 간과되고 있는 정책 및 서비스 영역은 이들의 정신건강에 대한 부분이다. 이주민의 정신건강 관련 어려움이 오랜 기간 연구되고 논의되고 있음에도 불구하고 아직까지 이에 대한 지원 방안은 미흡한 실정이다. 이 장에서는 한국에 거주하는 이주민에 대한 이해를 토대로 이들의 적응 및 생활과 관련된 정신건강 어려움에 대해 논의하고자 한다. 구체적으로 이 장에서는 다양한 이주민의 유형 및 실태를 파악해 보고 이들의 적응과 관련된 이론을 살펴보고자 한다. 또한 이주민이 경험하는 정신건강 관련 어려움이 무엇인지 탐색하며 이를 지원하기 위한 정책과 서비스를 검토하고, 이를 통해 한국 내 이주민에 대한 이해를 확대하고 정신건강 사회복지 영역에서의 이들을 지원하기 위한 다양한 방안을 강구해 보고자 한다.

1. 한국에 살고 있는 이주민에 대한 이해

한국에 살고 있는 이주민은 과연 누구인가? 국제이주기구에서 발행한 이주용어사전(2011)에 따르면 이주민(migrant)은 "개인적 편의를 이유로 외부로부터 강제적 요소의 개입 없이 개인이 이주결정을 자유로이 내리는 모든 경우를 포함하는 것으로 자신 및 가족의 더 나은 물질적 사회적 조건과 나은 삶을 위해 다른 국가 혹은 다른 지역으로 이동하는 사람들과 그 가족들을 포함하며"(p. 67) 동시에 이주 사유의 자발성과 무관하게 외국에서 1년 이상 거주한 사람을 모두 포함하는 것으로 정의한다. 이 정의를 토대로 살펴보면 한국사회에 거주하는 이주민은 유학생, 외국인 노동자, 결혼이민자, 난민, 북한이탈주민과 함께 국내 거주하는 모든 외국 출신 구성원을 포함한다. 하지만 아직까지 국내에서는 이주민이라는 표현보다는 외국인, 다문화가족 등의 표현이 일상적으로 많이 쓰이며 이주민 관련 정책을 아우르는 출입국관리법 등에서도 이주민이라는 표현보다는 '체류외국인' '외국인주민' 등의 표현을 사용하고 있다. 또한 이주민의 입국 유형에 따라 관할 부처 및 관련 법이 모두 다르며 정책 및 서비스 모두 분절적으로 운영되고 있어 이주민 전체를 아우르는 용어는 아직까지 없는 상황이다. 따라서 이 장에서는 이주민에 대한 정의, 유형과 현황을 간략히 검토하고 이를 통해 이주민에 대한 기본적인 지식을 제공하고자 한다.

1) 이주민 유형

행정안전부에서 제공하는 자료에 따르면 우리나라에 거주하는 외국인주민은 크게 한국국적을 취득한 자와 한국국적을 취득하지 않은 자, 외국인주민 자녀로 구분된다(행정안전부, 2021). 한국국적을 가지지 않은 자는 크게 결혼이민자, 외국인노동자, 유학생, 외국국적 동포, 기타 외국인으로 구분되는데, 여기서 기타 외국인은 체류자격이 외국인노동자, 결혼이민자, 유학생, 외국국적 동포에 해당되지 않는 외국인과 90일 미만 단기체류 비자를 발급받아 입국 후 불법으로 국내에 체류 중인 외국인을 가리킨다. 국적을 취득한 자는 입국 후 귀화한 이주민에 해당되며 외국인주민의 자녀는 다문화가족 내 자녀를 가리킨다. 법무부는 행정안전부와 약간의 다른 기준을 가지고 이주민을 분류하는데, 그 예로 행정안전부의 경우 국내 체류 90일 이상의 장기체류 외국인주민만을 대상으로 하는 반면에, 법무부에서는 국내 체류하는 모든 단기 · 장기 외국인을 체류외국인으로 호칭한다. 또한 영주권를 획득한 이주민이나 난민의 경우 법무부 자료에서는 등록외국인으로 분류하지만 행정안전부 자료에는 기타 외국인주민으로 분류되며 외국국적동포 중 방문취업 사증을 가진 이주민의 경우 행정안전부의 자료에는 외국인근로자에 포함되지만 법무부 자료에는 외국국적동포로 분류된다는 부분에서 차이가 있다.

〈표 12-1〉은 국내 거주하는 이주민에 대한 법적 정의를 행정안전부와 법무부 자료를 토대로 정리한 것이며 동시에 두 부처에서 공시하는 자료 내 포함되지 않은 북한이탈주민과 같은 다른 이주민 역시 포함한 표이다.

표 12-1 국내 이주민 유형

유형	정의
결혼이민자	체류자격 불문 대한민국 국민과 혼인관계에 있거나 혼인한 적이 있는 자.
외국인근로자 (노동자)	「외국인근로자의 고용 등에 관한 법률」에 근거, 대한민국 국적을 가지지 않은 사람으로 한국에 소재하는 사업, 사업장에서 임금을 목적으로 근로하는 자.
유학생	「출입국관리법 시행령」 제19조에 근거, 우리나라 소재 교육기관에 학업, 어학연수 등의 목적으로 거주하는 자.

외국국적동포	「재외동포의 출입국과 법적 지위에 관한 법률」 제2조에 근거, 대한민국 국적을 보유했던 자(대한민국정부 수립 전 이주 동포 포함)와 그 직계비속으로 외국국적을 취득한 자.
북한이탈주민	「북한이탈주민의 보호 및 정착지원에 관한 법률」 제2조에 근거, 북한이탈주민은 군사분계선 이북지역(북한)에 주소, 직계가족, 배우자, 직장 등을 두고 있는 사람으로서 북한을 벗어난 후 외국국적을 취득하지 않은 자. 하지만 교육부에서는 이를 확대하여 제3국에서 출생한 탈북민 역시 포함함.
난민	「난민법」 제2조에 근거, 난민은 인종, 종교, 국적, 특정 집단 구성원의 신분, 정치적 견해를 이유로 박해를 받을 수 있다고 인정할 충분한 근거가 있는 공포로 인해 국적국의 보호를 받을 수 없거나 보호받기를 원하지 않는 외국인 혹은 그런 공포로 인해 대한민국에 입국하기 전에 거주했던 국가에 돌아갈 수 없거나 돌아가기 원하지 않는 무국적자인 외국인. 난민은 난민인정자와 인도적 체류허가를 받은 사람, 난민인정을 신청한 자로 구분됨. 인도적 체류허가의 경우 난민법에 의해 인정받지 못했으나 고문 등의 비인도적 처우, 처벌 등으로 인해 생명 및 자유 침해가 있을 수 있다고 인정할 만한 합리적 근거가 있고 이를 토대로 법무부장관으로부터 체류허가를 받은 자를 가리킴.
외국인주민자녀	행정안전부의 자료에 따르면 귀화한 자의 미성년 자녀, 한국국적 배우자와 결혼한 외국국적 소지자의 미성년 자녀를 가리키며 여기서 자녀는 한국국적 소지자도 될 수 있으며, 중도입국 자녀와 같이 외국국적 소지자도 포함됨.
화교	국내 공시자료에 별도로 구분되어 분류되지 않은 인구집단이나 국내 체류 외국인 중 거주 역사가 가장 오래된 인구집단으로 1880년대부터 한국에 이주하여 3~4세대에 걸쳐 국내 체류 중인 대만국적, 중국국적 소지자로 영주권이나 장기거주사증을 가지고 한국에 체류하고 있는 자.

출처: 「출입국관리법」 시행령 제23조[1)]

국내 체류 중인 이주민 집단은 매우 다양하다. 이주민에 대한 이해에 있어 이주민 유형을 고려해야 하는 이유는 이들의 입국경로, 국내 체류자격에 따라 이들이 가지는 사회복지 욕구 및 어려움이 다를 수 있으며 동시에 이들의 정신건강 실태 및 어려움 역시 다를 수 있기 때문이다.

1) https://easylaw.go.kr/CSP/CnpClsMain.laf?popMenu=ov&csmSeq=3&ccfNo=1&cciNo=1&cnpClsNo=1& search_put=

2) 이주민 현황

그렇다면 우리나라에는 어느 정도 규모의 이주민이 살고 있는가? 3개월 이상의 장기체류 외국인주민을 대상으로 조사한 행정안전부의 지방자치단체 외국인 주민 현황자료에 의하면 2020년을 기준으로 약 216만 명이 한국에 거주하고 있으며 이는 2006년 대비 약 4배 이상 증가한 수치이다. 2006년 기준 국내 전체 인구 대비 외국인주민 비율이 약 1%에 머물렀던 것에 비해 2020년에는 그 비율이 약 4%를 웃도는 것으로 보고되어 국내 장기체류하는 외국인주민의 인구는 지속적으로 증가 추세를 보이는 것을 알 수 있다([그림 12-1] 참조).[2]

이 중 한국국적을 취득한 귀화인은 약 9.2%로 집계되며 외국인주민의 자녀의 경우 12.1%로 집계된다. 행정안전부의 정의에 따른 외국인주민 자녀는 국내 출생자로 한국국적을 가진 자이기 때문에 이를 토대로 보면 전체 외국인주민의 약 21%

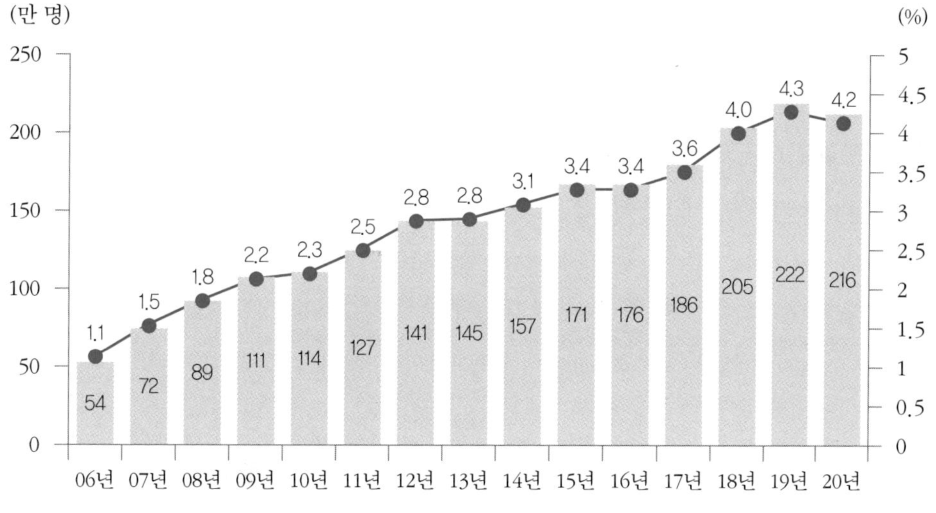

그림 12-1 국내 이주민 증가 추이

출처: 2020 지방자치단체 외국인주민 현황 설명자료, p. 2

2) 해당 부분은 행정안전부의 2020 지방자치단체 외국인주민현황 자료와 법무부 · 출입국외국인정책본부의 출입국외국인정책통계연보(2021)자료를 토대로 작성했다.

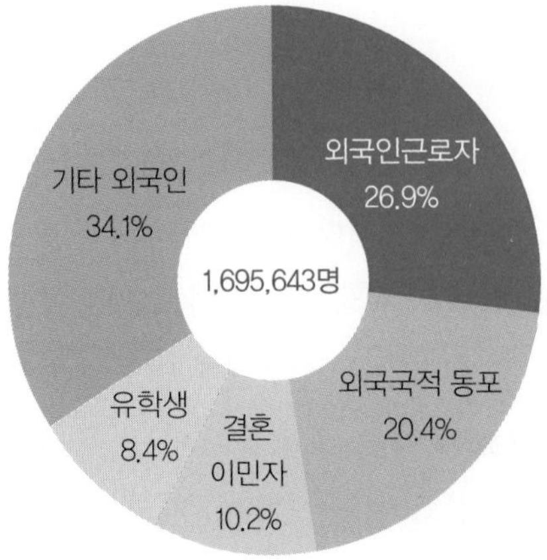

○ 한국국적을 가지지 않은 자 총 1,695,643명 중

① 외국인근로자: 455,287명(26.9%)
② 외국국적 동포: 345,110명(20.4%)
③ 결혼이민자: 173,756명(10.2%)
④ 유학생: 142,569명(8.4%)

※기타 외국인: 578,921명(34.1%)

그림 12-2 국내 이주민 구성

출처: 2020 지방자치단체 외국인주민 현황, p. 24.

정도가 한국국적 소지자이며 약 78.7%가 외국국적 소지자이다. [그림 12-2]에서 외국국적 소지자 내 구분을 살펴보면 외국인 근로자로 국내 체류 중인 이주민의 약 27%, 결혼이민자가 약 10%, 유학생이 약 8%, 외국국적 동포가 약 20%, 기타 외국인으로 집계되는 이들이 가장 많은 34%를 차지한다.

이를 조금 더 구체적으로 살펴보면, 외국인 근로자의 경우 흔히 3D(dirty, difficulty, and dangerous) 직종에 종사하는 것으로 알려진 비전문취업근로자(E9)가 가장 많으며 근로자의 출신 국가는 중국, 베트남, 캄보디아, 네팔 순으로 나타난다. 외국인근로자 중 약 79%가 남성이며 주로 경기도에 많이 거주하고 있는 것으로 나타난다.

결혼이민자의 경우 전체의 절반이 넘는 인원이 이미 귀화를 한 것으로 나타나며 여성이 여전히 압도적으로 많다. 또한 결혼이민자 중 베트남 출신이 가장 많으며 그다음으로 중국, 한국계 중국인, 필리핀 순으로 나타난다. 출신 국가는 성별에 따라 매우 상이한 것으로 보고되는데, 그 예로 결혼이민여성의 경우 베트남, 중국, 태국 등의 순서대로 많다면 남성의 경우 미국, 중국, 베트남 순으로 나타난다는 점이다. 또한 결혼이민자 인구 구성에 대해 한 가지 유의할 점은 결혼이민자 중 1인 가구, 한부모 가족 비중이 늘어나고 있다는 점이다. 결혼을 목적으로 한국에 입국한 결혼이민자의 경우 혼인관계가 종결되어도 자녀양육 등의 사유로 귀화하지 않은 상태에서도 국내 체류가 가능한데, 귀화한 이민자 및 귀화하지 않은 결혼이민자 중 1인 가구 및 한부모 가구의 형태를 띈 경우는 전체 다문화가구의 약 20% 정도로 집계되고 있다(최윤정 외, 2019). 즉, 이는 같은 이주민 집단 내 다양성이 존재함을 알려 주며 이에 따라 이들이 경험하는 스트레스와 정신건강 어려움이 매우 상이할 수 있음을 알려 준다.

유학생의 경우 2020년을 기준으로 약 142만 명이 한국에 거주하고 있는 것으로 나타나는데, 이는 코로나19 팬데믹 발생으로 인해 일부 감소한 수치이다. 유학생 다수가 서울과 경기도를 중심으로 한 수도권에 밀집되어 거주하고 있으며 유학생의 약 30%가 어학연수를 위해 국내 체류하고 있는 것으로 보고된다(행정안전부, 2021). 국내 체류 중인 난민은 크게 난민인정자, 인도적 체류허가를 받은 사람과 난민인정을 신청한 사람으로 구분된다. 우리나라 난민인정률은 매우 낮은 것으로 나타나는데 1994년부터 2021년 기간 전체 난민으로 인정받은 사람은 2.8%에 해당된다. 2021년의 경우 전체 신청자 2,341명 중 단 72명만이 인정을 받아 1.0%의 인정률을 보인다(법무부 통계자료).[3] 인정은 받지 못했으나 인도적 체류허가를 받은 난민신청자 누적인원은 2,412명이며 2021년의 경우 45명만이 인도적 체류허가를 받아 국내 체류 중에 있다. 우리나라 난민인정률은 OECD 국가 중 최하위권에 위치한다. 2000년부터 2017년까지의 OECD 국가 평균 난민인정률은 24.8%, 보호율은 38.0%이며 세계 190개국 평균 인정률은 29.9%, 보호율은 42.2%로 보고되고 있는 반면에,[4] 우리나라는 최하위권에 속하고 있다.

북한이탈주민은 우리나라의 특수한 이주민 범주에 속한다. 이들은 분명히 국경을 건너 이주를 했으나 외국인으로 인식되지 않고 외국인주민 혹은 체류외국인으로 집계되지 않는 인구집단이다. 다른 이주민과 달리 북한이탈주민의 체류와 관련된 업무는 통일부에서 총괄하고 있으며, 이들은 다문화사회 내 이주민을 위한 정

3) 법무부 출입국통계 난민 홈페이지 https://www.moj.go.kr/moj/2417/subview.do

4) https://mabu.newscloud.sbs.co.kr/201807refugee/index.html

책 및 서비스 영역에서도 포함되지 않는 집단이다. 국내 유입된 북한이탈주민의 수는 2000년부터 계속 증가 추세를 보이며 2011년까지 매년 2,000~3,000명이 입국한 것으로 보고되나, 그 후부터 입국하는 이탈주민의 수가 크게 감소했다. 코로나19 팬데믹 발생 이후 그 수는 더 감소되어 2020년에는 229명이, 2021년에는 63명만이 입국한 것으로 보고된다(통일부 북한이탈주민 현황[5], 2022). 2021년을 기준으로 국내 거주하는 이탈주민은 약 3만 명 정도로 집계되고 있으며(남북하나재단, 2022), 아동 · 청소년 수를 합하면 더 많은 수의 이탈주민이 거주하는 것으로 볼 수 있다. 여기서 유의할 점은 탈북주민의 다수가 여성이라는 점이다. 2000년대 초반부터 여성의 비율은 절반에서 시작되어 2010년에는 전체 북한이탈주민의 75%가, 2018년에는 그해 입국한 북한이탈주민의 약 85%가 여성인 것으로 집계되고 있다. 또 하나 이들이 가지는 특징은 이들이 다른 이주민 집단에 비해 고령화 인구가 많은 집단이라는 점이다. 최근 자료에 의하면 북한이탈주민의 약 22%가 50대 이상이며 약 11%가 60대 이상인 것으로 나타나 다른 이주민 집단에 비해 한국 입국 시 연령대도 높고 높은 연령구간에 속한 인구비율이 높은 것을 알 수 있다(남북하나재단, 2022). 이주 시 연령에 따라 적응 속도 및 양상이 다를 수 있고, 연령이 높아짐에 따라 이주민의 건강 상태가 악화될 수 있다는 점을 고려할 때 북한이탈주민의 정신건강 · 신체건강 관련 욕구는 다른 이주민 집단과 다를 수 있음을 알려 준다.

이외의 국내 이주민에 대해 더 정확하고 포괄적으로 이해하기 위해서는 앞에서 검토되지 않은 다른 이주민에 대해서도 살펴볼 필요가 있다. 예를 들어, 화교의 경우 국내 이주민 중 가장 오랜 이주 역사를 가지고 있으나 국내 다문화가족의 범주에 포함되지 않고 있다. 그리고 이 중 다수는 대만 혹은 중국 국적을 소지한 채 외국인으로 살아가고 있다(팽의휜, 조영한, 2019). 화교는 한국에 3~4대에 걸쳐 살고 있으나 여전히 한국인도 아니고 다문화 구성원도 아닌 "주목받지 못하는 소수자"(팽의휜, 조영한, 2019: 2)로 살아가고 있으며 이들에 대한 관심과 사회복지 지원제도는 부재한 상황이다. 또한 미등록체류자 역시 또 하나의 집단을 구성하는 이주민이

5) https://www.unikorea.go.kr/unikorea/business/NKDefectorsPolicy/status/lately/

다. 법무부에서는 이들을 불법체류외국인이라 호칭하고 있으며 이들의 규모 및 거주실태에 대해서는 정확히 알려진 바 없다. 미등록체류자 역시 사회복지제도 밖에 존재하는 이주민들이며 이미 이들의 인권침해 사례는 다수 보고된 바 있다(성정현 외, 2020). 정리하면 한국사회 내 다문화구성원은 '이주민'이라는 커다란 테두리 안에 묶여 있으나 집단 내, 집단 간 이질성이 크며 이들 역시 매우 다른 사회적, 문화적 배경을 가지고 있다. 따라서 국내 다문화 구성원, 이주민에 대한 올바른 이해를 위해서는 집단 내 다양성을 고려해야 하며 이주민 유형, 출신 국가, 이주 시 연령 등 다양한 요인으로 인해 이들이 경험할 수 있는 스트레스, 적응의 어려움, 정신건강 욕구 및 어려움 등이 다를 수 있음을 참고해야 한다.

2. 이주민과 적응

이주는 많은 변화를 수반한다. 모국을 떠나 언어, 문화, 생활양식, 관습이 다른 사회에 정착하는 이주민은 삶을 꾸려 나가기 위해 이에 적응하는 과정을 거치게 된다. 이를 문화적응(acculturation)이라고 한다. 레드필드와 동료들(Redfield et al., 1936)은 문화적 배경이 다른 집단끼리 접촉하면서 발생하는 변화의 과정을 문화적응이라고 설명했다. 즉, 타 문화를 접촉하면서 상대방의 문화를 받아들이는 과정에서 본인이 속한 문화권 내 변화 역시 동시에 관찰되는 경험을 문화적응이라 이해할 수 있다. 원칙적으로 문화적응은 매우 중립적인 용어로 변화는 접촉하는 모든 집단 내에서 관찰되어야 하지만, 실제 현실에서는 특정 집단과 그 구성원들이 더 많은 변화를 경험하게 된다(Berry, 1990: 정진경, 양계민, 2004에서 재인용).

이주민의 문화과정에 대한 관심은 이들의 정신건강에 대한 관심에서 비롯되었다고 해도 과언이 아니다. 1900년대 초반 미국 내 정신병원 입원환자의 다수가 이주민으로 파악되었으며, 이는 곧 선별적이고 까다로운 입국 절차와 이주 정책으로 이어졌다(Furnham & Bochner, 1986: 정진경, 양계민, 2004에서 재인용). 미국이 이주민으로 구성된 사회인 만큼 이주민의 적응 및 정신건강에 대한 관심은 이후로도 쭉

이어져 1970년대부터는 이주민의 정신건강 역학조사 등이 이루어지면서 이주민의 정신건강 실태와 정신건강 변화 등에 대한 사회적 관심이 증가했다. 이주민의 적응에 대한 관심은 다양한 적응 관련 이론의 발전으로 이어졌으며 이 장에서는 베리(Berry)의 문화적응이론을 중점적으로 다뤄 보고자 한다.

1) 문화적응

캐나다의 문화인류학 학자인 베리는 문화적응이론(acculturation theory)을 정립한 학자로 베리의 양방향적(bidirectional) 문화적응이론은 지금까지도 이주민 연구에서 많이 활용되고 있다. 베리는 기존까지 일방향적이며 단일차원의 개념으로 이해되었던 적응과정을 조금 넓은 관점에서 살펴봤다. 베리는 문화적응 개인이나 집단이 새로운 변화를 맞이하면서 사용하는 전략에 따라 다른 양상을 보인다고 설명했다. 즉, '모국의 문화적 가치와 특성을 유지할 것인가'와 '다른 문화적 집단(주로 주류사회)과 계속 접촉하며 교류하는지'의 정도에 따라 문화적응 유형이 달라진다는 것이다. [그림 12-3]은 베리의 문화적응 유형을 보여 준다.

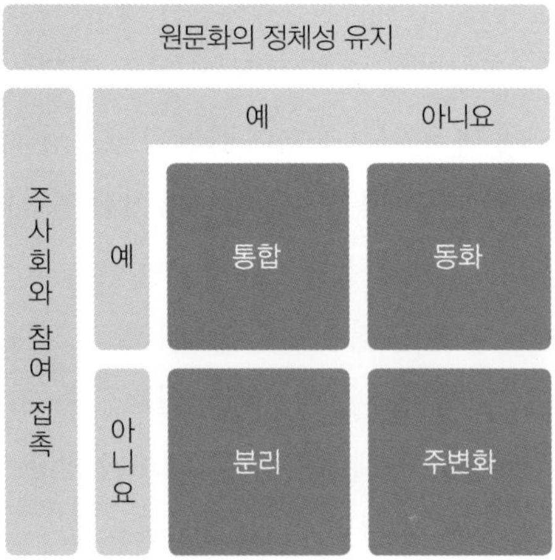

그림 12-3 베리의 문화적응 유형

출처: 최혜지(2009), p. 167.

그림에서 나타나듯이 유형은 크게 4개로 나눠지는데, 첫째, 이주민이 본인의 원문화를 유지하면서 주류사회의 문화를 적극적으로 받아들이며 교류를 하는 통합형(integration) 적응유형이다. 통합형 적응유형에 해당하는 이주민은 원문화와 원문화에 기반한 정체성 유지를 중요하게 여기면서 동시에 이주사회 문화를 받아들이고 새로운 사람들과 교류하고자 하는 노력을 기울인다. 예를 들어, 필리핀에서 한국으로 이주한 이주민이 필리핀 문화와 언어를 유지하고 자녀에게 이를 계승하려는 노력을 하면서 동시에 한국사회와 한국인들과의 교류에 적극적이며 한국 내 노동시장 등 다양한 제도권에 진입하려고 노력하는 경우가 이 유형에 해당한다. 둘째, 이와 달리 자신의 원문화와 정체성 유지에는 소극적이나 주류문화를 받아들이고 교류하는 것을 추구하는 경우는 동화(assimilation)유형으로 분류한다. 이 유형은 자신의 원문화와 언어 등을 유지하는 것보다 이주사회 문화와 언어를 습득하고 이주사회에 동화하는 것을 우선시한다. 예를 들어, 한국으로 이주한 이주민이 모국어, 모국 음식, 모국 문화를 유지하려는 노력과 모국인과의 교류를 최소화하고, 한국어, 한국음식, 한국 문화를 우선시하고 한국인과의 교류를 우선시하는 경우가 이에 해당한다. 셋째, 반대로 자신의 원문화와 정체성을 유지하지만 이주사회의 문화를 받아들이고 교류하는 것에 소극적인 경우는 분리(separation)유형으로 분류한다. 분리유형에 속하는 이주민의 경우 이주사회 구성원과 적극적으로 교류하고 진입하는 것보다 원문화와 언어를 공유하는 사람들과의 교류를 우선시한다. 예를 들어, 미국 내 한인타운에서만 생활하는 한국계 미국인이 될 수 있다. 미국에 오래 살았거나 미국에서 태어났으나 여전히 한국문화, 한국어, 한국음식을 고수하고 주로 한국인과 교류하며 삶의 반경이 한인타운에 제한되어 있으며 한국인이 아닌 다른 미국사회 구성원과의 교류가 적을 때 이들은 분리 유형에 속한다. 넷째, 자신의 원문화와 정체성 유지에도 관심이 없고 주류사회 문화를 받아들이거나 교류하는 것에도 소극적인 경우는 주변화(marginalization)유형으로 분류한다. 이주사회에서 자신의 문화를 유지하고 언어를 사용하는 것을 꺼리면서 동시에 주류사회 진입과 교류가 어려운 이주민이 이 주변화유형에 속한다고 볼 수 있다. 전자배(2018)는 주변화유형에 속한 이주민은 종종 자신의 모국 문화에 대한 수치심을 느끼고 의도적으로 모국인 및 모국 문화와 거리를 두면서도 이주사회 내 존재하는 이주민에 대한 차별과 편견으로 인해 이주사회 내 쉽게 진입하지 못하고 이주사회 구성원과 쉽게 교류하지 못한다고 설명했다.

베리는 이주민의 적응유형에 따라 이들의 정신건강 상태가 달라질 수 있다고 설명하였다. 통합유형이 이주민의 정신건강에 가장 긍정적으로 작용하며, 그다음으로 동화유형, 분리유형의 적응 전략이 이들의 정신건강과 관련이 있다고 주장했다. 반면에, 주변화유형에 속한 이주민은 상대적으로 정신건강이 취약할 수 있다고 주장했다(Berry, 1997). 베리의 주장을 실증적으로 검토한 다수의 연구에서도 유사한 결과가 보고되었는데, 그 예로 가장 최근에 발표된 초이와 동료들(Choy et al., 2021)의 메타분석 연구에서도 주변화유형에 속한 이주민이 그렇지 않은 이주민보다 더 우울한 것으로 보고되었으며, 특히 불안장애 관련 증상은 통합형 이주민보다 세 배 이상 많은 것으로 보고되었다. 동시에 베리의 주장대로 통합유형에 속한 이주민이 다른 유형의 적응양상을 보이는 이주민에 비해 우울 및 불안이 가장 낮은 것으로 나타났다. 국내 연구에서도 이런 베리의 주장은 일부 뒷받침되고 있다. 예를 들어, 안가은(2019)의 이주노동자에 대한 연구에서는 동화유형은 관찰되지 않았으며 통합, 주변화, 분리유형에 따른 우울수준이 다르게 나타남이 보고되었는데, 주변화 집단의 경우 분리유형 및 통합유형보다 더 우울한 것으로 나타났다. 하지만 베리의 적응유형과 정신건강 간의 관계는 이주민의 유형에 따라 다르게 나타나고 동시에 명확하게 나타나지 않는 경우도 많아 베리의 적응유형과 이들의 심리정서 적응 간 관계에 대해서는 추후 더 연구되어야 할 것이다. 다만 전자배(2018)가 설명한 것과 같이 이주민이 어떤 전략을 사용하고 어떤 적응유형을 보이는지가 전적으로 이주민의 의지에 달려 있는 것이 아니다. 이주민이 주류사회와의 교류를 원하고 적극적 진입을 원하더라도 주류사회에서 이를 거부하거나 이들을 배제시킬 경우 이들은 타의적으로 주변화유형 혹은 분리유형으로 남을 수 있다. 안가은(2019)의 연구에서도 주변화유형에 속한 이주노동자일수록 사회적 차별에 대한 인식이 강한 것으로 나타나 이들의 적응전략이 이주사회 요인에 따라 달라질 수 있음을 알 수 있다. 따라서 이주민의 적응을 이해하기 위해서는 단순히 이들의 의지, 역량, 태도만을 살펴볼 것이 아니라 이주사회에서 이들이 차지하는 사회경제적 위치, 이들에 대한 사회적 편견과 인식 등에 대해 포괄적으로 살펴봐야 할 것이다. 동시에 이주민 유형에 따라 사용가능한 전략이 다를 수 있음에 대해서도 고려해야 한다. 예를 들어, 결혼이주민의 경우 본인이 모국문화와 모국문화에 기반한 정체성을 유지하고 싶더라도 한국인 배우자 혹은 배우자의 가족이 이를 원치 않을 수 있다. 이런 경우 이들의 문화적응 유형은 외부 압력에 의한 동화가 될 수 있으며 이런 경우 오히려 이들의 정신건강에 부정적 영향을 가져올 수 있다. 한국사회에서는 아직까지 가족단위 이주가 쉽게 허용되지 않는다는 점을 고려할 때, 이들의 문화적응 과정과 전략, 유형에 대해서는 많은 연구가 필요하다.

2) 문화적응 스트레스

문화적응은 많은 변화를 수반하며 그 양상과 유형은 모두 다르게 나타난다. 일부 이주민에게는 문화적응 과정이 새로운 도전으로 인식될 수 있고 일부 이주민에게는 많은 스트레스가 수반되는 고통스러운 과정이 될 수도 있다. 특히 난민과 같이 이주가 생존을 위한 반강제적 결정이었거나 북한이탈주민과 같이 이주과정 자체가 많은 위험과 트라우마가 수반되는 경험일 때 이주 후 적응과정 역시 어려울 수 있다. 이런 문화적응 과정 속에서 발생하는 스트레스를 베리는 문화적응 스트레스(acculturative stress)라고 칭하며 문화적응 스트레스는 여느 스트레스와 같이 이주민의 적응과 심리정서적 상태, 정신건강에 부정적인 영향을 미친다고 설명했다(Berry, 2005). 문화적응 스트레스는 이주 후 이들이 경험하는 외로움, 소외감, 향수병, 문화충격 등을 모두 내포하는 현상(Sandhu & Asrabadi, 1994)으로 이해할 수 있으며, 이는 이주민 개인과 집단의 내적 · 외적 균형을 깨뜨릴 수 있는 위기 요소로 작용하기도 한다. 문화적응 스트레스는 이주민의 우울, 불안, 자살과도 매우 밀접한 관계를 가진다. 여느 스트레스가 그렇듯이 이를 해결할 수 있는 자원과 전략이 부족한 상태가 지속되어 스트레스가 누적되고 방치될 시, 이는 장기적으로 이들의 신체 및 정신건강에 악영향을 미칠 수 있다. 이주 역사가 긴 서구 국가에서는 기존부터 문화적응 스트레스와 문화적응, 이주민의 정신건강 간의 관계를 살펴보는 연구가 오랫동안 진행되어 왔다. 이미 다수의 연구에서 문화적응 스트레스가 이주민의 우울, 불안, 문제음주 및 자살과 연관이 있음을 밝혀내기도 했다(Hovey & King, 1996; Bernstein et al., 2011). 국내에서도 2000년대부터 우리나라에 살고 있는 다양한 이주민 집단의 문화적응 스트레스를 탐색하고 이들의 스트레스와 정신건강을 살펴보는 연구가 진행되었는데, 그 예로 최근 유수정 등(2021)은 문화적응 스트레스 수준이 높은 결혼이주여성의 경우 우울 수준 역시 높음을 보고했다. 중국인 유학생을 대상으로 진행한 경수영, 장수미(2010)의 연구에서도 유학생의 적응 스트레스 수준이 우울에 영향을 미침을 규명했다. 그 외 이민지, 장혜인, 전진용(2016)은 북한이탈주민의 문화적응 스트레스가 이들의 우울을 예측한다고 보고했다. 국내 거주하는 다수의 이주민이 문화적응 스트레스를 경험하고 있으며, 이런 결과는 스트레스가 이들의 정신건강에 영향을 미치고 있음을 알 수 있다. 진은영(2015)은 문화적응 과정에서 많은 스트레스를 경험하는 이주민의 경우 높은 우울, 불안이 나타날 수 있고 동시에 자신과 자신이 속한 이주민 집단에 대한 부정적인 태도와 관점을 가질 수 있어 궁극적으로 이들의 자아존중감도 손상될 수 있다고 설명한다. 자아존중감이 개개인이 경험하는 스트레스의 영향을 완충시킬 수 있는 중요한 내적자원임을 고려할 때 이주민이 경험하는 스트레스의 장기적 영향에 대해서는 많은 고민이 요구된다.

중요한 것은 이주민의 문화적응 과정 내 발생하는 스트레스가 단순히 '이주'행위로 발생하지 않는다는 점이다. [그림 12-4]에서도 볼 수 있듯이 문화적응은 개인과 집단 수준에서 여러 요인의 상호작용과 결합으로 인해 경험되며 문화적응 과정에서 개개인이 활용하는 요인과 전략, 자원에 따라 이들의 적응양상 및 정신건강, 건강상태가 모두 달라질 수 있다. 특히 주의 깊게 봐야 할 점은 이들의 개인적 요인과 더불어 환경과 관련된 요인이다. 이주민이 정착한 이주사회 내 이주정책, 다문화 관련 정책 및 이데올로기 역시 이들이 이주사회에서 겪게 되는 삶의 경험을 결정지을 수 있으며 이와 더불어 이주사회가 이주민에 대해 가지는 관점 및 태도 역시 이들의 적응과 밀접하게 연관되어 있다. 국내 거주 이주민 인구가 지속적으로 증가하

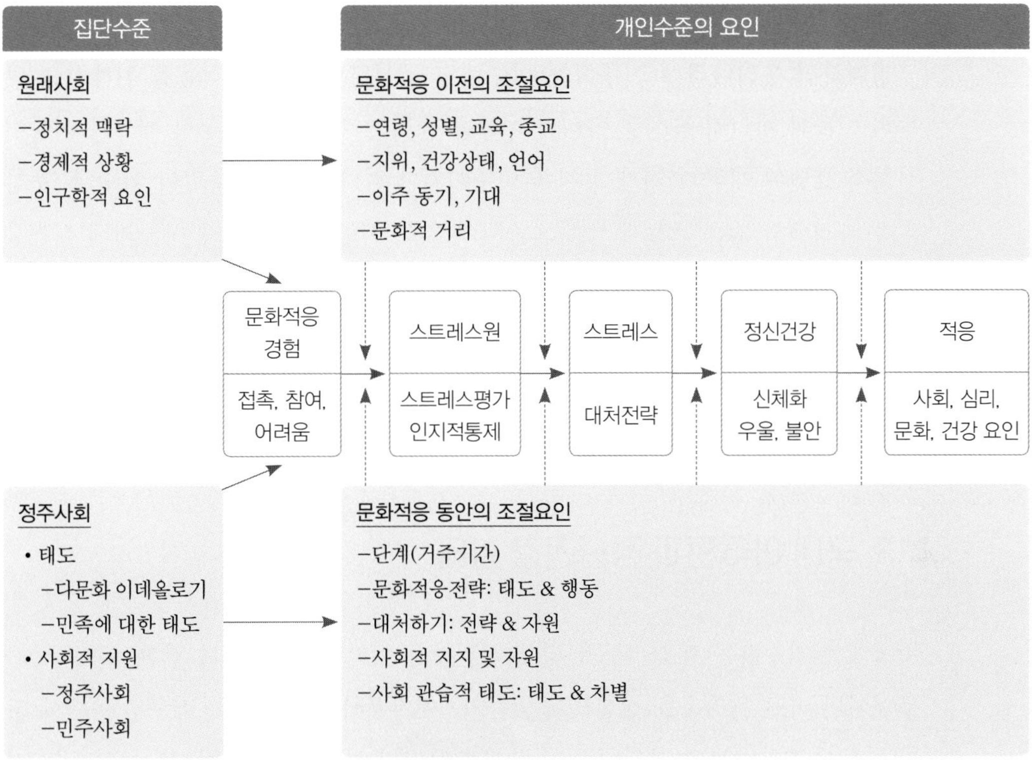

그림 12-4 문화적응 모델

출처: Berry (2006), p. 45.

고 있음에도 불구하고 한국사회의 이주민에 대한 인식은 여전히 매우 부정적이며, 특히 난민, 외국인노동자와 같은 특정 이주민 집단에 대한 포용 및 수용성 수준은 매우 낮은 편이다. 동시에 한국의 경우 이주민 유형에 따라 이용 가능한 사회복지 서비스와 제도가 매우 상이하다. 예를 들어, F6 사증을 받아 한국에 거주하는 결혼 이주여성과 북한이탈주민의 경우 한국 태생 한국국민과 동일한 사회서비스 및 의료서비스 이용이 가능하지만 일부 외국인노동자, 난민 등 다른 이주민 집단의 경우 사회복지서비스와 의료서비스 이용이 일부 어려울 수도 있다. 특히 정신건강 영역에서는 결혼이주여성, 북한이탈주민을 포함한 다수의 이주민이 이용할 수 있는 의료기관, 상담기관 등이 부족할 수 있어 이 역시 이들의 건강한 적응에 영향을 미칠 수 있다.

정리하면 우리나라에 거주하는 이주배경 구성원의 건강한 적응을 위해서는 단순히 이들의 개인적 특성뿐 아니라 이들을 둘러싼 한국사회 다양한 제도와 더불어 사회적 요인에 대한 고려가 동시에 이루어져야 한다. 특히 이주민이 이주 후 문화 적응 과정에서 많은 스트레스에 노출되어 있고 이런 스트레스가 이들의 정신건강에 장기적인 영향을 미칠 수 있음을 생각할 때, 이들의 정신건강 어려움을 지원하기 위한 제도와 서비스 마련이 향후 한국사회가 고민해야 하는 중요한 과업이 될 것이다.

3. 국내 이주민과 정신건강 실태

국내에 거주하는 여러 이주민의 정신건강은 어떠한가? 이들의 정신건강 욕구는 무엇이며 어떤 어려움을 경험하고 있는가? 여기에서는 우리나라 이주민 유형에 따라 이들이 경험하는 어려움에 대해 탐색해 보고자 하며, 특히 북한이탈주민, 결혼이주민, 외국인주민 자녀, 난민 중심으로 이들의 정신건강 현황을 살펴보고자 한다.

1) 북한이탈주민

북한이탈주민은 난민과 더불어 이주 전, 이주과정 속에서 많은 트라우마에 노출된 것으로 알려져 있다. 또한 이주 과정에서 가족을 잃거나 헤어지는 등의 과정을 경험하면서 이주 후 적응과정에서 여러 정신건강 문제가 발생하는 것으로 나타난다. 최근 실시한 북한이탈주민 트라우마 실태조사(이소희 외, 2018)에 따르면 북한이탈주민의 많은 수는 북한에서 강제노동, 굶주림, 식량 부족, 노숙 상태 등을 경험했으며 탈북 과정에서 납치, 유괴, 인질 등 강제 감금 경험 역시 많은 것으로 보고되었다. 동시에 한국으로 이주 후에도 이런 어려움은 지속된 것으로 보고되는데, 이들은 사기피해의 대상이 되기도 하고 산업재해가 많은 직군에 종사하면서 사건,

사고를 많이 경험하는 것으로 나타났다. 조사에 참여한 이탈주민의 약 절반 정도가 주의가 요구되는 외상 후 스트레스 장애(Post Traumatic Stress Disorder: PTSD)를 겪고 있는 것으로 나타났고, 그 외 약 1/3이 고도 우울, 약 1/4이 높은 불안을 겪고 있는 것으로 보고되었으며, 더 심각한 것은 조사참여 이탈주민의 약 23%가 높은 자살위험성을 가지고 있다는 것이었다. 이러한 결과는 한국에 살고 있는 북한이탈주민이 심각한 정신건강 문제를 경험하고 있는 것을 알려 주며 이들을 위한 지역사회 내 정신건강 서비스 지원이 절실함을 알려 준다.

2) 외국인노동자

국내에 체류하는 많은 외국인노동자는 상대적으로 위험하고 더러우며 고된 3D(dangerous, dirty, difficult) 일이 요구되는 직군에 종사하고 있다. 제조업, 농업, 어업 등 한국인이 기피하는 업종에서 노동하는 외국인근로자가 많고 이들은 장시간 노동, 최저임금 위반 등 열악한 근로환경에 놓여 있는 경우가 많아 이들의 안전, 건강은 매우 취약한 상태이다. 외국인노동자는 한국 입국 후 한국사회와 직장에 적응해야 하는 과정 속에서 경험하는 문화적응 스트레스와 더불어 직무스트레스 역시 동시에 경험하게 된다. 그리고 이들이 경험하는 스트레스는 이들의 정신건강과 신체건강에 모두 큰 위험요인으로 작용하게 된다. 최근 한국보건사회연구원에서 실시한 조사(김기태 외, 2020)에 따르면 비전문취업(E9) 사증을 가지고 근로 중인 국내 외국인노동자의 약 26%가 CES-D 척도 기준 우울군으로 파악되었으며, 특히 20대 청년집단에 속하는 외국인노동자의 우울 수준이 매우 높은 것으로 보고되었다. 동시에 이들의 자살 역시 매우 큰 문제로 대두되고 있는데 최근 조사에 따르면(한국이주민건강협회, 2022)[6] 외국인노동자 업무 외 재해로 인한 사망유형 중 자살이 큰 비중을 차지하는 것으로 보고되고 있다. 특히 직장 내 갈등과 가족 상실, 사회적 지지체계 부족은 이들을 큰 자살위험으로 내모는 것으로 보고되고 있다.

6) http://www.wefriends.org/bbs/board.php?bo_table=cardnews&wr_id=13

3) 결혼이민자

결혼을 통해 이주하게 되는 결혼이민자는 한국사회 적응 과정에서 다른 이주민과 달리 이중, 삼중의 어려움을 경험하게 된다. 이들 다수는 한국어 습득, 한국문화에 대한 이해 및 한국사회 적응과 한국 가족문화에 대한 적응, 결혼을 통해 수행해야 하는 새로운 역할에의 적응을 동시에 경험하게 된다. 또한 여성의 경우 결혼과 동시에 임신, 출산의 과정을 겪게 되면서 한국사회에 대한 적응이 채 이루어지기도 전에 부모로서의 역할 역시 수행하게 된다. 자녀 출산, 양육과 더불어 아내와 며느리 역할까지 다양한 역할을 동시에 감당해야 하는 이주여성은 상시 많은 스트레스에 쉽게 노출되며 이는 이들의 우울과 자살생각 위험을 높인다. 결혼이민자의 다수를 차지하는 여성의 우울문제는 여러 연구를 통해 지속적으로 보고되고 있으며(유수정 외, 2021; 전경숙, 2018) 최근 연구에서는 이주여성이 경험하는 문화적응 스트레스와 가족생활 스트레스는 이들의 자살생각 위험 역시 높이는 것으로 나타나(김혜미, 권태연, 2021) 이들의 취약한 정신건강은 심각한 문제로 대두되고 있다. 2018년 다문화가족실태조사(최윤정 외, 2019)에서 보고된 결혼이민자의 우울지표를 상세히 살펴보면 먼저 이들의 전반적인 우울감은 2015년 실태조사에 비해 다소 감소한 것으로 나타난다. 다만 [그림 12-5]에서도 볼 수 있듯이 결혼이민자의 우울은 높은 연령대에서 두드러지며 이 역시 2015년 대비 높아진 것을 알 수 있다.[7]

이들의 연령과 더불어 주의 깊게 봐야 할 점은 이들의 거주기간이 길어질수록 우울감이 높아진다는 점이다. 즉, 한국에서의 생활이 길어질수록 이들의 우울감이 높아진다는 것이다. 이는 이들의 누적된 스트레스가 방치되고 만성화되어 이것이 우울로 이어질 수 있음을 시사하며 이들의 스트레스와 정신건강 지원을 위한 지원체계 마련이 시급함을 알려 주기도 한다. 또한 결혼이민자 중 배우자가 사망했거나 혹은 배우자와 이혼 · 별거한 경우 우울감이 더 높은 것으로 밝혀졌는데, 이는 증가하는 다문화 한부모세대의 어려움을 알려 주는 결과로도 이해할 수 있다. 이

7) [그림 12-5]는 결혼이주여성뿐 아니라 남성도 포함한 그림이다.

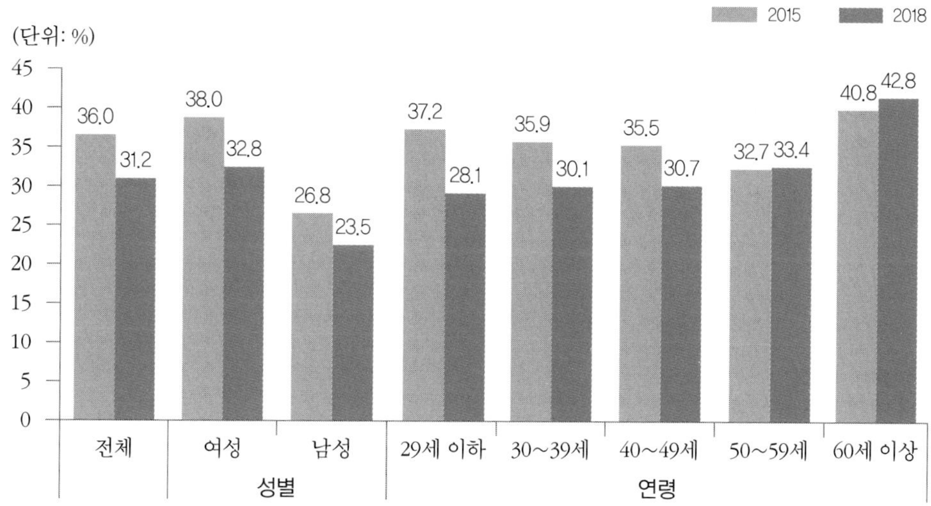

그림 12-5 결혼이민자의 성별, 연령대별 우울 경험

출처: 최윤정 외(2019), p. 276.

런 결과는 결혼이민자의 정신건강은 가족 구성과 가족생활의 맥락에서 이해해야 함을 알려 주며, 다른 이주민 집단보다 가족 관련 요인에 대한 고려가 중요함을 시사한다.

4) 외국인주민 자녀

외국인주민 자녀는 다문화가족 내 한국국적을 소지한 자녀, 다문화가족 내 중도입국한 외국국적 자녀, 그 외 이주민 가족의 외국국적 자녀로 구분할 수 있다. 일부에서는 이들을 이주배경 아동·청소년으로 구분하기도 하는데, 그 예로 양계민 등(2020)은 〈표 12-2〉와 같이 이들을 구분하였다.

외국인주민자녀의 정신건강은 이들의 성장배경과 가구유형에 따라 일부 상이한 것으로 보고된다. 2018 다문화가족실태조사에서 보고된 내용에 따르면 다문화가족 내 한국태생 자녀는 외국에서 주로 성장했다가 중도입국한 다문화가족 자녀보다 평균적으로 덜 우울한 것으로 나타난다. 외국에서 주로 성장한 다문화가족 자녀의 자

표 12-2 외국인주민 자녀 구분

부모배경 \ 본인출생지	국내 또는 남한출생	국외 또는 남한 외 출생
부모 중 1명이 한국인	국내출생 국제결혼가족자녀	국외출생 국제결혼가족자녀
부모 모두 외국인	국내출생 외국인가족자녀	국외출생 외국인가족자녀
부모 중 1명 이상이 북한이탈주민	남한출생 탈북배경 아동 · 청소년	북한출생 탈북배경 아동 · 청소년
북힌이탈주민과 외국인 결혼가족		제3국 출생 탈북배경 아동 · 청소년

출처: 양계민 외(2020), p. 22.

아존중감 역시 상대적으로 낮은 것으로 나타난다(최윤정 외, 2019). 이는 외국인주민 자녀 중 중도입국한 자녀의 심리정서상태가 조금 더 취약함을 알려 준다. 한편, 외국인주민 자녀는 전체적으로 선주민 자녀, 즉 한국인 부모 가정의 아동 · 청소년에 비해 정신건강이 더욱 취약한 것으로 알려져 있다. 최근 연구에 따르면 다문화가족 자녀는 한국인 가족 자녀에 비해 우울이 더 높고 자살생각 및 자살시도율이 높은 것으로 보고되고 있다(채명옥, 2018). 특히 이들의 자살생각 및 자살시도율은 한국인 가족 자녀에 비해 약 1.3배 높게 나타나 매우 심각한 것을 알 수 있다. 또한 이들의 스마트폰 과의존 정도, 흡연 및 약물 이용률 모두 상대적으로 높은 것으로 나타나 다문화가족 아동 · 청소년의 정신건강에 대한 사회적 관심이 필요함을 알 수 있다.

다문화가족 자녀가 아닌 부모가 모두 외국인인 외국인근로자 가정, 난민 가정, 미등록체류인 가정 자녀 등의 정신건강 실태에 대해서는 알려진 바가 많지 않다. 다만 국적이 한국이 아닌 경우 한국에서 태어나 성장했다고 하더라도 이들을 위한 지원제도가 부족하고 보육, 교육 모든 영역에서 차별적 대우를 받는 경우가 많이 보고되고 있어 이들이 경험하는 스트레스와 어려움은 더 큰 것으로 알려져 있다(김희주 외, 2021). 특히 학령기 아동 · 청소년의 경우 학교생활과 학교적응이 이들의 심리정서 상태와 매우 밀접한 관계가 있는데, 외국인주민 자녀의 많은 수가 학교폭력, 소외 등에 노출되어 있으며 또래관계 형성과 학업에 어려움을 겪고 있는 것으로 보고되고 있어(최윤정 외, 2019; 김희주 외, 2021) 이들의 장기적인 정신건강 상태에 대한 우려가 큰 상태이다.

5) 난민

난민으로 인정받기 위해서는 난민신청을 하는 개인이 자신의 인종, 종교, 국적, 정치적 신념으로 인해 박해를 받거나 박해를 받을 수 있는 위험에 처했음을 입증해야 한다. 즉, 난민이라는 지위 자체는 박해라는 객관적 요건과 이런 요건이 대상자에게 두려움과 위협으로 존재함을 내포한다. 즉, 난민에게는 심리적 취약성이 중요한 전제가 된다(난민인권센터, 2010). 난민이 되어 가는 과정 속에서 이들은 다양한 유형의 폭력, 협박, 고문 등을 반복적으로 또 장기적으로 경험하게 되고 이는 곧 복합외상(complex trauma)으로 남게 된다. 생존과 안녕에 위협을 가하는 이런 외상 경험은 종종 오랜 기간 누적되며, 행여나 이들이 이런 경험에서 벗어나더라도 이주 후 사회에서의 체류자격과 신분의 불안정성으로 인해 이들은 만성적이고 지속적인 스트레스 상황에 노출된다. 크레이머와 피셔(Kramer & Fischer, 2018)는 난민이 이주사회에 적응하는 과정에서 고국에 두고 온 가족과 친구들에 대한 우려, 이주사회 내 이들 지위, 일상생활 속에서 이들이 경험하는 차별과 배제 등이 모두 결합되어 이들의 건강에 부정적 영향을 미친다고 설명한다. 이런 특징으로 인해 많은 난민이 PTSD, 우울, 공포불안 등을 경험하고 있으며 정신건강 측면에서 난민은 매우 취약한 이주민 집단으로 볼 수 있다(난민인권센터, 2010).

난민 아동 역시 많은 심리적 취약성을 가진다. 많은 난민 아동이 부모님 출생국가가 아닌 제3국가 혹은 지역의 난민촌에서 출생, 성장하기도 하며 다른 국가로 이주하여 난민으로 인정받아 정착하기까지 많은 난관을 경험한다. 불안정한 성장과정 속에서 다수 아동은 부모와 여느 성인 난민과 같이 불안, 외상 후 스트레스 등을 경험하기도 한다. 2013년 세이브더칠드런에서 실시한 난민아동 조사에 따르면 조사에 참여한 난민아동은 불안함, 불안정감, 사회적 위축 등을 보이며 특히 난민과 이주민에 대한 사회적 수용성이 낮은 한국사회에서 이들은 자신의 "외모가 창피하고 걱정이 되어 직접적인 사회적 접촉을 피하기도"(김현미 외, 2013: 71) 하는 상황에 놓이기도 한다. 해당 조사에서는 난민 아동의 일부가 우울과 과잉행동, 신체화 점수가 높게 나타난 것으로 보고되었다.

4. 이주민을 위한 정신건강 정책 및 지원 제도

이주 및 적응 과정에서 발생하는 스트레스는 분명히 이주민의 정신건강에 위험 요소로 작용한다. 하지만 그렇다고 해서 모든 이주민이 심리적·정서적, 정신건강 문제를 경험하는 것은 아니다. 실제로 다수의 이주민이 한국태생 선주민과 크게 다를 바 없이 우울, 불안 등의 어려움 없이 건강하게 생활하고 있다. 다만 앞서 언급한 것과 같이 이주 전, 이주 과정 속, 이주 후 삶 가운데 이들이 경험하는 스트레스는 장기적으로 이들의 건강에 부정적 영향을 미칠 수 있고, 북한이탈주민이나 난민과 같은 이주민의 경우 이주 과정에서 수반되는 트라우마와 역경으로 인해 이들을 더 취약하게 만들 수 있다. 그렇다면 한국에 살고 있는 이주민들은 심리적·정서적 어려움이 발생하거나 정신건강 영역에서의 문제가 생긴다면 어디에서 어떤 서비스를 받을 수 있는가? 국내 거주 이주민이 이용할 수 있는 서비스와 지원 제도는 이주민 유형에 따라 또한 이들의 체류자격에 따라 결정된다. 예를 들어, 결혼이주여성, 북한이탈주민, 난민인정을 받은 난민 등은 사회복지서비스 및 의료서비스 이용에 한국태생 선주민과 동일한 자격을 가진다. 외국인근로자, 유학생의 경우 역시 제도상으로 건강보험가입 대상자가 되며 의료서비스 이용은 자유롭게 할 수 있다.[8] 하지만 현재의 법률상에는 일반 의료지원에 대한 내용만을 포함할 뿐 이주민의 정신건강, 심리지원에 대한 내용은 반영되어 있지 않다(이발래, 오영섭, 2018). 즉, 일반 의료서비스와 달리 정신건강복지, 정신건강의료서비스 영역에서는 이주

8) 서비스 이용 가능이 곧 서비스 이용으로 이어지지 않는다. 이주민의 의료서비스 이용률은 한국인보다 낮게 나타난다. 하지만 정신건강 영역에서 이주민은 특히 더 사각지대에 놓여 있다.

민은 사각지대에 놓여 있다고 해도 과언이 아니다. 여전히 이주민의 정신건강 지원을 위한 제도가 부족하며 이에 대한 사회적 관심도 부족한 상황이다.

우리나라 정신건강복지 정책 및 지원제도는 기본적으로 「정신건강복지법」과 「정신건강기본계획」을 통해 파악 가능하다. 「정신건강복지법」에서 명시하는 법률 대상자는 국민으로 한정되어 있으며, 대한민국 국적을 소지하지 않은 이주민은 포함되지 않고 있다. 이는 정신건강복지정책인 기본계획에서도 여실없이 드러나는데, 제2차 정신건강기본계획(2021~2025)은 '온국민 마음건강 종합대책'이라는 이름 하에 발표되었으며 이 역시 '한국 국민'을 대상으로 함이 명시되어 있다. 기본계획 어디에도 이주민, 이주배경 구성원을 위한 정책 및 서비스에 대한 언급은 없으며 지원제도의 전제는 대한민국 국민이 대상임이 명확하게 드러난다. 즉, 국내 정신건강복지 정책은 대한민국 국민을 대상으로 하고 있으며 이는 이주민 중 한국국적을 취득한 자에게만 해당됨을 알 수 있다. 이주민의 정신건강 관련 정책 및 지원제도에 대한 언급은 국내 거주 이주민을 대상으로 수립되는 정책에도 찾을 수 없다. 예를 들어, 다문화가족 관련 정책의 기초틀로 간주되는 「다문화가족지원법」과 「다문화가족정책 기본계획」에서도 다문화가족 구성원의 정신건강 어려움, 자살위험, 보건·복지와의 연계에 대해서는 언급하지 않으며 이들의 심리치료 및 지원에 대해서는 사례관리사업과 가족역량강화 사업의 일부로 지원하게끔 되어 있다. 종종 지역특화사업으로 지자체 내 가족센터(구 건강가정다문화가족지원센터)에서 결혼이주여성을 포함한 이주민을 대상으로 하는 심리치료 사업을 실시하고 있기는 하나 여성가족부 사업 지침에는 이들의 정신건강 관련 사업이 별도로 명시되어 있지는 않다. 최근 들어 이주민의 정신건강 어려움이 보고되면서 이를 위한 지원을 마련하고자 하는 노력이 시도되고 있다. 예를 들어, 북한이탈주민을 관장하는 통일부북한이탈주민정착지원사무소(하나원), 북한이탈주민지원재단(하나재단)은 국립정신건강센터와 '북한이탈주민 정신건강 지원을 위한 업무협약'을 체결했으며, 이를 통해 북한이탈주민의 심각한 정신건강 문제를 해소하고자 하는 노력이 시작되었다. 하지만 여전히 이주민의 정신건강에 대한 이해, 이를 지원하기 위한 제도 및 정책은 부재하며, 특히 귀화하지 않은 외국국적 이주민과 건강보험가입이 어려운 이주민은 제도 내 사각지대에 존재한다. 정신건강은 건강의 중요한 핵심 영역이며 한국태생 선주민에 비해 정신건강 어려움이 많은 이주민의 심각한 현황을 고려할 때 이들을 위한 지원체계와 서비스 인프라 구축이 절실하다(이발래, 오용섭, 2018). 따라서 빠른 시일 내 문화가족지원법 및 국내 정신건강복지 관련 제도 내 이주민의 정신건강 및 정신건강복지에 대한 내용의 추가가 필요할 것이다.

정책과 제도 내 사각지대에 존재하는 다수의 이주민 정신건강 및 심리치료 서비스 지원은 지역 내 NGO 단체와 민간지원단체를 중심으로 제공되고 있다. 예를 들어, '희망의 친구들'(사단법인 한국이주민건강협회)은 1999년부터 국내 거주 이주민의 건강권 보장을 위해 지원하는 기관으로 국민건강보험 가입이 어렵거나 대상이 아닌 이주민이 필요한 의료 · 정신건강 서비스를 받을 수 있도록 지원하는 기관이다. 이외 이주배경 아동 · 청소년을 지원하는 기관, 난민을 포함한 이주민을 지원하는 다양한 민간기관이 주축이 되어 지역에 거주하는 이주민을 위한 심리지원, 정신건강 지원 서비스를 제공하고 있으나 여전히 한계는 존재한다. 예를 들어, 심리상담 지원이 아닌 정신과 진료, 약 처방이 필요한 이주민의 경우 비용부담으로 인해 치료가 지속되기 어렵고 의료보험 미가입자인 경우 특히 더 정신건강 의료기관 이용이 더 어려워진다. 반면에, 의료보험 가입이 되어 있고 정신건강 서비스 및 정신과 치료가 가능한 이주민이라고 하더라도 실제 이들이 정신건강 관련 치료와 서비스를 받는 데에는 많은 어려움이 존재한다. 예를 들어, 의사소통의 어려움, 진료절차에 대한 이해 부족, 의료용어에 대한 이해 부족 등이 있다. 동시에 이들에 대한 이해 부족 및 차별 역시 문제로 제기되고 있다(김혜련, 2013).

이를 조금 더 구체적으로 살펴보면, 첫째, 문화적 이해가 부족한 정신건강복지서비스 인력 문제가 있다. 이주민을 대상으로 정신건강 서비스를 제공하는 과정에 있어 필요한 부분은 증상과 상황에 대해 명확히 전달할 수 있는 전문 통 · 번역사와 이주민의 문화적 배경, 이주 역사(history), 정신건강 및 치료에 대한 관점에 대해 숙지하고 있는 전문인력이다. 하지만 국내에는 이런 통 · 번역사가 아직까지 부족한 상황이며, 특히 이주민이 상담, 의료기관에 내방할 때마다 함께할 수 있는 인력이 부족하다. 동시에 문화적 역량과 지식을 갖춘 서비스 제공자 역시 터무니없이 부족한 상황이다. 해외의 경우 문화적 역량과 유능성을 갖춘 정신건강 전문인력 양성 교육과정이 별도로 개설되어 있는 데 비해(이발래, 오용섭, 2018) 국내에는 아직 의료진, 사회복지사를 대상으로 개설, 운영되고 있는 체계적인 프로그램이 부족한 실정이다. 이런 문화적 이해 부족은 종종 오진으로 이어질 수 있으며 서비스 이용 과정 중 또 다른 차별로 이어지기도 한다.

둘째, 의료기관 연계 과정에 게이트 기관(gate agency)으로 기능하는 지역사회 내 가족센터와 정신건강복지센터 내 인력에 대한 교육이 요구된다. 날로 증가하는 이주민의 정신건강 어려움과 자살문제 개입을 위해서는 가족센터 내 자살예방, 생명윤리교육, 위기개입 서비스를 제공할 수 있는 전문가가 필요하며 반드시 "문화적 다양성과 사회문화적 맥락에 대한 이해가 필요하고 통찰력을 지닌 전문가들의 사전개입"(최미경, 2015: 83)이 요구된다. 하지만 여전히 가족센터 내 인력은 이주민을 위한 서비스 제공에 특화되어 있는 전문인력임에도 불구하고 이들의 심리, 정서, 정신건강 관련 지원 서비스를 제공하기는 어려울 수 있다. 동시에 해당 영역 서비스를 제공할 수 있는 지역 내 정신건강복지센터에는 이런 문화적 역량과 민감성을 지닌 인력이 부족한 상황이라 이주민들은 서비스 내 사각지대에 계속 놓여 있다고 볼 수 있다.

정리하면, 이주민의 정신건강증진을 위해서는, 첫째, 정신건강복지 정책 마련이 시급하다. 우리나라 정신건강복지정책에는 이주민이 언급되지 않으며 이들을 위한 지원제도 마련에 대한 내용이 온전히 누락되어 있다. 둘째, 포괄적이며 유기적인 이주민 대상 정신건강복지서비스 마련이 요구된다. 이주 유형, 체류자격 등과 무관한 이들을 위한 지역사회 내 서비스가 마련되어야 하며 이를 제공할 수 있는 전문인력 역시 필요하다. 셋째, 이와 더불어 이주민의 정신건강을 관리 및 추적하는 체계적인 정보 구축이 요구된다. 현재 중앙정부 중심으로 진행되는 '다문화가족실태조사'나 '지자체별 외국인주민 실태조사' 내 정신건강 관련 내용을 더 상세하게 포함하거나 혹은 주기적으로 진행되는 정신질환유병률 조사, 자살실태조사 등에 이주민 항목을 포함하는 등의 노력을 통해 이들의 정신건강 현황, 실태 등을 종합적으로 살펴보고 관리할 수 있는 정보 체계 구축이 요구된다(백지은 외, 2008). 넷째, 이주민의 정신건강을 위한 사회적 관심이 요구된다. 이주민은 여전히 국내 보건복지정책에서 배제되어 있으며 이주민의 안녕과 적응, 건강과 정신건강에 대한 사회적 관심은 매우 미미하다. 이주민이 한국사회에서 경험하는 수많은 차별과 배제경험이 결국 이들의 정신건강 어려움으로 이어질 수 있다는 점을 고려할 때, 이들에 대한 사회적 인식 증진과 더불어 이주민 수용성 향상을 위한 노력이 필요하다. 그리고 이들의 안정적인 생활을 위한 전반적인 지원 제도 및 서비스 인프라 구축이 요구된다.

토론주제

1. 문화적응스트레스는 이주민의 삶의 질에 많은 영향을 미치는 것으로 알려져 있다. 그렇다면 한국 내 이주민의 문화적응 스트레스를 감소시킬 수 있는 방안은 무엇인가?

2. 한국태생과 중도입국 이주배경 구성원이 경험하는 어려움은 무엇이며 이들의 경험이 가지는 유사성과 차이점은 무엇인가? 또한 이런 경험은 이들의 정신건강에 어떻게 영향을 미칠 수 있는가?

3. 베리가 제시한 네 가지 문화적응 유형은 한국에 거주하는 다양한 이주민 집단에게 적용가능한가?

4. 이주민의 정신건강 어려움을 해소하기 위해 마련되어야 할 서비스는 무엇인가? 원활한 서비스 제공을 위해 무엇이 필요한가?

5. 생애주기별 이주민의 욕구와 정신건강 이슈는 무엇이 있는가? 예를 들어, 한국에서 이주민 아동으로 살아가는 것은 어떠한가? 이주민 노인으로 살아가는 것은 어떠한가?

제13장

성소수자와 정신건강

성소수자는 인류의 시작부터 인간역사와 함께 존재해 왔고 지금도 보편적으로 존재하고 있다. 그것은 우리나라도 예외가 아니다. 그러나 여전히 한국 사회에서 성소수자는 쉽게 볼 수 없는 존재이다. 동성애가 찬양받는 시기도 있었지만, 대부분의 인류 역사 속에서 성소수자는 도덕적 비난이나 법적 · 종교적 처벌의 대상이었다. 근대에 들어서는 의학의 발달과 함께 한동안 정신질환자로 분류되기도 하였다. 서구에서도 성소수자들에 대한 오명이 벗겨지고 인권이 보장되기 시작한 것은 비교적 최근의 일이며, 그와 함께 성소수자도 조금씩 가시화되고 있다. 한국에서는 비록 법적인 처벌이 있지는 않았지만, 여전히 강력한 윤리적 비난과 함께 정신질환으로 보는 사람도 많기 때문에 대부분의 성소수자는 자신을 숨기고 살고 있으며, 그것이 우리가 성소수자를 쉽게 만날 수 없는 이유이다.

그렇다면 성소수자는 정말 도덕적으로 문제가 있거나 정신질환자인가? 이 장에서는 성소수자의 정신건강을 알아보고자 한다. 이를 위해 성소수자의 개념, 역사, 정체성 형성, 성소수자에 대한 차별과 혐오에 대해 함께 살펴보고자 한다.

1. 성소수자의 개념

1) 성소수자, 성별, 성적지향, 성별정체성, 성정체성

성소수자(sexual minority)는 일반적으로 주류인 이성애자(heterosexual)를 제외한 다른 성정체성을 가진 사람을 말하며, 주로 LGBTQI로 정리된다. LGBTQI는 각각 레즈비언(lesbian, 여성 동성애자), 게이(gay, 남성 동성애자), 바이섹슈얼(bisexual, 양성애자), 트랜스젠더(transgender, 성전환자), 퀘스처너리(questionary, 정체성을 탐색하는 과정에 있거나 본인의 의지에 따라 성정체성에 대한 규정을 하지 않는 사람), 인터섹슈얼(intersexual, 간성: 전형적인 남성과 여성의 생식기적 특징을 모두 가지고 있는 사람)을 말한다. 성소수자의 '소수자'는 단지 수적으로 적다는 의미가 아니라 사회의 주류가 아니며 이로 인해 권력에서 배제되고 소외되었다는 의미이다(동성애자인권연대 외, 2014: 25).

이렇듯 성은 남녀로 이루어진 단순한 것이 아니라 복잡하고 다양한 것이다. 성적 다양성을 이해하기 위해 더 많은 개념을 알 필요가 있다. 우선, 성(성별)은 섹스(sex)와 젠더(gender)라는 두 가지 개념을 포함한다. 섹스는 태어날 때부터 주어진 성기 등과 같이 눈에 보이는 신체적 특성으로 구분되는 성을 말한다. 그러나 이것도 언제나 남녀로만 구분되는 것은 아니다. 남녀의 성기를 모두 갖고 있는 간성처럼 모호한 성들도 있기 때문이다.

젠더는 사회문화적으로 구성되는 성을 말한다. 그리고 이 젠더는 일반적으로는 생물학적 성인 섹스와 일치하지만 반드시 일치하는 것은 아니며, 사회가 요구하는 '성역할'과 개인의 '젠더정체성'은 다를 수 있다. 젠더는 자신이 가장 자연스럽고 편안하게 느끼는 성의 모습을 찾아가는 과정이며, 임의로 선택할 수 있는 문제도 아니고 단순한 취향의 문제도 아니다(정민석, 2019a).

두 가지의 성의 개념에 기반해 성적 지향, 성별정체성, 성정체성의 개념을 생각해 볼 수 있다. 성적 지향(sexual orientation)은 자신의 성과 상관없이 이성이나 동성, 때로는 양성 모두에게 애정적, 정서적, 성적으로 지속적으로 끌리는 방향성과 관련한 개념이다. 성별정체성(gender identity)은 자신의 젠더에 관한 근본적인 감정, 신체의 외형적 특징과 무관하게 자신을 남성 혹은 여성, 또 다른 어떤 성/성별/젠더로 인식하고 정체화하는 과정을 말한다. 즉, 어떤 사람이 생물학적으로는 남성이지만 자신의 젠더는 여성이라고 느끼고 자신을 여성으로 정체화한다면 이 사람의 성별정체성은 여성이라고 볼 수 있다.

성정체성(sexual identity)은 자신이 어떤 성적 지향을 지니고 있고 어떤 성별정체성을 지니고 있는지 주체적으로 확신하고 결정하는 것을 말한다. 즉, 어떤 사람이 자신을 남성으로 인식하고 이성에게 끌린다면 그는 이성애자 남성이다. 반면, 여성으로 인식하고 같은 여성에게 끌린다면 동성애자 여성이며, 생물학적으로는 여성이지만 자신의 젠더를 남성으로 느끼고 여성에게 끌린다면 트랜스젠더(이성애자) 남성이라고 볼 수 있다.

2) 진화하는 성정체성 개념

최근 들어 젊은 세대들은 성정체성을 더욱 다양하게 세분화하거나 그런 구분 자체에 반기를 들기도 한다. 그렇게 더욱 다양한 용어가 생겨나고 있는데, 대표적인 것들을 살펴보면 다음과 같다.

- 무성애자(asexual): 누구에게도 성적 끌림을 느끼지 않거나 성적 활동에 관심이 거의 없는 사람들을 말한다. 하지만 끌림이 없다는 것이 인간에게 무관심하다거나 성적 불감증을 의미하지는 않는다.
- 범성애자(pansexaul): 생물학적 성이나 사회적 성에 관계없이 성적, 낭만적, 정서적으로 이끌리는 사람을 말한다. 양성애자와의 차이점은 상대의 성을 이분법적으로 구분하지 않는다는 점이다.
- 시스젠더(cisgender): 트랜스젠더의 반대말이다. 장애인의 반대말이 정상인이 아니라 비장애인이듯, 트랜스젠더의 반대말로 '같다'는 의미를 지닌 cis를 붙여

시스젠더라고 한다. 여기에는 이성애자나 동성애자 등 트랜스젠더가 아니면 시스젠더라고 볼 수 있다.

- 젠더퀴어(genderqueer): 젠더를 남성과 여성 둘로만 분류하는 기존의 이분법적 성별 구분과 시스젠더 규범성에서 벗어난 성정체성을 가진 사람을 말한다.
- 젠더플루이드(gender fluid): 젠더퀴어의 종류로 성별이 유동적으로 전환되는 젠더를 가진 사람을 말한다.

이외에도 안드로진, 바이젠더, 데미젠더, 젠더리스, 뉴트로이스, 트라이젠더, 젠더플럭스 등 수많은 성정체성 개념이 생겨나고 있다.[1] 그러다 보면 사람은 누구나 자신만의 젠더를 가진다고 볼 수 있으며, N명의 사람에게 N개의 성이 있다는 논리로 확장할 수 있다. 이렇듯 성정체성의 개념은 계속해서 진화하고 있으며, 그에 맞춰 성의 다양성을 인정하고 각자의 젠더를 존중할 필요가 있다.

3) 인구현황

성소수자의 인구를 파악하는 것은 쉽지 않다. 왜냐하면 성소수자라는 정체성은 겉으로 드러나는 정체성이 아니기 때문이다. 게다가 사회적으로 낙인을 받는 정체성이기에 대부분 숨기기 때문이다. 또한 성소수자를 어디까지 포함할지 성소수자의 범주를 정의내리기도 쉽지 않다. 자신의 정체성에 확신을 갖는 사람들만을 포함시킬지 아니면 약간의 의문만 가져도 포함시킬지에 따라 인구는 달라질 수 있다. 또한 성정체성에 대한 자신의 '신념'을 기준으로 할 것인지, 그와 관련한 '행동'을 기준으로 할 것인지에 따라서도 달라질 수 있다.

그래서 성소수자 인구를 정확히 파악하는 것은 불가능에 가깝다. 그럼에도 성소수자 인구를 파악하고자 하는 시도는 여러 번 있었고, 연구 결과는 편차를 드러냈지만 여러 연구를 종합해 볼 때 대략 전체 인구의 2~10% 사이로 추정할 수 있었다

1) 더 자세한 설명은 인터넷 '나무위키(namu.wiki/w/젠더퀴어)'를 참고하라.

(윤가현, 1997: 46). 이를 우리나라에 적용해 보면, 우리나라 인구를 대략 5천만 명으로 볼 때 한국 내 성소수자는 대략 100만 명에서 500만 명으로 추산할 수 있다. 이렇듯 성소수자 인구는 정확히 파악하기도 힘들고 편차도 크지만, 결코 무시할 수 없는 규모를 가진다고 할 수 있으며, 우리가 관심을 가져야 할 대상이다.

2. 성소수자의 역사

성소수자의 역사는 인류의 기원으로 올라간다. 인류의 역사에는 항상 성소수자도 존재했다. 그러나 성소수자에 대한 사회의 반응은 시대와 문화에 따라 달라졌다. 많은 사람은 동성애가 서양의 문화이고 우리나라와는 상관없다고 생각한다. 그것은 사실인가? 여기서는 성소수자의 간략한 역사를 살펴보도록 하겠다.

1) 서구 역사 속의 성소수자

고대 그리스는 동성애를 찬양하였다. 플라톤의 향연(symposium)을 비롯하여 당시 철학자들은 남성 간의 사랑이 이성 간 사랑보다 더 인간적이라고 하였으며, 연장자 남성과 젊은이의 사랑은 교육적 역할을 하는 것으로 보았다. 당시 젊은 운동선수의 신체는 경배와 찬양의 대상이었고, 미소년을 유혹하는 것은 시간적으로나 경제적으로 능력이 있는 성인 남성들의 특권이었다(Adams, 1985: 윤가현, 1997: 59에서 재인용). 그러나 이 시기의 동성애는 결혼 생활과는 별개로 이루어져 오늘날의 동성애와는 구별된다.

로마 시대에도 동성애는 유행했지만 그리스 시대처럼 찬양되거나 고상하게 여겨지지는 않았다. 동성애를 단순히 인간 삶의 불가피한 현상으로 보아 황제나 유명인들은 모두 동성애자나 양성애자로 행세하는 일이 벌어지기도 하였다. 그러다 보니 매춘과 같은 방탕한 생활의 표현으로 나타나기도 하였다(Greenberg, 1988: 윤가현, 1997: 60에서 재인용).

로마 시대가 끝나고 가톨릭이 중심이 되는 중세가 되면서 동성애는 점차 죄악으로 여겨지고 처벌의 대상으로 바뀌었다. 성경에 종족보존과 무관한 성행동이나 남성 간 성행동을 비난하는 구절이 나옴으로 유대교, 기독교, 이슬람교 등은 동성애를 죄악시하였고, 특히 이슬람교는 동성애를 혐오해 현재까지도 사형과 같은 형벌로 다루어지기도 한다. 기독교에서는 13세기 토마스 아퀴나스가 동성애를 죄악으로 규정하고 그것이 받아들여짐으로써 중세 이후부터 근대까지 동성애를 부정적으로 보게 되었다(Nobile, 1985: 윤가현, 1997: 87에서 재인용). 그리고 그것이 결국 법에까지 적용되어 서양의 많은 국가에는 최근까지도 동성애를 처벌하는 법이 많았다.

동성애가 이성애와 대비되는 사회적 범주로 구성되기 시작한 것은 19세기 말에 이르러서였다. 국민국가의 형성과 제국주의의 확장과 함께 국가는 아이를 낳지 못하는 성소수자를 국가에 별로 도움이 되지 않는 2등 국민으로 추락시켰다(함인희, 2003). 그 극단적 예가 우수한 아리안 민족을 생산할 수 없다는 이유로 동성애자를 죽이고 박해한 독일의 나치이다. 또한 근대의학은 동성애를 정신질환의 일종으로 다루기 시작했다. 1869년 벤케르트(Benkert)라는 의사에 의해 동성애(homosexuality)라는 용어가 만들어졌는데, 점차 편집증이나 성격장애로 여기며 치료될 수 있는 정신질환이라는 병리학적 입장을 취했다. 그것은 1952년 DSM-I에 성격장애로 분류되게 만들었고, 1973년에 삭제될 때까지 계속되었다.

그렇지만 그와 더불어 성소수자들의 인권운동도 시작되었다. 2차 세계대전이 끝나고 1960년대 민권운동과 함께 성소수자들의 인권운동도 확산되었으며 1969년 뉴욕의 스톤월 항쟁은 유명하다. 성소수자 인권운동은 그전까지 뚜렷한 소수집단의 지위를 갖지 못하고 부도덕, 범죄, 질병 등으로 인식되었던 성소수자 정체성을 새롭게 규정하고 자신들의 삶의 양식을 변화시키는 결과를 가져왔다(강병철, 김지혜, 2006). 그 후로 대부분의 유럽과 아메리카 같은 서양 사회에서 성소수자들은 자신들의 권리를 점차 확대시켜 결혼이나 상속 등에서 이성애자들과 같은 법적 권리를 누리거나 차별받지 않게 되었다. 그러나 여전히 러시아를 비롯한 옛 동구권 국가들이나 이슬람 국가들에서는 동성애를 차별하고 박해하고 있다.

2) 중국 역사 속의 성소수자

중국은 동성애를 장려한 적은 없지만, 동성애 관련 기록은 어느 문화권보다 오래되었다. 중국의 고대 문헌에는 성소수자인 역사적 인물이 매우 많으며, 문학작품에도 많다(Ruan, 1991: 윤가현, 1997: 67에서 재인용). 그리고 서민층보다는 상류층에서 더 쉽게 받아들여졌다. 대표적으로 위나라의 왕 영공과 신하 미자하의 복숭아 이야기[2]는 유명하며, 그 외에도 제나라 왕 제경공과 신하의 이야기, 춘추전국시대의 동성애자 미인계, 한나라 유방과 적유, 진나라의 죽림칠현, 명청조 시대의 상공이라는 직업 등에서 찾아볼 수 있다.

성소수자가 등장하는 문학작품으로는 시경의 산유부소나 백행간의 천지음양교환대락부, 금병매나 홍루몽, 품화보감, 의춘향질 등이 있으며 이런 것을 통해 중국 역사에서 동성애가 광범위하게 받아들여졌다는 것을 알 수 있다(윤가현, 1997). 그러나 근대 들어 중국에 공산주의 체제가 들어서고 문화혁명 등을 거치며 동성애에 대해 부정적인 시각으로 바뀌었다. 특히 최근 시진핑의 냥파오[3]에 대한 비난은 현대 중국의 분위기를 잘 보여 준다.

3) 우리나라 역사 속의 성소수자

우리나라도 동성애적 관계는 과거부터 있었다. 신라시대의 화랑이나 고려시대의 공민왕 이야기 등은 유명하다. 그때까지 동성애에는 큰 낙인이 없었지만, 유교의 도입과 조선시대로 바뀌면서 남녀 간 질서를 깨뜨리는 문란한 행동으로 여겨지기 시작했다. 그러나 세종의 며느리 봉씨의 일화나 보부상이나 남사당패, '미동치기' 관습 등 판소리나 구비문학을 통해 성소수자의 존재를 유추할 수 있다(윤가현, 1997).

2) 미자하가 왕의 정원에서 맛있는 복숭아를 먹다 왕에게 남겨 주었던 일화에서, 남성 동성애의 대명사로 복숭아를 남긴다는 여도(분도)라는 용어가 생겼다고 한다.

3) 미소년을 가리키는 용어이다.

한국에서 근대적 의미의 성소수자 공동체가 형성된 것은 한국전쟁 이후로 볼 수 있다. 1960년대 인사동 일대에 게이바(gay bar)들이 생겨났고(남궁선, 2008), '여운회(여자택시운전자회)'라는 레즈비언이 주축이 된 조직도 있었다(강달천, 2000). 1970년대가 되면서 몇몇 대도시에 게이바들이 밀집한 지역이 생겨나기 시작했고, 1980~1990년대를 거치며 신당동, 이태원 등으로 확산되었다. 현재는 종로와 이태원은 게이들이, 신촌과 홍대 일대는 레즈비언들이 모이는 대표적인 지역이 되었다.

한편, 1990년대 들어 한국에서도 동성애자 인권운동이 시작되었다. 최초의 공식적 성소수자 모임은 1991년에 생긴 '사포(sappho)'였으며. 그 후 '초동회'가 생기고 그것이 분리되어 '친구사이'와 '끼리끼리'가 되었다(이해솔, 1999). 1995년부터는 각 대학교에 성소수자 동아리들이 생겨나기 시작했고, 그 후 '한국동성애자인권운동협의회(동인협)'이라는 조직이 생기며 수많은 활동가가 나타났다.

2000년대 들어 인권운동은 더욱 다변화되어 「청소년보호법」에서 '동성애'항을 삭제한다든가 학교나 군대에서의 성소수자 인권문제도 다루었다. 성소수자 정치인이 선거에 뛰어들기도 하고 최근에는 차별금지법의 제정과 결혼을 포함한 가족구성권을 위해 노력하고 있다.

그러나 인권운동을 하는 활동가들과 다르게 한국사회의 낙인과 비난 속에서 평범한 성소수자들은 자신을 드러내기가 쉽지 않았다. 이런 그들에게 온라인 공간은 새로운 대안이 되었다. 1990년대 중반에 생겨난 PC통신은 익명성이 보장된다는 점에서 성소수자들에게 좋은 공간이 되었고 수많은 동호회가 생겨났다(남궁선, 2008). 그 후 인터넷의 발달과 함께 각종 홈페이지나 포털에 커뮤니티를 만들어 활동했고, 최근에는 SNS와 앱(application)을 활용하는 등 다양한 온라인 세상에 자신들의 공간을 구축해 왔다. 이런 온라인 공간은 공적 공간에서 자기의 모습을 드러낼 수 없는 성소수자에게는 자신의 존재성을 확인하는 장소이자(손소연, 이지하, 2016), 일상에서 자신의 정체성을 드러낼 수 있는 기회를 제공한다(김주락, 2015).

한편, 최근에는 한국사회도 성소수자에 대한 시선이 조금씩 긍정적으로 변하고 있으며 성소수자들도 자긍심이 높아져 MZ세대를 비롯하여 많은 성소수자가 유튜브 채널 등을 통해 자신을 당당히 드러내는 경우도 늘어나고 있다.

3. 성소수자의 성정체성 형성

1) 성정체성 형성 시기

사람은 누구나 자신에 대해 알고 싶은 욕구를 가진다. 이것에 대한 답을 찾는 과정에서 혼란이나 갈등을 경험하게 되는데, 보통 이런 갈등은 청소년 시기에 가장 두드러진다. 그리고 이 과정을 통해 자녀, 학생, 시민, 사회인 등으로 자신의 모습을 인식하기 시작하는데, 이를 정체성의 형성이라고 표현한다(강병철, 김지혜, 2006). 그래서 에릭슨(Erikson)의 인간발달단계에서도 청소년기의 주요 과업을 자아정체성 형성으로 보고 있다. 이런 정체성 중 하나가 성정체성(sexual identity)이다.

그렇지만 성정체성이 청소년기에 처음 형성되는 것은 아니다. 자아정체성은 과거로부터 이어져 온 독특한 자기에 대한 안정된 느낌을 말하는 것이므로, 자아 개념이 생기는 유아기부터 시작된다고 볼 수 있다. 실제로 성소수자들은 초기 아동기부터 자신이 남들과 다르다는 느낌을 받는다고 한다(Savin-Williams & Lenhart, 1990; Sturdevant & Remafedi, 1992). 그러나 프로이트가 말한 잠복기를 거치면서 잊고 지내거나 사회에서 받아들여지지 않기 때문에 숨기고 지내다 청소년기에 다시 활성화된다. 그리고 많은 성소수자는 성적 각성(sexual arousal)이나 성적 환상(sexual fantasy), 낭만적 애착(romantic attachment)이 대체로 사춘기 때부터 시작되었다고 한다(강병철, 김지혜, 2006). 윤가현(1997)은 서구의 여러 연구를 종합하여 성소수자들의 정체성 발달과 관련된 연령을 정리하였는데 동성에게 끌리는 감정을 최초로 인식하는 시기를 12~16세 사이로 보았으며, 스스로 인정하는 시기를 19~23세로 보았다. 한국의 경우, 강병철(2011)의 연구 결과 성적 지향 인지시기가 12세 이전부터 24세 이후까지 다양하게 나타났으나, 13~15세가 가장 빈도가 높았고 평균연령은 16세로 나타났으며, 성정체성 수용시기 역시 다양했으나, 19~23세가 빈도가 가장 높았고 평균연령은 20세로 나타나 이전 서구의 연구들과 차이가 나지 않았다.

표 13-1 성정체성 형성 시기

N: 478

	시기	인원(명)	빈도(%)
성적 지향 인지 시기	12세 이전	85	17.8
	13~15세	157	32.8
	16~18세	119	24.9
	19~23세	82	17.2
	24세 이후	35	7.3
성정체성 수용 시기	12세 이전	14	2.9
	13~15세	71	14.9
	16~18세	126	26.3
	19~23세	158	33.1
	24세 이후	109	22.8

* 출처: 강병철(2011).

한편, 선행 연구들에 의하면 성소수자들이 청소년 시기에 자신의 성정체성을 깨닫게 되지만 자신의 정체성에 대해 긍정적 인식을 갖는 시기는 20대 중반 이후로 나타났다(윤가현, 1997). 그것은 수많은 성소수자가 자신의 성정체성을 받아들이는 과정에서 혼란과 갈등을 경험한다는 의미이다. 즉, 성소수자들은 사회가 자신의 성정체성을 부정적으로 본다는 것을 깨닫게 되고, 그런 낙인들과 싸우기 위해 복잡한 과정을 거쳐야 한다. 그들은 이성애자들처럼 자신에게 지지적이거나 모델이 되는 부모나 가족을 찾기도 힘들다. 결과적으로, 성소수자에 대한 낙인이 심하고 성적 표현이 제한되는 문화권일수록 성소수자들의 정체성 억압이 심하고, 자신이 성소수자라는 것을 더 늦게 깨닫게 된다(Ross, 1989).

정리해 보면, 성정체성의 발달에 영향을 미치는 요인은 개인의 성숙도와 경험, 믿을 수 있는 정보, 지지적 성인의 존재 여부, 또래 친구의 이해도, 사회적 낙인 등이다. 그래서 어떤 성소수자는 어린 나이부터 자신의 성정체성을 확립하지만, 어떤 성소수자는 성인기 이후까지도 확립하지 못하기도 한다. 그러나 인터넷의 발달과 성소수자 커뮤니티의 발달 등으로 점점 더 어린 나이에 자신의 성정체성을 깨닫게 되는 추세이다(Ryan & Futterman, 1998).

2) 성정체성 형성 단계

성소수자의 성정체성 형성과정을 설명하는 모델들은 개인적 변화를 통한 적응단계의 진행과정을 보여 주는데, 카스(Cass, 1979)와 트로이덴(Troiden, 1989)의 모델이 유명하며(Ryan & Futterman, 1998), 그중 트로이덴의 모델은 이전 모델들을 종합하여 성정체성 형성과정을 낙인의 인식으로부터 자아통합까지의 4단계 모델로 제시하였다. 한국에서는 여기동(2004)의 연구가 있는데, 그는 남성 동성애자의 성정체성 발달과정을 혼란기, 인식기, 저항기, 수용기, 자긍심기로 구분하였고 트로이덴의 모델과 큰 차이는 없다. 또한 트로이덴은 성소수자 중 동성애자를 중심으로 연구하였으나 다른 성소수자에 적용하여도 큰 차이는 없다. 따라서 여기서는 강병철, 김지혜(2006)의 연구를 인용하여 트로이덴의 모델을 소개하고자 한다.

1단계는 민감화(sensitization) 단계로 자신이 다른 사람들과 성적 관심이 다르다는 것을 느끼는 단계이다. 아동기에는 일반적으로 이성애적 모델에만 노출되지만, 청소년기나 늦어도 성인 초기까지는 자신의 성을 이해하는 결정적 시기를 겪게 된다. 그래서 사춘기에 접어들며 동성애자들은 이성과의 교제에서 어색하거나 좌절을 경험하면 자신의 정체성을 의심하게 된다. 성전환자의 경우, 자신의 생물학적 성에 만족하지 못하고 이성의 복장이나 행동을 할 때 더 편안함을 느끼며, 스스로를 '남성의 몸에 갇힌 여성'이나 '여성의 몸에 갇힌 남성'으로 인식한다.

2단계는 정체성 혼란(identity confusion) 단계로 이전의 이성애적 정체성을 동성애적 정체성으로 바꾸는 과정에서 혼란과 스트레스를 경험하게 된다. 이것은 자아에 대한 인식 변화, 동성애적 경험, 동성애에 대한 사회적 낙인 등이 요인이 되어 발생한다. 특히 트로이덴은 이 단계에서 자살위험성이 매우 높아진다고 보았다. 자신이 성소수자일지 모른다고 생각하는 순간 그렇지 않은 사람보다 더 고민하고 갈등하게 된다. 특히 청소년 시기에는 이런 감정을 느끼는 자신이 옳은지, 혹시 다른 사람들이 알게 되면 내쳐지지 않을지 번민한다. 그래서 성소수자들은 스스로를 이성애적 틀에 맞추려고 노력하며 살아간다. 이렇듯 성소수자들은 심리적 고통에서 벗어나고자 자신의 감정을 과도기적 현상으로 해석하거나, 일부러 이성과 데이트를 해 보거나, 차라리 사회적 교제를 줄이고 예술 활동 같은 다른 취미생활에 심취하려고 노력하기도 한다(Masters, Johnson, & Kolodny, 1994).

3단계는 정체성 가정(identity assumption) 단계로 동성애적 정체성이 자신의 성정체성이 되어 가며 그것이 종종 타인에게도 드러나는 단계이다. 이 단계가 되면 자신의 성적 지향이 동성에게 향하는 것을 부정도 할 수 없고, 바꾸는 것도 불가능하다는 것을 깨닫게 된다. 그래서 동성애와 관련한 자료를 찾아보거나 자신과 같은 사람들을 만나 보기도 한다.

4단계는 몰입(commitment) 단계로 자신의 성정체성을 받아들이고 동성애자로 살아가는 단계이며, 이 단계에서는 가족이나 친구에게도 자신의 정체성을 드러내

표 13-2 동성애자 정체성 형성 단계

1단계: 민감화	동성애자들은 어릴 때부터 중성적(gender-neutral)이거나 특정 성역할을 따르지 않는다는 점에서 자신이 친구들과 뭔가 '다르다'는 것을 느끼게 된다. 그러나 12세 이전에 그러는 경우는 많지 않다.
2단계: 정체성 혼란	사춘기가 되면서 점차 동성을 향한 생각과 감정을 깨닫게 된다. 그러나 동성애에 대한 부정적 고정관념이 인지적 부조화로 이끌고, 그럼에도 자신의 정체성을 통합하기 위해 노력한다. 정보부족과 긍정적 역할모델이 없어서 고립과 혼란, 심리적 고통은 더욱 증가한다. 그래서 자신의 성정체성을 숨기거나 자신이 양성애자라고 생각한다.
3단계: 정체성 가정	청소년 후기나 성인 초기가 되면, 차츰 자기정체성을 다듬어 가고 다른 동성애자에게 커밍아웃한다. 시간이 갈수록 동성애자 친구들을 사귀고, 자아존중감을 높이고, 부정적 고정관념에서 벗어난다. 동성애자 커뮤니티에서 사회화와 관계를 발달시키고 긍정적 역할모델을 찾는다. 그리고 사회적으로 낙인으로부터 자신을 보호하기 위한 다양한 전략을 배운다.
4단계: 몰입	보통 성인이 되면 삶의 모든 측면에서 성정체성을 통합해 자기를 수용할 수 있게 된다. 그래서 성정체성을 이성애자 친구나 가까운 가족과 동료에게도 알린다. 그러나 모든 동성애자가 정체성을 통합하는 것은 아니고 커밍아웃의 정도도 천차만별이다. 그것은 지지체계, 긍정적 역할모델, 강점과 약점, 차별 경험 등에 좌우된다.

* 출처: Troiden(1989): 강병철, 김지혜(2006)에서 재인용.

는 커밍아웃(coming out)을 하면서 점차 사회적 정체성으로도 통합해 나간다.

트로이덴의 정체성 형성 단계를 정리하면 〈표 13-2〉와 같다.

3) 성정체성 형성에 대한 최근의 관점

트로이덴의 모델과 같은 성정체성 발달모델이 있지만, 성소수자의 정체성을 이해하는 것은 단순하지 않다. 이것은 성 자체가 시대나 개인의 역사에 따라 변해 가기 때문이다. 그래서 2000년대 들어 성소수자들의 정체성 형성을 새롭게 바라보는 관점도 나타나기 시작했다. 즉, 신세대 성소수자들은 과거처럼 혼란기나 저항기를 거치지 않고, 자신의 성정체성을 쉽게 받아들이며, 자긍심을 갖는다는 것이다. 아니면 전통적 성소수자의 범주에 반기를 들며, 그런 범주에 자신을 포함시키기를 거부하며 이성애자와 성소수자를 구분하는 것 자체를 무의미하게 본다는 것이다(Savin-Williams, 2005). 그래서 앞에서 살펴 보았듯이 범성애자, 젠더퀴어, 젠더 플루이드 등 수많은 정체성과 관련한 용어들이 나타나고 있다. 실제로 동성에게 매력을 느끼는 여대생을 대상으로 한 연구에서, 상당수는 상황이나 시기에 따라 자신의 정체성을 바꾼 적이 있다고 응답했다(Diamond, 2003). 결과적으로 신세대 성소수자의 2% 정도만 전통적 성정체성 발달모델에 부합하는 경험을 한다는 연구도 있었다(Savin-Williams, 2005). 이것은 대부분의 서구 국가가 성소수자에 대한 차별을 법적으로 금지하고, 결혼 또는 시민결합의 형태로 가족구성권을 인정하며, 사회적으로도 성소수자들이 각 분야에서 두각을 나타내며 사회적으로 점차 인정받는 것과 관련이 있다(강병철, 하경희, 2012).

한국의 경우, 아직 사회적 낙인도 있고 서구에 비해 사회적으로 받아들여지지도 않아 서구의 성소수자들에 비해 그런 현상에 많이 나타나지는 않지만, MZ세대를 중심으로 조금씩 변화가 감지되고 있다. 송윤옥(2006)은 변화된 사회분위기로 자신의 성정체성에 대한 고민의 시기가 앞당겨지고, 온라인 공간에서 더 긍정적이고 적극적으로 자신의 정체성을 드러내고 확장시킨다고 하였다. 성정숙과 이현주(2010)나 강병철과 하경희(2012)의 연구에서도 MZ세대 성소수자들은 사회의 성소수자

감수성이 이전보다 높아졌다고 느꼈다. 또한 다양한 경로를 통해 정보를 얻고, 내면의 회복탄력성 등을 통해 과거보다 혼란과 갈등의 시간은 줄고 긍정과 수용이 빨라진다는 것을 보여 주었다. 이렇듯 성소수자들의 정체성 형성은 시대와 사회 환경에 따라 계속해서 변해 가고 있다.

4. 성소수자에 대한 낙인과 혐오, 차별과 폭력

1) 성소수자에 대한 낙인과 혐오

낙인(stigma)이라는 용어는 '노예나 범죄자 같이 사회에서 일탈된 사람들의 신체를 일부를 자르거나 태워서 만든 표시'라는 그리스어에서 나왔다(Harvey, 2001). 그리고 1960년대 들어 낙인은 사회가 받아들일 수 없거나 비정상적이라고 생각하는 것에 부여하는 사회적 정체성으로 재정의되었다(Goffman, 1963: 강병철, 2011에서 재인용). 사회적 낙인은 사회적 구성물이라서 어떤 문화에서는 터부시되고 낙인화되는 것이 다른 문화에서는 그렇지 않을 수도 있다. 또한, 낙인은 억압의 형태로 낙인받는 사람을 배척하고 소외시키고 비인간화시킨다. 그래서 낙인을 받는 사람은 자신의 사회적 정체성이나 인간다움 자체에 의문을 갖게 되며, 결과적으로 가치절하되거나, 결함이 있거나, 잘못된 사람으로 비쳐진다(Crocker, 1999). 따라서 낙인은 사회의 특권층을 유지시키고 변화를 억제하는 불공평하고 정의롭지 못한 역할을 하며, 낙인을 받는 개인이나 집단은 부정적 고정관념에 입각한 편견과 차별에 시달리고, 사회적·경제적으로 불이익을 받게 된다(Harvey, 2001).

이런 사회적 낙인은 동성애혐오(homophobia)와 이성애주의(heterosexism)로 나타나기도 한다. 동성애혐오는 성소수자들에 대한 비이성적 두려움과 공포, 그로 인한 적대감과 차별을 말하는데, 성소수자들에 대한 부정적 고정관념을 확산시키거나 국민이나 가족, 친구로 받아들이지 않는 것, 폭력을 행사하거나 직장이나 주택을 구할 때 차별하는 것 등이다. 이 용어는 미국의 심리학자 조지 와인버그가 1972년

『사회와 건강한 동성애자』라는 자신의 저서에서 다루면서 널리 사용되기 시작했다(Herek, 2000).

동성애혐오가 개인적 차원의 용어라면 이성애주의는 사회적 차원의 반동성애적 태도를 말하는데, 이성애자가 아닌 사람들을 거부하고, 모욕하거나 존재를 인정하지 않는 이데올로기를 말한다. 즉, 이성애자가 더 우월하다고 생각하거나 모든 사람을 이성애자로 전제한다거나, 성소수자를 배제시키는 것 등으로 나타난다(Knight, 2006).

그러나 다른 모든 대상에 대한 혐오와 같이, 성소수자에 대한 혐오 역시 인간의 자연스러운 감정이 아니다. 왜냐하면 동성애에 대한 태도는 시대나 종교, 문화에 따라 달라졌기 때문이다(한국성소수자연구회, 2016). 앞에서도 살펴보았듯 동성애는 모든 문화에서 광범위하게 나타나고 있고, 우리 한국의 경우에도 성소수자에 대한 혐오가 항상 있었던 것은 아니었다(윤가현, 1997; Laurent, 2005). 그러나 점차 가부장적인 유교적 가치관이 뿌리를 내리고, 기독교가 전파되고, 남성 중심적 산업사회로의 도약 시기 등을 거치며 동성애는 비정상적이거나 죄악 또는 수치스러운 일로 자리 잡게 되었다. 그리고 현재까지도 성소수자에 대한 혐오는 이어지고 있다.

이와 같이 혐오는 주류 철학이나 종교, 권력 등과 얽힌 다수자와의 이해 충돌에서 비롯된다. 즉, 특권층이 자신들의 것을 잃는다고 생각할 때 증가하는 경향이 있다. 남성 기득권을 잃는 것에 대한 두려움에서 비롯된 여성 혐오, 내국인 기득권을 잃는 것에 대한 두려움에서 비롯된 외국인 혐오, 이성애자 기득권을 잃는 것에 대한 두려움에서 비롯된 성소수자 혐오 등 대부분의 혐오가 기득권의 반발의식에서 시작된다.

또한 혐오는 대부분 무지에서 비롯된다. 혐오 대상과 가까이 하면 자신에게 뭔가 해가 될 거라는 막연한 믿음이 혐오를 낳는다. 가령 성소수자에 대한 편견 중 가장 대표적인 것이 HIV/AIDS의 확산과 아이를 낳지 않음으로 저출산 국가에 도움이 되지 않는다는 것인데, HIV/AIDS는 성정체성의 문제가 아니라 이성애자에게도 해당될 수 있는 안전하지 않은 성행동의 결과일 뿐이며, 많은 성소수자가 입양이나 대안적 방법(대리모, 정자은행 등)으로 아이를 갖고 가정을 꾸리고 싶어 한다

(Badgett, 2016). 즉, 안전한 성행동에 대한 교육과 캠페인, 성소수자들의 가족구성권을 보장해 주면 해결되는 것이다.

또한 혐오는 잘 보이지 않는 대상에게 더욱 격렬히 나타나는 경향이 있다. 그래서 사람들은 온라인 공간처럼 대상이 보이지 않는 상태에서 더욱 스스럼없이 혐오를 표출하곤 한다. 성정체성은 대표적인 숨길 수 있는 정체성이다. 인종이나 장애와 같은 정체성은 숨기기 힘든 정체성이지만 성정체성은 본인이 말하지 않는 한 숨길 수 있다. 간혹 행동 등으로 의심을 받는다 하더라도 자신이 부인하면 그만이다. 그리고 낙인과 관련한 여러 정체성 중 사회는 숨길 수 없는 정체성에 더 관대한 편이다(Shih, 2004). 숨길 수 없는 정체성에 대해서는 어쩔 수 없으므로 그들을 이해하려는 노력이라도 하지만, 숨길 수 있는 정체성에 대해서는 계속 숨기고 살라는 무언의 압력을 가한다. 가령 성소수자를 이해할 수 있다고 하는 사람들도 막상, 인정은 하지만 나서지 말고 조용히 살라는 정도의 인식수준을 보여 줄 때가 많다.

그러나 최근 성소수자들의 목소리가 높아지고 그에 따른 사회 변화도 감지되자 이성애자 기득권층 역시 반발심이 커지고 혐오의 목소리도 높아지고 있다. 해마다 퀴어축제를 진행할 때마다 기독교 측의 반발이 심해지는 것이 좋은 예이다. 결과적으로, 성소수자들은 혐오 발언들 속에서 두려움과 공포를 느끼며, 더욱 자신의 정체성을 숨길 수밖에 없다.

2) 성소수자에 대한 차별과 폭력

성소수자에 대한 낙인과 혐오는 차별과 폭력으로 이어진다. 성소수자에 대해 정확히 알지 못한 상태에서 미디어나 또래집단으로부터 유래한 여러 편견을 받아들인 사람들은 성소수자들에게 '똥꼬충' '더럽다' '징그럽다' '죽어 버렸으면 좋겠다' 등의 말을 아무렇지 않게 내뱉는다. 이런 혐오 발언(hate speech)이 무서운 이유는 그것이 차별과 폭력, 범죄로 이어질 수 있기 때문이다. 차별은 합리적 이유 없이 특정 대상을 구별하거나 배제시키고, 제한하거나 괴롭히는 것을 말한다. 성소수자에 대한 차별은 직장이나 학교 또는 공공시설 이용 등에서 불리한 대우를 하거나 겉으로는 중립적인 것으로 보이나, 실제로는 이성애자들에게 유리한 규칙이나 정책 등을 말한다. 그리고 이런 혐오로 인한 차별이 행동으로 나타나면 따돌림, 괴롭힘, 폭력 등으로 이어진다(차별연구모임, 2002). 실제로 수많은 연구(강병철, 김지혜, 2006; 공익인권법재단 공감, 2014; 성적지향 · 성별정체성 법정책연구회, 2014; 정민석, 2019b)에서 성소수자들은 차별로 인한 폭력과 범죄에 노출되어 있다고 말하고 있다.

강병철, 김지혜(2006)의 연구에서는 청소년 성소수자들이 성정체성과 관련하여 놀림을 받은 적이 있다는 응답이 78.2%에 달했고, 30.4%가 아웃팅을 당한 적이 있고, 그중 51.4%는 그로 인해 교사나 친구로부터 부당한 처우를 받은 적이 있다고 응답하였다. 또한 응답자 중 51.5%가 언어적 모욕을, 22.3%가 신체적 폭력의 위협

표 13-3 반동성애 폭력피해 경험

빈도(비율), n=130

	한 번도 없다	한 번	두 번	세 번 이상
욕설 등의 언어적 모욕을 당했다.	63 (48.5)	18 (13.8)	16 (12.3)	33 (25.4)
신체적 폭력의 위협을 당했다.	101 (77.7)	11 (8.5)	10 (7.4)	8 (6.2)
개인 소지품이 망가지거나 파괴됐다.	105 (80.8)	8 (6.2)	9 (6.9)	8 (6.2)
누군가에 의해 미행이나 추적을 당했다.	112 (86.2)	6 (4.6)	8 (6.2)	4 (3.1)
누군가가 나에게 침을 뱉었다.	112 (86.2)	12 (9.2)	4 (3.1)	2 (1.5)
누군가가 물건을 집어던졌다.	106 (81.5)	13 (10.0)	6 (4.6)	5 (3.8)
주먹질이나 발길질 등의 신체적인 구타를 당했다.	112 (86.2)	7 (5.4)	6 (4.6)	5 (3.8)
성적인 폭행을 당했다.	116 (89.2)	8 (6.2)	5 (3.8)	1 (0.8)
무기로 공격을 당했다.	118 (90.8)	5 (3.8)	2 (1.5)	5 (3.8)

* 출처: 강병철, 김지혜(2006).

을, 19.2%가 소지품 훼손을, 13.8%가 미행 경험을, 13.8%가 신체적 폭력을, 10.8%가 성폭력을, 9.2%가 무기로 공격을 당한 적이 있다고 응답해 학교에서 성소수자에 대한 폭력이 심각함을 보여 주었다.

공익인권법재단 공감(2014)의 연구에 의하면, 청소년의 경우 교사로부터 혐오표현을 들은 경험은 80%, 괴롭힘을 당한 경우는 20%로 나타났다. 또한 다른 학생으로부터 혐오표현을 들은 경험은 92%, 괴롭힘을 당한 경우는 54%에 달했다. 차별경험으로는 학교에서 의복이나 두발을 제한당하거나 동성 간 교제를 금지하거나, '이반검열'을 하거나 성소수자라는 이유로 전학이나 퇴학을 시키는 경우도 있었다.

성인의 경우 2.1%가 성정체성을 이유로 입사가 취소되거나 채용이 거부되었다고 응답했으며, 채용과정에서 용모나 비혼 상태 등으로 차별받는다고 응답했다. 또한 응답자의 44.8%가 직장 내에서 차별을 당한 적이 있다고 하였는데, 업무배치, 교육, 승진, 임금, 사내 복지 등에서 차별을 당했다고 응답하였다. 또한 41.7%가 따돌림, 협박, 반복적 지적, 비난, 조롱, 물품훼손, 신체적 폭력, 성희롱, 성폭력 중 한 가지 이상의 괴롭힘을 당한 경험이 있다고 응답하였고, 14.1%는 해고나 권고사직을 당한 경험이 있다고 응답하였다. 그 외에도 의료기관이나 종교기관, 군대, 행정기관, 미디어 등에서의 차별경험을 보고한 경우도 많았다. 의료기관의 경우 동성 파트너는 보호자로 인정받지 못해 수술동의서 등을 작성할 수 없으며, 행정기관과 관련하여서는 혼인신고를 할 수 없으며 그로 인해 각종 사회보험, 청약, 상속 등 모든 가족 관련 제도에서 차별을 받는다. 군대의 경우, 차별경험을 보고한 사람 중 35.6%는 관심사병으로 분류당해서 어려움을 겪거나 '동성애자 색출하기'를 경험하거나 성추행이나 성폭력을 당한 경험이 있다고 응답하였다. 최근 2020년에는 성전환자 군인을 강제전역시킨 일도 있었다.

정민석(2019b) 역시 청소년 성소수자 위기지원센터 띵동이 2017년에 경향신문과 실시한 '청소년 성소수자 혐오표현 피해경험 설문조사'와 2018년의 상담 내용을 분석한 결과, 가족이나 친구, 교사로부터 차별과 부당한 대우, 폭력을 당한 경험을 정리하였고 당사자들의 목소리를 잘 보여 주고 있다.

무엇보다 한국의 성소수자들이 차별받고 있다는 것을 극명하게 보여 주는 예는

표 13-4 성소수자의 차별 경험

청소년	학교	외모규정, 교제금지정책, 이반검열, 전학이나 퇴학
	교사 · 또래	혐오 발언, 괴롭힘, 신체적 · 성적 폭력
성인	직장	채용과정: 용모나 혼인상태 지적
		채용 후: 업무배치 · 교육 · 임금 · 사내복지 등에서 차별, 해고나 권고사직
	의료기관	의료인의 부적절한 질문이나 비난, 치료거부, 헌혈금지, 환자의 보호자 역할 불가능(수술동의서 등)
	행정기관	혼인 불가, 동성커플의 사회보험 · 청약 · 상속 등에서 차별
	군대	동성애자 색출하기, 관심사병, 성폭력, 성전환자 군인 강제전역
	기타	종교기관, 성인교육기관, 미디어 등에서의 차별

* 출처: 공감(2014)의 자료를 정리

차별금지법 제정과 관련하여 살펴볼 수 있다. 김대중, 노무현 대통령의 후보 시절 공약이었던 차별금지법은 2007년 참여정부에서 제정을 시도하였다. 그러나 성소수자들을 반대하는 보수적 기독교계와 경제적 손실을 입을 것을 두려워한 재계의 반대로 원안에서 '성적지향'을 비롯한 7개 항목이 삭제된 채 입법예고되었다. 결국 시민단체들의 반대로 국회로 상정되지도 못한 채 폐기되었다(강병철, 2011). 그 후에도 여러 차례 입법이 시도되었으나, 2022년 현재까지도 차별금지법은 제정되지 못했다.

그래서 한 조사에서 성소수자들은 현재 한국 사회가 성소수자들이 살아가기에 좋지 않다고 부정적으로 응답한 비율이 93.4%에 달했다(친구사이, 2014). 이렇듯, 우리 사회가 이전보다 나아지고는 있지만 여전히 성소수자에 대한 낙인과 혐오, 그로 인한 차별과 폭력이 심각하다는 것을 알 수 있다.

5. 성소수자의 정신건강

앞에서도 살펴보았듯이 19세기에 들어와 근대의학의 발달과 함께 정신질환의 일종으로 여겨지던 동성애는 1973년『정신질환의 진단 및 통계편람』제3판(DSM−Ⅲ)의 정신질환 목록에서 빠지면서 더 이상 공식적으로는 정신질환으로 여겨지지 않게 되었다. DSM뿐 아니라 국제질병사인분류(ICD) 역시 동성에 대한 성적 지향, 끌림, 행동, 성별 정체성이 병리 현상이라고 보지 않으며, 세계보건기구(WHO) 역시 동성을 대상으로 한 성적 지향을 인간 섹슈얼리티의 정상적인 형태로 인정하고 있다(한국성소수자연구회, 2016). 그러나 성소수자에 대한 낙인과 혐오, 차별과 폭력은 성소수자들에게 여러 정신건강 문제를 일으킬 수 있다.

사회적 낙인은 성소수자들이 자신의 성적 지향을 받아들이고 자부심을 갖기도 전에, 자신에 대한 부정적 태도나 고정관념을 갖게 만들 수 있다. 이런 동성애혐오적 사회에서 자라면서 성소수자들이 자신에 대한 부정적 신념을 내면화시키는 것을 '내면화된 동성애혐오(internalized homophobia)'라고 한다. 그리고 이것은 성소수자들의 우울, 자아존중감 저하, 정신적 고통, 자살생각, 낮은 자기효능감, 부적절한 대처전략, 정체성 형성 문제, 사회적 고립 등 정신건강 문제에 영향을 미친다(Harvey, 2001; Herek & Glunt, 1995; Mayfield, 2001; McCarn & Fassinger, 1996; Meyer & Dean, 1998; Nicholson & Long, 1990; Shildo, 1994: 강병철, 2011에서 재인용).

특히 자아정체감이 형성되는 시기에 있는 청소년 성소수자들의 정신건강은 더욱 위험할 수 있다. 사회적 낙인이 가득하고 성소수자로서 사는 것에 대한 긍정적 롤모델이 많지 않은 상태에서 자신의 삶을 행복하고 성공적인 것으로 그리기는 쉽지 않다. 그래서 많은 청소년 성소수자가 적응 문제를 겪거나, 심리사회적 발달에 손상을 입거나, 가족에서 소외되거나 심지어 쫓겨나고, 대인관계에 문제가 생길 수 있다. 흡연과 음주, 약물 문제가 생길 수 있고, 우울이나 자살시도, 성적 일탈 등의 행동문제가 생길 수 있다. 특히 가족에게 커밍아웃을 했는데 받아들여지지 않고 거부당할 경우, 외로움과 고립감으로 고통받으며, 정신건강에 위기가 와 우울증이나 자살시도율이 크게 상승하는 경향이 있다(김진이, 2016).

실제로 강병철, 김지혜(2006) 연구에서 우리나라 청소년 성소수자들이 일반 청소년들에 비해 자아존중감은 낮고 우울 수준은 높은 것으로 나타났다. 또한 자살을 생각해 본 적이 있는 청소년 성소수자는 77.4%, 실제로 자살 시도를 해 본 청소년은 47.4%로 나타나 일반 청소년에 비해 매우 높게 나타났다. 이것은 청소년 성소수자들의 자살시도가 이성애자 청소년보다 2~3배 높다는 연구들과 일맥상통한다(Hershberger & D'Augelli, 1995; Russell & Joyner, 2001: 강병철, 2011에서 재인용).

정민석(2019b)의 연구에서도 2018년 띵동에서 이뤄진 777건의 상담을 분석한 결과, 27.4%인 213건이 자해나 자살위기, 대인관계나 정신건강 문제로 분류되었고, 차별로 인한 피해나 여러 종류의 폭력 등 정신건강과 관련된 문제도 많아 수많은 청소년 성소수자가 정신건강 문제를 겪고 있음을 보여 주고 있다.

대학생을 대상으로 한 연구에서는 자신의 성정체성을 숨기고 살아가는 것에 대한 부담으로 소극적이고 친밀한 관계를 잘 맺지 못하며, 사회불안 등 부정적 정서를 경험한다고 하였다(김형지, 신정훈, 연규진, 김향숙, 2015; 박장미, 2019), 그 외에도 많은 연구에서 성소수자들의 우울이나 자살위험이 높고, 자아존중감이 낮은 것을 지적하고 있다(공성욱, 오강섭, 노경선, 2002; 김유니, 2006; 배진화, 2008; 여기동, 2004; 이영식, 전창무, 김소연, 고복자, 2005; 허정은, 2004: 강병철, 2011에서 재인용). 그리고 이것은 성인기를 거쳐 성소수자의 전체 삶에 영향을 미칠 수 있다.

그러나 앞에서도 언급하였듯이 이것은 성소수자들의 정신건강이 그 자체로 이성애자보다 좋지 않다는 것이라기보다는 사회적 낙인을 비롯한 성소수자를 둘러싼 환경에서 기인한 것으로 해석해야 한다. 실제로 서구의 연구들도 1990년대까지는 성소수자의 정신건강에 대한 부정적인 연구가 많이 나오다 2000년대 들면서 긍정적 연구가 늘어나고 있는데, 이는 90년대 후반부터 서구에서 성소수자에 대한 낙인과 혐오가 크게 줄어든 것과 관련된다(강병철, 2011). 그때부터 서구에서는 차별이 법적으로 금지되고, 동성결혼이나 시민결합을 인정하기 시작했고, 성소수자 정치인과 연예인이 나타나기 시작했고, 미디어에서도 성소수자들의 긍정적 측면에 초점을 맞추기 시작했다. 그래서 지금의 세대는 더 이상 자신의 게이스러움

(gayness)을 부끄러워하지 않으며, 그것을 잘못되거나 변태적인 것으로 생각하지 않고 주위에서 쉽게 볼 수 있는 자연스러운 것으로 생각하고 자긍심을 갖는다는 것이다(Savin-Williams, 2005).

이런 서구의 선례를 보아 한국에서도 앞으로 제도적으로 차별금지법이 제정되고 성소수자의 가족구성권이 보장되고, 무엇보다 근본적으로 성소수자에 대한 낙인과 혐오가 사라지고 사회적 인식이 개선될 때 성소수자의 정신건강이 더욱 좋아질 수 있을 것이다. 그리고 이를 통해 우리 사회 전체의 복지 수준이 향상될 수 있을 것이다. 이것이 우리가 성소수자들의 정신건강에 관심을 가져야 하는 이유다.

토론주제

1. 우리나라에서 가장 차별받는 집단은 어느 것이라고 생각하는가? 그 이유는 무엇인가?(예: 장애인, 북한이탈주민, 미등록 외국인, 이슬람교 신자, 성소수자 등)

2. 차별금지법이 제정되면 우리나라에 어떤 영향을 미칠 거라고 생각하는가?

3. 성소수자의 가족구성권에 대해 어떻게 생각하는가? 즉, 성소수자들의 결혼과 입양에 대해 동의하는가?

4. 성적 지향은 치료를 통해 바꿀 수 있다고 생각하는가?

5. 성소수자는 이성애자들보다 정신건강이 더 나쁘다고 생각하는가? 왜 그렇다고 생각하는가?

제14장

가족과 정신건강

현대사회에서 가족이 무엇인지 명확하게 정의하기란 쉽지 않다. 전통적인 가족구성에서 벗어나는 가족 구조가 생겨나고 가족의 기능에 대한 인식이 변화하고 있기 때문이다. 그러나 가족의 구조와 기능은 그 구성원의 정신건강에 영향을 줄 수 있다. 특히 가족의 해체에 따른 가족의 구조와 기능의 변화는 그 가족 구성원이 겪는 정신건강 문제와도 연결되며 사회적 이슈로 확장될 수 있다. 이 장에서 주요하게 다루는 가족 구조는 이혼가족 및 재혼가족, 한부모 가족, 조손가족 및 정신장애인 가족이며, 가족기능은 가족의 응집성과 적응 및 양육태도를 포함하였다. 특히 이 장에서는 가족 구조와 가족 기능의 변화 중 정신건강과의 관련성을 더 잘 설명하는 것은 무엇인지를 고려하였다. 일반적으로 가족 구조에 초점을 둔 연구에서는 가족 구조 자체가 구성원의 정신건강에 영향을 준다고 보지만, 가족 기능에 초점을 두면 가족 구조보다는 가족의 기능적 의사소통과 양육 태도와 같은 가족의 적응기능이 정신건강에 영향을 주는 것으로 보고되기 때문이다.

이 장의 목적은 다음과 같다. 첫째, 가족 구조별 특성과 현황을 파악한다. 둘째, 가족 구조와 가족의 적응기능에 따른 정신건강의 관계를 이해한다. 셋째, 가족구성원 중 정신장애인이 있는 경우 그 가족의 특성과 정신건강 문제를 이해한다. 넷째, 각 가족 구조별 정신건강 지원방안을 알아본다.

1. 이혼가족과 정신건강

과거에는 결혼과 부부관계의 형성과 유지에 제도적 특성이 중요한 역할을 했다면, 현대의 결혼 관계는 당사자들의 애정과 사랑에 의해 형성되고 부부간의 정서적 결합이 부부관계의 유지에 더 중요한 것으로 인식된다. 따라서 만약 이러한 애정적 심리적 상호작용이 불안정하게 되면 혼인 관계의 유지가 어려울 수 있다(김성수,이영애, 2012). 이혼은 부부가 생존 중 혼인 관계를 법적으로 종료한 것이지만, 이혼이 결정되기 이전 과정부터 이혼까지, 또한 그 이후 적응과정 동안에도 가족이 경험하는 문제의 정도에 따라 가족 구성원의 정신건강에 영향을 줄 수 있으므로 이혼가족의 적응과 정신건강을 위한 방안들을 살펴보고자 한다.

1) 이혼가족의 현황

도시화와 산업화의 영향으로 우리나라는 1970~1995년 동안 이혼율이 3배 증가한 것으로 보고된다(박경애, 2000). 특히 1997년 경제위기 이후 이혼율은 더 빨리 증가하여 2000년 기준 약 21%까지 가파르게 증가하였다(석재은 외, 2007). 2010년 이후로는 증가세가 둔화되었지만 여전히 혼인 건수 대비 이혼 건수의 비율은 높은 편이다. 즉, 2011년부터 2021년까지 이혼율은 4.2~4.8% 수준을 유지하고 있고 2021년 이혼 건수는 101,700건으로 전년보다 4,800건 감소하였다(〈표 14-1〉 참조). 그러나 2021년 혼인 건수(192,000건)에 비해 이혼 건수의 비율은 약 52%에 달하는데 이는 10년 전인 2011년의 전체 혼인 건수 대비 이혼 건수 비율인 34%에 비하면 높은 수준이다(〈표 14-2〉 참조)

표 14-1 이혼 건수, 조이혼율 및 유배우 이혼율(2011~2021)

	2011	2012	2013	2014	2015	2016	2017	2018	2019	2020	2021
이혼 건수(천 건)	114.3	114.3	115.3	115.5	109.2	107.3	106.0	108.7	110.8	106.5	101.7
증감(천 건)	−2.6	0.0	1.0	0.2	−6.4	−1.8	−1.3	2.7	2.1	−4.3	−4.8
증감률(%)	−2.2	0.0	0.9	0.2	−5.5	−1.7	−1.2	2.5	2.0	−3.9	−4.5
조이혼율*	2.3	2.3	2.3	2.3	2.1	2.1	2.1	2.1	2.2	2.1	2.0
유배우 이혼율**	4.7	4.7	4.8	4.8	4.5	4.4	4.4	4.5	4.5	4.4	4.2

* 인구 1천 명당 건, ** 15세 이상 유배우 인구 1천 명당 건

* 출처: 통계청(2022).

표 14-2 혼인 건수 및 조혼인율(2011~2021)

	2011	2012	2013	2014	2015	2016	2017	2018	2019	2020	2021
혼인 건수(천 건)	329.1	327.1	322.8	305.5	302.8	281.6	264.5	257.6	239.2	213.5	192.5
증감(천 건)	3.0	−2.0	−4.3	−17.3	−2.7	−21.2	−17.2	−6.8	−18.5	−25.7	−21.0
증감률(%)	0.9	−0.6	−1.3	−5.4	−0.9	−7.0	−6.1	−2.6	−7.2	−10.7	−9.8
조이혼율*	6.6	6.5	6.4	6.0	5.9	5.5	5.2	5.0	4.7	4.2	3.8

* 인구 1천 명당 건

* 출처: 통계청(2022).

또한 2021년 평균 이혼 나이는 남자 50.1세, 여자 46.8세로 10년 전인 2011년에 비해 남자는 45.4세에서 50.1세로, 여자는 41.5세에서 46.8세로 각각 4.7세, 5.2세 상승하였다(〈표 14-3〉 참조).

표 14-3 평균이혼연령(2011~2021)

(단위: 세)

	2011	2012	2013	2014	2015	2016	2017	2018	2019	2020	2021	증감	
												전년 대비	10년 전 대비
남자	45.4	45.9	46.2	46.5	46.9	47.2	47.6	48.3	48.7	49.4	50.1	0.8	4.7
여자	41.5	42.0	42.4	42.8	43.3	43.6	44.0	44.8	45.3	46.0	46.8	0.8	5.2
평균이혼연령 차이(남−여)	3.9	3.9	3.8	3.7	3.6	3.6	3.6	3.5	3.4	3.4	3.4	−	−

* 출처: 통계청(2022).

평균 이혼 연령의 증가는 혼인 기간별 이혼율과도 관련이 있다. 혼인 지속 기간별 이혼율에 대한 보고(통계청, 2022)에 따르면, 2021년 기준으로 결혼부터 4년까지의 혼인 기간 중에 이혼한 비율이 18.8%, 5~9년 이하 17.1%, 10~14년 이하 14.3%, 15~19년 이하 11.1%, 20년 이상 38.7%(이 중 30년 이상만 17.6%)로 나타났다. 이는 결혼 4년 이내 이혼 비율이 가장 높긴 하지만 20년 이상 혼인을 지속한 부부의 이혼률도 지속적으로 증가하고 있음을 보여 주는 결과이다. 특히 혼인 지속 기간이 30년 이상인 부부의 이혼 비율은 10년 전에 비해 2.2배 수준으로 증가한 것으로 나타나, 황혼이혼이라 불리는 시기의 이혼 비율이 높아지는 추세를 반영하며 평균 이혼 연령의 증가로 이어진다(통계청, 2022).

2) 이혼의 원인

이혼의 원인은 복잡하고 개인의 특성과 사회환경의 특성이 복합적으로 연결되어 있다. 이혼의 원인을 살펴본 연구들에 따르면 이혼의 원인은 개인의 인구 사회학적 특성에 따라 조금씩 다를 수 있다(〈표 14-4〉 참조). 예를 들어, 성별의 경우 남성은 일반적으로 법적인 문제나, 일, 아내의 외도, 아내에 대한 폭력, 음주, 성생활 문제 등을 이혼의 원인으로 인식했지만, 여성의 경우 남편의 경제적 지원 미비나 정서적 · 신체적 학대, 외도, 음주 및 가정에 대해 소홀한 점 등을 이혼의 주요 원인으로 인식하고 있었다. 나아가 사회경제적 지위나 결혼 기간, 결혼 연령 등에 따라 이혼의 원인을 바라보는 시각의 차이가 있을 수 있다.

한편, 이혼의 원인을 사회환경적 특성으로도 볼 수 있다. 이혼이 증가하게 된 배경에는 우선 산업화와 도시화에 따른 가치관의 변화가 있는데, 전통적으로 확대가족 중심에서 부부 중심의 핵가족 형태로 변화함에 따라 부부간 결혼의 기대가 높아지고 이를 충족하지 못하면 이혼을 선택하게 되는 것이다. 다음으로 여성의 교육 수준과 사회활동 참여 증가가 이혼의 증가를 설명하기도 한다. 즉, 여성의 경제활동 참여율 증가, 가사 내 노동 분담과 자녀 양육에 대한 남녀의 성역할 인식 변화 등은 부부간의 경제적 의존도를 낮추고 평등의식을 높여 불합리하고 불행한 결혼생활을

표 14-4 인구 사회학적 특성에 따른 이혼의 원인

연구	성별	
	남성	여성
키슨 (Kitson, 1992)	• 일에 몰두 • 법적인 문제 • 외부 사건 • 아내의 외도 • 이유를 모름	• 성격 • 음주 • 친구 관계를 더 중시 • 남편의 외도 • 성생활 문제 • 경제적 지원 미비 • 신뢰 부족/미성숙함
블룸, 나일스, 대처 (Bloom, Niles, & Tatcher, 1985)	• 본인이 행한 신체적 가족폭력 • 본인의 음주 혹은 약물 문제	• 남편의 폭력 • 남편의 음주와 약물 문제
클리크, 피어슨 (Cleek & Pearson, 1985)	• 본인의 알코올 남용 문제 • 여성 해방 운동	• 기본적으로 불행한 느낌 • 성격 차이 등 함께 살기 어려운 느낌 • 남편의 정서적, 신체적 학대 • 남편에 대한 불신
레빙거 (Levinger, 1966)	• 법적인 문제 • 성생활 문제	• 신체, 언어적 학대 • 경제적 문제 • 음주 문제 • 가정과 아이에 대한 소홀함 • 사랑의 결여 • 정신적 잔혹함
	사회경제적 지위	
	높은 사회경제적 지위	낮은 사회경제적 지위
키슨 (Kitson, 1992)	• 너무 어린 나이에 결혼 • 의사소통 문제 • 관심사와 가치관의 변화 • 성격 차이 등 함께 살기 어려운 느낌 • 일에 몰두 • 성역할 갈등 • 배우자의 자기 중심성	• 신체적, 정서적 학대 • 친구 관계를 더 중시 • 가족 대소사 의무 소홀 • 도박, 범죄 행위 • 경제적, 직업적 문제 • 가족감 결여

레빙거 (Levinger, 1966)	• 애정이 없는 결혼생활 • 과도한 요구들	• 건강상의 이유로 인한 성생활 문제 • 경제적 문제 • 음주
구드 (Goode, 1956)	• 성격 • 가치 충돌	• 신체적 학대 • 남편의 경제적 지원 미비
결혼 기간		
	긴 결혼 기간	짧은 결혼 기간
키슨 (Kitson, 1992)	• 관심사와 가치관의 변화 • 가족애 결여	• 법적인 문제 • 건강상의 이유로 인한 성생활 문제
구드 (Goode, 1956)	• 음주 • 불신 • 가족에 대한 무관심	• 성격 • 가치 충돌
결혼 연령		
	늦은 나이	젊은 나이
키슨 (Kitson, 1992)	• 음주 • 가족에 대한 무관심 • 자녀에 대한 갈등 • 성역할 갈등	• 너무 어린 나이에 결혼 • 친구 관계를 더 중시 • 불신 • 의사소통 문제

* 출처: Amato & Previti (2003), pp. 604-605.

견디며 결혼을 유지할 동기를 낮춘다. 한편, 이혼을 억제하는 법적 장치와 기능들이 과거에 비해 약화되었고, 사회적으로도 이혼을 도덕적 문제와 별개로 생각하는 등 이혼을 결정할 때 고려하는 법적 · 사회적 요인이 감소하였다(김성수, 이영애, 2012).

3) 이혼가족의 적응과정과 정신건강

앞서 소개한 이혼의 주요 원인을 고려하면 이혼의 과정은 개인의 정신건강을 취약하게 만들 가능성이 크다. 즉, 이혼은 이혼 전후 과정을 포함하여 다양한 문제에 적응하는 연속적인 과정이므로 이혼가족의 구성원은 그 안에서 상당한 스트레스에 직면할 수 있다. 이혼에 따른 스트레스 수준은 사별 다음으로 높은 것으로 보고하는 연구도 있듯이(Holmes & Rahe, 1967), 이혼에 따르는 정신건강 문제 역시 다양하게 보고된다. 한편, 이혼을 통해 심각한 부부 갈등과 가족 문제를 벗어남으로써 생활 만족도가 증가하였음을 보고하는 연구도 있다. 따라서 이혼 이후의 변화된 생활과 관계의 변화로 인해 개인의 심리사회적 적응과정이 기능적일 수도 있고, 반대로 적응과정이 역기능적으로 변화하여 정신건강의 어려움을 가져올 수도 있다. 이혼가족의 변화된 생활과 적응에 따른 정신건강의 관계를 살펴보면 다음과 같다.

(1) 이혼 후 생활과 관계의 변화

이혼 후의 적응전략을 다룬 연구에서는 이혼 후 크게 세 가지의 변화가 생기며 이것이 정서적 반응으로 연결된다고 설명한다. 즉, 생활 양식의 변화, 사회적 관계의 변화 및 가족관계의 변화가 그것이다(Burman & Turk, 1981). 첫째, 이혼 후 실제 생활 양식에 있어 변화와 문제가 생길 수 있다. 예를 들어, 이혼 전 부부의 각자 역할에 따라 정해져 있던 집안일과 경제적 책임 등을 이혼 후 한쪽에서 모두 담당하게 됨에 따라 신체적 · 정신적 · 경제적 부담이 증가할 수 있다. 둘째, 이혼 이후 사회적 관계에서의 변화를 경험하게 된다. 특히 이혼에 대한 양가적 태도와 시각을 가진 주위 사람들을 만나거나 낙인감을 경험하기도 한다. 예를 들어, 황혼이혼을 하게 된 사람들을 대상으로 한 생애사 연구에 따르면(김소진, 2009), 대상자들은 남편의 가부장적인 태도, 외도, 가정폭력 등으로 이혼하고자 하여도 자녀와 사회적 인식에 눌려 참고 견디는 경우가 많았다. 또한 황혼에 이르러서야 자신의 회복, 자녀의 권유, 자녀의 독립을 계기로 이혼하였지만 이혼 후 여전히 가족과 주위의 시선으로부터 자유롭지 못하고, 이용하던 노인복지관의 공동체 내에서 소속감을 느끼지 못하거나 오해를 사는 등 자신의 새로운 정체성이 인정받지 못하는 경험을 보고하였다. 이러한 대인관계의 변화가 정신건강에 부정적 영향을 줄 수 있다. 셋째, 이혼 후 가족관계에 변화가 생길 수 있다. 특히 자녀가 있는 경우 갈등이 생길 수 있으며 이혼 전 과정부터 가족 간의 의사소통 문제가 있었다면 이혼 후에도 지속 또는 심화되어 정신건강 문제로 이어질 수 있다.

(2) 이혼과 정신건강의 관계

이와 같이 이혼 후 실제적으로 나타나는 변화를 통해 이혼 가정의 구성원은 심리적, 정서적 스트레스를 경험할 수 있다. 이혼 후 겪는 정서적 반응은 낮은 자존감, 성역할 혼란, 우울, 불안이 있으며 삶의 만족도도 변화할 수 있다. 이혼한 개인은 배우자가 있는 경우에 비해 우울과 낮은 자존감을 더 경험하고, 생활 만족도도 낮은 것으로 보고된다(Amato, 2000, 2010). 이혼을 통해 안도감을 느끼기도 하지만, 대부분은 무기력감과 분노, 슬픔, 죄책감, 외로움 및 재결합에 대한 양가감정을 경험한다(Angelisti, 2006). 또한 이혼 후 부정적 정신건강을 경험하는 사람들을 대상으로 대인관계의 특성을 살펴본 연구에서는, 이들이 특징적으로 대인관계에서 회피적이거나 불안한 애착 스타일을 보이며, 친밀감을 두려워하거나, 새로운 관계를 위협으로 인식하는 모습을 나타냈다(Cohen & Finzi-Dottan, 2012).

그러나 이혼 전 부부 갈등 수준이 높았던 부부의 경우 이혼 후 재혼 과정에서 삶의 만족도가 높아질 수 있으며(Symoens, Colman, & Bracke, 2014), 이혼한 사람이 기혼자보다 더 높은 수준의 자율성과 개인적 성장을 경험하고, 문제 해결 과정을 통해 자신감을 찾는 등 긍정적인 측면이 있는 것으로 보고하기도 한다(한인영 외, 2015). 따라서 이혼의 적응과정에서 개인이 어떻게 대처하고 주위에서 어떤 부분을 지원해 주어야 하는지가 긍정적 적응에 중요한 부분이 될 수 있다.

한편, 부모의 이혼은 자녀의 정신건강에도 영향을 줄 수 있다. 부모의 이혼 과정에서 자녀는 정서적으로 어려움을 겪거나, 부모의 성별 역할에 대한 이해가 부족할 수 있고, 비행 행동에 더 많이 관여될 수도 있다(Demo & Acock, 1988). 특히 이러한 영향은 전반적으로 청소년보다는 아동에게, 여자아이보다는 남자아이에게 그 영향이 더 큰 것으로 나타났다. 아이들은 아버지 또는 어머니가 자신과 더는 함께 살 수 없고, 자유롭게 만나지 못하는 것에 괴로움을 느끼고 동시에 현재 부모로부터도 버림받을지도 모른다는 불안감을 경험할 수 있다(정연옥, 이민규, 2006). 그러나 청소년의 경우 오히려 부모의 이혼 후 책임감이 늘어나고, 가족의 역할을 보충하는 태도를 보이기도 해 부정적인 적응상태만 있는 것은 아님을 보여 준다. 아동의 자존감과 관련해서는 이혼 전 부모의 갈등이 있었던 경우 이혼 후에도 자녀의 자존감이 부정적으로 형성될 수 있는 것으로 나타났다. 이혼은 아동의 학업성취에도 영향을 줄 수 있지만 일관적이지는 않은데 부모의 학력이나 사회경제적 지위 등에 따라 달라질 수 있기 때문이다(Demo & Acock, 1988). 이는 부모의 이혼이 자녀의 심리 정서 및 행동에 미치는 영향은 부모의 갈등 수준이나 사회경제적 특성, 대인관계에 따라 달라질 가능성이 있음을 의미한다. 따라서 이혼가족 구성원이 이혼 후의 생활 변화 및 심리 정서적 변화에 적절하게 대응할 수 있도록 지원할 필요가 있다.

(3) 이혼가족의 정신건강 지원 방안

이혼의 당사자를 위한 정신건강 지원 방안은 우선 이혼에 따른 문제에 대처하는 과정의 심리적, 경제적 지원이 중요하게 다뤄진다. 전체 이혼 과정을 대상으로 할 때는 이혼 예방을 위한 접근으로 부부관계 강화프로그램이 제공될 수 있고, 이혼 절차를 진행 중일 경우 이혼과 관련한 당사자들의 정서적 문제와 의사결정을 도우며, 대처 능력과 적응력을 개발하여 개인의 복리와 가족의 행복이 증진되게 지원해야 한다. 이혼 후 당사자는 일시적으로 또는 지속해서 한부모 가족이 되기 때문에 이들을 위한 대책을 마련해야 하며 이혼 후 적응을 위해 실질적인 경제적 지원 및 자녀 양육 교육 및 프로그램, 심리적 지지 프로그램 등을 마련해야 한다.

한편, 이혼가족의 자녀를 위한 정신건강 지원 방안으로는 양육의 방식과 질이 중요한 것으로 보고된다. 이혼가족 자녀의 정신건강에 영향을 주는 요인으로 자녀와 함께 보내는 시간과 양육 행동의 질, 이혼 시의 부부 갈등을 살펴본 연구에 따르면, 부모와 함께 보내는 시간보다는 양육 행동의 질이 주요한 영향을 나타내는 것으로 보고되었다(O'Hara et al., 2019). 따라서 이혼가족의 아버지 또는 어머니가 자녀와의 관계 회복에 더 집중할 수 있도록 지원하는 프로그램이나 서비스가 이용하기 쉽게 제공되어야 한다. 나아가 가족의 관계 향상을 위해서 기본적으로 모든 가족 기능의 향상을 위해 참고할 건강 가족의 특징을 갖출 수 있도록 지원해야 한다(〈표 14-5〉 참조). 가족 구성원 간의 신뢰와 유대를 바탕으로 가족이 건강한 기능을 하는 경우 가족의 형태가 어떠하든 당면하는 문제들을 긍정적으로 해결해 나갈 수 있기 때문이다. 건강 가족의 특성은 다음과 같이 설명할 수 있다.

표 14-5 건강한 가족의 특성

가족 특성	가족 기능성요인	가족 특성	가족 기능성요인
신뢰	헌신	서로 보살핌	감사와 애정
정직함		우애	
서로 의지함		가족 성원들의 개성과 인격 존중	
성실함		쾌활함과 유머	
서로의 감정을 나눔	긍정적 의사소통	질적인 시간을 많이 갖기	의미 있는 시간 공유
칭찬하기		취미와 여가생활 갖기	
비난하지 않기		가족 성원들의 친지들과 교류함	
타협과 양보		휴식 시간 갖기	
의견 차이를 인정함		가족들이 함께 즐거운 시간 보내기	
종교적 신앙	정신적 안녕	변화에 적응하기	스트레스 대처 능력
동정심과 자비		위기를 통해 함께 성장함	
윤리적 가치관을 공유		변화에 대한 개방적 태도	
인간애		위기 극복 능력	

출처: Olson et al. (1999).

2. 재혼가족과 정신건강

1) 재혼가족의 개념과 현황

재혼가족의 개념은 다소 복잡하다. 이것은 재혼가족의 구성원이 누구냐에 따라 가족 체계가 달라지고 가족 발달 주기에 차이가 있기 때문이다. 즉, 재혼가족은 일반적으로 배우자 중 한 사람 혹은 둘 다 재혼인 경우로 크게 정의할 수 있지만 보다 구체적으로 자녀 및 양육권 유무에 따라 세분화된다. 대표적으로 배우자 한쪽이나 양쪽 모두가 재혼하고 이전 결혼을 통한 자녀가 있는 경우 계부모 가족으로 정의될 수 있다. 계부모 가족 양육권 유무에 따라 가족의 형태가 달라지기도 한다. 부부가 이혼 후 각각 재혼하였으나 아이를 중심으로만 부부관계를 유지하는 경우 이중 핵가족이라는 용어를 사용하기도 한다. 또한 같은 배우자를 다시 만나 재결합하는 예도 재혼에 포함될 수 있다.

2020년 혼인 · 이혼통계에 따르면, 전체 혼인 건수 21만 3,502건 중 재혼 건수는 약 7만 명으로 약 30%가 재혼인 것으로 나타났다. 남자의 재혼 비율은 15.6%, 여자의 재혼 비율은 17.8%, 남녀 모두 재혼인 부부의 비율은 11.8%로 나타났다(통계청, 2021).

2) 재혼가족의 특성

재혼가족은 정의에서 살펴본 것과 같이 매우 복잡한 가족 체계를 형성하게 되는 특성이 있다. 재혼가족이 자녀의 유무 양육권 유무, 확장된 확대가족과의 관계 등 새로운 가족 형태에 신속히 적응하고 결혼생활을 성공적으로 유지하기 위해서는 개인적, 사회적 차원의 노력이 요구된다. 일반적으로 재혼가족의 변화된 가족관계 특성을 다음과 같이 요약할 수 있다(이원숙, 2016; 한인영 외, 2015).

첫째, 재혼가족의 구조적 특성이 가족간 관계의 갈등에 영향을 줄 수 있다. 재혼 시 자녀들을 데리고 혼인하는 계부모가족의 경우, 가족형성기 초기에 계자녀와의 관계 성립에 어려움을 겪을 수 있다. 예를 들어, 재혼한 남성 혹은 여성은 경제적 자유나 시간, 애정 등을 함께 살고 있지 않은 친자녀에게 우선 배분하고 싶은 욕구를 가질 수 있으나, 동시에 현재의 가족에게 집중해야 하는 상황에서 갈등을 느낄 수 있다.

둘째, 재혼가족의 경계와 역할이 모호할 수 있다. 계부모가족은 부모로서의 과업이 재혼 부부뿐만 아니라 전 배우자와도 여전히 공유되기도 하며, 부모 · 자녀 관계가 부부관계를 선행하기도 한다. 또한 자녀가 재혼 부모와 친부모 사이를 오고 감으로써 가족의 경계가 분명하지 않을 수 있다. 나아가 확장된 확대가족 체계는 재혼가족에 영향력을 행사하며 역할 혼란을 초래할 수 있으며, 복잡한 친인척 관계 및 계부모-계자녀 사이의 법적인 관계의 경계가 모호할 수 있다.

셋째, 재혼가족에 대한 심리적 환상이 있을 수 있다. 즉, 재혼가족을 통해 이전 결혼의 문제를 해결하고 새로운 이상적인 가정을 쉽게 형성할 수 있을 것이라는 비현실적인 기대를 할 수 있으며 이러한 비현실적 기대는 재혼가족의 새로운 갈등 요소가 되기도 한다.

또한 재혼가족이 극복해야 할 신화는 다음과 같다(이원숙, 2016).

- 즉각적인 사랑에 대한 신화: 새롭게 형성된 가족에게 사랑이 발달하는 데 충분한 시간이 필요함에도 재혼가족들은 가족 간 유대감이 빨리 생길 것이라고 기대함
- 즉각적인 적응에 대한 신화: 부부관계, 자녀 관계, 원가족과의 관계들을 쉽게 적응할 수 있을 것이라고 기대함
- 구원자 신화(신데렐라 신화): 자녀가 있을 때 자녀들에게 생부모보다 더 나은 삶을 보장해 줄 수 있을 것으로 기대함
- 정상 가족에 대한 신화(핵가족 신화): 재혼가족과 초혼 가족이 차이가 없을 것이고 이상적인 가족을 만들어 갈 수 있을 것으로 기대함

3) 재혼가족과 정신건강의 관계

재혼 당사자들은 재혼을 통해 정신건강에 있어 긍정적 측면과 부정적 측면 모두를 경험할 수 있다. 우선 재혼가족은 가족 체계의 확장을 통해 적응상의 스트레스를 경험할 수 있다. 이전 결혼에서 구축한 확대가족 체계를 재혼 후에도 명확히 분리하기 힘들며, 재혼가족의 체계는 훨씬 더 복잡한 체계로 확장되게 된다(Sager et al., 1981). 따라서 재혼가족은 핵가족 내의 새로운 구성원과의 적응뿐만 아니라 각각의 확대가족 체계의 연결과 확장 등에 적응해야 하므로 스트레스가 높아질 수 있다. 그러나 재혼의 긍정적 측면도 보고되는데 당사자인 성인들에게는 전혼의 갈등과 어려움을 해결하는 측면에서 긍정적으로 평가되기도 한다. 특히 이전 결혼에서 갈등을 겪었다면 현재 재혼상태의 생활만족감은 오히려 높은 것으로 보고되기도 한다(Symoens, Colman, & Bracke, 2014).

그러나 재혼은 자녀의 정신건강에는 다소 부정적 영향을 미치는 것으로 확인된다. 청소년을 대상으로 한 연구에서 재혼 가정의 청소년은 일반적으로 초혼 부부 가정의 아이들보다 심리적 행복 척도와 학업 성취도에서 낮은 수준을 보였고, 한부모 가정의 자녀들과의 비교 시에도 더 낮은 수준을 보였다(Jeynes, 2008). 우리나라의 청소년을 대상으로 한 연구에서도 재혼을 통해 새롭게 형성된 가정에서 청소년이 적응에 어려움을 겪을 시 정서행동 문제로 이어질 수 있음을 보여 주었다(Park & Park, 2020).

4) 재혼가족의 정신건강 지원 방안

재혼가족을 위한 정신건강 지원 프로그램은 재혼가족의 적응에 초점을 둔다. 프로그램의 목적은 계부모와 계자녀의 역할 긴장을 감소시키고 그들의 가족 적응을 향상시키는 것이 될 수 있다. 따라서 재혼가족을 위한 포괄적 지원을 할 수 있는 재혼가족 상담과 치료, 재혼을 준비하는 사람과 가족 대상 교육, 재혼가족으로 이뤄진 자조 집단, 재혼 생활 안내 정보와 성공적인 재혼 모델링 제공, 재혼가족 캠프 그리고 사회적인 태도의 변화를 포함하는 지원이 필요하다. 국내 재혼 관련 연구 동향에 따르면(이은영, 김수진, 2021), 재혼을 준비하거나 재혼한 부모 및 청소년 자녀가 있는 재혼부모를 대상으로 재혼 후 적응을 지원하는 프로그램들을 소개하고 있다(〈표 14-6〉 참조). 이에 따르면 재혼가족 적응지원 프로그램을 통해 가족은 의사소통과 결속력이 향상되고 심리적 안녕감 증진 및 재혼부모의 역할긴장 및 양육 스트레스가 감소할 수 있음을 보여 준다.

표 14-6 재혼가족 적응 프로그램 내용과 효과

프로그램명	대상	내용	프로그램 효과
재혼가족 생활적응 향상 부모교육	재혼 부모	프로그램 목적 이해, 목표 세우기, 가족 적응단계 점검, 재혼과정 점검, 초혼가족과의 차이, 부모역할, 감정놀이, 부모자녀간 갈등 전략, 행복한 추억, 감사편지, 변화점검 및 다짐	재혼부모의 역할긴장 및 양육스트레스 감소, 부모자녀 관계 만족도 및 심리적 안녕감 증진
재혼가족 관계향상	청소년기 자녀를 둔 재혼 부모	재혼가족 이해, 의사소통(부부역할, 양육), 새자녀와의 관계, 문제해결 및 갈등관리, 친밀한 부부관계, 재혼가족모습	재혼가족 결속 증진, 부부만족도 증가, 역할 긴장 감소, 의사소통 및 문제해결 능력 향상
재혼준비 교육	재혼을 생각하는 한부모	교육의 필요성, 자아발견과 회복, 현실 인식 및 자립, 자기관리, 문제해결 능력, 사회적 기술, 재혼 바로보기, 사랑과 재혼 조건, 배우자 선택, 재혼준비점검, 각오 및 평가	역경 후 성장 향상, 사회적 지지 향상, 현실적 사랑관으로 변화 효과, 재혼준비도 향상

* 출처: 이은영, 김수진(2021).

3. 한부모 가족과 정신건강

1) 한부모 가족의 개념

일반적으로 한부모 가족은 아버지와 어머니 둘 중 한 사람이 단독으로 부모의 역할을 수행하는 가족으로 인식되고 있다. 한부모 가족의 다수가 이혼을 통해 구성된 가족 구조로 볼 수 있지만, 사별이나 미혼 부모 및 기타 요인으로 한부모 가족을 이루는 경우도 있기 때문에 한부모의 기준이 명확하지는 않다. 통계청의 기준으로는 한부모란 '미혼자녀를 양육하는 법적으로 미혼, 이혼 및 사별인 모 또는 부(원거리 거주 부부 제외)'라고 정의된다. 특히 한부모 가족에 대한 정책적 지원의 폭과 범위를 결정하기 위해 자녀의 연령이나 특성을 기준으로 할지, 한부모 가족 형성 원인을 기준으로 삼아야 할지에 따라 개입 방향이 달라질 수 있는 점에서 기준을 정하는 것이 중요한 문제가 된다.

2) 한부모 가족의 현황과 문제점

우리나라 전체 한부모 가족의 수는 2020년 기준 약 150만 가구로 파악된다(통계청, 2021). 그러나 한부모 가족 지원정책과 사업의 대부분은 법적인 혼인 관계가 소멸하거나(예: 이혼 또는 사별) 혼인 관계를 생성하지 않은(예: 미혼모, 미혼부) 부 또는 모가 18세 미만의 아동을 양육하는 가족을 지원 대상으로 한다. 따라서 전체 한부모 가족 중 18세 이하의 자녀가 있는 한부모 가구의 규모는 2020년 기준 373,225가구(통계청, 2021)이며, 2016년 이후 점차 감소하는 추세이다. 이 중에서 부모가 미혼부모인 경우이면서 자녀가 18세 이하인 경우로 한정하면, 미혼모 가구는 20,572가구, 미혼부 가구는 6,673가구인 것으로 파악된다(송혜림, 고선강, 강은주, 2022).

2018년 한부모 가족실태조사에 따르면, 한부모 가족이 원하는 정책적 지원의 일 순위는 생계비와 양육비 등 경제적인 지원으로 나타났다. 그다음으로는 시설 및 임대주택 등 주거지원과 건강 및 의료 지원, 아이돌봄 서비스 순으로 확인되었다(통계청, 2019). 한부모 가족의 문제를 모자가족과 부자가족으로 더 구체적으로 살펴

표 14-7 18세 이하 자녀가 있는 한부모 가구의 규모 (단위: 가구)

연도	모+자녀	부+자녀	모+자녀+기타가구원	부+자녀+기타가구원	합계
2016	229,913	93,651	62,043	60,194	445,801
2017	219,115	89,026	59,870	57,035	425,046
2018	212,664	85,049	57,688	52,977	408,378
2019	201,821	78,939	55,063	48,291	384,114
2020	199,355	77,268	52,200	44,402	373,225

* 출처: 통계청(2021).

볼 수도 있다(조홍식 외, 2017). 먼저 모자가족의 문제는 경제적 문제, 사회적 편견 및 자녀 양육에 따른 심리사회적 문제로 요약할 수 있다. 경제적 문제는 아버지의 부재로 인한 소득 감소, 모자가족의 주거상황 및 어머니의 불안정한 경제활동 상황에서 발생할 수 있다. 또한 사회적 편견을 견디며 아버지의 공백에 따른 가족 역할 수행의 조정에 따라 스트레스와 갈등 상황에 부닥칠 수 있다. 다음으로, 부자가족의 주요 문제로는 경제적 문제, 가사 문제, 자녀 양육의 문제, 심리 정서적 문제가 있다. 특히 부자가족의 경우 자녀 양육에 관한 문제가 크게 인식되는데, 어머니의 부재로 아동은 보호와 감독의 소홀을 더 경험할 수 있으며 정서적인 유대감 형성 기회가 부족할 수 있기 때문이다.

3) 한부모 가족과 정신건강

한부모 가족의 형성 원인은 이혼, 사별, 미혼 및 기타 등으로 다양한데 이혼을 통해 한부모가 된 경우가 가장 많다. 따라서 이혼가족과 정신건강의 관계에서 보고된 특성들이 한부모 가족에게도 적용될 수 있다. 일반적으로 배우자가 있는 가족에 비해 한부모 가족이 정신건강 문제를 더 많이 경험하는 것으로 나타난다. 특히 모자가정의 경우 이혼 후 여성 가구주의 경제적 곤란이 증가하거나 가족 내 다중적 역할을 어머니가 혼자 담당하게 되거나, 양육의 부담이 증가하면 우울, 불안 등의 정신건강 문제가 증가할 수 있다(최윤정, 2008, 2019). 부자가족의 경우에는 외로움 등을 다루는 데 있어 사회적 지지망을 활용하지 못하는 경우가 많고 술을 통해 해결하는 경우 우울로 이어질 수 있음을 보고한다(이수인, 임애덕, 2007).

그러나 한부모 가족의 구성원이 경험하는 정신건강 문제는 한부모 가족 구조 자체가 원인이 아니라는 연구도 있다. 청소년인 자녀의 공격성과 스트레스가 한부모 가족 여부에 따라 차이가 있는지를 살펴본 결과 차이가 없는 것으로 나타났다(조아미, 임영식, 2009). 또한 친부모가 모두 있는 가족의 아동과 한부모 가족의 아동의 정신건강을 부부 갈등과 양육 태도를 고려하여 살펴본 연구에 따르면, 아동의 우울함에 영향을 주는 것은 부부 갈등이나 부정적 양육 태도이며 가족 구조가 어떠한지는 상관이 없는 것으로 확인되었다(정소희, 2011).

4) 한부모 가족의 정신건강 지원 방안

한부모 가족의 정신건강 지원 방안은 정책적 지원과 서비스 실천으로 마련될 수 있다. 우선 정책적으로는 「한부모가정지원법」 및 「건강가정기본법」에 따라 경제적 지원과 양육지원이 이뤄질 수 있다. 실천적으로는 모자가정과 부자가정의 문제점과 연결 지어 마련될 필요가 있다. 한부모 가족의 정신건강 보호요인과 위험요인에 관한 연구들에 따르면(박주연, 김경신, 2012; 최윤정, 2006) 가족관계 및 사회적 지원이 한부모 가족의 우울에 영향을 주는 것으로 보고된다. 가족관계 측면에서는 양육과 문제로 인한 스트레스, 문제의 원인을 외부로 돌리는 외적 통제감 및 가족 갈등이 위험요인이 될 수 있으며 자기효능감과 가족 응집성, 가족탄력성, 가족의 지지가 보험요인이 될 수 있다. 사회적 측면으로는 낮은 소득과 실업이 위험요인이 될 수 있다. 따라서 가족관계 측면에서는 스트레스 대처 능력의 강화와 자녀와의 관계에서 자기효능감을 높이는 전략 및 양육 행동에 대한 자신감을 높일 수 있는 전략을 활용하여 지원할 필요가 있다. 사회적 지원 측면에서는 한부모 가족의 소득 및 일자리 지원이 강화되어야 하고, 사회적 지지망을 확대할 수 있도록 문화 · 여가활동 참여 기회를 지원해야 한다.

4. 조손가족과 정신건강

1) 조손가족의 개념

조손가족에 대한 개념은 학자들에 따라 다양하게 설명되고 있다. 전반적으로 조손가족이란 "조부모가 그들의 성인 자녀를 대신하여 손자녀를 양육하는 경우"를 일컫는 포괄적인 의미로 사용하고 있다(윤혜미, 장혜진, 2012). 여기서 손자녀의 연령을 18세 미만으로 규정하고 조부모의 일차적인 양육책임을 강조하는 학자들도 있으며, 가족 해체 등의 원인으로 조부모가 선택의 여지없이 손자녀를 양육하게 된 점을 강조하는 학자들(김혜선, 2005; 이화영, 2006; 최혜지, 2006)도 있다. 조홍식 등(2017)은 이러한 학자들의 정의를 종합하여 조손가족의 개념을 '부모가 부재하거나 혹은 부모가 가구 내 존재하더라도 부모 기능을 수행하지 못하는 조부모가 18세 이하의 손자녀와 함께 한 가정에서 생활하면서 부모를 대신하여 손자녀의 양육자로서 일차적인 책임을 지고 있는 가족으로 정의'하였다.

법률적으로는 일반 조손가족과 위탁가족으로서의 대리 양육 조손가족으로 나누어 볼 수 있다. 두 유형의 차이점은 부모의 존재 여부로서, 전자의 조손가족이 부모의 이혼이나 별거 등으로 인한 가족 해체가 주원인이라면, 대리 양육 조손가족은 과거 소년소녀가장 세대가 전환된 것으로, 부모의 사망, 가출, 행방불명 등이 이유이다.

2) 조손가족의 현황

2010년 이후 조손가족의 수는 대체로 10만에서 11만으로 추계한다(통계청, 2019). 일반 조손가정의 특성상 가족 해체가 주요 원인일 경우 조손가족은 양 친부모가족뿐 아니라 한부모 가족에 비해 상대적으로 열악한 여건에 처할 수 있다. 이는 조부모의 경제활동 참여가 거의 없을 수 있으며 전반적으로 경제적, 사회적, 정서적 자

표 14-8 조손가족 현황

연도	조부모+미혼 손자녀 가구 수	조부 또는 조모+미혼 손자녀 가구 수	합계
2010	51,159	68,135	119,294
2015	43,314	69,797	113,111
2016	42,819	66,422	109,241
2017	44,558	68,020	112,578
2018	44,766	68,531	113,297

*출처: 통계청(각 연도), 인구 및 주택 총조사,

원이 부족함에 따라 다양한 어려움을 겪을 수 있으므로 관련 지원 방안도 여러모로 마련되어야 한다.

3) 조손가족의 주요 문제와 정신건강

조손가족이 당면한 주요 어려움들은 크게 손자녀 양육을 위한 경제적 부담, 건강 문제, 양육 스트레스 및 사회적 소외와 지원 부족 등으로 설명하는 연구 결과들이 있다(박화옥 외, 2021; 여성가족부, 2010; 조홍식 외, 2017). 각 문제에 관한 내용은 다음과 같다.

(1) 경제적 어려움

양육의 일차적 책임이 조부모에게 있으나 노령화로 인해 노동력을 상실한 경우가 많고 주 수입이 공공기관의 지원에 의존하는 경우가 많다. 2019년 기준 조손가족 가구당 평균소득은 2,175만 원으로 전체 가구 평균소득인 4,883만 원의 45%에 불과한 것으로 나타났다. 또한 4명 중 1명의 조부모는 손자녀를 위한 교육비와 의류 구입비를 마련하고 있지 못한 것으로 나타났다(박화옥 외, 2021). 그러나 2018년 기준 국민기초생활보장제도 하에서 생계급여 등 한 가지 이상의 기초생활보장급여를 수급하는 비율은 전체 조손가구의 약 6.7%에 불과하여 소득보장이 충분히 이뤄지지 못하고 있음을 알 수 있다(박화옥 외, 2021). 2010년 이후 전국적인 조손가족 실태조사는 이뤄지지 않았지만, 세이브더칠드런에서 2020년 실시한 조손가족실태조사 연구보고서에 따르면, 수도권과 지역의 가정위탁지원센터 등 유관기관을 중심으로 조손가족 약 350명을 대상으로 조사한 결과 생계지원금을 수급한 적이 있는 조부모는 44.5%로 10명 중 4명은 생계비 지원을 받은 경험이 있는 것으로 나타났다. 이는 조사된 조손 가구의 대부분이 생계와 양육에 있어 경제적 어려움을 보이고 있음을 의미한다.

(2) 건강상의 어려움

조손가족 조부모는 가족으로부터 신체적 · 정서적 · 경제적 부양을 받아야 하는 상황에서 손자녀의 양육부담 및 스트레스로 신체적 정신적 건강이 취약해질 수 있다. 조손가족 실태조사에 따르면, 조손가족 조부모의 건강 문제로 고혈압, 심장질환, 당뇨, 관절염 등 만성질환이 보고되었으며, 대부분(73.9%)의 조부모가 6개월 이상 만성질환에 시달리고 있는 것으로 나타났다(여성가족부, 2010).

(3) 양육 스트레스

조손가족의 조부모는 건강상의 문제를 흔히 겪게 됨에 따라 손자녀에 대해 적절한 양육을 제공해 주지 못하게 되고, 이는 양육 스트레스로 이어질 수 있다. 특히 자녀의 가족 해체로 인해 어쩔 수 없이 손자녀를 맡게 되는 경우 양육과 관련된 스트레스는 더 심해질 수 있다. 자녀가 손자녀를 데려가거나 손자녀가 성인이 될 때까지 양육해야 한다는 부담과 손자녀가 성인이 되기 전까지 자신이 오래 살지 못할 것이라는 걱정과 자신이 없으면 손자녀를 누가 돌볼 것인지에 대해 불확실함이 스트레스가 되기도 한다(Kelley, 1993: 조홍식 외, 2017에서 재인용). 또한 손자녀의 학습지도와 체력한계로 인한 양육 스트레스도 높은 수준으로 보고되었다(박화옥 외, 2021). 또한 손자녀와의 갈등도 양육 스트레스의 주된 원인이 되기도 한다. 손자녀 양육을 포기하고 싶었던 이유 중 손자녀와의 갈등에 응답한 비율이 가장 높았는데 경제적 이유보다 높았다.

(4) 아동의 심리적 · 정서적 문제

조손가족의 형성 이전에 부모와의 가정이 해체되면 아동은 심리적 · 정서적으로 어려움을 겪을 수 있다. 일반적으로 가족 해체를 경험한 아동은 그렇지 않은 아동에 비해 우울, 불안, 사회적 철회 등의 심리적 · 정서적 문제를 보이는 경우가 많고, 부모에 대한 배신감과 미움, 원망이 있는 경우도 흔하다. 나아가 인지적 · 사회적 능력과 자아존중감이 낮거나 비행과 일탈, 반사회적 행동 문제 혹은 높은 공격성, 학교생활 부적응을 나타내기도 한다(조홍식 외, 2017).

(5) 사회적 소외 및 지원 부족

조손가족은 정부로부터 지원받는 공공부조, 공공 혹은 민간 기관이나 단체에서 받는 복지서비스 등 주로 공적 지지망에 의존하는 한편, 가족이나 친척, 친구, 이웃 등 비공식적 지지망은 상대적으로 취약하다. 조손가족의 지지망에 관한 연구에 의하면 조부모 가운데 손자녀를 양육하면서 경험하는 어려움에 대해 도움을 받을 수 있거나 도움을 요청할 수 있는 사람이 자녀 중 아무도 없는 비율은 34%, 형제나 친척 중 아무도 없는 비율은 93%, 친구나 이웃 중 아무도 없는 비율은 54%에 이르는 것으로 나타났다(최해경, 2002: 조흥식 외, 2017에서 재인용). 최근의 실태조사연구에서도 조부모가 손자녀를 책임지고 양육하면서, 가족, 친구 또는 가까운 지인의 도움을 얼마나 받고 있다고 지각하고 있는지 알아본 결과, 도움이 필요할 때 주변에서 도움을 줄 사람이 없다(전혀 없다 + 없다)고 응답한 조부모가 46.4%로 조사되어 약 2명 중 1명의 조부모는 가까운 곳에 도움을 요청할 곳이 없다고 느끼고 있었다(박화옥 외, 2021).

4) 조손가족의 정신건강 문제

조손가족의 조부모는 성인 자녀 세대의 가족 해체에 따른 스트레스뿐만 아니라 손자녀 돌봄 및 조손가정으로서의 재형성 과정에서의 조부모-손자녀 간의 관계 형성 및 의사소통의 문제, 사회적 지지 및 사회관계망의 미약, 생활비 및 양육비 고충 등을 경험하며 심리적으로 우울감을 경험할 수 있다(송유미, 이선자, 2011). 2020년에 표본 수 약 350명을 대상으로 실시한 조손가족 실태조사 연구에 따르면 조손가족의 조부모의 우울 수준이 매우 높은 것으로 나타났다. 조사대상자 2명 중 1명이 우울을 경험하고 있었고 스트레스 수준도 높은 것으로 나타났다(박화옥 외, 2021). 손자녀의 입장에서도 이러한 심리적 취약성은 유사하게 발견된다. 조손가정의 자녀는 부모 가정의 해체로 조손가정이 된 자녀의 경우 이전 가족의 문제들로 인해 받은 심리적 영향이 지속되고, 조부모와의 새로운 관계 형성에 따른 어려움으로 우울과 같은 정서적 어려움을 경험할 수 있다. 특히 아동의 경우 어려운 문제에 대한 대처 능력을 기르는 인지 행동적 자원 및 지지가 필요한데, 이러한 지지가 부족할 경우 우울 수준이 더 높아지는 것으로 보고되고 있다(Musil et al., 2018).

5) 조손가족의 정신건강 지원 방안

조손가족에 대한 지원 방안은 크게 조손가족의 소득 안정 지원과 양육지원으로 구성될 수 있다. 이를 위해 정책적으로는 소득 안정에 대한 욕구를 충족시킬 수 있도록 생활비 지원, 손자녀 양육비와 교육비 지원 등을 기초생활 보장제도, 사회보험제도, 한부모 가족지원제도, 가정위탁제도 및 노인복지법 및 청소년 지원법 등을 통해 지원할 수 있다. 실천적으로는 통합적 사례관리를 통해 조손가족의 복합적인 문제를 아동과, 조부모, 학교 체계에 동시에 접근하여 서비스를 지원할 필요가 있다. 아동의 경우 인지행동 및 학습지원 등이 충분할수록 우울 수준을 감소시킬 수 있으며(Musil et al., 2018), 조부모의 경우 아동의 친부모와의 교류가 조부모의 생활 만족도를 높이고(김미혜, 김혜선, 2004), 조부모의 사회적 지지에 대한 인식 수준이 높을수록 가족의 적응성과 응집성이 높은 것으로 나타났다(이화영, 2006). 따라서 아동에게는 성장 발달을 위한 인지 · 정서 · 신체 프로그램을 지원하고, 조부모의 양육 부담 경감을 위해서 양육기술교육이나 가사도우미 서비스와 여가 프로그램, 가족이나 지역사회 네트워크를 마련해 줄 필요가 있다.

5. 정신장애인 가족과 정신건강

1) 정신장애인 가족의 현황

2021년 기준 정신장애인 등록인 수는 약 10만 명으로 보고된다(통계청, 2021). 정신장애인 가족이란 일반적으로 가족 구성원 중 일부가 정신장애인인 경우를 말하므로 정신장애인의 가족 수는 훨씬 많을 것으로 추정된다. 나아가 다양한 정신질환

중에서 심한 장애로 장애 등록이 가능한 것은 일부 질환에만 한정되어 있다.[1] 따라서 장애 등록을 받지는 못하지만, 그 외 다양한 정신질환으로 어려움을 겪고 있는 사람의 수는 훨씬 많을 것으로 추정된다. 2021년 정신건강 실태조사에 따르면, 알코올, 니코틴, 우울 및 불안장애를 포함한 정신장애 1년 유병률은 8.5%로 18세 이상 79세 이하 인구수 기준 약 357만 명에 달한다(국립정신건강센터, 2021). 이 중에서 우울과 불안장애 진단 인구수의 추정치도 약 185만 명으로 나타나, 조현병과 양극성 정신장애 및 주요우울증으로 장애인 등록이 된 사람들을 제외하고도 상당수의 사람이 정신질환으로 고통받고 있으며 그 가족 역시 어려움을 겪고 있다고 볼 수 있다.

2) 정신장애에 대한 문화화된 믿음

우리 사회에서 정신장애인의 가족으로 살아간다는 것은 어려운 일이다. 가장 큰 어려움 중의 하나는 정신질환에 대해 낙인으로 인해 가족의 정신질환에 대해 드러내고 도움을 요청하기가 쉽지 않은 것이다. 우리 사회가 정신적 문제에 대한 인식이 정신장애인을 배척하고 편견의 시각으로 바라보는 데에는 정신적 문제에 대한 우리의 문화화된 믿음과 관련된다. 이를 좀 더 구체적으로 설명하면 다음과 같다(엄태완, 2020).

첫째, 정신질환은 고정된 실체이며 정신질환이 없는 사람에게는 포함되지 않는 어떤 실체로 간주한다. 즉, 정신병은 누구에게나 어느 정도는 있다고 인식하기보다는 자기와는 전혀 별개의 것이므로 정신병을 가진 집단과는 거리를 두는 경향을 만들어 낼 수 있다.

1) 2000년 1월 1일부터 「장애인복지법 시행령」에 처음으로 정신장애인이 포함되었으나 4개의 질환(지속적인 조현병, 분열형 정동장애, 양극성 정동장애 및 반복성 우울장애)만 장애 등록이 가능하였다. 20년이 지난 최근에 와서 「장애인복지법 시행령」(2021.4.13.)에 지속적인 치료에도 호전되지 않는 강박장애, 뇌의 신경학적 손상으로 인한 기질성 정신장애, 투렛장애 및 기면증이 추가되었다. 참고로 DSM-5에는 22개의 상위범주 정신질환이 있으며 각 범주별로 훨씬 많은 정신질환이 설명되어 있다.

둘째, 정신질환을 가진 개인을 독립적 존재로 보기보다는 가족 단위로 묶는 문화적 속성이 있어 가족 중에 정신적 문제를 지닌 사람이 있다는 사실에 대해 수치심을 가지거나 숨기려고 한다.

셋째, 정신질환에 대한 이해가 없을 경우 두려움을 가지며, 이들을 위해서는 좋은 시설에서 격리하는 처우가 필요하다고 생각한다.

넷째, 정신질환에 대해 주로 약물치료나 상담 등 치료적 접근을 강조하는 주류적 믿음으로 사회구조나 사회환경, 문화적 요인의 탐색을 비효율적으로 생각하도록 만든다.

이와 같은 정신적 문제에 대한 문화화된 믿음은 대중매체나 공식적 기관들에서 다루어지고 이것이 다시 대중 속으로 확대되어 진리로 인식되고 확증된다. 개인들은 공동체의 다른 사람들과 상호작용하며 문화화된 믿음을 공유하고 후대에도 이를 전한다(엄태완, 2020: 62).

3) 정신장애인 가족의 가족 부담과 정신건강

흔히 가족 중에 정신질환이 발생하면 가족의 심리적 반응은 처음에는 충격으로 인한 정서적 무감각을 경험하거나 질병에 대한 부정과 저항이 일어날 수 있다. 다음으로 질환에 대한 걱정으로 불안과 공포심이 생겨나고 이후 환자에 대한 죄의식과 책임감을 느끼게 된다. 이로 인해 스트레스 등으로 가족은 치료 과정에서 치료자에게 저항하거나 분노하며 부적절한 요구를 하기도 한다. 그다음 단계의 반응으로는 질환의 의미와 쉽게 회복하기 어려운 특성을 인식하고 슬픔과 우울함에 빠질 수 있다. 마지막으로는 수용의 단계가 일어나 그동안 잃었던 삶의 균형을 되찾기 시작한다(이옥선, 2008: 한인영 외, 2015에서 재인용).

이러한 과정에서 정신장애인 가족은 정신질환 발생 후 질환에 대처하고 돌봄을 제공하는 데 어려움을 겪게 되는데 이를 가족 부담이라고 한다. 가족의 부담은 크게 객관적 부담과 주관적 부담으로 나누어 설명할 수 있는데 우선 객관적으로는 치료 비용부담, 사회활동 제한, 가족 기능의 해체 등이 가족에게 부담이 될 수 있다.

주관적 부담은 환자와 환자의 질환에 따른 이상행동이나 의존에 대해 가족이 이를 얼마나 부담스럽게 지각하는지에 대한 것을 의미한다. 특히 입원한 환자가 있는 경우보다는 지역사회 정신건강 기관에서 서비스를 이용하는 재가 정신장애인 가족의 스트레스 수준이 더 높게 보고되는데, 지역사회 거주 정신장애인과 함께 생활하는 가족이 객관적 주관적 부담을 모두 경험한다는 측면에서 이해될 수 있다(Noh & Turner, 1987). 나아가 이러한 높은 가족 부담은 정신질환자의 회복과정에도 부정적인 영향을 끼치며 악순환으로 이어질 수 있다. 다음으로 정신장애인 가족의 유형별로 가족 부담과 정신건강에 미치는 영향을 살펴보고 대상에 따라 대처방안을 논의하고자 한다.

(1) 정신장애인의 부모

2020년 장애인실태조사에 따르면, 정신질환자의 주된 보호 제공자는 부모(45.1%), 배우자(17.3%), 형제자매(16.8%) 순으로 나타났다(김성희 외, 2021). 정신장애의 발생 시기가 20대까지 50.2%로 나타나 우리 사회의 기준으로 사회적 독립이 이뤄지기 전에 발생하여 주된 보호자가 부모가 될 가능성이 크다. 정신장애인의 발생 시기가 생애 주기상 학업과 직업 및 결혼 등의 과업과 연결되나 정신질환으로 이러한 과업과 사회적 역할 수행의 기회가 차단되거나 감소한다. 따라서 부모의 자녀부양 부담은 지속되며 질환의 만성적 특성으로 인해 노년기까지 부양 부담을 덜어 내기가 어려운 상황이다. 또한 한동안 가족이 정신장애의 주요 원인 제공자로 인식되어 사회적인 비난과 편견도 부모가 감당할 수밖에 없어 정서적인 고통이 더하기도 하였다. 따라서 부모들은 자녀에 대한 죄책감과 미래에 대한 불안, 자기 비난으로 더 많은 정서적 혼란을 경험하게 된다(한인영 외, 2015). 정신장애인의 부모가 겪는 가족 부담에 관한 연구에 따르면, 어머니의 부담이 더 큰 것으로 보고되며 나이가 많고, 교육 수준이 낮으며 직업이 없을 때 정신장애인 자녀를 돌보는 데 더 어려움을 겪는 것으로 나타났다(Caqueo-Urízar & Gutiérrez-Maldonado, 2006). 또한 이러한 돌봄 부담이나 경제적 어려움, 질환의 특성상 공격성이 나타날 경우 가족의 결속력과 적응력을 낮추어 우울감을 경험할 수 있으며, 이를 경감시켜 줄 사회적 지지체계가 부족한 경우 우울감이 더 높아질 수 있다(Saunders, 2003).

(2) 정신장애인의 형제자매

정신질환의 주된 보호 제공자는 부모이지만 다른 장애에 비교할 때 형제자매의 보호자 역할 비율은 정신장애가 월등히 높은 것이 특징이다. 부모가 질병이나 사망 등으로 보호자로서 해야 할 역할을 더 이상 수행할 수 없거나, 대부분 결혼하지 않고 혼자 지내는 정신장애인이 많아서 형제자매가 현실적인 보호자 역할을 하게 된다.

정신장애인 가족으로서 경험하는 형제자매의 심리 · 사회적 부담과 고통은 다른 가족 구성원과 크게 다르지 않다. 정신질환의 발병과 경과 과정을 지켜보면서 죄책감, 상실감, 수치심, 분노 등 동일세대로 경험할 수 있는 심리적 고통이 발생한다(정보경, 윤명숙, 2013). 정신장애인의 치료와 보호에 많은 시간 에너지를 쏟은 부모로부터 관심을 받지 못하거나, 부모를 대신해 환자의 보호자 임무를 수행함에 따라 역할 혼란과 과중한 부담감을 겪기도 한다.

한편, 주 보호자로서 다양한 부담을 경험하지만, 환자와의 규칙적인 접촉과 긍정적 관계를 맺고 있을 때, 가족 환경이 응집력 있고 긍정적인 관계를 유지하였을 때, 가족의 정신질환 대처를 통해 개인적으로 성장을 경험했을 때는 형제자매로서 더 나은 관계를 유지한다는 견해도 있다(Smith, Greenberg, & Malick, 2007: 한인영 외, 2015에서 재인용). 따라서 형제자매의 보호 부담을 완화하고 상호지지 기능을 강화하는 서비스가 요구된다.

(3) 정신장애인의 배우자

정신장애인의 결혼 비율은 전체 장애인 중에서도 낮은 편이다. 2020년 장애인실태조사에서 정신장애인이 배우자와 동거하는 비율은 25%로 나타났다. 이는 2011년 수치인 24.9%와 거의 유사한 비율로 크게 달라지지 않았다. 결혼은 상호지지를 기반으로 인생의 당면한 문제들을 해결하며 배우자로서 해야 할 역할을 담당하는 협력적인 관계이지만 정신장애인의 배우자는 정신장애를 이해하고 관련 문제를 대처하며 정서적인 지원까지 다소 일방적인 지지를 제공해야 하는 경우가 많아 지속적이고 복합적인 스트레스를 경험하게 된다. 정신장애인의 배우자로서 주된 부담을 요약한 연구들에 따르면, 정신장애인의 배우자는 정서적, 성적 상호작용의 부재와 심리적 소진, 반복되는 재발과 입원 치료 등으로 경제적 어려움과 일상생활의 긴장을 경험한다. 또한 자녀 양육과 유전에 대한 부담을 의식할 수도 있고 정신장애인에 대한 편견을 직접적으로 경험할 수 있어 배우자의 정신장애에 대해 숨기거나 사회활동의 감소로 이어질 수 있다(한인영 외, 2015).

(4) 정신장애인의 자녀

모든 정신장애인 부모가 자녀에게 부정적 영향을 미치는 것은 아니다. 그러나 일반적으로 만성질환 및 신체장애와 마찬가지로 정신장애로 인해 부모 역할 수행이나 양육에 부담을 줄 수 있고 이에 따라 아동의 정서적 행동적 어려움과 적응상의 문제를 일으킬 수 있다. 예를 들어, 정신장애를 가진 어머니의 양육 태도와 관련된 연구들에서는, 정신장애로 인해 자녀에 관한 관심이나 정서적인 따뜻함이 적고, 자녀의 요구에 적절하게 반응을 못하거나 일관성 없는 태도를 보이는 경우 자녀들은 사회적 위축감, 신체 증상, 불안/우울 등의 문제가 더 나타날 수 있는 것으로 보고되었다(김미경 외, 2002). 그러나 부모 자녀 관계는 상호 영향을 주고받으며 변화하는 관계이므로 부모에게 정신장애가 있더라도 자녀 양육을 통한 사회적 역할 획득 및 유지는 정신장애인의 사회통합에 긍정적으로 기여할 수 있다. 실제 정신장애인의 양육과정에 필요한 사회적 지지와 서비스가 제공되면 부모로서 양육 능력과 정상화된 역할 수행기능이 향상될 수 있다고 보고되기도 하였다(이혜경, 2008: 한인영 외, 2015에서 재인용)

(5) 정신장애인 가족의 정신건강 지원방안

정신장애인 가족의 유형에 따라 가족의 부담과 정신건강의 영향이 다를 수 있지만 공통적으로는 치료에 따른 경제적 어려움, 사회적 편견, 가족의 사회활동 제한, 가족 기능의 해체 등으로 우울이나 불안 및 스트레스를 경험하게 된다. 특히 가족을 위한 가족 외부의 공식적 비공식적 지원이 부족하거나 전문적인 도움을 줄 수 있는 정신재활시설 등의 정신건강자원이 없으면 정신장애인 가족의 정신건강이 더욱 취약해질 수 있다.

이런 의미에서 가족을 위한 교육 및 지지 서비스는 정신장애인의 가족을 돕는 효과적인 방법이 될 수 있다. 정신장애인 가족을 위한 근거 기반 프로그램으로 가족 교육과 가족 자조 집단이나 가족 옹호가 효과성이 있는 것으로 소개된다. 각각의 프로그램은 주요 목적에 있어 차이가 있으나 실제 현장에서는 하나의 프로그램 안에 교육과 지지 및 옹호 서비스 전략을 포함하는 경우도 있다. 이를 정리하면 다음과 같다.

① 가족 교육

가족 교육은 가족 교육을 대상으로 정신장애에 대한 이해와 대처 전략 등에 관한 정보를 제공하는 데 주요 목적이 있는 서비스이다. 가족 교육의 주요 내용으로는 정신장애인의 문제행동에 대한 대처 방법, 의사소통 기술, 스트레스 관리 기술, 자원에 대한 정보 제공 등이 포함된다.

② 가족 지지 모임 및 자조 집단

가족 지지 모임의 주요 초점은 각각의 가족이 겪은 개인적 경험을 이해함으로써 지지의 효과를 높이는 데 있다(Citron, Solomon, & Draine, 1999). 이들 모임을 통해 가족은 정신질환에 따른 가족의 문제를 대처하는 다른 가족의 역할을 모델로 삼을 수 있고, 지지 모임을 통해 낙인의 두려움 없이 감정을 표현하며 위안과 도움을 얻을 수 있다. 예를 들어, 가족 지지 모임이나 자조 모임을 통해 가족 중 한 사람이 발병 이후 보이는 모습과 관련하여 가족이 염려하는 일반적 내용을 다음과 같이 공유할 수 있다.

③ 가족 옹호

가족 옹호 서비스의 주요 목적은 정신장애인 가족이 시민으로서의 정당한 권리로서 가족에게 이로운 사회적 서비스나 정책 제안에 적극적으로 참여할 수 있도록 돕는 데 있다. 가족 옹호는 정신장애인 가족의 생활 조건을 향상하게 시키기 위해 계획되는 전문적 서비스로, 옹호 활동을 통해 가족들은 자신들의 욕구를 직접적으로 충족시키고 지역사회에 필요한 변화를 불러일으킨다. 특히 정신보건 현장에서 대상자들의 욕구와 실제 정신보건 서비스 간의 격차를 좁히기 위한 노력으로 가족 구성원들 스스로 정신보건 정책의 입법화나 조사연구 및 서비스 개발을 위한 기금 조성 등을 시도해 왔다. 대표적 정신장애인 가족의 옹호 활동은 미국의 정신장애인 가족협회(National Alliance of Mental Illness)의 활동으로 정신장애인이나 가족 전문가 등의 네트워크를 형성하고, 상호지지집단의 운영과 교육프로그램 및 전문가 훈련, 낙인 극복 프로그램 운영 연구 및 출판 활동 등 다양한 구실을 하고 있다(한인영 외, 2015). 우리나라에도 대한 정신장애인 가족협회가 있으며 현재 전국 17개 지부를 운영하며 정신질환 인식개선을 주요 목표로 가족 옹호, 교육, 홍보, 교육문화사업, 모니터링 등의 활동을 진행하고 있다.

또한 발병 이후 정신장애인에 대해 가족이 염려하는 일반적인 내용으로는 다음과 같은 것이 있다(권진숙 외, 2013).

- 환자의 난폭한 행동으로 인한 자신과 가족에게 실질적인 위험 발생
- 환자치료에 관한 이견을 포함한 가족 구성원 간의 갈등, 가족 구조의 파괴, 다른 자녀가 학업, 사회생활, 결혼의 부정적 영향에 대한 염려와 다른 구성원들에 대해 소홀함에 대한 걱정 등
- 치료를 위한 경제적 부담, 환자의 경제력 상실에 대한 걱정과 부모 사망 후 환자의 보호에 관한 문제 등
- 환자를 돌보기 위해 다른 일을 할 수 없는 점, 발병과 재발을 책임져야 한다는 부담감, 환자와 질환에 대한 무지 등
- 환자의 병원 적응 여부, 약의 부작용에 관한 정보 부족, 재활 대책 등에 대한 정보 부족

- 수치심과 낙인 등으로 타인에게 알려질까 두려워하는 마음
- 이웃에 피해를 주거나, 질환에 대해 이해하지 못하는 이웃의 항의 등

토론주제

1. 가족 구조와 가족 기능 중 정신건강에 더 큰 영향을 주는 요인은 무엇이라고 생각하는가? 그 이유는 무엇인가?

2. 이혼 후 가족이 경험하는 주요 변화에는 어떤 것이 있는가?

3. 재혼가족의 적응을 지원하는 프로그램에서 가장 강조되어야 하는 요소는 무엇이라고 생각하는가?

4. 각각의 가족 구조별 현황 및 문제점을 파악하고 지원방안을 제시하는 것의 장단점은 무엇이라고 생각하는가?

5. 정신장애인 가족을 위한 근거 기반 프로그램에는 어떤 것이 있는가?

제15장

장애인과 정신건강

정신건강은 국내외적으로 큰 주목을 받고 있고 개인차원이나 국가차원에서도 정신건강증진을 위한 관심이 높다. 하지만 우리가 '정신건강'이라고 이야기할 때 우리는 보통「장애인복지법」에 등록된 법정 장애유형인 정신장애인이나 특정 정신질환을 가진 사람을 떠올리거나 우리가 살아가면서 가끔 경험하기도 하지만 시간이 지나면 자연히 사라지는 우울감, 불안감, 스트레스 정도를 떠올릴 것이다. 그렇기 때문에 특정 정신질환으로 진단을 받고 장애인등록을 한 정신장애 외에 다른 장애유형을 가진 장애인의 정신건강에 대한 관심은 상대적으로 낮을 수밖에 없다. 또는 정신장애 외의 다른 유형을 가진 장애인의 경우, 그들이 가진 주장애가 개입의 주요 대상이기 때문인지도 모른다. 하지만 정신장애인 외의 장애인은 그들의 장애 혹은 장애에 대한 환경적 제약 때문에 우울감, 소외감, 불안감, 고립감 등 부정적인 심리상태를 경험할 확률이 높은 것으로 알려져 있으며(Livneh, 2001) 차별이나 편견과 같은 환경요인으로 인해 사회참여도 쉽지 않다(Vash & Crewe, 2004). 따라서 정신장애인 외 장애인의 정신건강에 대한 현 상황을 확인하고 정신건강에 주목하는 것이 왜 중요한지, 정신건강증진을 위해 실천적 · 정책적으로 어떤 노력이 뒷받침되어야 하는지 등을 고민해 볼 필요가 있다.

1. 장애인의 정신건강에 대한 이해

1) 장애인 정신건강 개념

정신건강(mental health)의 사전적 의미는 "큰 고민거리나 걱정거리가 없어 마음이 바르고 편안한 상태"이다(국립국어원, 2022). 이는 '심리적 또는 정신적 측면의 건강'이라는 협의의 관점에서 정신건강을 이해한 것이라 볼 수 있다(강상경, 2022). 하지만 정신건강은 개인이 태어나고 양육되고 살아온 환경에 크게 의존하여 달라진다(Marmot, Friel, Bell, Houweling, & Taylor, 2008). 이는 정신건강이 개인, 가족, 지역사회 및 구조적 요인의 복합적인 상호작용에 의해 결정되기 때문이며, 또한 이러한 요인들은 시간과 공간에 따라 달라지며 개인에 따라서도 다르게 경험되기 때문이다(WHO, 2012). 즉, 정신건강은 신체적 건강이나 질병과 마찬가지로 다양한 생물학적 · 심리적 · 사회적 요인 사이의 복잡한 상호작용의 결과로 나타난다(WHO, 2001, 2004). 예컨대 개인의 신체적 건강, 불안감, 절망감, 빈곤, 학대 위험, 교육수준, 경제적 수준, 주거환경, 가족관계, 학교나 직장생활, 지역사회 환경, 급진적인 사회 변화 등이 상호작용하여 정신건강에 영향을 미치는 것과 같다(강상경, 권태연, 김문근, 이용표, 하경희, 홍선미, 2022; WHO, 2004).

이렇듯 정신건강은 신체적 건강이나 사회적 건강과의 상호연관 하에서 결정되고 구성되는 것으로(강상경, 2022) 광의의 관점에서 이해하는 것이 바람직하다. 세계보건기구(WHO, 1999)에서 내린 정신건강 개념에서도 확인할 수 있는데, 즉 정신건강을 '정신질환이나 정신장애가 없는 상태를 넘어서 자신의 잠재력을 실현하고 삶에서 오는 자연스러운 스트레스에 대처할 수 있으며 생산적으로 일을 할 수 있고 자신이 속한 지역사회에 기여할 수 있는 안녕 상태'라고 정의하고 있다.[1]

장애인의 정신건강도 동일한 맥락에서 이해되어야 한다. 세계보건기구(WHO, 2001)에서 건강(health)을 "단지 질병이나 질환이 없는 것이 아니라 신체적, 정신적, 사회적 안녕이 완전한 상태"라고 정의한 바와 같이 정신건강은 장애인의 건강을 유지하고 증진하기 위한 필수적인 부분이고(WHO, 2014) 장애인의 안녕을 구성하는 주요한 부분이다(Kariuki, Honey, Emeson, & Llewellyn, 2011). 하지만 장애인의 정신건강에 대한 관심은 여전히 소외되어 왔다. 한국의 경우 15개의 법정 장애유형이 「장애인복지법」에 명시되어 있으며 우선적으로 장애유형별 주요 욕구에 초점을 맞추어 제도나 정책이 이루어지다 보니 정신건강의 경우는 대부분 정신장애인에 국한되어 있는 것이 현실이다. 예를 들어, 장애인의 권익과 복지증진을 위해 5년마다 수립 · 시행되는 제5차 장애인정책종합계획(안)(관계부처합동, 2018)을 봐도 정신건강 관련 중점과제는 정신장애인 사회통합지원 또는 장애인인식개선 정도가 제시되고 있을 뿐이다. 장애인 대상의 통계자료를 보면(보건복지부, 한국보건사회연구원, 2020), 전체 장애인의 주요 욕구는 1순위가 소득보장(48.9%), 2순위가 의료보장(27.9%), 3순위가 주거보장(7.4%) 순이며, 명확히 제시된 정신건강 관련 요구사항은 없고 그나마 연결 지어 볼 수 있는 것이 5순위에 있는 장애인건강관리(2.5%)와 8순위에 있는 장애인인식개선(1.5%) 정도이다. 하지만 제도와 정책은 이러한 객관적인 근거를 기반으로 수립되기 때문에, 정신장애인을 제외한 나머지 장애유형의 정신건강은 후순위로 배치될 수밖에 없었을 것이다. 더욱이 장애인복지 영역에서는 그동안 많은 역사적인 사건이 있었다. 지난 2019년 7월 장애인들의 숙원사업이었던 장애등급제가 마침내 폐지되었고 그 외에도 2000년에는 「장애인고용촉진 및 직업재활법」으로 전면개정, 2003년에는 2차 장애범주 확대로 장애유형이 15종으로 확대, 2007년에는 「장애인 등에 대한 특수교육법」으로 변경, 2008년에는 「장애인차별금지 및 권리구제 등에 관한 법률」 제정, 2014년 「발달장애인 권리보장 및 지원에

1) 원문은 다음과 같다. Mental health is a state of well-being in which the individual realizes his or her own abilities, can cope with the normal stresses of life, can work productively and fruitfully, and is able to make a contribution to his or her community(WHO, 1999).

관한 법률」 제정, 2011년에는 「장애인활동지원에 관한 법률」 제정 등 장애인의 인권 증진과 삶의 질 향상을 위한 도약기를 맞이하고 있다. 그럼에도 불구하고 장애인의 빈곤문제,[2] 소득보장(장애수당, 장애인연금 등), 고용 및 직업문제,[3] 교육[4]과 보육문제, 탈시설 문제, 인권문제, 고령화 문제, 일상생활 활동지원 및 재활문제, 사회통합 문제, 여성장애인의 이중고 등 중요하고 해결이 시급한 굵직한 이슈가 여전히 산재해 있다. 그러다 보니 정작 정신건강에 대한 강조는 정신장애인으로 국한될 뿐 나머지 장애유형에까지 미치지는 못하고 있는 것으로도 해석해 볼 수 있겠다.

통계를 통해 살펴보겠지만, 정신장애인을 분석 대상에서 제외하든 제외하지 않든 전체 장애인의 정신건강 문제는 심각하고 장애인의 정신건강은 비장애인에 비해 현저히 낮은 수준이다(보건복지부, 국립재활원, 2022; 보건복지부, 한국보건사회연구원, 2020). 실제 장애인은 장애로 인해 스트레스, 우울감, 불안, 소외감, 상실감, 슬픔, 절망, 분노 및 적대감, 부인, 낙인, 불확실성, 충격, 자살충동 등 다양한 형태의 부정적인 정신건강 상태를 경험한다(Livneh & Antonak, 2018; Pettinicchio, Maroto, Chai, & Lukk, 2021; Steptoe & Di Gessa, 2021). 우울, 불안, 스트레스, 외로움, 고립에 의한 소외감, 자살충동, 자살, 물질사용장애, 조현병, 양극성장애, 간질, 알츠하이머병, 지적장애 또는 정신지체 등은 흔한 정신장애 문제에 속한다(보건복지부, 서울대학교 산학협력단, 2021; WHO, 2001; World Health Organization & World Bank, 2011). 장애인 대상의 기존 연구와 보고서를 보면, 장애인의 정신건강을 파악하기 위해 일상적인 생활에 영향을 미치는 우울, 불안, 자살(자살생각, 자살계획, 자살시도)을 대표적인 정신건강 문제로 다루고 있다(서원선, 이혜수, 2019; Pettinicchio et al., 2021; Steptoe & Di Gessa, 2021).

---

2) 장애인의 빈곤율은 31.5%로 전체국민의 빈곤율(15.9%)의 2배 수준이며, 장애인의 연평균 경상소득은 3,496만 원으로 전체가구의 연평균 경상소득인 4,882만 원의 71.6% 수준이다(관계부처합동, 2018).

3) 장애인의 경제활동 참가율은 38.7%로 전체인구의 경제활동 참가율인 62.3%의 60% 수준이다. 장애인의 비정규직 비율은 59.4%로 전체 인구의 비정규직 비율인 32.9%보다 높다(관계부처합동, 2018).

4) 장애인의 교육수준은 중졸 이하 58.5%, 고졸 29%, 대졸 이상 12.5%로 전체인구 교육수준인 중졸이하 25.6%, 고졸 37.7%, 대졸 이상 36.7%에 비해 낮은 수준이다(관계부처합동, 2018).

정리하면, 정신건강은 신체건강과 삶의 질에 영향을 주는 결정적 요인이며 정신적인 건강과 안녕을 증진하기 위한 주요한 요소이다(강상경 외, 2022). 따라서 정신건강에 대한 개념을 정확히 이해하고 장애인의 정신건강 문제에 관심을 갖는 것이 필요하다. 정신건강의 정의에 비춰 본다면 현재 장애인복지 영역에서 다루어지고 있는 빈곤, 소득보장, 고용, 교육, 탈시설, 인권, 고령화, 활동지원 및 재활, 사회통합 등의 문제도 장애인의 정신건강에 영향을 미치는 요인들이기 때문에 매우 중요한 영역이다. 따라서 지속적인 관심과 실질적인 개선을 위해 노력하면서 동시에 그동안 관심 밖에 머물러 있었던 장애인의 정신건강에 대해서도 심도 있는 연구와 정책적 · 제도적 접근을 통해 장애인의 정신건강이 증진될 수 있도록 노력해야 한다.

2) 장애인의 정신건강 현황

(1) 장애인의 정신건강 실태

구체적인 통계표는 장애인실태조사(보건복지부, 한국보건사회연구원, 2020)와 장애인 건강 보건통계(보건복지부, 국립재활원, 2002) 보고서를 참고한다.

먼저, 장애인실태조사(보건복지부, 한국보건사회연구원, 2020)는 장애인의 생활실태와 복지 욕구를 파악하여 장 · 단기 장애인복지정책 수립 및 시행을 위한 기초자료를 생산하고 궁극적으로는 장애인의 삶의 질 향상을 목적으로 「장애인복지법」 제31조와 「장애인복지법 시행령」 제18조에 의해 3년마다 실시되는 전국 대표성을 가진 조사이다.[5] 장애인실태조사에서는 장애인의 정신건강 실태를 파악하기 위해 '평소 일상생활 중에 경험하는 스트레스 정도, 우울감 경험 정도, 자살생각 및 자살시도 여부'를 조사한다.

국립재활원은 지난 2019년부터 「장애인 건강 보건통계」로 국가통계 승인을 지정

5) 장애인실태조사는 1980년도부터 시작됐고 2005년부터 매 3주기로 실시되고 있다. 2017년까지는 가구표본조사를 통해 통계 수집이 이루어졌지만 2020년에는 코로나19의 영향으로 기존 대면조사방식의 적정성 검토 後 가구표본조사가 아닌 보건복지부의 등록장애인 DB를 모집단으로 하여 등록장애인만을 대상으로 진행되었다(보건복지부, 한국보건사회연구원, 2020).

받아 매년 국가통계로 공표하고 있다(보건복지부, 국립재활원, 2022). 「장애인 건강권 및 의료접근성 보장에 관한 법률」 제11조와 「통계법」 제18조에 의거하여 장애인의 건강위험요인과 질환의 발생 및 치료에 관한 장애인 보건 관련 통계를 산출한다. 등록장애인 전수(약 255만 명)를 대상범위로 포함한다.

① 우울

2020년 장애인실태조사(보건복지부, 한국보건사회연구원, 2020)는 우울은 일상생활에 지장을 줄 정도의 슬픔이나 절망감(본 실태조사에서는 우울감으로 측정)으로 측정하고 있다. 조사결과를 보면, 장애인의 우울 경험은 18.0%로 나타났으며 우울 경험이 가장 많은 장애유형은 정신장애였고 그다음으로 뇌전증 장애와 뇌병변 장애 순이었다.

② 불안

장애인 건강 보건통계(보건복지부, 국립재활원, 2022)에서는 불안을 공포성 불안장애와 기타 불안장애로 측정했다. 불안을 경험한 장애인은 14.4%였는데, 그중 뇌전증 장애가 32.9%로 가장 높은 비율로 불안을 경험하고 있었고 정신장애가 31.2%, 호흡기 장애가 17.7%로 나타났다.

③ 일상생활 스트레스

장애인 중 33.6%는 평소 일상생활에서 스트레스를 많이 또는 대단히 많이 느끼고 있었고 조금 느끼는 편이라고 응답한 경우도 52.0%로 높았다(보건복지부, 한국보건사회연구원, 2020). 일상생활에서 스트레스를 많이 또는 대단히 많이 경험한 장애유형을 살펴보면, 호흡기장애, 신장장애, 뇌전증 장애 순이었다.

④ 자살생각과 자살시도

자살생각과 자살시도 여부는 장애인의 정신건강 수준을 파악하는 데 중요한 단서가 된다. 2020년도 장애인실태조사(보건복지부, 한국보건사회연구원, 2020)에 따르면, 최근 1년 동안 죽고 싶다는 생각을 해 본 적이 있는 장애인이 11.0%였다. 그중 호흡기 장애인이 자살생각을 가장 많이 했으며, 그다음으로 정신장애, 뇌전증 장애, 뇌병변 장애 순으로 높았다. 실제로 자살을 시도한 경험이 있는 장애인은 0.6%였다. 자살시도는 정신장애인에게서 가장 많이 일어났고 뇌전증 장애와 호흡기 장애가 다음으로 많았다.

장애인 건강 보건통계(보건복지부, 국립재활원, 2022)에서는 장애유형별 사망 원인을 조사한 바 있는데, 그중 사망 원인이 자살인 경우가 자폐성장애에서는 1순위로 나타났고 뇌전증장애와 안면장애에서는 2순위였으며 정신장애에서는 4순위로 조사되었다.

⑤ 정신건강 서비스 이용률 및 미충족 욕구

2020년 장애인실태조사(보건복지부, 한국보건사회연구원, 2020)에서는 총 25개의 건강 관련 서비스에 대한 장애인의 이용률을 측정한 바 있다. 조사결과, 장애인의 정신건강 서비스 이용률은 6.1%로 일반진료서비스(92.2%)나 만성질환 관리(72.9%), 장애관리 및 재활서비스(44.5%) 이용률과 비교했을 때 매우 낮은 수준으로 나타났다. 정신건강 서비스를 이용한 장애유형을 보면, 정신장애인의 44.9%가 이용하여 가장 높았는데 정신장애인을 제외한 나머지 장애유형의 평균 이용률은 5.6%로 상당히 낮은 수준이었다.

2020년 당시 정신장애인을 포함한 전체 장애인의 정신건강복지센터 이용 경험률은 평균 0.7%였고 그중 정신장애인의 비율이 6.1%로 가장 높았다.[6] 정신장애인을 제외한 후 정신건강복지센터 이용 경험률을 분석하면 0.6%로 낮아진다.

정신건강복지센터에 대한 전체 장애인의 이용 희망률은 5.6%로 실제 이용 경험률에 비해 8배 이상 높았고, 정신장애인을 제외한 나머지 장애유형의 이용 희망률은 6.0%로 평균 희망률보다도 높아진다. 그뿐만 아니라 정신건강복지센터의 주 이

6) 2020년 장애인실태조사에서는 장애인이 정신건강 서비스를 이용하지 않는 이유와 미충족률을 조사하고 있지 않아 조사결과 해석 시 유의를 요한다. 따라서 정신건강복지센터의 실제 이용 경험률과 이용 희망률의 차이를 살펴봄으로써 제한적이지만 장애인의 정신건강 서비스 미충족률에 대한 이해를 돕고자 하였다.

용자인 정신장애인의 경우도 이용 희망률이 실제 이용률에 비해 4배 이상 높을 뿐 아니라, 정신장애인을 제외한 나머지 장애유형의 경우는 10배 이상 높다. 특히 정신장애인을 제외하고 주된 장애특성이 정신건강 문제가 아닌 자폐성 장애(14.7%), 지적장애(13.0%), 뇌전증 장애(11.3%)의 경우 다른 장애유형에 비해 정신건강복지센터 이용 희망률이 높음에 주목할 필요가 있다. 이는 앞서 장애인의 일상생활 스트레스, 우울, 자살생각 및 자살시도 현황에서 살펴봤듯이, 뇌전증 장애인이 일상생활 스트레스를 대단히 많이 느낀다는 질문에 가장 높은 비율을 보였고, 우울(즉, 슬픔이나 절망감) 경험, 자살생각 및 자살시도 경험 여부에서도 뇌전증 장애인이 정신장애인을 제외하면 가장 높았다. 또한 지적장애도 자살시도에서 정신장애, 뇌전증 장애에 이어 세 번째로 높은 수준을 보였고, 보건복지부, 국립재활원(2022)에서 조사한 진료과목별 의료이용 현황을 보면 일반의(33.6%), 내과(14.9%) 다음으로 정형외과(8.2%)와 함께 정신건강의학과 이용 비율(8.2%)이 3순위를 차지하고 있다. 또한 자폐성장애인의 경우도 일반의(33.3%) 다음으로 정신건강의학과(19.4%)를 이용하는 비율이 높은 것으로 나타났다(보건복지부, 국립재활원, 2022). 이러한 결과는 정신장애인 외의 나머지 장애유형 특히 뇌전증 장애, 지적장애, 자폐성 장애를 가진 사람들의 정신건강 욕구에 대한 심도 있는 조사를 통한 충분한 이해와 정신건강 서비스에 대한 미충족 욕구에 대해 인지할 필요성을 보여 준다.

(2) 장애인과 비장애인의 정신건강 문제 현황 비교

① 우울

장애인의 정신건강 문제 중 우울 경험률을 비장애인과 비교해 보면, 장애인의 우울 경험률은 13.2%이고 비장애인의 우울 경험률은 4.2%로 장애인이 3.1배 높은 것으로 나타났다(보건복지부, 국립재활원, 2022). 성별 차이를 조사한 결과, 전체적으로 여성의 우울 경험률이 남성에 비해 높았으며, 남성의 경우 장애인(10.8%)이 비장애인(3.1%)에 비해 우울 경험률이 3.5배 높았고 여성의 경우 장애인이 3.1배(장애인 16.6%, 비장애인 5.4%) 높았다.

연령별 우울 현황을 살펴보면, 모든 연령에서 장애인이 비장애인에 비해 우울 경험률이 높았고 장애인과 비장애인 모두 연령이 증가함에 따라 우울 경험률은 증가하는 경향을 보였다. 연령대별로 살펴보면, 0~9세에서 장애인의 우울 경험률이 비장애인에 비해 33.0배 높아 가장 큰 차이를 보였다. 그다음은 10~19세, 30~39세 순으로 조사되었다.

② 불안

불안의 경우는 장애인의 14.4%, 비장애인이 5.8%로 장애인이 2.5배 높았고 남성보다는 여성에서 불안 경험률이 높게 나타났다(보건복지부, 국립재활원, 2022). 남성의 경우 장애인(11.7%)이 비장애인(4.2%)에 비해 2.8배 높았으며 여성의 경우 장애인(18.2%)이 비장애인(7.4%)에 비해 2.5배 높았다. 불안은 연령이 증가할수록 불안 경험률도 높아지는 경향을 보였다. 연령별 불안현황을 살펴보면, 0~9세에서 장애인은 비장애인에 비해 16.0배 높은 불안을 경험하는 것으로 조사되었으며 10~19세에서 4.2배, 20~29세에서 2.9배로 차이가 나타났다.

③ 자살

보건복지부, 국립재활원(2022)의 장애인과 전체 인구의 사망 원인을 비교한 결과 중 자살을 살펴보면, 장애인 중 자살로 사망하는 경우는 인구 10만 명당 57.2명인 반면, 전체 인구는 인구 10만 명당 25.7명으로 장애인이 전체 인구와 비교하면 자살로 인한 사망 인구수가 2.2배 더 많았다.

한편, 사망 원인 중 자살의 심각성은 연령에 따라 차이를 보였다. 장애인의 경우 10대에서 40대까지는 자살이 사망 원인의 2순위였고, 전체 인구의 경우는 10대에서 30대까지는 1순위, 40대와 50대에서는 2순위를 차지했다. 먼저 10대를 보면 장애인(인구 10만 명당 18.6명)이 전체 인구(인구 10만 명당 6.5명)보다 자살로 인한 사망 인구수가 2.9배 정도 더 많았다. 20대의 경우, 장애인(인구 10만 명당 34.0명)이 전체 인구(인구 10만 명당 21.7명)에 비해 자살로 인한 사망 인구수가 1.6배 정도 더 많았다. 30세의 경우, 장애인(인구 10만 명당 56.5명)이 전체 인구(인구 10만 명당 27.1명)

에 비해 자살로 인한 사망 인구수가 2.1배 정도 더 많았다. 40대의 경우, 장애인(인구 10만 명당 65.3명)이 전체 인구(인구 10만 명당 29.2명)에 비해 자살로 인한 사망 인구수가 2.2배 정도 더 많았다. 50대의 경우, 장애인(인구 10만 명당 54.2명)이 전체 인구(인구 10만 명당 30.5명)에 비해 자살로 인한 사망 인구수가 1.8배 정도 더 많았다. 60대의 경우, 장애인(인구 10만 명당 49.8명)이 전체 인구(인구 10만 명당 30.1명)에 비해 자살로 인한 사망 인구수가 1.7배 정도 더 많았다. 70대의 경우, 장애인(인구 10만 명당 59.6명)이 전체 인구(인구 10만 명당 38.8명)보다 자살로 인한 사망 인구수가 1.5배 정도 더 많았다.

2. 장애인의 정신건강 관련 국제적 동향과 이론

1) UN 지속가능발전목표와 국가지속가능발전목표

'2030 지속가능발전 의제'라고도 불리는 지속가능발전목표(Sustainable Development Goals: SDGs)는 2015년 제70차 UN총회에서 192개 회원국에 의해 만장일치로 채택되었다. 지속가능발전의 이념을 실현하기 위해 인간, 지구, 번영, 평화, 파트너십이라는 5개 영역에서 인류가 나아가야 할 방향성을 17개 목표와 169개 세부목표로 제시했다(지속가능발전포털, 2022. 7. 13. 인출). 새천년개발목표(Millennium Development Goals)에서 발전한 SDGs에는 정신건강이 새로이 포함되었는데, 이는 전세계 개발 목표(Global development goals)를 성취하는 데 정신건강이 매우 중요한 역할을 한다는 것에 대한 인식이 증가하고 있음을 의미한다(WHO, 2022b).

한국은 국제사회 공동의 목표 달성에 기여하고자 2018년에 한국형 지속가능발전목표,[7] 즉 K-SDGs를 수립했고 K-SDGs의 실행계획은 「제4차 지속가능발전 기본계획(2021~2040)(관계부처협동, 2021a)」에 담겨 있는데 17개 목표, 119개 세부목

7) K-SDGs의 공식명칭은 국가지속가능발전목표이다(지속가능발전포털, 2022. 7. 13. 인출).

표, 236개 지표로 구성된다. UN SDGs의 세 번째 목표인 '건강하고 행복한 삶 보장'은「제4차 지속가능발전 기본계획(2021~2040)(관계부처협동, 2021a)」에서 정신건강을 증진하고(세부목표 3-2 "정신건강을 증진하고 약물 오남용을 예방한다") 장애인의 만성질환을 관리(세부목표 3-1 "만성질환의 위험요인관리와 건강보장을 확대한다")하는 내용으로 다뤄진다(관계부처합동, 2021a). 이에 한국은 자살예방사업, 정신질환에 대한 체계적 관리를 통한 정신건강증진 도모, 정신장애인의 지역사회 중심적인 관리모델 구축 등을 주요 정책과제로 설정했다(지속가능발전포털, 2022.7.13. 인출). 또한 2020년에 지속가능성 정량평가 결과에서 '뇌우'[8] 평가를 받은 장애인의 만성질환 관리와 건강 취약집단 관리 체계 구축 등을 주요 추진과제로 설정한 바 있는데, 장애인 만성질환 유병률이 2014년도의 75.8%에서 2017년에 81.7%로 증가 추세에 있기 때문에 신경을 써야 한다. 만성질환과 같은 신체건강은 장애인의 정신건강에 지대한 영향을 미치는 요인이기 때문이다.

UN SDGs 목표 10 "모든 종류의 불평등 해소"는 K-SDGs 세부목표 10-2 "나이, 성별, 장애여부, 지위 등과 관계없이 모든 사람에 대한 사회 · 경제 · 정치적 포용성을 확대한다."로 구체화되었다. 한국 사회에 여전히 존재하는 장애인차별인식과 장애인학대에 대한 문제의식하에서 장애인식개선교육을 강화하고, 장애인학대피해예방과 피해자 지원을 강화하는 것을 주요 정책과제로 설정한 것이다. 또한 정신장애인의 사회통합 지원도 주요정책 과제에 포함되며 구체적인 실행계획은「제4차 지속가능발전 기본계획(2021~2040)(관계부처합동, 2021b)」에 명시하고 있다.

UN SDGs 목표16 "평화 · 정의 · 포용"은 K-SDGs 16-11 "차별을 지양하기 위한 법과 정책을 수립하고 시행한다."에 담겨 있다. 이는 개별적 차별금지법의 효과성 제고 및 차별금지법이 미비한 취약계층에 대한 평등한 권리를 인정하고, 모든 다양한 사회적 약자와 소수자에 대한 차별금지를 강제함으로써 포용사회로의 진전을 목적으로 한다(관계부처합동, 2021b). 이를 달성하기 위해 2040년에 포괄적 차별금

8) 2020 지속가능성 정량평가를 맑음, 맑거나 흐림, 흐림, 뇌우의 네 가지 표식으로 표시한다(관계부처합동, 2021b).

지법 제정을 목표로 포괄적 차별금지법 제정의 필요성에 대한 인식제고, 인권교육 및 평등교육 강화 등을 정책과제로 설정하고 있다(관계부처합동, 2021b).

2) 2013~2030 포괄적 정신건강 행동계획

지난 2013년, 제66차 세계보건총회(World Health Assembly)에서 194개 회원국은 「포괄적 정신건강행동계획 2013~2030(Comprehensive mental health action plan 2013~2030)(이하 '행동계획')」을 채택했다. 이 행동계획은 국제사회에서 오랜 기간 간과[9]되어 온 정신건강에 대한 증가하는 부담과 정신건강 문제가 있는 사람들의 욕구에 반응하기 위해 보건체계가 직면하고 있는 어려움 등에 대한 반응으로 수립되었다(WHO, 2022.6.1.).[10] 행동계획의 최종목표는 정신적 안녕을 증진하고 정신질환을 예방하며 돌봄을 제공하고 회복을 향상시키고 인권을 신장하고 정신질환이 있는 사람의 사망률, 질병률과 장애를 감소하는 것이다. 이러한 목표를 달성하기 위해 "정신건강이 없으면 건강도 없다(No health without mental health)"라는 슬로건 아래 다음의 구체적인 목표를 제시한다(WHO, 2022.6.1.).

- 정신건강에 대한 효과적인 리더십과 협치를 강화한다.
- 지역사회 내에서 포괄적이고 종합적인 정신건강 및 사회돌봄서비스를 제공한다.
- 정신건강증진 및 예방 전략을 실행한다.
- 정신건강에 대한 정보체계, 근거, 연구를 강화한다.

9) 연구에 따르면 질병으로 인한 부담 중 14%는 신경정신장애(대부분 만성적인 우울, 기타 보편적인 정신질환, 알코올사용 및 약물중독 장애, 정신병)에 기인하는데, 정신질환(mental disorder)과 신체질환(physical disorder)이 장애와 사망률에 대한 별개의 기여를 강조하기 때문에, 건강을 개선하고 빈곤을 줄이려는 주류적 노력으로부터 정신건강의 소외를 고착시켰을 수 있다(Prince et al., 2007). 정신질환과 다른 건강 문제들과의 연결성에 관한 평가가 부적절했기 때문에 정신질환의 부담은 과소평가될 가능성이 높으며 의료서비스도 정신질환을 가진 사람들에게 공평하게 제공되지 않고 있다(Prince et al., 2007).

10) 2013년 5월, 2013~2020 포괄적정신건강행동계획이 수립된 이후, 2019년에 2030년까지 연장되었다(WHO, 2022.6.1.인출).

이 네 가지 목표를 달성하기 위한 국가별 지침과 상세 지표는 WHO(2021)에 구체적으로 나와 있다. 행동계획이 따라야 하는 기본원칙도 있는데, 여섯 가지로 제시하고 있다. 회원국들은 다음의 기본원칙을 따르되 국가의 상황에 맞게 지역적 상황을 고려하여 행동계획을 수립하도록 권장된다.

- 보편적인 의료 보장 범위(Universal health coverage): 성별, 연령, 사회경제적 지위, 인종, 민족 또는 성적 성향과 관계없이, 형평성의 원칙에 따라, 정신질환을 가진 사람들은 그들 자신을 가난하게 만들 위험 없이, 그들이 회복하고 도달할 수 있는 최고 수준의 건강을 성취할 수 있는 필수적인 건강 및 사회서비스에 접근할 수 있어야 한다.
- 인권(Human rights): 개입, 예방 및 증진을 위한 정신건강 전략, 행동(actions), 개입은 UN장애인권리협약과 기타 국제 및 지역 인권 협정(주: 예를 들어, 조약, 협약, 선언 등)을 준수해야 한다.
- 증거 기반 실천(Evidence-based practice): 개입, 예방 및 증진을 위한 정신건강 전략과 개입은 문화적 고려사항을 고려하여 과학적 증거 또는 우수실천사례에 기초해야 한다.
- 전생애적 접근(Life-course approach): 정신건강을 위한 정책, 계획과 서비스는 유아, 아동, 청소년, 성인과 노인을 포함한 생애주기의 모든 단계에서 건강과 사회적 욕구를 고려해야 한다.
- 다부문적 접근(Multisectoral approach): 정신건강을 위한 포괄적이고 조정된 대응은 국가 상황에 따라 민간 부문뿐만 아니라 보건, 교육, 고용, 사법, 주거, 사회 및 기타 관련 부문과 같은 여러 공공 부문과의 파트너십이 필요하다.
- 정신질환 및 심리사회적 장애가 있는 사람의 권한부여(Empowerment of persons with mental disorders and psychosocial disabilities): 정신질환과 심리사회적 장애가 있는 사람은 정신건강 옹호, 정책, 계획, 입법, 서비스 제공, 모니터링, 연구 및 평가에 대한 권한을 부여받고 참여해야 한다.

3) 질병과 장애에 대한 심리사회적 적응 틀

장애인의 정신건강에 대한 이해를 돕기 위해 포틀랜드주립대학교 특수교육 및 상담학과 하노치 리브네(Hanoch Livneh) 교수의 '질병과 장애에 대한 심리사회적 적응틀(Psychosocial adaptation to chronic illness and disability framework: PACID틀)'을 소개하고자 한다(Livneh, 2001). PACID틀은 질병 또는 장애가 발생했을 때 개인이 어떻게 심리적 · 사회적으로 적응하는지에 대한 과정을 다양한 요인 사이의 상호작용 관계로 설명하기 위해 개발된 개념적 틀이다. 2001년에 소개되었고 20년이 지난 2021년에 최신의 이론, 임상적 검토, 실증적 연구결과를 기반으로 기존의 개념적 틀을 확장시킨 바 있다(Livneh, 2021).

PACID틀은 질환 또는 장애가 있는 개인의 심리사회적 적응 과정을 선행요인(antecedents), 과정(process), 결과물(outcomes)이라는 3개의 큰 범주로 설명한다[각 구성요인의 구체적인 예시는 리브네(Livneh, 2021) 논문 참고]. 선행요인, 과정, 결과물의 각 개념에 모두 정신건강 관련 요인들이 포함되는데 이를 통해 변수들 사이의 관계에서 정신건강 요인이 행하는 다양한 역할에 대해 이해할 수 있다. 첫 번째 범주인 '선행요인'은 질병과 장애가 발생하기 전의 개인의 삶에 대해 이해를 할 수 있게 해 주는 개인적이고 사회문화적인 배경뿐만 아니라 질병과 장애를 촉발시킨 사건들을 의미한다. 따라서 선행요인에 등장하는 정신건강 요인에는 기질적 성격 특성(예: 자기개념/자아존중감, 정체성, 신념체계 등), 상태기반(state-like) 특징(예: 인지적, 심리성적, 도덕적 발달단계, 미래 목표와 계획 등)이 포함된다.

두 번째 범주인 '과정'은 PACID틀의 핵심 부분으로 질병과 장애에 대한 적응으로 가기 위한 역동적인 구조를 보여 준다. '과정'에는 질병과 장애 관련 의료-심리학적 요인들, 질병과 장애로 인한 심리학적 반응들, 질병과 장애와 관련된 심리학적 접근들이 포함되는데, 그중 정신건강과 관련된 것은 질병 · 장애의 발병 또는 진단이 촉발시키는 개인의 정신역동적 반응들이다. 이러한 반응을 '날 것의 반응(raw reaction)'이라고도 하는데, 개인의 삶을 바꾸고 만성적인 의료상의 문제, 심신을 쇠약하게 만드는 결과 또는 사망을 일으키는 충격적인 사건들에 대한 반응으로 해석

된다. 이러한 반응들은 때때로 임상적으로 보고해야 하는 수준으로 악화될 수도 있지만 그럼에도 불구하고 정신의학적으로 관찰되고 임상적으로 진단된 증상들과는 다르게 정신적 외상의, 종종 생명을 위협하는 수준의 부상(예: 척수손상, 절단 등)과 진단(예: 암, 근위축성 측색 경화증 등), 삶을 바꾸는 정도의 질병(예: 파킨슨병, 시력상실 등) 발생 후 뒤따르는 정상적인 반응이다. 더 구체적으로는 불안(anxiety), 우울(depression), 부인(denial), 수용(acceptance) 등을 들 수 있다. 이 반응들은 선행사건들과 상호작용하게 되는데, 이 상호작용 관계는 어떻게 결과물이 펼쳐질지를 조절하고 매개하기 때문에 여과기제로 간주될 수 있다.

PACID틀의 세 번째 범주인 '결과물'은 '삶의 질'로 대표될 수 있는데, '삶의 질'을 구성하는 다차원적인 요인들을 개인내적영역(예: 신체건강과 정신건강 등), 대인관계영역(예: 가족 또는 결혼생활, 친구 또는 사회적 관계), 개인외적영역(예: 근로성과, 자립능력기술, 학습과 훈련, 여가 및 취미활동 등)이라는 세 영역으로 범주화하여 포괄적으로 이해하고자 하였다. 그중 정신건강과 관련 있는 결과물인 개인내적영역의 심리적 건강은, 첫째, 전문가 진단에 의해 관찰된 증상으로 우울, 불안, 심리적 디스트레스, 부인, 정신병적 관념 등을 포함하고, 둘째, 정신적 기능과 행동 및 수행 징후를 가리키는 기능적 강점과 한계로 사회활동으로부터의 철회(우울), 특성 상황 회피(불안), 의사처방에 대해 따르기를 거부하거나 무시(부인), 약물(부적응적 대처), 공격적 또는 비협조적인 행동(분노/적대감)을 포함하며, 셋째, 정서적 경험, 인지적 경험, 행동적 징후에 대한 주관적인 자기보고가 포함된다. 정서적 경험에는 불안, 우울, 분노, 정서적 디스트레스, 안녕을 느끼는 감정이 포함되고 인지적 경험에는 자신에 대한 지각, 왜곡된 현실지각, 집중어려움 등이 포함되며, 행동적 징후에는 사회적 또는 공식적 만남에 대한 철회, 알코올 또는 약물 남용, 적대적이고 위험한 활동에 참여 등이 포함된다.

PACID틀은 정신건강을 결과요인으로 간주했을 때, 장애를 갖게 된 개인을 대상으로 현재의 정신건강 수준과 어떤 정신건강 영역에서 어려움을 경험하고 있는지 확인하는 데 도움을 주며 더욱이 어떤 심리적 적응 과정을 거쳐 지금의 정신건강 상태에 이르게 되었는지를 설명해 줄 수 있다. 또한 정신건강이 영향요인으로 작용했을 때에는 장애인이 가진 기질적(trait-like) 성격과 상태기반(state-like) 특징을 통해 장애인에 대해 이해할 수 있으며, 정신건강 요인이 과정요인일 경우에는 장애인의 장애에 대한 심리적 반응을 이해할 수 있다. 이처럼 PACID들은 장애인이 경험할 수 있는 정신건강에 대한 다측면적인 관점을 제공한다.

4) 대처유연성에 대한 이중과정모델

장애인의 정신건강증진을 위한 실천전략이나 개입 방향을 모색함에 있어 청(Cheng, 2003)이 개발한 이중과정모델(Dual-process model: DPM)은 우리에게 아이디어를 제공하므로 청의 논문을 바탕으로 DPM에 대해 소개하고자 한다.

DPM에 따르면 개인이 스트레스 상황을 경험할 때 대처유연성(coping flexibility)이라는 능력이 작동하게 되는데, 이 대처유연성은 인지과정(cognitive process)과 동기과정(motivation process)을 기반으로 한다. 이때 인지과정은 식별기능(discriminative facility)으로 개인의 상황적 특징에 대한 적극적인 평가와 그 상황적 변화에 대한 다양한 대안적인 행동 중에서 취한 선택을 의미한다.[11] 동기과정은 종결욕구(need for closure)로 설명할 수 있다. 종결욕구란 확실성을 추구하고 모호성을 인내하지 못하는 것을 의미한다. 학자들에 따르면 종결욕구가 높은 집단이 그렇지 않은 집단에 비해 스트레스의 역기능적 영향에 민감했고 개인으로 하여금 자신의 목표(예: 불안감 낮추기, 문제 해결하기 등)를 위해 움직이게끔 하는 것으로 나타났다.[12] 이 모델에서는 종결욕구는 식별기능에 영향을 미치고, 이 과정을 통해 대처유연성과 심리적 적응에 영향을 미친다고 제안하고 있다.

모두가 스트레스 상황에 성공적으로 적응하지 못하는 이유는 개인이 가진 대처유연성이 다르기 때문이다. 대처유연성은 대처전략의 특징과 스트레스 상황의 본

11) 자세한 내용은 청(2003)에서 인용한 Cheng et al. (2001), Chiu et al. (1995), Roussi et al. (2000), Shoda (1996)의 논문을 참고하라.

12) 자세한 내용은 청(2003)에서 인용한 Byun et al. (1997)의 논문을 참고하라.

질 사이의 좋은 적합성으로 정의된다.[13] 즉, 효과적인 대처를 하기 위해서 대처 욕구는 스트레스 상황들의 구체적인 요구에 부합하기 위해 미세하게 조정될 수 있어야 한다는 것이다.[14]

장애인의 경우 장애라는 손상, 장애로 인해 이차적으로 발생하는 신체적 · 심리적 · 사회적 문제들이 정신건강과 같은 심리적 적응에 부정적인 영향을 미칠 가능성이 높으므로 장애인의 대처유연성 향상을 위한 실천적 개입이 요구된다.

3. 장애인의 정신건강에 대한 이해

1) 장애인의 정신건강에 대한 영향요인

세계보건기구(WHO, 2022.6.17)는 정신건강에 영향을 미치는 결정요인을 개인차원과 사회적 · 구조적 차원에서 정리하고 있다. 이는 생태체계관점에서 정신건강에 영향을 주는 요인을 개인체계 요인과 환경체계 요인으로 구성하는 것과 같은 맥락이다(Bronfenbrenner, 1979).

(1) 개인요인

개인체계 요인에는 일반적으로 신체질병이나 장애, 유전과 같은 신체적 특징, 약물중독을 포함한 정서 · 인지 · 행동문제와 같은 심리적 특성, 아동기 양육을 통한 애착관계, 직업이나 사회적 관계 같은 사회적 특징, 소득이나 재산 수준과 같은 경제적 특징, 성별 또는 교육수준과 같은 인구사회학적 특징, 연령이나 코호트 등의 발달단계 특징 등이 포함되며, 이러한 요인들은 개인의 정신건강을 취약하게 만든다(강상경, 2022; WHO, 2001; WHO, 2022. 6. 17.). 특히 아동기에 아동이 부모 또는

13) 자세한 내용은 청(2003)에서 인용한 ldwin (1994), Linville & Clark (1989)의 논문을 참고하라.

14) 자세한 내용은 청(2003)에서 인용한 Neufeld (1999)의 논문을 참고하라.

다른 주요 돌봄제공자와의 사이에서 형성된 관계는 매우 중요한데, 양육을 제대로 받지 못한 아동들은 아동기 또는 삶의 후반기에 정신장애 또는 행동장애가 발생할 가능성이 높다(WHO, 2001).

이러한 다양한 개인요인 중 정신장애와 밀접한 관계에 있는 신체건강에 주목하고 정신건강에 대한 영향에 초점을 맞춰 살펴보고자 한다. 장애인이 장애로 인해 경험하는 손상(impairment)은 인간의 삶에 대한 역할의 붕괴를 가져오고 삶을 초토화시킨다(조영길, 2014). 조영길(2014)은 이러한 경험을 '삶의 붕괴'라고 표현하며 삶을 붕괴한 손상의 경험은 장애인에게 엄청난 충격과 스트레스를 발생시키며 동시에 공포, 절망, 혼돈을 경험하게 한다고 묘사한다. 그뿐만 아니라 불안, 부인, 우울, 분노 등의 감정을 느끼기도 하며 자신을 숨기거나 회피하는 양가감정을 만들어 내고 현실을 왜곡하여 약물중독에 빠지기도 하며 격앙된 정서, 수면부족, 충동, 고립감이나 자학, 자기파괴적 행동의 양상을 보이기도 하고 심지어는 자살로 이어지기도 한다(조영길, 2014). 비장애인의 정체성으로 삶을 영위하다가 사고나 질환으로 갑자기 장애가 생긴 중도장애인의 정신건강 문제는 더 복잡한데, 그들은 충격, 불안, 부정, 우울, 내면화된 분노, 외면화된 적개심 등 부정적인 심리적·정서적 경험을 하게 된다(조영길, 2014). 이는 사회는 장애인의 '삶의 붕괴' 경험을 장애 발생 이후의 당연한 수순으로 간주하고, 장애발생 이전의 '사회적' 관계성은 모두 주변화되어 버리며 심지어 장애인의 일부는 완전히 새로운 체험을 하게 되어 더는 과거의 사회집단에 속하지 않는 타자가 되어 버리기 때문이다(조영길, 2014).

정신건강 문제와 신체적 건강 문제는 매우 밀접하게 연관되어 있다. 예를 들어, 정신질환은 전염성·비전염성 질병과 부상 발생의 위험을 증가시키고, 반대로 많은 건강 문제는 정신질환의 위험을 증가시킨다(Prince et al., 2007). 리브네와 안토낙(Livneh & Antonak, 2018)은 개인(이하 '장애인')이 장애와 만성질환으로 인해 경험하게 되는 다양한 반응을 정리한 바 있는데, 그중 장애인의 정신건강과 관련 있는 반응 몇 가지를 소개하고자 한다.

① 스트레스

장애인은 스트레스의 양과 횟수가 증가하는 상황을 경험한다.[15] 스트레스가 증가하는 이유는 그들은 매일 일상의 다양한 위협에 대처해야 하기 때문인데, 이 위협들에는 개인의 삶과 안녕에 대한 위협, 신체의 완전한 상태(body integrity)에 대한 위협, 독립성과 자주성에 대한 위협, 가족 · 사회 · 직업에서의 충분한 역할 수행에 대한 위협, 미래 목표와 계획에 대한 위협, 경제적 안정성에 대한 위협 등이 포함된다.[16]

② 상실과 슬픔

장애인은 상실과 슬픔을 경험하게 된다. 왜냐하면 장애와 만성질환은 이로 인해 변한 자신의 신체상태가 영구적인 것임에 대해 끊임없이 상기시켜 주는 역할을 하고 더욱이 일상생활에서 일어나는 일들도 장애인에게 과거, 현재, 미래 상황 사이의 바꿀 수 없는 영구적인 차이를 계속 상기시키기 때문이다.[17]

③ 신체이미지로 인해 장애인이 겪는 심리적 · 정서적 어려움

신체이미지는 자신의 신체에 대한 무의식적 정신작용 또는 도식으로 정의될 수 있는데, 성공적이지 못한 적응은 극심한 불안과 우울, 정신적 고통, 만성피로감, 사회로부터의 철회, 인지적 왜곡으로 발현된다.[18]

④ 자아존중감의 부식

장애인의 자기개념(self-concept)과 자기정체성(self-identity)은 신체이미지와 연결될 뿐 아니라 사회적 구성물로 간주된다.[19] 그런데 장애인은 그들의 장애에 먼저

15) 자세한 내용은 리브네와 안토낙(2018)에서 인용한 Falvo (1999), Horowitz (1986)의 논문을 참고하라.

16) 자세한 내용은 리브네와 안토낙(2018)에서 인용한 Falvo (1999)의 논문을 참고하라.

17) 자세한 내용은 리브네와 안토낙(2018)에서 인용한 Teel (1991)의 논문을 참고하라.

18) 자세한 내용은 리브네와 안토낙(2018)에서 인용한 Schilder (1950), Livneh & Antonak (1997)의 논문을 참고하라.

19) 자세한 내용은 리브네와 안토낙(2018)에서 인용한 Bramble & Cukr (1998), McDaniel (1976)의 논문을 참고하라.

반응하는 사람들로 인해 상호작용 관계에서 거절당하는 경험을 하기 때문에 외부에 신경을 더 쓰다 보니 진짜 자신에 대해 잃게 된다.[20] 이러한 타인들과의 접촉을 통해 자기개념의 평가적인 요인이라고 볼 수 있는 장애인의 자아존중감은 점차 부식하게 되는 것이다.

(2) 사회적 · 구조적 요인

사회적 · 구조적 요인 또는 환경체계 요인은 개인이 속한 가족이나 친구와 같은 인적환경, 사회적 안전망 복지제도와 같은 사회환경, 재난과 같은 자연환경, 개인이 속한 사회의 정치, 경제, 문화, 가치관, 개인의 주거환경이나 지역사회 환경, 개인이 속하거나 개인에게 영향을 주는 사이버 환경 등 다양한 요인으로 구성된다(Germain, 1979; Karls & Wandrei, 1994: 강상경, 2022에서 재인용; WHO, 2001). 세계보건기구에서도 개인의 정신건강에 영향을 미치는 요인으로 빈곤, 폭력, 불평등, 환경적 박탈(environmental deprivation) 등 우호적이지 않은 사회적, 경제적, 지정학적, 환경적 상황들, 통제 없는 도시화, 지나치게 급진적인 기술적 변화를 꼽고 있으며 정신건강 문제를 초래할 위험성을 높인다고 강조했다. 특히 빈곤의 영향을 중요하게 강조하고 있는데, 빈곤층이 정신질환을 가질 확률이 높아진다는 것이다(WHO, 2001).

그 외에도 장애인에 대한 사회의 태도는 장애인의 정신건강에 부정적인 영향을 미치는 중요한 요인이다. 조영길(2014)은 "장애인이 장애 발생 후 가장 힘들었던 것은 질병, 사고, 위기로 인한 고통이나 신체적 기능 손실보다는 사람들의 태도와 반응이었으며 이에 따른 사회적 결과"라고 지적한다. 낙인(stigma)은 장애인의 정신건강에 부정적인 영향을 미치는 대표적인 결정요인이다. 낙인은 주류사회의 기대와는 다르게 행동하는 사람들에게 영향을 미치기 때문에(Coleman, 1997) 장애인은 비장애인에 비해 낙인을 느끼는 경험을 더 자주한다(조영길, 2014; Phemister & Crewe, 2012). 또한 우리 사회에 존재하는 장애인에 대한 정형화된 관념이나 편견

20) 자세한 내용은 리브네와 안토낙(2018)에서 인용한 Kelly (2001)의 논문을 참고하라.

은 그들에 대한 낙인을 키운다(Corrigan, 2000). 그들은 사회로부터 부정적으로 인지되고 낙인찍히게 되며 차별을 경험하게 된다(Livneh & Antonak, 2018). 차별은 장애인의 정신건강에 영향을 미치는 중요한 요인으로 자존감 손실, 우울, 자괴감 등의 부정적인 심리·정서 상태를 유발하기도 하고 삶의 질 저하를 가져오고 나아가 자립생활과 사회통합을 저해하기도 한다(노승현, 신유리, 김정석, 2017; 이지수, 2001). 만약 장애인이 낙인과 차별을 내면화하게 되면 타인과의 상호작용은 그들에게 스트레스를 증가시키고 자아존중감을 낮추며 사회적 접촉에서 철회하려는 경향만을 가중시키게 될 뿐이다(Falvo, 1999; Wright, 1983: Livneh & Antonak, 2018에서 재인용).

이와 같이 장애인의 정신건강에 영향을 미치는 개인요인과 사회적·구조적 요인을 살펴보았다. 이러한 요인들이 서로 역동적으로 결합해 일생에 걸쳐 개인의 정신건강을 보호하기도 하고 약화시키기도 하면서 정신건강 스펙트럼(mental health continuum)상에서의 개인의 위치는 수시로 변화한다(WHO, 2022. 6. 17.). 다만 대부분의 사람이 위험요인들에 노출되었다고 반드시 정신건강 문제가 발생하는 것은 아니라는 것임을 인지해야 한다. 반대로 위험요인이 없음에도 정신건강 문제가 생기는 사람들이 있다는 것도 이해해야 한다(WHO, 2001). 하지만 장애인의 정신건강의 증진과 약화에 영향을 미치는 것은 개인요인과 사회적·구조적 요인의 역동적 상호작용이라는 것은 틀림없다(WHO, 2022. 6. 17).

2) 장애인의 정신건강 문제가 야기하는 이슈

① 개인에 대한 영향

개인 차원에서 정신건강 문제의 영향을 살펴보면, 정신건강 문제를 가진 개인은 정신질환으로 인한 고통스러운 증상을 경험하고 가족이나 친구에게 책임을 다하지 못할 것을 걱정하기도 하며 타인에게 부담이 될 것을 두려워한다(WHO, 2001). 또한 이전과는 달리 직장과 여가활동에 참여가 어려워져 고통을 받기도 하는데 종종 차별이 그 원인이 된다(WHO, 2001). 세계보건기구(WHO, 2001)는 “정신건강과 신체건강은 밀접하게 관련되고 깊이 상호의존적인 두 가닥의 생명줄"이라는 묘사를 통해 두 차원의 건강이 불가분의 관계에 있음과 개인의 생명과 직결될 정도로 중요함을 강조한다. 세계보건기구와 세계은행(WHO & WB, 2011)에서는 일례로 영국 장애권리위원회(Disability Rights Commission)에서 진행한 보고서 내용을 소개하고 있다. 이를 살펴보면, 첫째, 정신건강 문제를 가진 사람들은 전체 국민에 비해 더 많은 만성질환(예: 비만, 심장질환, 고혈압, 호흡기 질환, 당뇨, 뇌졸중, 유방암)을 앓는 것으로 조사되었다. 조현병 진단군은 대장암이 진단될 확률이 2배 이상 높았고 학습장애가 있는 집단은 호흡기 장애와 비만을 경험할 확률이 높았다. 둘째, 만성적 건강 문제가 발생하는 시기도 빨랐고 조현병이 있는 개인의 31%가 55세 미만에서 만성적 질환이 진단되었는데, 이는 다른 사람들(18%)에 비해 1.7배 높은 수치이다. 셋째, 만성적 질환이 진단된 이후 사망에 이르는 시기가 더 빠른 것으로 나타났는데, 예를 들어 심장질환 진단 후 5년 이내에 조현병이 있는 사람은 22%, 양극성장애가 있는 개인은 15%가 사망했다. 이는 중증 정신건강 문제가 없는 사람의 경우 8%만이 사망한 것과 대조되는 결과이다.

② 가족에 대한 영향

가족 중에 정신건강 문제를 보이는 구성원이 있다면, 나머지 가족들의 부담은 상당하다(WHO, 2001). 장애인의 정신건강 문제는 나머지 가족들로 하여금 그 장애인에게 신체적, 정서적 지지를 제공해야 하는 부담을 지우고 삶의 제반 영역에서 대면하게 되는 낙인과 차별의 부정적인 영향을 견디도록 만든다(WHO, 2001). 그뿐만 아니라 정신건강 문제로 발생하는 경제적 어려움과 정서적 반응, 정신질환으로 인한 행동들에 대처하는 것에 대한 스트레스, 일상생활의 파괴, 사회활동의 제약 등도 새로운 부담으로 다가온다. 이러한 직접적인 영향뿐 아니라 간접적으로도 영향을 미친다. 정신건강 문제가 있는 장애인의 가족구성원들은 그 장애인을 돌볼 시간을 늘 염두에 두어야 하기 때문에 자신의 일이나 사회적 관계, 여가활동 영역에서 이전처럼 충분한 기량을 발휘하지 못하게 되어 경제적 어려움이나 사회적 박탈감을 경험하기도 한다. 또한 정신건강 문제가 해소되었다고 하더라도 언젠가 재발하여 가족의 삶을 갑자기 붕괴시키지는 않을까 하는 지속적인 두려움도 생긴다(Gallagher & Mechanic, 1996; WHO, 2001).

정신건강 문제는 장애인과 그 가족의 삶에 지대한 붕괴를 야기한다(WHO, 2001). 불행과 고통 전체를 측정하는 것은 불가능하기 때문에 정신건강 문제의 영향을 측정할 방법의 하나로 삶의 질(quality of life) 척도가 고려된다(Lehman, Steinwachs, & Co-Investigators of the PORT Project, 1998). 삶의 질 척도는 정신건강 문제가 삶에 미치는 영향을 사정하기 위해 삶의 제반 영역에 대한 개인의 주관적 평가를 사용한다(Orley, Saxena & Herrman, 1998). 정신건강의 부정적인 영향 중 하나는 영향력의 비중도 있지만 그 영향력이 지속된다는 것이다(Fahy, Kent, Tattan, Van Horn, & White, 1999). 즉, 정신질환으로부터 회복이 되었다고 하더라도 삶의 질은 계속해서 낮은 수준인 것으로 밝혀졌는데, 그 이유는 계속되는 낙인과 차별과 같은 사회적 요인의 결과에 따른 것이다(WHO, 2001).

③ 지역사회에 대한 영향

정신건강 문제에 포함되는 것은 많지만 지역사회에 무거운 부담을 안기면서 큰 우려를 낳는 것들을 뽑으면, 우울, 약물중독, 조현병, 간질, 알츠하이머병, 지적장애, 아동기와 청소년기 질환을 꼽을 수 있다(WHO, 2001).

우울과 불안은 전 세계적으로도 정신질환 중 가장 보편적인 질환이며(WHO, 2022a) 특히 2020년 코로나19 이후 우울증 유병률과 불안 유병률은 1년 전에 비해 각각 28%, 26%가 증가했다(Santomauro et al., 2021). 2020년 OECD 국가별 우울증 유병률을 보면, 우리나라의 우울증 유병률은 36.8%로 OECD 국가 중 가장 높은 수치를 기록한다(OECD, 2021. 5. 12.). 우울은 다른 정신질환이 비해 의료서비스 이용을 증가시키고 삶의 질을 감소시키며 생산성을 낮추는 등의 경제적 비용이 가장 높은 것으로 알려져 있을 뿐 아니라(Williams, Chung, & Muennig, 2017) 우울의 보편적이고 피할 수 없는 결과 중 하나는 자살인데(WHO, 2001) 자살 또한 우울과 마찬가지로 경제적 부담을 야기하는 주요 원인이기 때문에(Centers for Disease Control and Prevention, 2021. 8. 17.) 지역사회에 막대한 부정적인 영향을 미친다.

조현병은 심각한 수준의 장애를 발생시킴으로써 가족에게 상당한 부담을 안기고(Pai & Kapur, 1982) 사회에 경제적 비용을 지운다. 분명한 증상이 사라졌다고 하더라도 잔여 증상은 남을 수 있는데, 잔여 증상에는 일상생활 활동과 일에 대한 흥미와 주도성 상실, 사회적 기술 부족, 유쾌한 활동에 대한 흥미 상실 등이 포함된다(WHO, 2001). 이로 인해 조현병으로 인한 장애증상은 지속되고 낮은 삶의 질이 지속된다(WHO, 2001). 그들은 조현병 증상이 지속되는 어느 시점에서 자살시도를 초래하기도 한다. 30%의 조현병 환자들은 최소 한 번의 자살시도를 했고(Radomsky, Haas, Mann, & Sweeney, 1999), 10% 정도의 조현병 환자들은 자살로 사망하였다는 연구결과가 있다(Caldwell & Gottesman, 1990). 전 세계적으로 조현병은 평균 수명을 10년 정도 감소시키는 것으로 보고되고 있다(WHO, 2001). 지적장애의 경우 당사자와 가족에 중대한 부담을 주는데, 만약 심한 정도의 지적장애의 경우 일상생활 활동이나 자기관리에서도 도움을 필요로 하기 때문에 그 부담은 평생에 걸쳐 지속된다(WHO, 2001).

정신건강 문제가 지역사회에 미치는 영향은 크고 다양한 영역에서 발생한다(WHO, 2001). 그중 대표적인 것이 정신건강 문제의 경제적 비용인데 광범위하고 오래 지속되며 막대하다(WHO, 2001). 경제적 비용에 대한 부담은 측정이 가능한 부분과 측정이 어려운 부분으로 구성되는데, 그중 측정가능한 부분을 보면 정신건강 문제를 가진 사람에 대한 돌봄에 소요되는 비용과 고용에서의 손실과 감소된 생산성이 가장 대표적인 부담이다(WHO, 2001). 그리고 건강과 사회서비스에 대한 욕구, 가족과 돌봄제공자에 대한 지원, 범죄와 공공안전 수준 관리, 조기 사망 등에 대한 부담도 있다(WHO, 2001).

그 외에도 정신건강 문제는 학업성취도, 고용률, 근무실적, 가족 및 친구와의 관계, 지역사회 참여 능력 등 삶의 전반에 실질적인 영향을 미친다(WHO, 2021, 2022). 그뿐만 아니라 장애인은 적절한 정신건강 서비스를 받지 못하고 있어 정신건강이 더 악화될 수 있으며 이러한 정신건강 문제는 바람직한 사회자립을 유지하기 어렵게 한다(서원선, 이혜수, 2019).

4. 장애인의 정신건강증진을 위한 사회복지정책 및 서비스 실천방안

한국은 1995년「정신보건법」이 제정된 이후 정신건강증진을 도모하기 위한 정책들이 지속적으로 발굴, 개선, 이행되고 있다. 2016년에는「제1차 정신건강 종합대책(2016~2020)」을 수립했고 2017년 5월부터는「정신복지법」이 전부개정안인「정신건강증진 및 정신질환자 복지서비스 지원에 관한 법률」로의 개정을 통해 지역사회에 기반을 둔 정신건강 서비스를 수립하기 위한 시도를 했다. 2018년 1월에는 자살예방국가행동계획 발표, 한국형 지속가능발전목표(K-SDGs) 수립, 2020년에는「제2차 정신건강복지기본계획(2021~2025)」을 수립했다. 이와 같이 장애인을 포함한 전 국민의 정신건강증진을 위한 국가 차원의 노력을 확대 · 지속하고 있지만 장애인의 정신건강증진을 위한 과제는 여전히 남아 있어 몇 가지 제언을 하고자 한다.

1) 장애인의 정신건강에 대한 이해 및 인식제고를 위한 교육 제공

WHO에서 "No health without mental health"라는 전세계적인 원칙을 수립하여 강조하고 있음에도 불구하고 일반적으로 정신건강에 대한 관심은 만성질환 등의 신체건강과 비교했을 때 미흡한 것이 사실이었다. 하물며 장애인의 정신건강에 대한 낮은 관심은 말할 것도 없다. 하지만 장애인은 비장애인과 비교했을 때 우울증 유병률이나 자살시도율, 스트레스 발생률이 모두 높고 무엇보다 장애인의 정신건강 서비스 이용률은 다른 진료에 비해 낮다. 이용률이 저조한 원인은 다양하겠지만 무엇보다 장애인의 정신건강에 대한 이해 부족과 낮은 인식 때문일 수 있다.

현재 한국의 경우,「장애인복지법」 제25조(사회적 인식개선)과「장애인 고용촉진 및 직업재활법」 제5조의 2(직장 내 장애인 인식개선 교육)에 장애인에 대한 인식개선 교육은 포함되어 있지만 장애인의 정신건강과 관련된 내용은 없다. WHO(2001)에서는 정신건강증진을 위해 권고하는 제안 중 인식제고와 대중교육을 강조하고 있다. 인식제고와 대중교육의 목표는 정신건강 문제의 잦은 발생빈도, 치료가능성(treatability), 회복과정, 정신질환자의 인권에 대해 알림으로써 돌봄과 치료적 접근에 대한 장벽을 제거하기 위함이다(WHO, 2001). 또한 잘 수립된 대중인식과 교육 캠페인은 낙인과 차별을 감소하고 정신건강 서비스 이용을 높이며 정신건강이 신체건강과 밀접한 관계가 있음을 알게 할 것이라고 강조한다(WHO, 2001). 국내에서는 「제2차 정신건강복지기본계획(안)」에 2022년부터 「정신건강증진 및 정신질환자 복지서비스 지원에 관한 법률」 개정을 통해 공공분야에서 우선적으로 정신건강 관련 교육을 시행하고 민간으로 단계적 확산을 유도할 계획을 밝혔는데, 실제 실행을 할 때는 구체적인 계획이 필요하다. 예를 들면, 전 국민의 정신건강을 대상으로 피상적인 교육보다는 비장애인, 정신장애인, 정신장애인 외 장애인으로 대상을 구분하여 구체적인 교육을 제공해야 한다.

더 나아가 현재 장애인의 정신건강 문제가 주류 관심에서 벗어나 사각지대에 놓인 원인 중 하나는 정신건강 관련 현장의 종사자(예: 정신과 전문의, 주로 정신질환자 또는 정신장애인을 대상으로 하는 정신건강복지센터 종사자 등)는 정신장애인 외의 장애인에 대한 장애 특성에 대한 이해가 낮고 반대로 장애인복지현장의 종사자는 정신질환 등 정신건강 문제에 대한 이해가 낮기 때문이다. 따라서 「제2차 정신건강복지기본계획(안)」을 실행할 때 의무 교육 대상에 정신건강 영역과 장애인복지 영역의 종사자를 포함하는 것은 중요하다.

2) 정신건강 기관이나 서비스에 대한 접근성 향상 필요

장애인은 정신건강증진과 관련한 적절한 서비스에 접근할 수 없거나 정보 부족 등으로 정신건강 상태가 악화되기도 한다(서원선, 이혜수, 2019).

물리적 제약으로 인한 정신건강 서비스에 대한 낮은 접근성을 완화하기 위해 국내에서는 장애인을 정신건강 고위험군으로 설정하고 장애인 등 취약계층을 대상으로 찾아가는 서비스를 실시하고 있다(관계부처합동, 2021c). 2018년부터 '찾아가는 마음 안심버스 사업'을 운영하고 있으며 당시 1대로 시작하여 2021년에는 32대까지 확대 운영을 계획하였다(보건복지부, 2021. 8. 26.). 하지만 2021년에 27대까지만 증편되어 목표에 미치지는 못했다. 2022년에 45대로 추가배치를 계획하고 있는데(보건복지부, 2021. 12. 30.) 목표달성을 위한 노력과 지속적인 증편이 필요하다. 또한, 디지털 기술기반의 비대면 의료서비스를 확대하여 거주지역에 정신건강 서비스기관이 없거나 이동이 어렵거나 정신질환에 대한 편견과 낙인 등으로 인해 대면서비스 이용에 심리적 장벽을 가졌던 사람들이 부담 없이 서비스를 이용할 수 있도록 지원할 계획이다(관계부처합동, 2021c).

비대면 서비스 확대는 정보제공 접근성 제고에도 기여할 것으로 보인다. 또한 장애인을 포함한 전 국민을 대상으로 국가트라우마센터, 국립정신병원(5개) 및 광역·기초 정신건강복지센터(260개)로 구성하고 운영하는 통합심리지원단을 통해 정보제공, 심리상담 등 심리지원을 지속적으로 추진하고 있다(관계부처합동, 2021c). 그 외 서원선, 이혜수(2019)의 정책적 제안과 같이 정신건강 문제와 대처에 대한 정보를 장애인이 장애등록 신청을 위해 행정복지센터를 방문했을 때 또는 병원에서 퇴원 시 제공하는 것도 실현가능성과 현실성이 높으므로 실행방안에 대한 긍정적인 모색이 필요하다.

3) 장애인 정신건강 문제 조기발견 및 조기개입 필요

「제2차 정신건강복지기본계획(안)」(관계부처합동, 2021c)에 따르면, 초기 정신질환은 대부분 가족에 의해 발견되는데 사회적 편견과 차별로 조기발견이 더디고 발견이 되더라도 집중치료를 받지 못해 중증화 또는 만성화로 진행된다. 예를 들어, 한국의 경우 조현병 발병 후 치료받기까지 약 56주가 소요되는데 이는 WHO가 권고한 12주보다 상당히 긴 수준이다. 또한 퇴원 이후 치료중단과 사회적 고립 등으로 인해 증상이 악화되기도 하는데, 이는 자해나 타해 위험 발생률을 높이고 치료 예후에도 악영향을 미친다(관계부처합동, 2021c).

따라서 정신건강 문제에 대한 조기개입과 지속지원이 중요한데, 특히 정책적 관심에서 소외되고 있는 장애인의 정신건강에 대한 지원이 요구된다. 국내에서는

2022년 3월부터 '동네의원-정신의료기관 치료연계 시범사업'을 시행 중이다(보건복지부, 2022. 3. 28.). 정신건강 문제에 대한 조기발견과 조기개입을 위해 동네의원에서 진료 중 우울, 자살위험이 있는 정신건강 위험군을 선별해 정신건강복지센터, 자살예방센터, 정신건강의학과 등으로 연계하는 것이다. 이를 위해 가이드라인을 마련했고 의료인에 대한 교육을 강화하고 있다.

한편, 통계에 따르면 2020년 장애인의 건강검진 수검률은 평균 70.4%으로 비교적 높은 편이기 때문에 동네병원을 방문하지 않는 장애인이 조기발견 단계에서 누락되지 않도록 건강검진을 활용하여 정신건강 위험군을 선별하는 방안도 고민해 볼 수 있다(보건복지부, 한국보건사회연구원, 2020). 다만 자폐성장애(27.7%)와 지적장애(40.8%)의 경우 건강검진 수검률이 여타 장애유형에 비해 낮기 때문에 장애인 사업관련기관 중 발달장애인의 이용이 상대적으로 높은 장애인복지관에서 장애인 당사자와 그 가족에게 적극적인 정보를 제공하거나 활동지원인을 활용하는 등 다양한 방법을 강구하여 서비스 대상에 포함될 수 있도록 해야 한다. 또한 현재는 부산 한 곳만이 '동네의원-정신의료기관 치료연계 시범사업' 지역으로 선정되어 운영되고 있으므로 예산확보를 통한 전국적 확대가 필요하다.

토론주제

1. 질문형식: 주 장애가 정신장애가 아닌 장애인의 정신건강에 대한 관심이 저조한 이유는 무엇이고 우리는 왜 관심을 가져야 하는가?

2. 질문형식: 장애인의 신체건강과 정신건강은 어떻게 상호작용을 하며 그 산출물은 장애인의 삶의 질에 어떠한 영향을 미치는가?

3. 질문형식: 장애인 정신건강에 영향을 미치는 개인요인과 사회·구조적 요인 중에 어느 요인이 더 큰 영향을 미친 것으로 생각되는가?

4. 질문형식: 장애인의 정신건강증진을 위해 실천적, 제도적 차원에서 어떤 지원이 이루어져야할까?

5. 질문형식: 「포괄적 정신건강행동계획 2013~2030」에서 제시하고 있는 여섯 가지 기본원칙을 가장 중요하다고 생각하는 순서에 따라 우선순위를 정해 보자. 한국이 가장 미흡하다고 생각되는 원칙은 무엇이며, 왜 그렇게 생각하는가?

제5부

결론

제16장

인권과 정신건강

인권은 모든 인간이 누리는 보편적 권리이다. 그러나 정신장애인은 정신능력의 한계로 인권침해에 매우 취약하다. 세계 각국은 유엔장애인권리협약을 기반으로 장애의 인권모델을 확립해 나가고 있다. 한국 역시 비준국으로서 협약이행의 의무가 있다. 이 장에서는 정신장애인 인권의 특성과 인권보장과 관련한 국제기준을 개괄함으로써 정신장애인 인권보장을 위한 실천적, 제도적 지향점을 탐색해 본다. 그리고 최근 논의되고 있는 정신장애인 인권 관련 주요 쟁점과 서비스 내용을 살펴보고, 정신장애인 인권증진을 위한 향후 과제에 대해 논의한다.

1. 인권과 정신장애인의 인권

1) 인권의 개념과 특성

인권의 사전적 개념은 인간으로서 당연히 가지는 기본적 권리를 의미한다. 「국가인권위원회법」 제2조는 인권의 법적 정의를 규정하고 있는데, 법률에 의하면 인권이란 '「대한민국헌법」 및 법률에서 보장하거나 대한민국이 가입 · 비준한 국제인권조약 및 국제관습법에서 인정하는 인간으로서의 존엄과 가치 및 자유와 권리'를 의미한다. 인권의 사전적, 법적 개념은 이처럼 간단히 설명되지만 인류 보편의 '인권' 개념은 오랜 역사 속에서 수많은 사상과 이념, 가치적 논쟁을 통해 도출되어 상당히 많은 의미를 내포하고 있다.

1948년 선포된 유엔의 세계인권선언은 인권의 정의를 규정하기보다 인권의 보편적인 특성에 대해 서술하고 있다. 세계인권선언은 현대사회의 기본적인 인권 기준이 되는데, 그 첫 문장에서 '모든 인류 구성원의 천부의 존엄성과 동등하고 양도할 수 없는 권리'를 인정하는 것이 세계의 자유, 정의 및 평화의 기초라고 설명하며 인권의 특징을 표현하고 있다. 즉, 인권은 모든 사람이 보편적으로 누리는 권리이며(보편성), 태어나면서부터 가지게 되는 천부적 특성이 있고(천부성), 누구에게도 양도할 수 없는, 누구도 빼앗을 수 없는 불가침적(불가침성) 권리라는 특성을 가진다. 이처럼 세계인권선언은 모든 사람과 모든 국가가 성취해야 할 인간 권리의 공통적 기준을 선언하고 있는데 그 자체로 법적 구속력은 없지만 전문(前文)과 30개 조문을 통해 인간이기 때문에 누려야 할 다양한 권리에 대해 구체적으로 명시하고 있다(UN, 1948).

대한민국헌법은 대한민국 국민이라면 누구나 보장받아야 하는 기본적 인권, 즉 기본권을 규정하고 있다. 특정 국가를 전제하지 않고 인간이라면 모두에게 인정되는 도덕적 권리인 '인권'을 법과 제도에 의해 실정헌법상 권리로 규정한 제도화된 인권을 '기본권'이라 할 수 있다(이준일, 2015, 2019). 그러한 의미에서 인권과 기본권은 그 내용과 형식에 차이가 있을 수 있지만 기본권은 인권의 모든 내용을 포괄해야 한다. 「대한민국헌법」상 기본적 인권의 특성은 일반적으로 보편성, 천부성, 항구성, 불가침성의 네 가지로 설명된다(권영성, 2010; 이용표, 강상경, 배진영, 2021). 인권은 인종, 피부색, 성, 언어, 종교, 정치적 성향, 국적, 사회적 지위, 재산, 출생 등에 상관없이 모든 사람이 누리는 권리이며(보편성), 헌법이나 국가가 부여한 것이 아니라 태어나면서 생득적으로 부여받는 권리이다(천부성). 인권은 일시적이지 않고 영구히 보장되며(항구성), 국가권력뿐만 아니라 누구도 침범할 수 없는 절대적 권리이다(불가침성).[1]

제2차 세계대전 이후 전쟁의 참혹함 속에서 자행된 인권침해를 막고 세계평화를 유지하기 위해 세계유엔총회가 창설되었고 곧 세계인권선언을 선포하며 전세계 인권기준을 제시하였다. 1966년에는 '시민적 · 정치적 권리에 관한 국제규약(International Covenant on Civil and Political Rights, 자유권 규약)' '경제적 · 사회적 · 문화적 권리에 관한 국제규약(International Covenant on Economic, Social and Cultural Rights, 사회적 규약)을 제정하며 인간의 기본적인 권리보장에 대한 국제기준의 기반을 다져 왔다. 그러나 이와 같은 인권규약은 정신장애인을 포함한 모든 사람의 보편적인 인간권리를 선언하고 있어 감금, 신체자유의 박탈, 지역사회통합 등 정신장애인의 주요 이슈에 대한 논의는 제한적일 수밖에 없다. 세계인권선언이 선포된 지 약 반세기가 지난 2006년에서야 비로소 장애인을 위한 권리협약이 유엔총회에서 채택되었다.

2) 정신장애인의 인권

보편적인 인권 개념은 수사학적 기능을 한다. 인권은 모든 사람에게 보편적으로

---

1) 인권의 특성은 학자마다 다른 견해를 보이기도 하는데, 예를 들면 이준일(2019)은 보편성, 도덕성, 근본성, 추상성, 우월성으로, 국가인권위원회(2011)는 보편성, 불가분성, 도덕성, 우선성으로 인권의 특성을 설명하였다.

보장되어야 하지만 인권의 구체적인 인정범위에 대한 논쟁은 지속되고 있다. 특히 정신장애인의 인권은 오랫동안 사회 주류 가치에 밀려 논의의 대상에서 벗어나 있었다. 정신장애인은 의사결정능력이 제한적인 경우가 많아 인권침해에 더욱 취약하다. 자해 · 타해 위험성을 이유로 강제입원 및 강제치료가 사회적으로 쉽게 용인되고, 격리 · 강박, 면회 · 통신의 자유 등 헌법상 기본권이 사전동의나 고지 없이 쉽게 침해당한다. 정신장애가 있다는 이유로 자격 · 면허 취득이 제한되기도 한다. 국가인권위원회(2021)는 현행법상 정신장애인의 기본권이 제한되는 영역을 〈표 16-1〉과 같이 제시하였다.

정신장애인의 특성을 고려한 인권 내용은 자유권, 존엄권, 평등권, 법적권리로 구분해 볼 수 있다(신영전, 2009; Bonnie, 2001; Gostin, 2004). 주로 유럽과 미국의 인권법은 강제입원, 수용시설의 환경, 시민으로서의 권리, 정신건강 서비스 이용과 관련한 사례들을 통해 이와 같은 정신장애인의 인권에 초점을 맞추고 있다. 첫째, 자유권(liberty)은 정신장애인이 강제입원이나 구금, 치료로부터 보호받을 권리를 말한다. 둘째, 존엄권(dignity)은 만약 정신장애인이 시설에서 생활한다면 인간의 존엄성을 유지할 수 있는 생활환경을 보장받을 권리를 의미한다. 셋째, 평등권(equality)은 다른 사람들과 동등하게 시민권을 누리며 일상적인 사생활과 가정생

표 16-1 정신장애인의 기본권이 제한되는 주요 영역

헌법 근거(조항)	주요 제약 내용
신체의 자유(제12조)	강제이송, 본인의사에 반한 입원과 치료, 격리 · 강박
직업 선택의 자유(제15조)	정신질환자 직업 취득 자격 제한 규정
사생활의 비밀과 자유(제17조)	정신의료기관 퇴원 환자 개인정보의 통지, 입원 · 입소 시설 내 CCTV 설치운영, 입원중 면회 제한
통신의 자유(제18조)	통신의 자유 제한(휴대전화 소지 제한), 통신의 비밀 미보장(공개된 장소에 공중전화 설치)
선거권(제24조)	금치산자 선거권 제한 규정
인간다운 생활권(제34조)	정신장애인의 사회복지시설 이용 제한, 각종 장애인복지서비스 이용 제한(「장애인복지법」 제15조 관련)

출처: 국가인권위원회(2021).

활을 누릴 수 있는 권리를 말한다. 넷째, 법적권리(entitlement)는 정신장애인으로서 기본적인 건강 서비스를 이용할 수 있는 권리를 의미한다. 세계인권선언과 같은 보편화된 인권기준과 달리 정신장애인의 인권과 관련한 국제규약과 실천원칙은 이와 같이 보다 구체적인 인권침해 사안에 개입할 것을 촉구하고 있다.

2. 정신장애인 인권의 국제기준

1) 지적장애인권리선언과 장애인권리선언

1971년 유엔총회에서 채택된 '지적장애인권리선언(the Declaration on the Rights of Mentally Retarded Persons)'은 국제인권법에서 지적장애인과 정신장애인의 권리에 관한 의미 있는 진전을 나타냈다. 세계인권선언 등 기존의 국제인권법은 모든 사람의 보편적 권리에 대해 규정하는 반면, 지적장애인권리선언은 특히 장애인의 권리증진에 초점을 맞추었다는 점에 의의가 있다. 이어 1975년 유엔총회에서 '장애인권리선언(the Declaration on the Rights of Disabled Persons)'이 채택되었다. 세계는 장애인권리선언을 통해 장애인의 인권증진에 관심을 가지는 계기를 한 번 더 마련하게 되었다.

지적장애인권리선언과 장애인권리선언은 국제인권법에서 정신적 장애가 있는 사람에 대한 관심을 불러일으키는 계기를 마련했다는 점에 의의가 있다. 그럼에도 불구하고 장애인의 권리 보장에 대해 '가능한 한'의 단서를 붙이며 장애인의 손상(impairment)을 권리행사의 잠재적 장벽으로 인정함으로써 장애인의 인권을 제한하는 한계를 나타냈다. 지적장애인권리선언 제7조, 장애인권리선언 제4조에서 장애인이 자신의 권리행사가 제한적일 경우 적절한 법적 안전장치를 마련해야 한다는 조항을 적용하여 장애인의 법적 능력의 제한이나 박탈을 인정하고 있다는 점에서 두 선언 모두 의료모델의 관점을 벗어나지 못한 것으로 평가되기도 한다(제철웅 외, 2022; Fina, Cera & Palmisano, 2017).

〈지적장애인권리선언〉 중

지적장애인이 다양한 영역의 활동에서 자신의 능력을 발전시키는 것을 지원하고, **가능한 한**(as far as possible) 정상적인 삶을 증진시킬 필요성을 염두에 두면서…(중략)

제1조 지적장애인은 **가능한 한 최대한**(to the maximum degree of feasibility) 다른 사람과 동등한 권리를 가진다.

제7조 장애가 심하여 지적장애인이 의미 있는 방식으로 자신의 권리를 행사할 수 없거나 그의 권리의 일부 또는 전부를 제한하거나 부정할 필요가 있는 경우, 권리의 제한 또는 부정을 위해 이용되는 절차는 남용을 방지할 수 있도록 **적절한 법적 안전장치**를 두어야 한다. 이 절차는 자격 있는 전문가에 의한 지적장애인의 사회적 역량의 평가에 기반하여야 하고, 정기적으로 점검을 받아야 하며, 상위의 기관에 이의를 제기할 수 있도록 해야 한다.

〈장애인권리선언〉 중

제4조 장애인은 다른 사람과 동등한 시민적, 정치적 권리를 가진다. 지적장애인권리선언 제7조는 정신장애인의 권리의 제한 또는 억제에 적용된다.

2) 정신장애인의 보호와 정신건강 의료 향상을 위한 원칙

'정신장애인의 보호와 정신건강 의료 향상을 위한 원칙(Principle for the Protection of Person with Mental Illness and for the Improvement of Mental Health Care)', 이하 MI 원칙은 1991년 12월 UN총회에서 결의되었다. MI원칙은 정신건강 분야에서 정신장애인의 인권 보호를 위한 최소기준으로 국제사회에서 통용되고 있다. MI원칙은 기존 여러 국가의 「정신건강법」을 집대성한 것이기도 하지만, 이후에도 각 나라에서 정신건강 정책 및 법률을 정비하는 지침으로 활용되었다(홍선미 외, 2020; UN, 1991). MI원칙은 시설입소 여부와 상관없이 모든 정신장애인에게 광범위하게 적용되며, 동시에 정신장애 진단여부와 상관없이 시설에 입원·입소한 모든 사람에게 적용된다(WHO, 2005).

MI원칙은 25개 원칙으로 구성되어 있다(〈표 16-2〉 참조). MI원칙 중 몇 가지 주요 내용을 살펴보면 다음과 같다.

표 16-2 UN 정신장애인의 보호와 정신건강 의료 향상을 위한 원칙(MI원칙)

1. 근본적인 자유와 기본권(fundamental freedoms and basic rights)
2. 미성년자의 보호(protection of minors)
3. 지역사회 내에서의 삶(life in the community)
4. 정신장애 판단(determination of mental illness)
5. 의학검사(medical examination)
6. 비밀보장(confidentiality)
7. 지역사회와 문화의 역할(role of community and culture)
8. 의료기준(standard of care)
9. 치료(treatment)
10. 약물치료(medication)
11. 치료의 동의(consent of treatment)
12. 권리의 고지(notice of rights)
13. 정신보건시설에서의 권리와 조건(rights and conditions in medical health facilities)
14. 정신보건시설의 자원(resources for mental health facilities)
15. 입원 원칙(admission principles)
16. 비자발적 입원(involuntary admission)
17. 심사기관(review body)
18. 절차상 보호(procedural safeguards)
19. 정보열람(access to information)
20. 범죄피의자(criminal offenders)
21. 이의제기(complaints)
22. 감시와 구제(monitoring and remedies)
23. 실행(implementation)
24. 정신보건시설 관련 본 원칙의 적용범위(scope of principles relating to mental health facilities)
25. 기존 권리의 구제(saving of existing rights)

출처: UN(1991), 국가인권위원회(2021).

모든 사람은 적절한 정신건강의료서비스를 제공받을 권리가 있으며, 정신장애인은 차별 없이 치료받을 권리가 있다(원칙 1 근본적인 자유와 기본권). 정신장애인은 가능한 한 지역사회에서 생활하며 일할 권리가 있으며(원칙 3 지역사회 내에서의 삶), 가능한 한 지역사회 내에서 치료를 받고, 만약 입원치료를 할 경우 치료가 끝나는 대로 지역사회로 돌아가 자신의 문화적 배경에 맞는 치료를 받을 권리가 있다(원칙 7 지역사회와 문화의 역할). 정신장애인은 자율성을 보장받으며 치료과정에 참여하고 서비스 제공자와 치료에 대해 함께 논의할 수 있어야 한다(원칙 9 치료). 약물치료는 환자를 처벌하거나 다른 사람들의 편의를 위해 환자를 통제하려는 목적으로 사용해서는 안 되며 치료의 목적을 위해서만 시행해야 한다(원칙 10 약물치료). 치료는 의사결정 대리인이 지정되거나 심각한 자해 혹은 타해 위험이 있는 등 예외사항이 아니라면 당사자에게 고지된 동의 없이 시행할 수 없다(원칙 11 치료의 동의). 시설에 입원 · 입소한 환자에게는 가능한 한 빨리 환자의 권리를 고지해야 한다(원칙 12 권리의 고지). 정신장애인의 강제입원은 언제나 최후의 수단이 되어야 하며(원칙 15 입원 원칙), 불가피하게 강제입원을 고려한다면 이를 위한 요건들이 충족되어야 한다(원칙 16 비자발적 입원). 그리고 이러한 입원절차는 독립적이고 공정한 기관의 심사과정을 거쳐야 하고, 그 과정에서 정신장애인의 항소절차가 보호되어야 한다(원칙 17 심사기관, 원칙 18 절차상 보호).

MI원칙은 정신장애인이 가능한 한 지역사회에서 생활하며 일할 권리를 가져야 한다고 언급하며 정신장애인의 지역사회통합을 강조하고 있다. 그럼에도 불구하고 MI원칙의 대부분은 정신건강시설에서의 치료와 강제구금에 대한 보호책으로 구성되어 있다. 그러한 이유에서 비록 MI원칙이 각 국가의 정신건강정책 및 법률 정비의 지침이 되고 있기는 하지만 여전히 정신장애인의 비자의입원이나 비자의 치료를 전제하고 그러한 치료과정 중 인권침해를 최소화하는 원칙을 제시하고 있다는 점에서 비판받고 있다(UN, 2003; WHO, 2005).

3) 「정신건강법」 제정의 10대 원칙

1996년, WHO는 MI원칙을 근간으로 '「정신건강법」 제정의 10대 원칙(Mental Health Care Law: Ten Basic Principles)'을 발표하고 각 국가에서 「정신건강법」 제정 시 10대 원칙을 포함하도록 권고하였다(WHO, 1996). 「정신건강법」 제정의 10대 원칙은 MI 원칙을 골자로 하여 그 내용이 반영되어 있다. 주요 내용을 보면 각 국가는 「정신건강법」을 제정할 때 정신장애인의 자기결정권을 최대한 보장해야 하며, 비자의입원 시 적정한 심의 절차를 거치고 정기적 심의를 통해 정신장애인이 부당하게 시설에 강제입원 · 입소되지 않도록 해야 함을 강조하고 있다. 또한 정신장애인의 자유를 제한하는 모든 조치는 적법절차에 따라 승인되어야 하며, 의사결정능력에 제한이 있는 정신장애인은 조력자에 의해 그들의 의사결정과정이 지원되도록 해야 한다.

표 16-3 WHO 「정신건강법」 제정 10대 원칙

1. 정신건강증진 및 정신장애의 예방(Promotion of Mental health and Prevention of Mental Disorders)
2. 정신보건에 대한 기본적 접근(Access to Basic Mental Health Care)
3. 국제기준에 부합하는 정신건강 평가(Mental Health Assessments in Accordance with Internationally Accepted Principles)
4. 자유 제한을 최소화하는 법률 조항(Provision of the Least Restrictive Type of Mental Health Care)
5. 자기결정권(Self-Determination)
6. 의사결정에 대해 조력받을 권리(Right to be Assisted in the Exercise of Self-Determination)
7. 심의 절차 보장(Availability of Review Procedure)
8. 자동적이고 주기적인 심사(Automatic Periodical Review Mechanism)
9. 자격을 갖춘 의사결정자(Qualified Decision-Maker)
10. 적법절차 존중(Respect of the Rule of Law)

출처: WHO(1996), 국가인권위원회(2021).

4) 장애인권리협약

장애인권리협약(Convention on the Rights of Persons with Disabilities: CRPD)은 2006년 12월 13일 유엔총회에서 채택되었다. 한국은 2008년 12월 국회 비준을 거쳐 2009년 1월 발효되었다. 장애인권리협약은 구속력이 있는 국제법이므로 한국은 비준국으로서 협약이행의 의무가 있다. 장애인권리협약은 전문 25개, 본문 50개, 선택의정서 18개 조항으로 구성되어 있다. 전문에서 협약의 이념과 가치를 선언하고, 본문에 교육, 건강, 근로 등 일상생활영역 전반에 걸친 장애인 권리보장의 내용을 규정하고 있다.

정신장애인과 관련한 주요 내용은 법적 능력의 제한 폐지, 강제입원금지, 지역사회통합 등이 있다. 장애인권리협약은 기존 의료모델에서 당연하게 받아들여졌던 판단능력이 제한된 정신적 장애인의 법적 능력(legal capacity)의 제한을 폐지하고 다른 사람들과 동등하게 인정하도록 규정하고 있다(제12조 법 앞의 동등한 인정). 또한 정신장애인의 강제입원을 금지하며(제14조 신체의 자유 및 안전), 자신의 선택을 통해 지역사회에서 살 수 있는 평등한 권리를 인정하고 지역사회로의 완전한 통합과 참여를 촉진해야 함을 규정하고 있다(제19조 자립적 생활 및 지역사회에의 동참).

유엔장애인권리위원회는 '일반논평(general comment)'을 순차적으로 발표하며 협약의 개별 조항에 대해 해석하고 각 국가에서 협약 이행시 고려해야 할 구체적 지침을 제시하고 있다. 2014년 '협약 제12조 법 앞의 동등한 인정'에 대한 일반논평을 시작으로 2018년까지 총 7개의 일반논평을 발표하였다.[2] 첫 번째 일반논평인 '협약 제12조 법 앞의 동등한 인정'은 후견제도, 강제입원제도와 같은 대체의사결정제도 하에서 자신의 법적 능력을 부정당해 온 정신장애인에게 무엇보다 중요한 주제라 할 수 있다. 협약 제12조는 자기결정권의 법적 수단인 '법적 능력(legal capacity)'의 보장을 지원하도록 당사국에 요구하고 있다. 법적 능력은 법에 따른 권리의 보

2) UN OHCHR(The Office of the High Commissioner for Human Rights), General comments. https://www.ohchr.org/en/treaty-bodies/crpd/general-comments.

표 16-4 UN 장애인권리협약 본문 50개 조항

[제1조] 목적	[제26조] 가활 및 재활
[제2조] 정의	[제27조] 근로 및 고용
[제3조] 일반 원칙	[제28조] 적절한 생활수준과 사회적 보호
[제4조] 일반 의무	[제29조] 정치 및 공적 생활에 대한 참여
[제5조] 평등 및 비차별	[제30조] 문화생활, 레크리에이션, 여가생활 및 체육활동에 대한 참여
[제6조] 장애여성	[제31조] 통계와 자료 수집
[제7조] 장애아동	[제32조] 국제협력
[제8조] 인식제고	[제33조] 국내적 이행 및 감독
[제9조] 접근성	[제34조] 장애인권리위원회
[제10조] 생명권	[제35조] 당사국 보고서
[제11조] 위험상황과 인도적 차원의 긴급사태	[제36조] 보고서의 검토
[제12조] 법 앞의 동등한 인정	[제37조] 당사국과 위원회 간의 협력
[제13조] 사법에 대한 접근	[제38조] 위원회와 기타 기구와의 관계
[제14조] 신체의 자유 및 안전	[제39조] 위원회 보고서
[제15조] 고문 또는 잔혹한, 비인도적이거나 굴욕적인 대우나 처벌로부터의 자유	[제40조] 당사국회의
[제16조] 착취, 폭력 및 학대로부터의 자유	[제41조] 수탁자
[제17조] 개인의 완전함 보호	[제42조] 서명
[제18조] 이주 및 국적의 자유	[제43조] 기속적 동의
[제19조] 자립적 생활 및 지역사회에의 동참	[제44조] 지역통합기구
[제20조] 개인의 이동성	[제45조] 발효
[제21조] 의사 및 표현의 자유와 정보 접근권	[제46조] 유보
[제22조] 사생활의 존중	[제47조] 개정
[제23조] 가정과 가족에 대한 존중	[제48조] 폐기
[제24조] 교육	[제49조] 접근 가능한 형식
[제25조] 건강	[제50조] 정본

출처: UN(2006), 국가인권위원회(2021).

유자 및 행위자로서의 능력을 모두 포함한다. 모든 사람은 권리의 보유자로서 법적체계에 의해 완전한 권리를 보호받고, 권리의 행위자로서 거래에 참여하고 법적 관계를 시작 · 수정 · 종료할 권한을 가진 주체로 인정받아야 한다. 생활 모든 영역에서 장애인의 자기결정권을 제한하거나 혹은 법원의 결정에 따라 장애인의 법적 능력을 박탈하는 것은 협약 제12조를 위반하는 것이다. 따라서 국가는 대리인이 정신장애인의 최선의 이익(best interests)을 고려하여 의사결정을 대신하는 기존의 '대체의사결정' 패러다임을 벗어나 당사자의 의사와 선호에 대한 최선의 해석(best interpretation)을 통해 정신장애인의 의사결정을 돕는 '지원의사결정' 패러다임으로의 전환이 필요하다(제철웅 외, 2022; 한국장애인개발원, 2021; UN CRPD, 2014).

장애인권리협약은 장애의 의료모델에서 사회모델로의 패러다임 전환에 기여하고 나아가 장애의 사회모델을 넘어 인권모델의 확립에 기여한 것으로 평가되고 있다(Fina, Cera, & Palmisano, 2017). 또한 장애인권리협약은 실효성 있는 국제협약으로서 장애인의 권리보장을 위해 국가가 지원해야 할 내용을 명문화하고 구체적인 지침을 제시하고 있다는 점에서 의의가 있다. 이러한 영향으로 한국 정부는 정신건강복지법 전면개정, 비자의입원제도 개선, 정신장애인 생명보험 가입 유보 협약 철회 등을 추진하였다(강상경 외, 2021).

표 16-5 장애인권리협약 일반논평 제1호 '법 앞의 동등한 인정에 관한 논평' 내용

1. 후견제도나 관리인제도(예: 한국의 보호의무자제도)와 같은 기존의 대체의사결정제도를 폐지할 것
2. 정신장애인을 대신해 대체의사결정자가 결정하는 강제 치료를 금지할 것
3. 투표, 혼인, 출산, 친권, 치료 동의와 같은 장애인의 법적 능력을 보장할 것
4. 법적 능력을 행사하기 어려운 장애인의 자율성과 의지, 선호를 존중해 인적 · 물적 지원 등을 하는 지원(조력)의사결정제도로 전환할 것
5. 정신의료 전문가를 포함한 보건의료인이 장애인을 치료하기에 앞서 정신장애인이 다른 사람과 동등한 법적 능력을 보장받는다는 설명을 한 후 자유로운 동의를 얻을 것

출처: 국가인권위원회(2021).

5) WHO QualityRights 툴킷

UN 장애인권리협약 제정 이후 세계보건기구(WHO)는 정신건강 서비스 제공시설의 서비스 품질과 인권수준을 평가하기 위해 'WHO QualityRights 툴킷'을 개발하였다(WHO, 2012). 툴킷 개발의 목적은 정신건강 서비스 이용자의 인권 증진과 서비스 제공기관의 인권기반 서비스환경을 조성하는 것에 있다. QualityRights 툴킷은 선언적인 장애인권리협약의 내용을 서비스 제공기관에서 실현할 수 있도록 측정가능한 구체적 지표로 개발했다는 점에서 큰 의의가 있다. 서비스 제공기관의 특성에 따라 일부 평가항목을 선별적으로 적용할 수 있기 때문에 정신의료기관, 생활시설, 이용시설까지 정신장애인이 이용하는 모든 시설에 적용 가능하다. WHO(2012)는 장기입원시설을 점진적으로 폐쇄하고 궁극적으로는 지역사회기반 서비스 구축과 통합적인 정신건강 서비스가 제공되어야 한다고 권고하고 있지만, 정신장애인 장기수용시설이 존재하는 한 시설에 거주하는 사람들의 인권침해를

표 16-6 WHO QualityRights 툴킷 테마구성과 장애인권리협약 근거 조항

주요내용	WHO QualityRights 툴킷	UN 장애인권리협약
적정한 생활환경	[테마 1] 적정한 수준의 생활을 유지할 권리	[제28조] 적절한 생활수준과 사회적 보호
건강권	[테마 2] 가능한 최고의 정신적 · 신체적 건강을 누릴 권리	[제25조] 건강
평등, 자유, 안전	[테마 3] 법률적 행위를 할 권리, 개인적인 자유와 안정을 누릴 권리	[제12조] 법 앞의 동등한 인정 [제14조] 신체의 자유 및 안전
학대로부터의 자유	[테마 4] 고문 또는 잔혹하거나 비인도적이거나 굴욕적인 대우와 처벌로부터의 자유 및 착취, 폭력과 학대로부터의 자유	[제15조] 고문 또는 잔혹한, 비인도적이거나 굴욕적인 대우나 처벌로부터의 자유 [제16조] 착취, 폭력 및 학대로부터의 자유
사회통합	[테마 5] 지역사회에 통합되어 독립적으로 살 권리	[제19조] 자립적 생활 및 지역사회에의 동참

출처: 강상경 외(2020), p. 226.

막고 열악한 서비스 환경 개선을 위해 툴킷의 활용이 필요하다고 설명하였다.

QualityRights 툴킷은 총 다섯 가지 테마로 구성되어 있다. UN 장애인권리협약을 기반으로 다섯 가지 테마를 도출하였고 각 테마별 하위요소로 표준(Standard)과 기준(Criteria)을 제시하고 있다. 각 테마별 장애인권리협약 근거조항은 〈표 16-6〉과 같다.

WHO는 QualityRights 툴킷 개발 이후 정신건강 서비스 이해당사자들의 인권역량개발을 위한 교육 및 지침 자료패키지 'WHO QualityRights Materials for Training, Guidance and Transformation(2019)'을 개발하였고, 최근에는 지역사회 정신건강 서비스의 사람 중심 권리기반 접근법 촉진을 위한 실천 지침인 'WHO Guidance and Technical Packages on Community Mental Health Services: Promoting Person-Centred and Rights-Based Approaches(2021)'를 발표하였다. 이 지침은 사람 중심 인권기반 실천을 위한 지역사회 정신건강 서비스의 핵심 지침과 일곱 가지 서비스 유형(Seven technical packages)을 소개하고 있다. 일곱 가지 서비스 유형은 병원기반 서비스뿐만 아니라 위기서비스, 동료지원, 아웃리치 등을 포

표 16-7 사람 중심 인권기반 실천을 위한 정신건강 서비스의 핵심지침과 일곱 가지 서비스 유형

구분	내용
핵심 지침 (Main guidance)	사람 중심 인권기반 실천을 이행하기 위한 지역사회 정신건강 서비스 지침
일곱 가지 서비스 유형 (Seven technical packages)	① 정신건강위기서비스(Mental health crisis services) ② 병원기반 사례관리 서비스(Hospital-based mental health services) ③ 지역사회 정신건강센터(Community mental health centres) ④ 동료지원 정신건강 서비스(Peer support mental health services) ⑤ 지역사회아웃리치 정신건강 서비스(Community outreach mental health services) ⑥ 정신건강을 위한 지원주거서비스(Supported living services for mental health) ⑦ 종합 정신건강네트워크(Comprehensive mental health service networks)

출처: WHO(2021), 강상경 외(2021), p. 38.

괄하고 있어 사람 중심 인권기반 정신건강 서비스 실천을 위한 균형 있는 서비스 제공의 기준을 마련했다는 데 의의가 있다(강상경 외, 2021).

3. 정신장애인 인권 관련 주요 쟁점

1) 비자의입원

정신장애인 인권과 관련하여 가장 주요한 쟁점은 비자의입원 및 비자의치료라 할 수 있다. 정신장애인에 대한 강제입원과 사전동의를 구하지 않은 치료는 정신장애인의 자기결정권을 침해하는 사안으로 장애인권리협약 제12조 '법 앞의 동등한 인정'과 제14조 '신체의 자유 및 안전' 조항의 위반에 해당한다. 동양 사회는 전통적으로 가족을 중시하는 집단주의 문화가 강하여 개인을 가족, 지역사회의 한 부분으로 이해하는 경향이 있고, 효(孝)를 강조하며 부모나 권위자에 대해 존경과 복종을 기대하는 문화가 있었다. 이러한 동양의 문화는 가족의 이익을 위해 개인의 복종이 용인되어 정신장애인의 강제입원은 당사자의 인권이나 자율성보다는 가족을 보호하는 기제로 활용되어 왔다(신권철, 2020; Molodynski et al., 2016).

2008년 장애인권리협약 비준과 보호의무자에 의한 강제입원의 헌법불합치 판정 등으로 「정신보건법」이 「정신건강복지법」으로 개정되었는데, 그 이전까지 정신장애인의 정신의료기관 비자의 입원율은 60%대를 상회하고 있었다. 비자의입원에 대한 국내외적인 제도개선의 요구로 2017년 5월 「정신건강복지법」 시행 이후 비자의 입원율은 30%대로 크게 감소하였다. 구체적 수치를 보면, 2015년 비자의입원율은 65.2%, 2016년에는 61.6%였으나 「정신건강복지법」 시행 이후 2017년 정신의료기관 비자의입원율은 37.9%, 2020년은 33.6%로 감소하였다(국립정신건강센터 외, 2021). 통계적 수치로만 보면 마치 「정신건강복지법」의 이념에 따라 자발적 입원 우선 원칙이 구현된 것처럼 보이나 실상은 동의입원 제도가 신설되면서 의사결정 능력이 제한적인 사람을 자발적 입원으로 유인한 것에 불과하다는 비판이 있다.

표 16-8 「정신건강복지법」상 입원제도 유형 비교

구분	자의입원 (제41조)	동의입원 (제42조)	보호입원 (제43조)	행정입원 (제44조)	응급입원 (제50조)
자의여부	자의	자의	비자의	비자의	비자의
입원대상 및 요건	정신 질환자	정신질환자	입원치료가 필요한 정신 질환, 그리고 자해 · 타해 위험	정신질환 의심, 그리고 자해 · 타해 위험	정신질환 추정, 그리고 자해 · 타해 위험
입원 신청	본인 신청	본인신청+ 보호의무자 동의	보호의무자 2인의 신청	정신과전문의 또는 정신보건 전문요원이 시장 · 군수 · 구청장에게 진단 및 보호 신청	발견한 사람이 의사와 경찰관 동의를 받아 정신 의료기관에 의뢰
입원 기간	제한 없음		3개월		3일
입원적합성 심사	해당 없음		최초 입원일로부터 1개월 이내 입원적합성심사위원회 심사		입원유형 전환의 경우 그 절차에 따름

「정신보건법」의 입원유형은 자의입원, 보호입원(보호의무자에 의한 입원), 행정입원(시장 · 군수 · 구청장에 의한 입원), 응급입원의 네 가지였으나, 「정신건강복지법」 개정 시 동의입원 유형이 추가 신설되었다(〈표 16-8〉 참조). 동의입원은 '본인신청과 보호자 동의'로 입원이 가능하며 자발적 입원으로 분류된다. 「정신건강복지법」 시행 후 기존에 보호의무자에 의해 강제입원되었던 보호입원 유형의 환자들이 '본인신청과 보호자 동의' 하에 동의입원 유형으로 변경되면서 자발적 환자로 전환된 것이므로 제도개선의 실질적 의미를 찾기는 어렵다는 지적이다. 그 외에도 비자의 입원 제도는 권리고지 미흡, 보호의무자에 대한 과도한 의무 부여, 전문가 중심의 입원적합성심사위원회 구성 등의 문제점이 지적되고 있어 정신장애인 입 · 퇴원 절차 및 심사제도 개편이 요구되고 있다(국가인권위원회, 2021).

2) 전면개정 「정신건강복지법」의 시행

1995년 「정신보건법」의 제정으로 정신장애인의 강제입원이 제도화되었다. 「정신보건법」이 제정되기 이전에는 강제입원에 대한 법적근거가 없었지만, 민법에 따라 한정치산자, 금치산자로 판정되면 친족에 의해 강제입원 되거나 경찰에 의한 강제입원이 가능했다. 1995년 「정신보건법」의 제정으로 적법한 절차에 따른 비동의 입원이 자리를 잡기 시작하였다. 「정신보건법」은 법제정과정에서 정신장애인이 치료를 받고 건강한 사회생활을 누릴 수 있어야 한다는 일부 의사의 선한 의도에도 불구하고 정신보건체계의 변화를 이끌어 내지 못하고 오히려 가족에 의한 정신장애인의 강제입원을 합법적으로 제도화한 것에 불과하다는 비판을 받았다(신권철, 2018). 「정신보건법」에 대한 비판과 함께 유엔장애인권리협약 비준, 헌법재판소의 보호의무자에 의한 강제입원 헌법불합치 결정 등 정신장애인 인권과 관련한 국내외 환경이 변화되면서 법개정 요구가 더욱 가속화되었다.

「정신보건법」은 20여 년이 지난 2016년에 「정신건강복지법」으로 전면개정되어 2017년 5월 시행되었다. 「정신건강복지법」은 제1조에서 "정신질환의 예방 · 치료, 정신질환자의 재활 · 복지 · 권리보장과 정신건강 친화적인 환경 조성에 필요한 사항을 규정함으로써 국민의 정신건강증진 및 정신질환자의 인간다운 삶을 영위하는 데 이바지함"을 법의 목적으로 명시함으로써 인권기반의 법이념 틀을 마련하였다. 「정신보건법」과 「정신건강복지법」의 주요 차이점은 다음과 같다.

제3조 '정의'에서 법 적용의 대상이 되는 정신질환자의 개념을 「정신보건법」보다 축소하여 '독립적으로 일상생활을 영위하는 데 중대한 제약'이 있는 중증의 정신질환자로 규정하였다. 그리고 법률 제4장 '복지서비스의 제공'을 신설하여 고용, 교육, 문화 · 예술 · 체육, 소득, 거주, 가족지원 등 정신장애인의 지역사회통합을 위한 복지서비스 제공의 근거를 명시하였다. 정신장애인의 입원 요건 및 절차를 까다롭게 규정하고, 정신장애인에 대한 최초 입원 심사를 '입원적합성심사'로 제도화하여 법으로 규정하였다. 그 외에도 '외래치료 지원' 제도를 신설하여 자타해 위험성이 있는 비자의입원 환자가 지역사회에서 치료지원을 받을 수 있는 법적 근거를 마

련하였으며, 당사자의 입원신청과 보호의무자의 동의에 의해 입원이 성립되는 '동의입원' 유형을 신설하였다.

정부는 「정신건강복지법」을 개정하며 장애인권리협약의 이념을 반영하고자 하였다. 강상경 외(2021)는 「정신건강복지법」에서 장애인권리협약의 내용을 반영하고 있는 주요 내용을 일곱 가지로 제시하였다. 첫째, 인권기반 기본이념의 강화, 둘째, 국가 등의 책무성 강화, 셋째, 복지서비스 제공의 장 신설, 넷째, 보호의무자에 의한 입원 절차 및 입원 심사규정의 변화, 다섯째, 동의입원 유형의 신설, 여섯째, 정신건강심의위원회 결정 유형 다양화, 일곱째, 지역사회 중심 치료를 위한 근거 마련(외래치료 지원 등)이다.

3) 정신장애인의 자격제한

유엔장애인권리협약은 장애인의 노동권을 다른 사람과 동등하게 인정해야 하며 장애를 이유로 하는 고용관련 제반사항에 대한 차별을 금지하고 있다. 하지만 국내 많은 자격제도가 결격조항을 법률로 규정하고 정신장애인의 노동활동을 차단하며 인권을 침해하고 있다. 국가인권위원회는 2018년 4월 기준으로 27개 법조항이 정신장애인의 자격, 면허 취득을 제한하는 것으로 파악하고 정신장애인 결격조항 폐지·완화 등 범정부적 대책을 마련하도록 권고하였다(국가인권위원회, 2021).

정신장애인 자격제한의 유형은 절대적 자격제한, 상대적·적극적 자격제한, 상대적·소극적 자격제한으로 구분할 수 있다(박형욱 외, 2013; 신권철, 2012, 2013). 절대적 자격제한은 「정신건강복지법」에서 규정한 정신질환자라면 예외 없이 일률적으로 자격을 제한하는 것이며, 상대적 자격제한은 개별 사안에 따라 예외를 인정하는 것이다. 상대적 자격제한 중 상대적·적극적 자격제한은 예외적으로 자격을 인정하며, 상대적·소극적 자격제한은 예외적으로 자격을 제한하는 것이다. 부연하면, 상대적·적극적 자격제한은 「정신건강복지법」에서 정한 정신질환자의 자격취득을 제한하되 전문가의 소견에 따라 업무수행에 지장이 없다고 인정되면 자격취득이 가능하도록 예외를 두며, 상대적·소극적 자격제한은 「정신건강복지법」에서

표 16-9 현행법상 27개 정신장애인 자격제한

구분	자격제한 내용
절대적 자격제한 (5개)	산후조리원 설치 · 운영, 수상구조사, 수렵면허, 어린이집 설치 · 운영, 아이돌보미
상대적 · 적극적 자격제한 (18개)	이 · 미용사 및 위생사, 영양사, 요양보호사, 말조련사 · 장제사 · 재활승마지도사, 사회복지사, 수산질병관리사, 수의사, 조리사, 동물실험시설운영 · 관리 · 실험동물공급, 약사, 응급구조사, 의료기사, 의료인, 장례지도사, 의지 · 보조기기사 · 언어재활사 및 장애인재활상담사, (장애인)활동지원인력, 가축수정사, 화장품제조판매업
상대적 · 소극적 자격제한 (4개)	건설기계조종사면허, 운전면허, 수상레저조종면허, 철도차량운전면허

출처: 국가인권위원회(2021), p. 121.

정한 정신질환자의 자격을 허용하되 전문가 판단으로 위험성이 인정될 때 자격을 제한한다. 현행법상 정신장애인 자격제한의 구체적 사례는 〈표 16-9〉와 같다.

정신장애인 자격제한 법조항은 유엔장애인권리협약을 위배하고 있을 뿐만 아니라 헌법상 국민의 기본권인 직업선택의 자유를 제한하고, 법 자체로서도 입법목적의 정당성과 수단적 정당성을 확보하기 어려운 문제가 있다(김도희, 2019; 박인환, 2018). 변호사, 법무사 등은 정신질환자의 자격제한을 하지 않으면서 유사한 대면접촉 직업인 장애인활동지원인력, 장애인재활상담사 등에 대해서는 자격제한을 하고 있어 정신장애인의 자격을 제한하는 목적이 무엇인지 불분명하여 입법목적의 정당성을 확보하기 어렵다. 또한 결격사항을 확인하기 위해 개인에게 정신질환 병력 등 민감정보를 요구함으로써 사생활보호의 기본권을 침해하여 수단의 적합성 역시 문제가 된다. 나아가 정신병력이 있으면 법으로 자격취득이 제한되어 직업활동이 어렵게 되므로 정신과 치료를 회피하는 결과를 초래할 수도 있다(박인환, 2018; 신권철, 2012, 2013).

2018년 4월 개정시행된 「사회복지사업법」은 정신장애인의 사회복지사 자격제한

법조항을 신설하여 정신장애인 분야의 강한 반발을 불러일으켰다. 1970년에 「사회복지사업법」이 제정된 이후 1983년 사회복지사 자격제도화, 1998년 사회복지사 국가시험 제도화를 추진하며 꾸준히 법률을 개정하면서도 정신장애인에 대한 자격제한 법조항은 포함되지 않았었다. 하지만 2016년 「정신건강복지법」 개정을 통해 정신장애인의 사회통합과 복지서비스 중심의 법개정이 추진되는 사이 사회복지사업법은 오히려 정신장애인의 노동권을 침해하는 법률을 신설하였다. 정신장애인의 사회복지사 자격제한 법조항은 이념적으로는 UN의 세계인권선언, MI원칙, 장애인권리협약 등 인권실현의 이념과 충돌하며, 국내법적으로 「대한민국헌법」, 「장애인복지법」, 「정신건강복지법」, 「장애인차별금지법」 등의 법률과 상충된다. 그뿐만 아니라 성장지향적 인권모델로 진보하는 최근의 사회복지실천 동향을 반영하지 못하고 있으며, 회복당사자가 정신건강 서비스 제공자로 활동하도록 장려하는 당사자주의 정책실현의 지향에도 위배된다. 정신장애인 당사자가 서비스 제공자로 활동하는 동료상담가지원사업, 절차보조사업이 이미 중앙정부와 지자체의 지원을 받으며 시행되고 있기 때문이다(강상경, 김낭희, 신진호, 2022).

4) 「장애인복지법」 제15조 폐지

1995년 「정신보건법」이 제정되기 이전에 정신장애인 관련 사회복지정책은 '정신질환자및한센병력자사회복귀에 관한 사업'에 근거하고 있었다. 1995년 「정신보건법」이 제정된 이후 1999년에 장애인복지법이 개정되었는데 이때 「장애인복지법」 제15조(당시 13조)가 신설되었다. 「장애인복지법」 제15조는 「정신건강증진 및 정신질환자 복지서비스 지원에 관한 법률」을 적용받는 장애인에 대해 「장애인복지법」의 적용을 제한한다는 내용이다. 1999년 법정 장애인 범주에 정신장애인을 포함하는 법개정을 하면서 다른 한편에서는 「장애인복지법」상 정책 대상에서 정신장애인을 배제하는 문제를 야기하였다. 이 법조항으로 인하여 정신장애인은 장애인복지법상의 서비스 이용이 제한되었고 '「장애인복지법」 제15조 폐지'는 정신장애인 계에서 하나의 운동이 되었다.

학계와 현장실무자, 정신장애인 당사자들의 끊임없는 요구로 2021년 12월「장애인복지법」제15조 폐지 개정법안이 국회 본회의를 통과하였다.[3]「장애인복지법」제15조 폐지는 그 자체로 정신장애인에 대한 편견을 해소할 수 있는 법적 기반을 마련했다는 점에서 긍정적으로 평가된다.「장애인복지법」제15조 폐지로 인해 장애인복지 전달체계 개편이 불가피하게 되었다. 그간 정신장애인을 배제한 채로 구축되어 온 장애인복지서비스 전달체계에 정신장애인을 위한 복지서비스를 어떻게 편입할 것인지 혹은 새로운 전달체계를 구축할 것인지 논의가 요구되었다.「장애인복지법」제15조 폐지는 정신장애인 계에 활발한 논의의 장을 마련하는 계기가 되어 정신장애인 복지권 강화, 정신의료기관 서비스 및 입원제도 개선, 동료상담가 제도화, 정당한 편의제공, 위기개입지원, 미등록 장애인 지원 등 다양한 정책 논의가 이어졌다(국가인권위원회, 한국후견신탁연구센터, 2022; 장애우권익문제연구소, 2022; 한국정신건강복지학회, 2022).

4. 정신건강 관련 인권 중심 실천 및 서비스

1) 성년후견제도

성년후견제도[4]는 '질병 · 장애 · 노령 등으로 인해 사무처리 능력에 도움이 필요한 성인에게 가정법원의 결정 또는 후견계약으로 선임된 후견인이 재산관리 및 일상생활에 관한 폭넓은 보호와 지원을 제공하기 위한 제도'로 이해할 수 있다. 기존의 '금치산' '한정치산' 제도가 치매 노인이나 정신장애인 등 정신적 제약이 있는 사람의 개인 능력 차이를 고려하지 않고 행위능력을 일률적으로 제한하고 그들의 욕

3) 실제로「장애인복지법」제15조는 '개정'된 것이지만 정신장애인 운동의 차원에서 통상 '「장애인복지법」제15조 폐지'라고 한다.

4) 법원행정처(2013)의「성년후견제도 해설」을 참고하였다.

구를 충족하는 데 미흡하다는 비판이 이어지면서 성년후견제도 도입이 추진되었다. 이에 2009년에 성년후견제도 도입을 위한 민법개정안이 국회에 상정되었고, 2011년 법률이 개정되어 2013년부터 성년후견제도가 시행되었다.

성년후견제도는 '본인의 의사와 잔존능력의 존중'을 기본이념으로 한다. '본인 의사'를 존중한다는 것의 의미는 피후견인이 일방적으로 후견제도의 대상이 되는 것이 아니라 하나의 존엄한 인격체로서 주체적으로 후견제도를 이용하고 자신의 삶을 영위해 나갈 수 있도록 해야 함을 말한다. '잔존능력'의 존중이란 피후견인이 현재 가지고 있는 정신적 능력을 최대한 존중하며 활용하는 방향으로 후견제도가 운영되어야 함을 의미한다.

성년후견제도는 필요성, 보충성, 정상화의 세 가지 원칙을 따른다. 첫째, '필요성의 원칙'은 피후견인의 필요에 따라 너무 과도하게 피후견인에게 간섭하거나 피후견인이 아닌 가족 등의 주변인의 필요에 따라 후견이 이루어져서는 안 된다는 것을 의미한다. 둘째, '보충성의 원칙'은 피후견인의 잔존능력을 존중하여 본인 주도로 임의후견이나 위임을 우선 활용하되, 그것에 한계가 있을 때 비로소 법정후견을 개시해야 한다는 원칙이다. 셋째, '정상화의 원칙'은 피후견인이 지역사회에서 다른 사회구성원들과 대등하고 조화롭게 살 수 있도록 해야 한다는 원칙을 의미한다. 성년후견제도는 후견인의 선임방식에 따라 법정후견과 임의후견으로 분류되며, 이 중 법정후견은 후견인의 대리범위에 따라 성년후견, 한정후견, 특정후견으로 구분된다(〈표 16-10〉 참조).

성년후견제도는 사회복지제도로서의 특징을 가진다는 점에서 기존 행위무능력자제도와 차별화된다. 금치산 · 한정치산제도의 후견범위가 재산관리 중심이었다면 성년후견제도는 재산관리뿐만 아니라 신상보호의 의무까지 규정함으로써 후견인이 비재산적, 비법률행위의 영역까지 포괄하여 후견인이 조력하도록 하였다. 그 외에도 금치산 · 한정치산제도는 친족 1인이 후견인이 되고 후견업무 수행의 감독을 친족회에서 형식적으로 수행하였으나, 성년후견제도는 복수의 후견인 선임이 가능하고 친족 외에 법인도 후견인으로 선임이 가능하여 변호사, 법무사, 사회복지사 등 관련 법인이 후견인으로 선임되기도 한다. 또한 후견계약제도를 도입하여 향

표 16-10 성년후견제도의 후견 종류

구분	법정후견			임의후견 (후견계약)
	성년후견	한정후견	특정후견	
후견개시사유	사무처리능력의 지속적 결여	사무처리능력 부족	일시적 · 특정 사무에 후원 필요	사무처리능력이 부족하거나 부족하게 될 상황에 대비
당사자의 행위능력	원칙적 행위능력 상실자	원칙적 행위능력자	행위능력자	행위능력자
후견인의 권한	원칙적으로 포괄적인 대리권, 취소권	법원이 정한 범위 내에서 대리권, 동의권, 취소권	법원이 정한 범위 내에서 대리권	각 계약에서 정한 바에 따름
후견감독인	선임가능 (임의)			필수 (후견계약 효력 발생요건)

출처: 대한민국법원 전자민원센터 '성년후견제도' 절차안내(http://scourt.go.kr).

후 자신이 사무처리 능력이 부족하게 될 상황을 대비하여 재산관리 및 신상보호에 관한 사무를 계약(임의후견)을 통해 후견인에게 위탁할 수 있도록 하였다(〈표 16-11〉 참조).

성년후견제도는 정신장애인의 의사결정 지원에 대해 전통적인 가족제도를 벗어나 사법적 복지제도로 전환하는 계기를 마련하였고 취약계층에 대한 공공후견 지원체계의 기틀을 마련하는 데 기여하였다(신권철, 2013; 하경희 외, 2019). 성년후견제도가 기존의 금치산 · 한정치산제도보다 진일보한 제도로 평가되기는 하지만 여전히 정신장애인의 의사결정을 지원하기보다 피후견인의 의사결정을 대체하고 있어 장애인권리협약 제12조 '법 앞의 동등한 인정'을 위반하는 제도로 비판받고 있다. 이에 정신장애인의 자기결정권을 존중하는 제도로서 의사결정지원제도로의 전환이 요구되고 있다(국가인권위원회, 2021; 제철웅 외, 2022).

표 16-11 금치산 · 한정치산제도와 성년후견제도의 차이

내용		금치산 · 한정치산제도	성년후견제도
제도	본질	가족제도	복지제도
	목적	재산관리 중점	재산관리 및 신상보호 중점
	방식	능력박탈(제한)	능력지원
피후견인	사유	심신상실/심신미약	질병 · 장애 · 노령 등으로 인한 정신적 제약
	종류	금치산/한정치산	법정(성년/한정/특정), 임의 후견
후견인	자격	친족	친족 또는 제3자(법인 포함)
	선임방식	법정되어 있음	법원의 직권선임
	감독기관	친족회(형식적)	법원 후견감독인(실질적)
법원	역할	능력박탈(제한)의 선언	후견인 선임과 감독
	성격	사법적	행정적

출처: 대법원(2018. 5. 1.), 보도자료 "금치산 · 한정치산 선고 효력 상실, 성년후견제도를 이용하세요" 수정.

2) 정신장애인 공공후견제도

성년후견제도를 기반으로 취약계층에 대한 공공후견이 제도화되기 시작하였다. 성년후견제도는 사무처리능력이 지속적으로 결여된 사람에 대해 본인, 친족, 지방자치단체장 등의 청구에 의해 가정법원이 후견인을 선임하는데, 만약 이때 보호의무자가 없거나 본인 자력으로 후견인 청구가 어렵다고 판단되면 정부가 가정법원에 공공후견인을 청구하고 후견인 활동을 지원할 수 있다. 이러한 배경하에 2015년 발달장애인 공공후견을 시초로 2017년 정신장애인, 2018년 치매환자 공공후견제도가 순차적으로 도입되었다. 정신질환자 공공후견은 2017년 5월 「정신건강복지법」이 시행되면서 그 필요성이 더욱 대두되었다. 개정된 「정신건강복지법」은 정신장애인의 인권보호를 위해 비자의입소 규정을 강화하였기 때문에 이에 따라 보호의무자가 없는 비자의입소자의 퇴소 또는 계속 입소를 지원하기 위해 공공후견 서비스가 요구되었다.

정신장애인 공공후견은 '정신질환자 공공후견활동지원사업'으로 운영되고 있다(보건복지부, 국립정신건강센터, 2022). 정신장애인 공공후견활동지원사업은 '보호의무자 없이 의사결정능력 부족으로 어려움을 겪고 있는 정신질환자에게 공공후견서비스를 제공하여 사회복귀 촉진 등 자립생활 지원 도모'를 목적으로 하여 정신요양시설 입소자가 인권을 존중받으며 치료와 요양서비스를 받을 수 있도록 지원한다.

사업 대상은 '정신요양시설에 입소되어 있는 대상자 중 보호의무자가 없고 의사결정능력 부족으로 어려움을 겪고 있는 정신질환자'이다. 서비스 신청은 본인, 정신요양시설장, 지방자치단체의 장 등이 할 수 있다. 앞서 살펴본 성년후견제도는 선임방법과 대리권의 범위에 따라 성년후견, 한정후견, 특정후견, 임의후견으로 구분되는데, 정신질환자 공공후견지원사업은 입퇴원절차상 신상결정대행의 필요성으로 인해 신상결정 권한 부여가 가능한 한정후견(일부 특정 후견)을 중심으로 서비스를 제공한다.

금치산 · 한정치산제도가 폐지되고 성년후견제도가 도입되면서 친족뿐만 아니라 법인까지도 후견인으로 선임할 수 있게 되었는데, 정신질환자 공공후견은 정신장애에 대해 전문성이 있는 지정된 공공후견법인이 서비스를 제공한다.[5] 공공후견법인은 공공후견인의 역할을 수행하는데 사회복지사나 정신건강전문요원과 같은 공공후견담당자가 직접대면서비스를 제공한다. 공공후견 서비스 내용은 크게 재산관리와 신상보호로 나누어진다. 재산관리는 피후견인의 재산상황과 통장거래 내역을 확인하며 일상적 지출 외에 특이지출 발생 등을 점검함으로서 피후견인의 재산상의 권익보호를 위한 조치를 취하는 것이다. 신상보호활동을 위해 후견담당자는 최소 2주 1회 피후견인이 거주하는 시설을 방문하며 피후견인이 시설에서 안전하게 생활할 수 있도록 지원한다. 구체적으로 의료행위, 거소관련(시설 입퇴소), 근로관련 의사결정을 지원하고, 일상생활관련 물품구매 지원, 공법상 신청행위 지원 · 대리, 학대피해 등 구제 사안 지원의 신상보호업무를 수행한다.

5) 2022년에는 감리회태화복지재단, 한국정신건강전문요원협회, 한국정신재활시설협회, 한울정신건강복지재단의 4개 기관이 공공후견법인으로 지정되었다.

3) 정신질환자 절차보조사업

정신장애인의 입원 · 입소 결정과정에서 인권침해 논란은 꾸준히 제기되어 왔다. 2016년 9월 헌법재판소는 「정신보건법」 제24조 보호의무자에 의한 입원(보호입원) 조항이 정신장애인의 신체의 자유를 과도하게 침해함으로써 '과잉금지 원칙'을 위반할 뿐만 아니라 헌법의 '적법절차의 원칙'에 위배된다며 헌법불합치 결정을 하였다. 또한 정신질환자 비자의입원을 위한 대상자 요건의 구체성 결여, 보호입원의 악용 및 남용 가능성 등 '실체적 위헌성'과 입원과정에서 절차적 권리보장 결여 등 '절차적 위헌성'이 있음을 지적하였다. 헌법재판소의 헌법불합치 결정과 정신건강복지법의 전면개정으로 절차보조사업의 필요성이 대두되어 영국의 독립정신건강옹호(Independent Mental Health Advocacy: IMHA) 서비스 모델을 기초로 절차보조 시범사업이 추진되었다(제철웅 외, 2018). 2018년 12월 서울, 경기, 부산 3개 지역에서 시범사업으로 시작하여 2022년 일반사업으로 전환되었다.

절차보조사업은 비자의입원 · 입소 정신장애인의 권익지원을 위한 서비스로 입퇴원과 관련한 각종 절차보조 서비스와 함께 동료지원 서비스를 제공한다. 보건복지부는 절차보조사업에 대해 '정신질환자가 스스로 치료의 필요성 등을 이해하는데 도움을 주고, 각종 절차를 보조하여 정신질환자가 치료과정에 자기 주도적으로 참여할 수 있도록 지원하는 서비스'라고 설명하고 있다(보건복지부, 국립정신건강센터, 2021). 성년후견제도는 피후견인의 의사를 후견인이 대체하는 '대체의사결정제도'라면 절차보조사업은 정신장애인의 자기주도적 의사결정을 돕는 '지원의사결정제도'라는 차이점이 있다.

절차보조사업은 다음 세 가지 목적으로 추진된다. 첫째, 의사결정능력이 부족한 정신질환자가 입원치료의 필요성을 이해할 수 있도록 돕고, 입원과정에서 자기결정권을 행사할 수 있도록 절차를 안내하여 당사자가 자기주도적인 참여를 할 수 있도록 지원한다. 둘째, 입원(소) 과정에서의 환자권리를 안내하여 권익을 보호하고, 정서적 지지와 공감, 지역사회 복지서비스 연계를 통하여 정신장애인의 건강한 삶을 지원한다. 셋째, 정신질환 회복당사자와 전문가, 권익옹호활동가가 운영하는 단체를 지원하여 소비자의 요구에 충족한 사업을 추진함으로써 정신질환자의 권익 신장을 도모한다(보건복지부, 국립정신건강센터, 2021).

절차보조 서비스 제공은 다음의 기본원칙을 준수해야 한다. 첫째, 서비스 제공의 범위는 환자의 치료와 진료를 방해하지 않는 범위 내에서 수행되어야 하며, 둘째, '신청(동의)의 원칙'에 따라 서비스는 반드시 환자의 신청이나 동의를 얻은 후에 제공해야 한다. 당사자의 동의 · 의사 · 권리 범위를 넘어 의료진 등에게 직접 이의를 제기하거나 치료를 방해해서는 안 된다. 셋째, 사업수행인력으로 동료지원가가 참여하는데 이들의 안정적인 사업수행을 위해 동료지원가 역시도 본래 받아 오던 치료 · 상담을 지속할 수 있도록 지원해야 한다. 넷째, 모든 참여인력이 비밀유지서약서를 작성함으로써 개인정보를 누설하지 않도록 하고, 다섯째, 신규인력 채용시 동료지원교육을 이수한 자를 채용하거나 내부교육을 실시하여 업무를 원활히 수행할 수 있도록 지원해야 한다.

절차보조사업의 대상은 정신의료기관 및 정신요양시설에 강제입원 · 입소 중인 사람 중 서비스 제공에 동의한 사람을 우선으로 제공한다. 즉, 「정신건강복지법」 제43조(보호의무자에 의한 입원 등), 제44조(자치단체장에 의한 입원)에 의한 강제입원 · 입소 정신질환자가 대상이며, 서비스 신청은 정신질환자 당사자, 주치의 및 간호사, 사회복지사, 정신건강전문요원 등 그리고 보호자가 할 수 있다. 서비스 내용은 입원생활 권익지원, 당사자 의향을 반영한 각종 절차 지원, 퇴원(소) 후 계획 수립 지원으로 구성된다.

MI원칙의 '입원 원칙(원칙15)'과, 장애인권리협약의 '신체의 자유 및 안전(제14조)' 조항에 근거하여 정신질환자의 강제입원은 원칙적으로 폐지되어야 한다. 다만 국가가 정한 법적 절차에 따라 비자의입원이 불가피할 경우 국가는 강제입원 당사자가 절차상 권리를 보장받을 수 있도록 조치해야 한다. 그러한 의미에서 절차보조사업은 정신장애인을 위한 권익옹호제도로서 큰 의의가 있다. 하지만 절차보조사업은 법적 근거가 명확하게 마련되지 않아 제도 정착에 한계를 나타내고 있다. 그 외에도 절차보조대상이 강제입원 중인 사람으로 협소하여 권익옹호 취지에 부합하지 않으며, 절차보조사업에 대한 정보 및 홍보부족, 정신의료기관에의 접근성 제한으로 사업이 활성화되지 못하며, 실질적인 서비스 내용이 주로 동료지원활동에 치우쳐져 의사결정지원제도로서의 기능이 취약하다는 한계점이 있다(이용표, 2019; 하경희, 2021).

5. 정신장애인 인권증진을 위한 과제

한국은 UN 장애인권리협약 비준국으로써 장애인인권증진을 위한 협약이행의 의무가 있다. 국가인권위원회는 '2021년 정신장애인 인권보고서'를 통해 정신장애인의 인권 현황을 개괄하고 향후 정신장애인 인권 증진을 위한 4대 기본원칙과 7대 핵심 추진과제 및 27개 정책과제를 제시하였다(국가인권위원회, 2021). 4대 기본원칙은 정신장애인의 자기결정권 보장, 국가책임 강화, 차별금지와 사회통합, 지역사회 중심의 정신건강복지서비스 지향으로 정리할 수 있다. 위와 같은 4대 기본원칙 하에 국가인권위원회가 제시한 7대 핵심 추진과제는 〈표 16-12〉와 같다. 국가인권위원회는 7대 핵심 추진과제를 위해 각 정부 부처에서 이행해야 할 27개 정책과제를 구체적으로 명시하고 있다. 부처별 정책과제를 구체적으로 살펴보면, 「정신건강복지법」 제4장 '복지서비스의 제공' 규정에 따라 고용, 교육, 문화 · 예술 · 여가 · 체육 활동 등 정신장애인의 사회권 보장을 위한 복지서비스 체계 구체화, 정신

표 16-12 정신장애인 인권증진을 위한 4대 기본원칙과 7대 핵심 추진과제

4대 기본원칙	7대 핵심 추진과제
1. 인간 존엄성에 기반을 둔 자율과 자립의 보장 2. 국가의 정신장애인 인권에 대한 존중 · 보장 · 실현 의무 3. 비차별과 사회통합 4. 인간다운 삶이 보장되는 지역사회 중심의 정신건강복지서비스	1. 지역사회 거주 정신장애인의 사회권 강화 2. 차별과 편견 없는 정신장애인 사회통합 3. 탈원(시설)화를 위한 제도적 기반 마련 4. 입 · 퇴원 절차 및 심사제도 개편 5. 존엄성에 기반한 치료 환경 마련 6. 자기결정권 존중을 위한 의사결정제도의 개선 7. 재난 상황에 따른 정신장애인 지원 및 인권 보호

출처: 국가인권위원회(2021).

장애인 취업자격제한 법령 폐지, 외래치료지원제도 활성화, 동료지지체계 구축, 비자의 입원 병원 별도 지정 및 공공이송체계 마련, 격리 · 강박 등 신체 제한 최소화를 위한 대체 프로그램 개발, 의료급여환자 차별 개선, 후견제도의 의사결정지원제도로의 개편, 비자의 입원 환자를 위한 지정조력인제도 마련, 정신의료기관의 감염관리체계 개선 등의 내용이 담겨 있다.

한국은 2008년 장애인권리협약 비준을 계기로 정신장애인의 인권증진을 위한 범국가적 노력을 꾸준히 추진해 오고 있다. 물론 아직까지 국제기준에 충분한 수준으로 평가되기에는 미흡하지만 국가인권위원회와 정부, 정신장애인 단체와 학계가 협력하며 정신장애인의 인권증진을 위한 제도 개선의 노력을 이어 나가고 있다.

토론주제

1. 인권은 모든 인간이 누리는 보편적 권리이다. 그럼에도 불구하고 정신장애인의 인권이 재차 강조되는 이유는 무엇인가?

2. (구)「정신보건법」 및 「정신건강복지법」 제 · 개정이 정신장애인의 인권향상에 어떠한 기여를 하였는가?

3. 현행 법률에서 규정한 정신장애인의 자격 · 면허 취득 제한의 문제점은 무엇인가?

4. 장애인권리협약은 정신장애인의 강제입원을 금지하고 정신장애인의 선택에 따라 지역사회에서 살 수 있는 평등한 권리 보장을 강조한다. 그렇다면 강제입원을 대체하기 위해 가능한 대안은 무엇인가?

5. '대체의사결정'에서 '지원의사결정'으로의 패러다임 전환이 가지는 의미는 무엇인가?

제17장

결론

앞에서도 살펴보았듯이 세계보건기구에 따르면 건강은 단순한 질병이나 허약함이 없는 상태가 아니라 신체적, 정신적, 사회적으로 완전한 안녕 상태로 단순한 생존추구를 초월하여 일상생활에 적절하게 잘 대처할 수 있는 신체적 역량, 정신적 역량, 사회적 대처 역량을 포함하는 다차원적 개념이다. 이러한 측면에서 정신건강은 신체적 건강이나 사회적 건강과 독립적으로 존재하는 것이 아닌 상호 연관된 개념으로 '정신질환이나 정신장애가 없는 상태를 넘어서 자신의 잠재력을 실현하고 공동체에 유익하도록 기여할 수 있는 상태'를 의미한다. 이 장은 결론으로 정신건강의 개념을 생태체계적 맥락에서 이해하고, 정신건강 접근관점의 역사적 전개과정에 대한 이해를 기반으로, 향후 정신건강 발전방향에 대한 함의를 논의한다.

1. 정신건강의 이해

생태체계 관점에서 정신건강은 신체, 심리, 사회적 건강을 의미하는 것으로, 개인의 신체, 심리, 사회적 안녕 상태를 포함하여 개인을 둘러싼 환경체계의 안녕 상태를 의미한다. 이러한 정신건강의 개념을 생태체계이론의 관점에서 관련된 개인체계 및 환경체계 요인들을 중심으로 도식화하면 다음 [그림 17-1]과 같다(강상경, 2021).

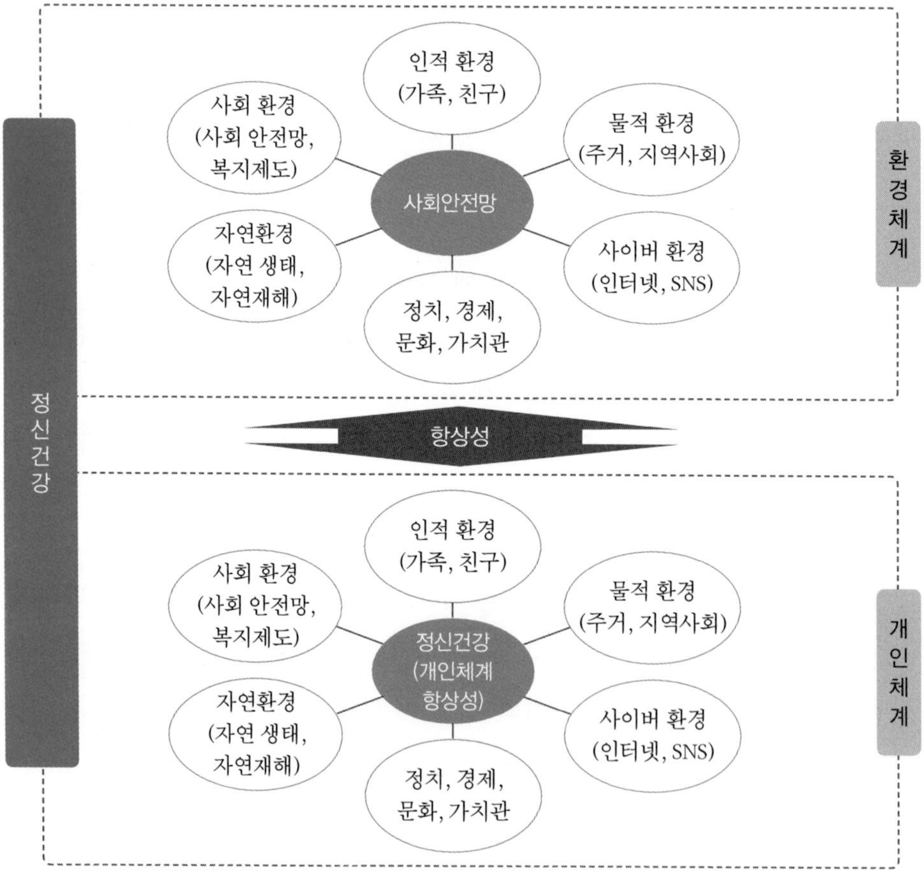

그림 17-1 정신건강의 이해

생태체계이론 관점에서 정신건강에 영향을 주는 요인들은 개인체계 요인과 환경체계 요인들로 구성된다(Bronfenbrenner, 1979). 개인체계 구성요인은 개인의 정서, 인지, 행동과 같은 심리적 특성, 신체질병이나 장애와 같은 신체적 특징, 직업이나 사회적 관계와 같은 사회적 특징, 소득이나 재산수준과 같은 경제적 특징, 성별이나 교육수준과 같은 인구사회학적 특징, 연령이나 코호트 등의 발달단계 특징 등 다양한 요인을 포함한다. 개인체계 차원에서 정신건강은 이러한 개인체계 요인들 간의 항상성이 유지된 안녕 상태로 정의된다.

환경체계 구성요인은 개인이 속한 가족이나 친구와 간은 인적 환경, 사회 안전망 복지제도와 같은 사회 환경, 개인이 속한 자연 환경, 개인이 속한 사회의 정치, 경제, 문화, 가치관, 개인의 주거환경이나 지역사회 환경, 개인이 속하거나 개인에게 영향을 주는 사이버 환경 등 다양한 요인으로 구성된다(Germain, 1979; Karls & Wandrei, 1994). 환경체계 차원의 정신건강은 개인이 속한 환경체계 요인 간의 항상성이 유지된 안녕 상태를 의미한다.

생태체계이론의 환경 속의 인간 관점에서 개인체계 요인과 환경체계 요인은 상호독립적인 것이 아니라 지속적으로 상호작용하는 유기적 관계이다. 따라서 생태체계이론 관점에서 정신건강을 정의하면 개인체계 요인과 환경체계 요인 간의 건강한 항상성이 유지되고 자신의 잠재력을 실현할 수 있는 신체, 심리, 사회적 안녕 상태로 정의된다. 생태체계 항상성 관점에서 정신건강의 증진이란 개인체계 요인과 환경체계 요인 간 항상성이 유지된 상태를 의미한다. 즉, 정신건강증진을 위해서는 개인체계 요인에 대한 개입도 필요하지만 환경체계 요인에 대한 개입을 통한 항상성 유지가 필수적이다.

전통적 의미의 정신건강은 정신질환의 치료와 예방에 초점을 두었다. 이러한 맥락에서 정신건강에 대한 개입은 정신질환의 예방, 정신질환의 치료, 정신질환으로 인한 장애의 재활 등이 중심을 이루었다. 전통적 치료 및 재활관점의 정신건강 접근은 정신장애의 예방 및 재활을 중심으로 이루어졌다. 정신건강 환경체계 요인에 대한 개입은 개인차원에서 해결되는 것이 한계가 있으므로 국가차원에서 국민 정신건강을 위해서 시행될 필요성이 있다.

2. 우리나라 정신건강 접근의 역사적 전개과정

국제적 정책환경의 변화로부터 우리나라도 자유로울 수 없다. 반영 정도의 차이는 있지만, 국제기구가 채택하는 기준이 직간접적으로 국내 정신건강 정책형성에 영향을 주었다. 1995년「정신보건법」제정 이전까지 시기는 국제적 기준에서 보면 치료모델 시대에 해당한다. 이 시기는 정신건강 관련법이 없었고 전달체계도 거의 없었지만 이전의 국제적 정책환경 변화 기준들인 ICD, ICIDH, MI원칙 등의 영향을 받아 1995년「정신보건법」이 제정되는 배경이 되는 시기이다.

「정신보건법」제정 이후「정신건강복지법」이 전면 개정되는 2016년까지는「정신보건법」시기로 재활모델을 추구하였다. 하지만 서비스 제공기관 수 및 재원일 수에서 미루어 짐작할 수 있듯이 이 시기에도 병원 기반 의료모델 성격이 강하게 남아 있었던 시기였다.「정신보건법」시기에 WHO에서 2001년에 ICF가 채택되고 2006년에 CRPD가 채택되었지만, 우리나라는「정신보건법」기반 서비스가 진행되고 있는 시기여서 장애의 사회적 개념이나 인권관점 서비스가 국내 서비스 전달체계에 반영되지 못하였다. 하지만「정신보건법」시대의 이러한 국제적 기준의 변화는 2016년에「정신건강복지법」으로 전면 개정되는 밑거름이 된다.

국내 요인에 기인하는 정신건강 영역의 변화도 있지만, 국제사회의 정신건강 패러다임 변화와 이로 인한 정책환경 변화 양상이 우리나라 정신건강 영역의 변화 발전에 영향을 준 부분도 크다. 우리나라도 OECD 국가들과 유사하게 소극적 인권개념에 부합하는 치료모델에서 적극적 인권 기반 회복을 지향하는 사회모델 및 인권모델 방향으로 발전해 왔다. 하지만 법, 제도, 인식의 차이로 패러다임 전개의 구체적 시기와 세부적인 내용은 국제사회의 전개 과정과는 차이가 있다. 우리나라 국내적 정신건강 패러다임의 변화를 시대순으로 나열하고 각 시기 전개 과정의 주요 특징을 정리하면 다음과 같다(강상경, 2013).

우리나라에서「정신보건법」이 제정되던 1995년 이전 시기는 "치료모델" 시기로 볼 수 있다. 국제사회에서는 ICD나 DSM과 같은 분류체계가 형성되던 1950년대부터 치료모델 관점의 의료서비스 중심의 정신건강 전달체계가 형성되었지만, 우리나라에서는 「정신건강복지법」이 제정되던 1995년까지는 정신건강 영역에 대한 정부의 공식적인 관심이나 참여는 거의 없었다. 민간 영역에서 정신과 병원과 의원들이 형성되고 병원 중심으로 전달되는 의료 중심의 정신건강 서비스가 주를 이루어 왔다. 국가 차원의 공식적 개입이 없었기 때문에 정신장애인의 인권이나 회복 차원의 접근이라기보다는 입원 및 요양 명목으로 정신장애인을 사회로부터 격리 수용하는 접근 방식이 주를 이루었다. 입원병원 침상의 한계를 대신하기 위해서 민간에서 자생적으로 발생한 정신요양시설은 인권 문제 등으로 화두에 오르기도 했지만, 우리나라 최초의 민간 영역 정신건강 서비스 전달체계로 입원과 요양보호 위주의 서비스를 제공해 오고 있다.

우리나라 정신건강 서비스 전개 과정의 두 번째 시기는 「정신보건법」이 제정된 1995년부터 「정신건강복지법」으로 전면 개정된 2016년까지를 「정신보건법」 시기로 분류할 수 있고, 이 시기 대표적인 접근법은 재활모델이다. 대대적인 탈시설화와 지역사회정신보건 운동과 함께 1991년의 MI원칙 채택으로 국제사회의 정신건강 접근의 큰 방향은 치료모델에서 재활모델로 변화하게 된다. 우리나라도 이러한 변화의 영향을 받아 1995년에 최초로 「정신보건법」을 제정하였다. 법의 이름에서 미루어 짐작할 수 있듯이 「정신보건법」은 치료모델 관점의 보건의료 영역에 초점을 두고 있지만, 지역사회 정신보건을 지향하고 있다는 점에서 법 제정 이전과 비교할 때 한층 진보한 것으로 평가된다. 「정신보건법」은 전통적인 정신병원 중심의 의료서비스 기관 이외에 지역사회 정신건강센터와 사회복귀시설 같은 지역사회기관 설립을 가능하게 함으로써 입원 · 요양 위주의 정신보건 서비스를 넘어선 지역사회정신보건 인프라가 확충될 수 있는 법적 근거를 마련하였다는 점에서 의의가 있다. 「정신보건법」 제정으로 지역사회 정신보건 전달체계 구축과 복지서비스 지원을 통한 재활모델을 추구하기는 하였지만, 「정신보건법」이 시행된 후 오히려 입원 병상 수가 증가하고 재원 기간이 증가하는 등 지역사회정신보건 이념에 반하는 현상이 반복적으로 나타났다.

2001년에 국제사회에서는 ICF(International Classification of Functioning)가 채택

되어 장애의 상대적 개념과 장애해결을 위한 사회적 책임이 강조되기 시작하였다. 또한 2006년에는 UN 장애인권리협약(Convention on the Rights of Persons with Disabilities)이 채택되었고 우리나라는 2008년에 이 협약에 비준하였다. 하지만 당시 우리나라는 아직「정신보건법」시대에 머물러 있었기 때문에 ICF 또는 CRPD 이념을 우리나라 정신보건 서비스 정책 과정에 반영하는 것이 한계가 있었다. 2008년 CRPD 비준 이후에도 2016년「정신건강복지법」으로 전면 개정되기 이전까지 우리나라 정신건강 기본관점은 재활모델이었다고 평가된다.

2016년 이후를「정신건강복지법」시기로 분류할 수 있다. 2016년 전면 개정된「정신건강복지법」은 그간의 국제사회 정책 동향을 반영하여 ICF 관점이나 CRPD 이념을 선언적으로나마 반영하고 있다. 개정된 법의 이름에서 볼 수 있는 것처럼 그 이전의 치료 및 재활모델 관점의 한계에서 벗어나 정신장애인의 인권과 회복을 위한 복지서비스 확충의 당위성을 개정법인「정신건강복지법」에 선언적으로 반영하였다.「정신건강복지법」으로 전면 개정이 가능했던 것은 국내 분위기 성숙과 더불어 국제사회 기준 및 변화 동향과 무관하지 않다. 2006년 채택된 CRPD를 2008년에 우리나라가 비준함으로써 CRPD는 국내법에 준하는 효력을 가지게 되었다. 하지만 당시 민법에는 의사결정 장애인에 대한 법률행위를 금지하는 금치산제도가 잔존하고 있는 등 우리나라 법체계 및 정책 과정의 다양한 영역이 비준한 CRPD 기준을 충족하기까지는 여러 가지 측면에서 한계가 있었다. 이러한 점을 극복하기 위해 2011년 민법을 개정하고 2013년 시행하였다. 이러한 일련의 변화는 발달장애인, 지적장애인, 인지장애인, 정신장애인 등 CRPD 관련된 장애인 대상의 법이나 제도 변화를 가져오게 된다. 특히 CRPD 비준 이후 국제기구에서 우리나라 정신건강 서비스 현황 점검을 하였고, 그 결과 장기입원 문제가 지적되고 개선 권고를 받게 된다. 이러한 일련의 문제를 해결하기 위해서 국가 차원에서는 2016년「정신건강복지법」을 전면 개정하고 2017년에 시행하기에 이른다.

3. 우리나라 정신건강 접근의 현황과 문제점

「정신건강복지법」 시행 자체만으로 우리나라 정신건강 서비스 영역의 변화는 쉽게 일어나지 않았다. 그 이유는 「정신건강복지법」이 복지서비스 관련된 규정을 추가로 포함하였지만, 관련 규정이 권고 수준이고 강제조항이 아니라서 시행령이나 시행규칙으로 연결되지 못하여 구체적인 정책변화로 연결되지 못하였기 때문이다. 그 결과 다음과 같은 한계들을 보이고 있다. 첫째, 「정신건강복지법」에 국민 정신건강증진을 선언하였지만 누가 무엇을 어떻게 할 것인지에 대한 명확한 규정이 없어서 국민정신건강증진사업은 유명무실한 상황인 것이 현실이다. 둘째. 정신질환 및 장애와 관련해서 「정신건강복지법」상에서는 정신장애인을 회복 주체로 지역사회통합증진을 추구하고자 하는 인권모델 관점을 표방하고 있지만 법의 불충분성과 사회적 인식 부족 때문에 아직 우리나라는 지역사회 정신건강 서비스 인프라가 절대적으로 부족하고 보건의료서비스 중심의 정신건강 서비스 기조가 지속되고 있다.

국제적 기준 관점에서 우리나라 정신건강 현황을 살펴볼 때, 가장 큰 문제점 중의 하나가 우리나라 정신건강 서비스 관련 정책은 아직 정신건강 문제를 환경과 개인이 상호작용하는 장애로 인식하는 것이 아니라 개인 요인에 초점을 두는 정신질환으로 인식하고 있다는 점이다. 정신장애는 앞에서 살펴본 정신건강의 개념에서 개인체계 항상성 파괴, 환경체계 항상성 파괴 및 개인체계와 환경체계 간 항상성이 파괴된 상태를 의미한다(이용표 외, 2021). 신체적 신경화학 물질의 불균형으로 인한 정신과적 증상이나 심리적 과정에서 인지한 정신과적 증상으로 인한 개인체계 항상성 파괴나 환경체계 항상성이 파괴되어 일상생활 기능 저하가 나타날 때 정신장애가 있다고 정의된다.

정신건강 전문가가 사용하는 『정신질환의 진단 및 통계편람』(APA, 2013)의 정신장애 분류는 이러한 정신장애의 정의를 따르고 있다. 즉, DSM-5상의 모든 정신장애는 정신과적 증상과 이로 인한 기능상의 저하가 나타나서 기존에 유지되던 항상성이 파괴되었을 때 정신장애가 있다고 진단한다. 개인체계 항상성, 환경체계 항상성, 개인체계와 환경체계 간 항상성의 파괴로 인해 초래되는 정신장애의 개념을 도식화하면 다음 [그림 17-2]와 같다. 하지만 우리나라 정신건강 정책의 기조는 개인체계 초점을 두고 있고 환경체계에 대한 개입이 약하다는 측면에서 한계가 있다.

2013년 국제기구에서 우리나라 정신건강 서비스 현황을 점검하였다. 당시 국제기구의 권고사항은, 첫째, 입원 기간이 지나치게 길어서 인권침해 우려가 있어서 지역사회 중심 체계를 구축하라는 것, 둘째, 국민의 우울 및 스트레스 인지율과 자살률이 높은데 입원 병상 수는 OECD 평균 이상이지만 국민을 위한 심리 · 정서 지

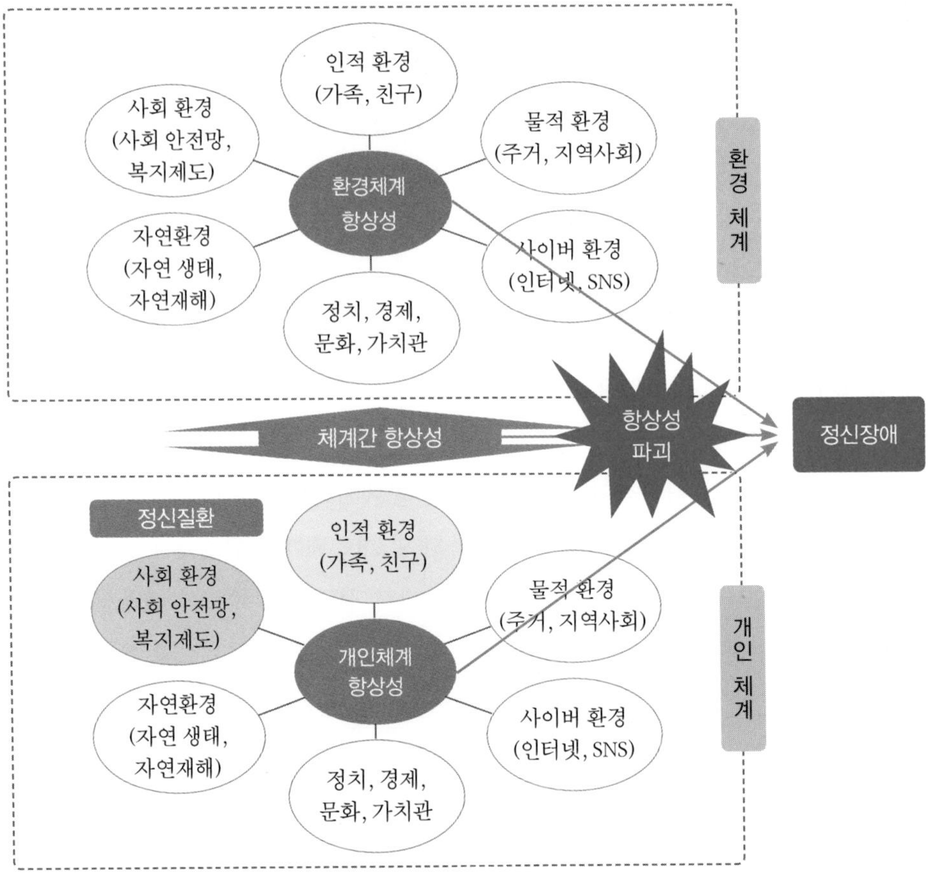

그림 17-2 정신장애의 개념

원 서비스는 거의 없어서 국민 대상 심리지원 서비스 체계를 구축하라는 것, 셋째, 이러한 접근을 전담하는 범정부 차원의 관리체계와 리더십을 형성하라는 것 등이었다(Kim & Yang, 2013). 국제기구 권고를 한마디로 요약하면 입원·요양 위주의 정신건강 의료서비스는 줄이고 지역사회 중심의 정신건강 서비스 체계 구축이라고 할 수 있다. 하지만 권고가 있는지 10년이 다 되어 가고 「정신건강복지법」이 시행된 지금까지도 우리나라 정신건강 서비스는 치료·재활 위주의 의료서비스가 중심이고 지역사회 복지서비스 시스템은 매우 취약하다.

「정신건강복지법」이 이념적으로 복지서비스 확충을 지향하고 있음에도 불구하고 정신건강 서비스 현실이 바뀌지 않는 이유는 무엇인가? 법에서 지향하는 바가 행동으로 실현되지 못하는 가장 큰 이유는 인식의 한계에 있다. 정신건강 인식도 조사 결과에 따르면(국가 정신건강 현황보고서, 2019), 우리나라 국민의 1/3 정도는 정신질환자의 정상적인 생활 영위가 불가능한 것으로 인식하고 있고, 정신질환자 이용시설이 동네에 들어오는 것을 반대하는 국민이 60%를 상회한다. 입법 관계자, 행정 관계자, 정신건강 전문가, 당사자나 가족 등의 이해관계자들도 국민의 한 사람으로서 이러한 부정적 인식의 영향을 받을 수밖에 없다. 이 장에서 살펴본 것처럼 정신건강 문제를 정신질환으로 인식하는지 정신장애로 인식하는지에 따라 이해관계자나 대중의 행동적 반응이 달라지기 때문에, 「정신건강복지법」 이념이 실현되기 위해서는 정신건강 문제에 대한 부정적 인식과 사회적 편견 해소가 관건이다.

4. 우리나라 정신건강 발전방향

1) 정신건강 인식개선

현재 국제사회의 정신건강 문제에 대한 인식기준은 사회모델과 인권모델에 기반한 회복관점 접근이다. CRPD에 반영된 것처럼 회복관점 접근의 목표는 정신건강 문제에 대한 목표를 당사자의 지역사회 독립생활과 사회적 통합에 두고 있다. 이러한 목표가 달성되기 위해서는 신체적 심리적 질환을 치료하기 위한 치료 및 재활서비스에서부터 당사자의 회복을 지원하기 위한 정신건강 서비스의 사회적 인프라와 자기의사 결정을 위한 인권옹호 인프라가 전제되어야 한다. 그렇다면 국제사회에서는 이러한 회복관점 접근이 시도되고 있는데 우리나라는 왜 아직 의료나 재활서비스 범주를 벗어나지 못하고 있는가? 이 장의 논의를 통해서 도출한 대답은 우리나라의 정신건강 문제에 대한 인식이 아직 치료모델 관점을 벗어나지 못하고 있기 때문이다. 이러한 한계를 극복하기 위해서는 인식개선이 선행되어야 한다.

'환경 속 인간'의 인식은 환경체계와 지속적 상호작용을 통해서 구성되고, 인간의 인식은 다시 환경체계 변화의 원동력이 된다. 즉, 생태체계 관점에서 환경체계와 인간의 인식은 상호작용하므로, 제도와 환경은 사람의 인식을 만들고 사람의 인식은 제도와 환경을 만드는 선순환 관계다(강상경, 2021). 이해관계자의 인식개선은 이들이 생활하고 있는 환경을 회복 지향적으로 개선하는 것과 설득 커뮤니케이션을 통한 이해관계자들의 인식개선이 병행되어 환경체계와 개인의 인식 간 선순환 관계가 일어날 때 가장 효과적이다. 우리나라 현황에서 인식개선의 방향성은 국제적 기준의 정신건강 문제에 대한 인식을 우리 사회에 확산하는 것이다. 정신건강 문제에 대한 국제적 인식은 치료모델, 재활모델, 사회모델을 거쳐 현재 인권모델에 기반한 정신장애인의 지역사회 독립생활 및 사회통합을 통한 회복을 지향하고 있다. 따라서 우리나라 인식개선의 목표도 국제사회의 기준에 부합하는 사회모델과 인권모델 관점의 정신건강 문제에 대한 인식으로 변환해야 한다.

국제사회의 기준은 정신건강 문제를 개인체계 중심의 신체적 심리적 손상인 정신질환으로 이해하는 범주를 넘어섰다. ICF의 영향으로 정신건강 문제를 개인적 차원의 신체적 심리적 손상으로만 이해하는 것이 아니라 정신건강 문제 발생을 예방하거나 회복하는 데 자원이 될 수 있는 사회보장체계와 같은 환경체계 인프라 불완전성을 함께 고려하는 상대적 정신장애 관점으로 변화하였다. CRPD 채택 이후에는 정책이나 서비스의 구축 및 이용 과정에서 당사자의 참여와 자기의사결정을 존중하는 인권모델이 가미되어, 현재 국제사회의 정신건강 문제에 대한 인식은 "인권모델에 기반한 사회적 정신장애" 관점에 기반하고 있다. 인권모델에 기반한 사회적 정신장애 인식개선의 궁극적 목표는 정신장애인의 지역사회 독립생활과 사회통합이다. 목표를 달성하기 위해서는 치료모델과 재활모델을 넘어서 정책환경이 사회모델과 인권모델 관점을 수용하여 전달체계와 운영체계를 인식에 부합하게 개선하는 것이 필요하다.

특정 대상이나 사안에 대한 인식에 따라 해당 객체에 대한 인지 주체의 정서적, 행동적 반응이 다르게 나타난다. 정신건강 문제를 어떻게 인식하는가에 따라서 정신건강 문제에 대한 인식주체의 정서적, 행동적 반응도 다양하게 나타난다. 정신건강복지법 상에서는 정신건강 문제를 정신질환으로 인식하고 있다. 정신건강 문제를 정신질환으로 인식하는 것은 질병모델이나 재활모델 관점이다. 정신건강복지법상에 나타난 정신건강에 대한 접근이 대부분 보건의료적 접근인 이유는 아마도 우리나라 정신건강 문제에 대한 인식이 치료모델이나 재활모델 관점에 머물러 있기 때문이다. 치료모델이나 재활모델 관점에서 정신건강 문제는 정신질환으로 인식되고, 정신질환에 대한 접근은 치료, 예방, 재활 중심이다. 하지만 국제사회의 기준은 회복관점을 지향하고 있다. 우리나라도 정신장애인의 지역사회 독립생활과 사회통합을 추구하기 위해서는 국제사회 기준인 회복관점 지향을 목표로 하는 정신건강 인식개선이 필요하다.

2) 증진 및 회복지향 법령 개정

2006년 UN 장애인권리협약(CRPD) 채택은 이후 장애인 인권과 관련된 전반적인 국제 환경에 변화를 가져왔다. UN 장애인권리협약(CRPD)을 비준한 국가는 협약에 제시된 국가 의무를 이행해야 하므로 정신장애인의 사회권적 인권을 실현하기 위한 조치 및 계획을 세워 추진하여야 할 책임이 있다. 따라서 2008년도에 UN 장애인권리협약(CRPD)을 비준한 우리나라도 체약국으로써 UN 장애인권리협약(CRPD)이 지향하는 기본이념을 수행할 의무가 있다. 이를 위해서는 법령 개정을 통해 UN 장애인권리협약(CRPD) 이념이 우리나라 법체계에 반영될 필요가 있다.

법령 개정의 방향성은 현재 정신건강 영역 실천의 기준이 되는 국제적 기준에 따를 필요가 있고 이를 위해서는 국제적 인권 기준을 이해할 필요가 있다. 인권에 대한 논의는 크게 자유권적 관점과 사회권적 관점으로 나누어 볼 수 있다. 자유권은 외부의 침해로부터 방어나 벗어남을 의미하는 소극적 권리이다. 사회권은 방어나 벗어남을 넘어서 그 권리를 실현하는 적극적 권리이다. 인권의 역사는 소극적 개념인 자유권에서 적극적 개념인 사회권으로 진화해 왔다. 전통적인 인권 논의에서는 자유권과 사회권을 분리해서 이해하였다. 하지만 최근 국제적 인권 기준은 자유권과 사회권의 융합적 실현을 지향하고 있다. 정신장애인 관련법이나 정책의 국제적 기준이 되는 UN 장애인권리협약도 이러한 변화된 인권 기준을 반영하고 있다. 장애인 권리협약은 새로운 인권 항목을 개발하는 것이기보다는 기존의 자유권과 사회권과 같은 인권 항목을 정신장애인을 비롯한 장애인에게도 동등하게 적용할 것을 권고하고 있다.

앞에서 살펴본 것처럼, 우리나라 정신건강 분야의 관점이나 모델은 WHO가 제시해 온 국제적 기준을 반영하지 못하고 있어서, 우리나라의 정신건강 관련법이나 제도는 국제적 인권 기준에 비추어 볼 때 부족한 부분이 많다. 2021년 12월에 개정이 확정된 「장애인복지법」 15조는 모든 사람이 법 앞에 평등하다는 장애인권리협약 12조에 위배된다. 「정신건강복지법」 4조에 규정되어 있는 복지서비스 관련한 조항들은 강제 규정이 아니라 임의규정이고 회복을 위한 다양한 스펙트럼의 서비스를 포함하고 있지 못하다는 점에서 장애인권리협약이 지향하는 사회모델 관점의 사회적 인프라 확충과 자기의사결정에 기반한 회복지원체계 확립을 지향하는 인권모델 관점에 위배된다. 「사회복지사업법」 11조 2항의 정신장애인의 사회복지사 자격증 배제 조항처럼 정신장애인에 대한 사회적 배제를 합법화하는 관련된 법들은 장애인권리협약과 같은 국제인권법 관점에서 위법 조항이므로 개선되어야 한다. 이러한 법 개정을 통해서 담보되어야 할 기본적 내용들은 다음과 같다. 우선 법 개정을 통해 지역사회기반 정신건강복지서비스에 대한 공적 책임성을 제도적으로 강화를 독해 인간중심 인권기반 실천이 가능한 회복지원체계를 구축해야 한다.

중증 정신장애인 대상의 정신건강 서비스도 부족하지만, 우리나라 정신건강 서비스 현황의 가장 큰 문제점 중의 하나는 일반인들을 대상으로 하는 정신건강 서비스의 부재이다. 2013년에 유엔에서 우리나라 정신건강 현황을 평가하였다. 중증 정신장애 관련해서는 예상한 바대로 국제기준 대비 과도하게 많은 입원 병상 수와 장기입원이 지적되었다. 즉, 중증 정신장애인을 위한 정신건강 서비스가 치료 및 입원 위주이고 인권기반 회복 지향적이지 못하기 때문에 수정을 권고하였다. 일반인 정신건강 관련해서는 우리나라의 높은 자살률, 우울 유병률, 스트레스 인지율이 언급되었다. 문제는 국민의 정신건강 지표가 이처럼 매우 부정적임에도 불구하고 국민이 도움을 받을 수 있는 정신건강 기관이나 서비스가 거의 없다. 유엔은 이러한 현상이 국민의 정신건강 서비스 이용에 대한 권리를 제한하는 것이기 때문에 국민을 위한 정신건강 서비스 접근성을 높이라고 권고하였다. 이러한 점들을 고려할 때 법 개정의 중요한 목록 중의 하나로 국민 정신건강 예방 및 증진을 위한 정신건강 서비스 인프라 확충과 실행을 위한 법 개정이 추가될 필요가 있다.

3) 전달체계 및 운영체계 개선

법 개정에 이어 전달체계 및 운영체계 개선이 필요하다. 대안적으로 고려해 볼 수 있는 모델을 두 가지 정도 논의하면 다음과 같다(강상경 외, 2017). 제1안('정신건강 서비스 통합모델'로 지칭)은 현재 확립된 서비스 전달체계를 최대한 활용하는 방안으로서 국민 정신건강 서비스 및 정신질환자 정신건강 서비스를 모두 관장하여 일원화된 서비스 제공체계를 구축하는 방안을 생각해 볼 수 있다. 제2안('정신건강 서비스 독립모델')은 지역사회에서 정신질환자 정신건강 서비스는 해당 영역의 전문성과 경험을 갖추고 있는 기존의 정신건강복지센터가 담당하고, 점차 비중이 확대되고 있는 국민 정신건강 서비스는 새로운 기관을 설립하여 담당함으로써 각 영역의 전문성을 담보하는 동시에 지역사회 수준에서 두 영역 간의 협력을 강화하는 체계를 마련하는 것을 지향한다.

통합모델은 지역사회 기반 정신건강 통합서비스 제공체계의 기본방향을 지향하면서도 지금까지 구축된 서비스 전달체계를 최대한 활용함으로써 정책환경 변화에 적극적으로 대응하려는 의도에서 구상되었다. 따라서 통합모델의 장점은 기초

정신건강복지센터를 중심으로 현재의 조직 및 사업, 인력, 행정체계, 기관, 시설 간 관계의 변화를 최소화하는 가장 현실적인 대안이라는 점이다. 또한 기초 정신건강복지센터가 지역사회 기반 정신건강 서비스의 포괄적인 제공기관 역할을 담당하므로 정신건강 서비스를 이용하려는 모든 지역 주민의 서비스 접근성 및 통합성이 증대될 것으로 기대된다. 이러한 장점에 비해 통합모델은 중증 정신질환자 대상의 서비스를 중심으로 발전해 온 정신건강복지센터를 그대로 계승하여 활용하는 것이므로 정신건강 서비스에 대한 낙인을 우려하는 일반 국민의 서비스 이용이 제한될 우려가 존재하는 것이 가장 큰 단점이다. 그러므로 통합모델 구축의 경우 일반 국민에게 정신건강복지센터가 거부감 없이 다가갈 수 있도록 인식을 개선하는 일이 필요하다. 더불어 예산과 인력이 지금도 부족한 정신건강복지센터가 모든 정신건강 서비스를 담당함으로써 조직과 인력의 보강이 점진적으로 이루어지지 않는다면 자칫 서비스 품질이 저하되고 실무자들의 소진되는 현상이 더욱 심각해질 가능성도 배제할 수 없다.

독립모델은 지역사회에서 정신질환자 정신건강 서비스와 경증 및 위험군에 속하는 국민 정신건강 서비스의 담당 기관을 이원화하고 그에 맞는 전문 인력을 배치함으로써 서비스 제공의 전문성을 강화하고, 일반 국민의 정신건강 서비스 이용에 따른 거부감을 낮추려는 의도에서 구상되었다. 즉, 중증 정신질환자 대상의 서비스 부문에서는 해당 영역의 전문성과 경험을 갖추고 있는 기존의 정신건강복지센터가 담당하고, 점차 비중이 확대되고 있는 국민 정신건강 서비스는 새로운 기관(가칭 '마음건강통합지원센터')을 신설하여 운영함으로써 각 영역의 전문성을 담보하는 동시에 지역사회 수준에서 두 영역 간의 협력을 강화하는 체계를 마련하는 것을 지향한다. 정신건강 서비스 독립모델은 국민 정신건강 서비스와 정신질환자 정신건강 서비스를 담당하는 중추 기관을 각각 독립적으로 운영하는 것이다. 이러한 모델 운영은 그동안 정신건강복지센터가 중증 정신질환자를 중심으로 발전하게 된 역사적 배경과 일반 국민의 정신건강 서비스에 대한 낮은 접근성을 고려할 때, 대상에 따른 별도의 서비스 제공체계를 통해 전체적인 지역사회 정신건강 서비스 전달체계의 통합성을 증대시킬 수 있을 것이라는 전제에서 출발한다.

토론주제

1. 생태체계적 관점에서 정신건강을 정의해 보시오.

2. 생태체계적 관점에서 정신장애를 정의해 보시오.

3. 우리나라 정신건강 관점의 역사적 전개과정을 논해 보시오.

4. 생태체계적 관점에서 정신건강증진 방안을 논해 보시오.

5. 우리나라 정신건강의 발전방향에 대해서 논해 보시오.

참고문헌

강달천(2000). 동성애자의 기본권에 대한 연구. 중앙대학교 박사학위논문.

강병철(2011). 사회적 낙인 인식이 성소수자의 삶의 만족도에 영향을 미치는 과정. 서울대학교 박사학위논문.

강병철, 김지혜(2006). 청소년 성소수자의 생활실태 조사. 한국청소년개발원.

강병철, 하경희(2012). 청소년 성소수자의 긍정적 성정체성 형성과정에 관한 질적 연구. **한국청소년학**, 19(2), 99-128.

강상경 외(2017). 지역사회 기반 정신건강 통합서비스 제공체계 구축방안 연구. 보건복지부

강상경(2011). **인간행동과 사회환경**. 경기: 나남.

강상경(2013). **한국 정신보건서비스의 전개 과정**. 서울: 서울대학교출판문화원.

강상경(2021). **정신건강 인식개선의 필요성**. 제1차 인식개선협의체 발표 자료.

강상경(2022). "정신장애는 질병인가? 장애인가?", 장애우권익연구소 편, 감금 없는 정신보건: 인권기반 법제와 프로그램의 대개혁, 서울: 신정, 49-91.

강상경, 권태연, 김문근, 이용표, 하경희, 홍선미(2022). **정신건강사회복지론**. 서울: 학지사.

강상경, 김낭희, 신진호(2022). 정신장애인의 사회복지사 자격제한에 대한 비판적 고찰: 사회복지사업법 제11조의2 제5호 삭제의 정당성. **한국사회복지학**, 74(2), 105-124.

강상경, 유창민, 전해숙(2021). **인간행동과 사회환경**. 서울: 학지사.

강상경, 정은희(2021, under review). 정신재활시설 이용자의 복지서비스 요구도 분석: IPA 활용.

강상경, 제철웅, 김문근, 하경희, 김낭희, 정은희 외(2020). 정신재활시설 운영·이용실태 및 이용자 인권실태조사. 국가인권위원회·서울대학교 산학협력단.

강상경, 제철웅, 김문근, 하경희, 김낭희, 정은희, 박재우, 장창현, 이정하, 김성연, 전해숙, 한광현, 박종은, 김경희(2020). 정신재활시설 운영·이용실태 및 이용자 인권실태조사. 국가인권위원회.

강상경, 제철웅, 김문근, 하경희, 김낭희, 정은희, 박재우, 장창현, 이정하, 김성연, 전해숙, 한광현, 박종은, 김경희(2020). 정신재활시설 운영·이용실태 및 이용자인권실태 조사, 국가인권위원회.

강상경, 제철웅, 하경희, 김성수, 김성용, 박미옥 외(2021). 선진사례를 통해 본 정신장애인 지역사회 통합증진을 위한 실태 조사. 국가인권위원회·서울대학교 산학협력단.

강웅구(2011). 도파민 시스템과 항정신병 약물의 작용에 대한 이해. **신경정신의학, 50**, 251-272.

경수영, 장수미(2010). 중국 유학생의 문화적응스트레스가 우울과 음주에 미치는 영향. **정신건강사회복지사업, 34**(4), 399-421.

공익인권법재단 공감(2014). 성적지향·성별정체성에 따른 차별 실태조사. 국가인권위원회.

과학기술정보통신부, 한국정보화진흥원(2022). 2021년 스마트폰 과의존 실태조사.

곽배희(2007). 한국사회의 노년이혼 증가와 그 특성. **스트레스연구, 15**(4), 321-324.

관계부처합동(2018). 「장애인의 자립생활이 이루어지는 포용사회」를 위한 제5차 장애인정책종합계획(안)(2018~2022).

관계부처합동(2021). 온국민 마음건강 종합대책: 제2차 정신건강복지기본계획(안).

관계부처합동(2021a). 제4차 지속가능발전 기본계획 2021~2040 제1부. http://ncsd.go.kr/ksdgs?content=3

관계부처합동(2021b). 제4차 지속가능발전 기본계획 2021~2040 제2부. http://ncsd.go.kr/ksdgs?content=3

관계부처합동(2021c). 온국민 마음건강 종합대책·제2차 정신건강복지기본계획(안).

교육부(2020). 2019년 1차 학교폭력 실태조사 결과.

국가인권위원회(2011). 인권의 해설.

국가인권위원회(2021). 정신장애인 인권 보고서.

국가인권위원회·한국후견신탁연구센터(2022). 정신장애인 인권 포럼 자료집(1-6차). https://www.kcgat.org/bbs/board.php?bo_table=notice&wr_id=76

국립국어원(2022). 한국표준국어대사전. https://stdict.korean.go.kr/main/main.do

국립정신건강센터(2018). 2018 정신건강전문요원 실태조사 보고서.

국립정신건강센터(2018). 정신건강현황 4차 예비조사 결과보고서.

국립정신건강센터(2020). 정신재활시설 표준사례관리 매뉴얼(2020년 개정판).

국립정신건강센터(2021). 2021년 정신건강실태조사 보고서.

국립정신건강센터(2021). 국가정신건강현황보고서 2020.

국립정신건강센터(2021). 심리적 응급처치-8가지 핵심활동 제대로 이해하기.https://www.youtube.com/watch?v=smpZFJmbFxU

국립정신건강센터, 건강보험심사평가원, 한국보건사회연구원(2021). 국가 정신건강현황 보고서 2020, 서울: 국립정신건강센터.

국무조정실(2021). 정부, 2022년도 마약류 관리 종합대책 발표자료.

국제이주기구(2011). 이주용어사전 제2판. 국제이주기구.

권영성(2010). **헌법학원론**. 서울: 법문사.

권자영, 문영주, 최은정, 하경희, 황정우(2018). "정신건강사회복지사의 핵심역량에 관한 수련 교육 요구분석." **정신건강과 사회복지**, 46(1): 64-93.

권중돈(2020). **노인복지론**. 서울: 학지사.

권진숙, 김정진, 전석균, 성준모(2013). **정신보건사회복지론**. 서울: 공동체.

김기태, 곽윤경, 이주미, 주유선, 정기선, 김석호, 김철효, 김보미(2020). 사회배제 대응을 위한 새로운 복지국가 체제 개발. 한국보건사회연구원.

김도희(2019). 정신질환을 이유로 한 결격조항의 문제점과 개선방향. **후견과 신탁**, 2(1), 27-53.

김명일(2020). 노인의 빈곤과 우울의 종단적 변화궤적에 관한 연구: 가구형태를 중심으로. **알코올과 건강행동연구**, 21(1), 93-103.

김문근 (2019). 우리나라 정신장애인복지의 탈가족화 기반에 관한 검토. **비판사회정책**, 62, 7-52.

김미경, 연규월, 강경미, 김용구(2003). 어머니가 정동장애인 자녀의 행동문제와 부모의 양육태도. **신경정신의학**, 42, 360-367.

김미령(2002). 스트레스이론의 비교 및 노인의 역할변화 연구에의 적용. **한국노년학**, 22(2), 41-60.

김미혜, 김혜선(2004). 저소득층 조손가족 조부모의 생활만족도에 영향을 미치는 요인 연구. **한국노년학**, 24(3), 153-170.

김미혜, 김혜선(2005). 조손가족 손자녀의 정서·행동에 영향을 미치는 조부모 관련 요인 연구. **한국유아교육연구**, 2(1), 138-166.

김성수, 이영애(2012). **정신건강의 이해**. 경기: 양서원.

김성희 외(2021). 2020년 장애인실태조사. 보건복지부, 보건사회연구원.

김성희, 이민경, 오욱찬, 오다은, 황주희, 오미애, 김지민, 이연희, 강동욱, 권선진, 백은령, 윤

상용, 이선우(2020). 2020년 장애인실태조사, 보건복지부 · 한국보건사회연구원.
김소진(2009). 황혼이혼 여성노인들에 대한 생애사 연구. 한국노년학, 29(3), 1087-1105.
김정미, 박희숙(2019). 정신건강론(2판). 경기: 공동체.
김정진(2022). 정신건강론. 학지사.
김주락(2015). 드러냄으로 물들이는 공간 Queering Place by Visibility: 서울 낙원동 게이 커뮤니티에서의 이웃관계에 관한 연구. 문화역사지리, 27, 100-113.
김진이(2016). 가족의 태도가 성소수자의 커밍아웃 후 정신건강에 미치는 영향: 질적연구. 가톨릭대학교 상담심리대학원 석사학위논문.
김태성, 성경륭(2000). 복지국가론. 서울: 나남.
김항아(2015). 자살생존자의 삶의 경험. 백석대학교 박사학위논문.
김현미, 김주현, 신정희, 이연주, 이혜진, 이호택, 정혜연(2013). 한국 거주 난민아동 실태조사 및 지원방안 연구. 서울: 세이브더칠드런.
김형지, 신정훈, 연규진, 김향숙(2015). 동성애적 지향성을 지닌 대학생 남성의 사회불안 경험과 사회적지지 특성에 대한 합의적 질적 연구. 한국심리학회지, 34(4), 811-841.
김혜련(2013). 다문화가족의 건강문제와 정책과제. 보건 · 복지 Issue& Focus. 185.
김혜미, 권태연(2021). 다문화가족 이주여성의 자살생각에 대한 연구. 보건교육건강증진학회, 38(2), 29-42.
김혜선(2005). 농촌과 도시 지역 손자녀를 전담 양육하는 저소득층 조부모의 정서적 고통에 관한 연구. 노인복지연구, 28, 341-378.
김효진(2020). 자살예방정책 형성과정에 관한 연구. 숭실대학교 박사학위논문.
김희주, 김영미, 김혜미, 김수경(2021). 2021년 이주배경 아동 · 청소년 정책전문영향평가. 아동권리보장원.
난민인권센터(2010). 난민을 위한 심리상담 및 실태조사 결과보고서.
남궁선(2008). 성적소수자의 인권형성 과정과 사회복지의 역할 연구. 서울기독대학교 박사학위논문.
남북하나재단(2022). 2021 북한이탈주민 정책실태조사.
노승현, 신유리, 김정석(2017). 고령장애인의 차별경험과 사회적 지지가 신체적 건강및 정신적 건강에 미치는 영향-장애정체감의 매개효과와 장애정도에따른 다중집단 분석. 재활복지, 21(2), 113-137.
대검찰청 (2021). 2020 마약류 범죄백서.

대검찰청(2019). 범죄분석 통계 분석보고서.

대한노인정신의학회(2018). **노인정신의학**. 서울: 아이엠이즈컴퍼니.

대한신경정신의학회(2017). **신경정신의학**. 서울: 아이엠이즈컴퍼니.

대한임상건강증진학회(2021). 일반건강상식. (다운로드 2021년 5월 31일: https://www.healthpro.or.kr/health/viewC.php?cat=3&number=84)

동성애자인권연대, 한국게이인권운동단체 친구사이, 한국레즈비언상담소, 한국성적소수자문화인권센터(2014). **무지개 성 상담소**. 서울: 양철북.

미래창조과학부, 한국정보화진흥원(2016). 2015년 인터넷 과의존 실태조사.

민성길(2015). **최신정신의학 제6판**. 서울: 일조각.

박상규, 강성군, 김교헌, 서경현, 신성만, 이형초, 전영민(2017). **중독의 이해와 상담실제 2판**. 서울: 학지사.

박인환(2018). 정신질환자 결격조항 정비의 과제, **아주법학**, **12**(2), 63-98.

박장미(2019). 대학생 성소수자의 대학생활 적응에 관한 일 연구. 전주대학교 석사학위논문.

박재숙(2011). 도피이론 모형에 기반한 학교위험요인과 청소년 자살생각의 구조적 관계. **한국사회복지학**, **63**(3), 5-27. **우울증과 자살역학연구**. **55**(4), 322-328.

박준호, 서영석(2010). 대학생을 대상으로 한 한국판 지각된 스트레스 척도 타당화 연구. **한국심리학회지: 일반**, **29**(3), 611-629.

박해인, 최선우, 최윤경, 박수현, 유성은, 백명재, 김희국, 현진희, 석정호(2020). 한국형 심리적 응급처치 교육 프로그램을 이용한 재난정신건강 지원 인력 양성 교육의 효과. **신경정신의학회지**, **59**(2), 123-135.

박형욱, 남윤연, 유화진, 김인철, 이후연(2013). 정신질환 차별개선을 위한 법·제도 개선방안 연구, 보건복지부·단국대학교 천안캠퍼스 산학협력단.

박화옥, 김민정, 임정원(2021). 조손가족실태조사 연구보고서. 세이브더칠드런, 강남대학교.

백지은, 송진희, 홍현숙, 한혜리, 이태경, 노성원(2008). 외국인 주민 정신건강서비스 개발을 위한 예비연구. 국립서울병원·국립정신보건교육센터.

법원행정처(2013). 성년후견제도 해설.

보건복지부 국립정신건강센터, 건강보험심사평가원, 한국보건사회연구원(2020). 국가 정신건강현황 보고서 2018. 서울: 국립정신건강센터

보건복지부(2012). 2011년 정신질환 실태조사.

보건복지부(2017). 2016년 정신질환 실태조사.

보건복지부(2021). 2020 아동학대 연차보고서.

보건복지부(2021). 온국민 마음건강 종합대책-제2차 정신건강복지기본계획(안).

보건복지부(2021.12.30.). "[2022년 보건복지부 업무계획] 국민과 함께 만든 변화, 끝까지 책임 다하는 정부". https://blog.naver.com/mohw2016/222608655025

보건복지부(2021.8.26.). 보도자료 "국민 모두의 마음이 안심할 수 있도록, '찾아가는 마음안심버스'가 함께 합니다". http://www.mohw.go.kr/react/al/sal0301vw.jsp?PAR_MENU_ID=04&MENU_ID=0403&page=1&CONT_SEQ=367004

보건복지부(2022). 2022 정신건강사업안내.

보건복지부(2022.3.28.). 보도자료 "정신건강 위험군, 동네의원을 통해 정신건강 서비스연계 받는다".

보건복지부, 국립재활원(2022). 건강검진 통계에 비춰진 장애인의 건강. 2022년 장애인 건강보건 통계 콘퍼런스(2022.4.21.)

보건복지부, 국립정신건강센터(2021). 정신질환자 절차보조사업 안내(2021.11).

보건복지부, 국립정신건강센터(2022). 2022년 정신질환자 공공후견활동지원사업 안내.

보건복지부, 서울대학교 산학협력단(2021). 코로나19 정신건강 패널조사 기획 연구.

보건복지부, 중앙자살예방센터(2019). 자살시도자 등의 사후관리를 위한 안내 매뉴얼.

보건복지부, 중앙자살예방센터(2021). 2021년 자살 위기지원 서비스 매뉴얼

보건복지부, 중앙치매센터(2017). 2016년 전국 치매역학 조사.

보건복지부, 질병관리청(2020). 2019 국민건강통계: 국민건강영양조사 제8기 1차년도(2019).

보건복지부, 한국건강증진개발원(2019). 2020년 지역사회통합건강증진사업 안내(음주폐해예방).

보건복지부, 한국보건사회연구원(2020). 2020년 장애인실태조사.

사행산업통합감독위원회(2020). 2019 사행산업 백서.

서원선, 이혜수(2019). 장애인 정신건강 증진을 위한 지원방안 연구. 한국장애인개발원.

서장원(2017). **인터넷 중독: 가상의 공간에서 길을 잃다**. 서울: 학지사.

서혜석, 송유미, 이미영(2009). 인간행동과 사회환경. 서울: 청목출판사.

석재은, 장은진(2006). 여성독거노인과 남성독거노인의 관계자원이 삶의 만족도에 미치는 영향. **노인복지연구**, 71(2), 321-349.

석재은,김태완, 양진운(2007). 취약계층 여성정책의 발전방향 연구-여성 한부모 가구주를

중심으로. 학술대회논문집, 715-718.
성적지향 · 성별정체성 법정책연구회(2014). 한국의 LGBTI 인권 현황 2013.
성정숙, 이현주(2010). 동성애자 인권활동가의 청소년기 경험과 탄력성에 관한 질적 연구. 한국아동복지학, 31(1), 173-204.
성정현, 김혜미, 김희주, 박동성, 이창호, 홍석준(2020). 사회복지와 문화다양성. 서울: 공동체.
성현란, 성은현, 장유경, 정명숙, 박혜원, 이현진, 정윤경, 김혜리, 송현주, 유경, 유연옥(2019). 발달심리학. 서울: 학지사.
손소연, 이지하(2016). 성소수자의 커뮤니티 참여 의미에 대한 연구. 한국사회복지학, 68(2), 233-256.
송유미, 이선자(2011). 조손가족 조부모의 양육스트레스와 우울 간 사회적 지지와 대처행동의 조절효과. 한국노년학, 31(3), 795-811.
송윤옥(2006). 청소년 성정체성 발달과정; 사이버 동성애 상담사례 중심으로. 명지대학교 석사학위논문.
송혜림, 고선강, 강은주(2022). 한부모가족 건강성 지표 개발 연구. 가족자원경영과 정책, 26(2), 53-70.
신권철(2012). 정신장애인에 대한 법적 제한에 대한 개선방안, 정신장애인 인권증진을 위한 토론회 자료집(2012.10.11.), 국가인권위원회 · 대한정신건강재단.
신권철(2013). 정신질환자 자격제한 법령의 문제점과 개선방안, 인권과 정의, 433, 58-80.
신권철(2018). 정신건강복지법의 시행과 입법평가, 입법평가연구, 13, 15-58.
신권철(2020). 동북아 국가 강제입원제도의 특성과 가족의 역할: 한 · 중 · 일 · 대만을 중심으로. 사회보장법학, 9(1), 195-233.
신명희, 서은희, 송수지, 김은경, 원영실, 노원경, 김정민, 김소영, 임호용(2017). 발달심리학. 서울: 학지사.
신성만, 권정옥(2008). 알코올중독자를 위한 동기강화 상담. 알코올과학회지, 9(1), 69-94.
신영전(2008). 인권 측면에서 본 한국의 정신보건정책변화. 정신장애인 인권 보호와 증진을 위한 정신보건 패러다임의 변화 토론회 자료집, 국가인권위원회.
안가은(2019). 국내이주노동자의 문화적응 유형별 우울, 차별, 사회적지지. 이화여자대학교 심리학과 석사학위논문.
양계민, 김지연, 장윤선, 김사강,김동진, 이탁건, 김주영(2020). 포용사회 구현을 위한 이주배경 아동 · 청소년 성장기회격차 해소방안 연구: 통계구축방안을 중심으로. 한국청소년정책연구원.

양옥경(2006). 정신보건과 사회복지. 경기: 나남.

여기동(2004). 한국 남성의 동성애 성정체성 발달과정과 정신건강문제. 인하대학교 석사학위 논문.

여성가족부(2010). 2010년 조손가족 실태조사.

여성가족부(2019). 2019년 성폭력 안전실태조사.

여성가족부(2020). 2019년 가정폭력실태조사 연구보고서.

오병훈(2006). 노인자살문제와 예방. 대한임상노인의학회 춘계학술대회 자료집.

유병선, 남윤영, 윤미경, 전준희, 이미영, 장백산, 주사랑(2020). 경기도 정신건강복지센터 공공성 강화방안 연구, 경기도의회 · 경기복지재단.

유수정, 송현주, 박다윤, 황연재(2021). 결혼이주여성의 문화적응스트레스가 우울에 미치는 영향: 부모효능감의 매개효과를 중심으로. 복지와 문화다양성 연구, 3(2), 69-92.

윤가현(1997). 동성애의 심리학. 서울: 학지사.

윤명숙 (1997). 알코올중독 남편의 단주가 부부관계에 미치는 영향. 이화여자대학교 대학원 박사학위 청구논문.

윤혜미, 장혜진(2012). 조손가족의 삶: 쟁점과 지원방안. 아동과 권리, 16(2), 259-288.

이가옥, 서미경, 고경환, 박종돈(1994). 노인생활실태 분석 및 정책과제. 한국보건사회연구원.

이만우(2021). '코로나19 대유행'이 가져온 정신건강 위기와 대응정책 과제. 이슈와 논점, 1880, 1-4.

이민지, 장혜인, 전진용(2016). 차별지각, 문화적응, 문화적응 스트레스가 북한이탈주민의 우울에 미치는 영향: 매개된 조절효과를 중심으로. 한국심리학회지: 여성, 21(3), 459-481.

이발래, 오영섭(2018). 국내 이주민의 정신건강 법률에 관한 연구. 예술인문사회융합멀티미디어 논문지, 8(12), 753-760.

이소희, 이원웅, 이해우, 전진용, 노진원, 한우리(2017). 북한이탈주민 인권피해 트라우마 실태조사. 국립중앙의료원.

이수인, 임애덕(2007). 한부모의 과거 부부관계의 질, 자녀 스트레스, 대인관계 스트레스가 우울에 미치는 영향의 성별 차이. 한국사회학, 41(4), 128-163.

이승환, 정영조(2002). 노인 우울증. 인제의학, 23(2), 379-385.

이영호(2016). 정신건강론(2판). 경기: 공동체.

이용표(2019). 정신장애인의 정신의료기관 입 · 퇴원관련 의사결정지원제도 비교연구: 시범

절차보조서비스를 중심으로. 비판사회정책, 63, 233-273.

이용표, 강상경, 배진영(2021). 인권과 대안을 위한 정신건강사회복지론. 서울: EM.

이윤경, 김세진, 황남희, 임정미, 주보혜, 남궁은하, 이선희, 정경희, 강은나, 김경래(2020). 2020년도 노인실태조사. 보건복지부 · 한국보건사회연구원.

이준일(2015). 헌법학강의 6판, 서울: 홍문사.

이준일(2019). 인권법 8판, 서울: 홍문사.

이지수(2011). 차별경험과 자기 낙인이 장애인의 삶의 만족도에 미치는 영향. 사회과학연구, 27(1), 277-299.

이해국, 김현수, 이태진(2011). 온라인게임 셧다운제 도입에 따른 비용편익분석 연구. 여성가족부.

이해솔(1999). "한국 레즈비언 인권운동사". 한국여성인권운동사. 서울: 한울.

이현주, 정은희(2021). 노년기 가구형태와 우울 변화: 대처자원의 완충효과를 중심으로. 한국사회복지학, 73(1), 169-196.

이화영(2006). 조손가족의 가족기능에 영향을 미치는 요인. 노인복지연구, 32, 327-355.

임은미, 강지현, 권해수, 김광수, 김정희, 김희수, 박승민, 여태철, 윤경희, 이영순, 임진영, 최지영, 최지은, 황매향(2013). 인간발달과 상담. 서울: 학지사.

장애우권익문제연구소(2022). 감금없는 정신보건: 인권기반 법제와 프로그램의 대개혁. 서울: 신정.

장애우권익문제연구소(2022). 정신장애인의 인권보장과 사회통합을 위한 정신건강복지법 개정방안 토론회 자료집(2022.6.23.).

장창현(2021). 정신건강사회복지의 이해와 실제: 정신질환 및 약물치료. 서울: 신정.

재난정신건강지원을 위한 교육 프로그램 개발 및 인력 양성팀(2017). 재난정신건강지원 인력 양성을 위한 문제관리 플러스. 보건복지부.

전경숙(2018). 결혼이주여성의 우울 관련요인. 정신간호학회지, 26(4), 402-411.

전석균(2016). 정신건강론(3판). 경기: 공동체.

전자배(2018). 다문화가정 부모의 문화적응 태도가 다문화청소년의 자아존중감에 미치는 영향. 다문화교육연구, 11(3), 121-146.

전홍진(2012). 우울증과 자살 역학연구. 대한의사협회지, 55(4), 322-328.

정민석(2019). 청소년 성소수자, 어떻게 만날까. 2019 학교사회복지사협회 특강 자료(미발간).

정민석(2019). 혐오표현이 청소년 성소수자에게 미치는 영향, 그리고 청소년 복지의 과제. 2019 한국청소년복지학회 학술대회 자료집 .

정소희(2011). 갈등적인 부부관계와 한부모가족, 어느 것이 아동의 정신건강에 더 해로운가?. **사회복지연구**, 42(4), 165-186.

정연옥, 이민규(2006). 이혼가정 자녀의 스트레스 완충의 조절효과로써 부모양육태도와 유기공포. **한국심리학회지: 건강**, 11(4), 689-708.

정옥분(2004). **발달심리학: 전생애 인간발달**. 서울: 학지사.

정옥분(2019). **발달심리학 3판**. 서울: 학지사.

정진경, 양계민(2004). 문화적응이론의 전개와 현황. **한국심리학회지: 일반**, 23(1), 101-136.

제철웅, 강상경, 이관형, 장창현, 하경희(2021). 정신장애인 지원의사결정제도 도입 방안 연구. 한국후견 · 신탁연구센터.

제철웅, 김경희, 강상경, 하경희, 장창현, 이관형 외(2022). 정신장애인의 자기결정권 존중을 위한 제도 도입: 정신건강 전문가와 소비자의 인식을 중심으로. **한국사회복지행정학**, 24(1), 61-89.

제철웅, 노성원, 이성규, 최기홍(2018). 정신병원 비자의 입원 절차에서의 정신질환자 의사결정지원(절차보조)제도 실시 방안에 관한 연구. 보건복지부 · 한국성년후견학회.

제철웅, 박인환, 박현정, 김미경, 강상경, 김원경, 이용표, 한미경, 김낭희(2022). **정신건강과 법**. 서울: 홍문사.

조근호, 권도훈, 김대진, 김선민, 김한오, 노성원, 박애란, 서정석, 신성만, 신재정, 유채영, 윤명숙, 이계성, 이해국, 전영민, 전용준, 차진경, 채숙희, 최삼욱, 한우상(2020). **중독 재활 총론**. 서울: 학지사.

조성남, 강향숙, 김선민, 김주은, 문봉규, 박상규, 신성만(2021). **마약류 중독의 이해와 치료**. 서울: 학지사.

조소영, 김진숙(2020). 아동기 외상과 초기 성인기 대인관계문제 간의 관계에서 초기부적응도식과 감정표현불능의 매개효과. **청소년학연구**. 27(3). 323-352.

조아미, 임영식(2009). 가족구조 유형에 따른 청소년의 심리적 특성과 지위비행의 차이. **미래청소년학회지**, 6(1), 137-154.

조영길(2014). **장애와 심리사회**. 경기도: 양서원.

조흥식, 김상균, 최일섭, 최성재, 김혜란, 이봉주, 구인회, 홍백의, 김상경, 안상훈(2015). **사회복지개론**. 경기: 나남출판.

조흥식, 김인숙, 김혜란, 김혜련, 신은주(2017). **가족복지학**. 서울: 학지사.

중독포럼(2012). 중독포럼 12월 송년세미나 자료집.

중앙심리부검센터(2019). 2019 심리부검 면담 결과 보고서.

중앙치매센터(2021). 대한민국 치매현황 2020.

지속가능발전포털(2022.7.13. 인출). 지속가능발전목표(UN-SDGs). http://ncsd.go.kr/unsdgs?content=1에서 인출.

진은영(2015). 다문화가족 아동의 문화적응스트레스와 심리사회적응과의 관계에서 이중문화역량의 매개효과: 성별차이를 중심으로. **학교사회복지, 32**, 303-326.

질병관리청, 교육부(2020). 제16차 청소년건강행태조사.

차별연구모임(2002). 국가인권위원회법의 '차별' 판단을 위한 지침. 차별연구모임.

채명옥(2018). 일반가정과 다문화가정 청소년의 주관적 건강상태, 정신건강과 인터넷 중독성향. **디지털융복합연구, 16**(12), 383-393.

최미경(2015). 결혼이주여성의 자살정황에 관한 탐색. **한국사회복지질적연구, 9**(1), 61-88.

최승미(2008). 외상 후 성장 관련 변인의 탐색. 고려대학교 박사학위논문.

최윤정 외(2019) 2018 전국다문화가족실태조사연구. 여성가족부

최윤정(2008). 가족상담: 한부모 가족 여성가장의 정신건강 관련 요인에 관한 연구: 위험요인과 보호요인을 중심으로. **상담학연구, 9**(4), 1835-1850.

최윤정(2019). 여성 한부모의 양육스트레스가 정신건강에 미치는 영향과 가족탄력성의 매개효과. **한국정책연구, 19**(2), 49-66.

최해연(2013). 대학생의 스트레스 대처 패턴과 심리적응적 특징. **한국심리학회지: 일반, 32**(1), 1-21.

최혜지(2006). 저소득층 조손가족의 조부모-손자녀 관계 결정모형에 관한 연구. **한국노년학, 26**, 641-655.

최혜지(2009). 이주여성의 문화적응유형과 관련 특성에 관한 연구. **한국사회복지학, 61**(1), 163-194.

친구사이(2014). 한국 LGBTI 커뮤니티 사회적 욕구조사 주요결과. 친구사이.

통계청(2018). 2018 고령자 통계. 보도자료.

통계청(2021). 2021 고령자 통계. 보도자료.

통계청(2021). 장래인구추계: 2020~2070년. 보도자료.

통계청(2021). 2016-2020 한부모가구 통계.

통계청(2021). 2020년 혼인·이혼 통계.

통계청(2021). e-나라지표. 노인빈곤율. https://www.index.go.kr/potal/main/

EachDtlPageDetail.do?idx_cd=1024
팽의훤, 조영한(2019). 한국화교의 인터-아시아 정체성에 대한 고찰: 중국, 대만, 그리고 한국에 대한 인식을 중심으로. **아시아리뷰**, 8(2), 3-34.

하경희(2021). 영국의 독립정신건강옹호 제도를 통해 본 정신장애인 절차보조사업의 개선방안. **한국장애인복지학**, 52(52), 223-254.

하경희, 강상경, 김낭희, 김성용, 김경희(2019). 정신장애인 공공후견제도와 사회복지사의 역할. **한국사회복지교육**, 48, 31-61.

한국성소수자연구회(2016). 성소수자에 대한 12가지 질문. 한국성소수자연구회.

한국장애인개발원(2021). 유엔장애인권리협약 일반논평(1, 2호) 안내서(2021.11), 정책21-19.

한국정보화진흥원(2009). 인터넷 중독의 사회경제적 비용분석.

한국정보화진흥원(2012). 스마트미디어 중독개입 및 해소 전략 방안 연구.

한국정신건강복지학회(2022). 정신장애인의 복지권 강화, 문제의 진단과 대안, 2022 한국정신건강사회복지학회 춘계학술대회 자료집(2022.5.27.).

한국정신건강사회복지사협회 편(2021). **정신건강사회복지의 이해와 실제**. 서울: 신정.

한국중독정신의학회(2019). **중독정신의학**. 서울: 아이엠이즈컴퍼니.

한규만 (2022). 노년기 우울증의 약물치료. **대한의사협회지**, 65(3), 176-184.

한소정(2017) "트라우마 센터에서 근무한 사회복지사의 소진과 이차적 외상 스트레스 경험에 관한 질적 연구" **한국사회복지학**, 69(2): 219-246.

함인희(2003). "청소년 동성애를 향한 사회학적 성찰". 한국청소년상담원. 청소년의 고민: 내가 동성애자인가요?. 특수상담사례발표회 자료집 .

행정안전부(2020). 2020 재난연감: 사회재난.

행정안전부(2020). 2020 재해연보: 자연재난.

홍선미, 김도희, 신권철, 이상민, 전진아(2020). 정신장애인 인권 관련 법령 · 정책 개선과제 연구, 국가인권위원회 · 한신대학교 산학협력단.

황순찬, 이차외상, 2019 한국정신사회재활협회 2019년 추계학술대회자료집, 103-113.

Abidin, R. R. (1992). The determinants of parenting behavior. *Journal of Clinical Child Psychology, 21*(4), 407-412.

Alzheimer's Association (2013). Alzheimer's Disease Facts and Figures, *Alzheimer's & Dementia, 9*, 208-245.

Amato, P. R. (2000). The consequences of divorce for adults and children. *Journal of marriage and family, 62*(4), 1269-1287.

Amato, P. R. (2010). Research on divorce: Continuing trends and new developments. *Journal of marriage and family, 72*(3), 650-666.

Amato, P. R., & Previti, D. (2003). People's reasons for divorcing: Gender social class, the life course and adjustment. *Journal of Family Issues, 24*, 602-626.

American Psychiatric Association. (2013). *Diagnostic and Statistical Manual of Mental Disorders* (5th ed.), Washington DC: American Psychiatric Association.

American Psychiatric Association. (2013). *Diagnostic and statistical manual of mental disorders* (5th ed.). 권준수 역(2015). **정신질환의 진단 및 통계 편람 (제5판)**. 서울: 학지사.

Aneshensel, C. S., & Mitchell, U. A. (2014). The stress process: Its origins, evolution, and future. In *Sociology of mental health* (pp. 53-74). Springer, Cham.

Angelisti, A. L. (2006). Hurtful interactions and the dissolution of intimacy. In *Handbook of divorce and relationship dissolution,* (Ed.) Fine, M. A. & Harvey, J. H., 133-155. Mahwah, NJ: Erlbaum.

Anstey, K. J., von Sanden, C., Salim, A., & O'Kearney, R. (2007). Smoking as a Risk Factor for Dementia and Cognitive Decline: A meta-Analysis of Prospective Studies. *American Journal of Epidemiology*, *166*, 367-378.

Anthony, W. A., Cohen, M. R., & Farkas, M. D. (1990). *Psychiatric Rehabilitation*. NY: Boston University.

Arnett, J. J. (2016). *Human Development: A Cultural Approach*. 정영숙, 박영신, 정명숙, 안정선, 노수림 역(2018). **인간발달: 문화적 접근**. 서울: 시그마프레스.

Arnett, J. J. (2000). Emerging adulthood: A theory of development from late teens through the twenties. *American Psychology. 55*, 469-480.

Badgett, L. (2009). *When Gay People Get Married*. 김현경, 한빛나 역(2016). **동성결혼은 사회를 어떻게 바꾸는가**. 서울: 민음사.

Barnes, D. E., & Yaff, K. (2011). The projected effect of risk factor reduction on Alzheimer's disease prevalence. *Lancet Neurology, 10*(9), 819-828.

Baumgart, M., Snyder, H. M., Carrillo, M. C., Fazio, S., Kim, H., & Johns, H. (2015). Summary of the evidence on modifiable risk factors for cognitive decline and dementia: A population-based perspective. *Alzheimer's & Dementia, 11*(6), 718-726.

Berk, L. (1998). *Development through the lifespan Development through the lifespan.* 이옥경, 박영신, 이현진, 김혜리, 정윤경, 김민희 역(2009). 생애발달2: 청소년기에서 후기 성인기까지. 서울: 시그마프레스.

Berkman, L. F. (2000). Which influences cognitive function: Living alone or being alone?, *Lancet*, *355*(9212), 1291-1292.

Bernstein, K. S., Park, S. Y., Shin, J., Cho, Y., & Park, Y. (2011). Acculturation, discrimination, and depressive symptoms among Korean immigrants in New York City. *Community Mental Health Journal, 47*(1), 23-34.

Berry J. W. (1997). Immigration, acculturation, and adaptation. *Applied Psychology-an International Review, 46*(1): 5-68.

Berry, J. W. (2005). Acculturation: Living Successfully in Two Cultures. *International Journal of Intercultural Relations, 29*, 697-712.

Berry, J. W. (2006). Stress perspectives on acculturation. In D. L. Sam & J. W. Berry (Eds.), *The Cambridge Handbook of Acculturation Psychology* (pp. 43-57). Cambridge University Press.

Biggs, A., Brough, P., & Drummond, S. (2017). Lazarus and Folkman's psychological stress and coping theory. *The handbook of stress and health A guide to research and practice*, 351-364.

Blashfield, R. K., & Draguns, J. G. (1976). Toward a taxonomy of psychopathology: The purpose of psychiatric Classification. *British Journal of Psychiatry, 129*, 574-583.

Bonnie, R. J. (2001). Three strands of Mental Health Law: Developmental mileposts, in the evolution of Mental Health Law, ed. L. E. Frost and R. J. Bonnie, Washington, D.C: American Psychology Association, 31-54.

Booth, A., & Amato, P. (1991). Divorce and psychological stress. *Journal of health and social behavior*, 396-407.

Bronfenbrenner, U. (1979). *The Ecology of Human Development.* Cambridge, MA: Harvard University Press.

Bronfenbrenner, U. (2005). *Making Human Beings Human: Bioecological Perspectives on Human Development*. Thousand Oaks: Sage Publication.

Bruce, M. L. (2002). Psychosocial risk factors for depressive disorders in late life. *Society of Biological Psychology, 52*, 175-184.

Caldwell, C. B., & Gottesman, I. I. (1990). Schizophrenics kill themselves too: A review of risk factors for suicide. *Schizophrenia Bulletin, 16(4)*, 571-589.

Caqueo-Urízar, A., & Gutiérrez-Maldonado, J. (2006). Burden of care in families of patients with schizophrenia. *Quality of Life Research, 15*(4), 719-724.

Centers for Disease Control and Prevention (2021.8.17.). Health topics-Suicide prevention. https://www.cdc.gov/policy/polaris/healthtopics/suicide/index.html

Cermak, T, L. (1986). *Diagnosing and treating co-dependence*. Minesota: Johnson Institute.

Cermak, T. L., & Brown, S. (1982). Interactional group therapy with the adult children of alcoholics. *International Journal of Group Psychotherapy, 32*(3), 375-389.

Cermak, T. L., & Brown, S. (1982). Interactional group therapy with the adult children of alcoholics. *International Journal of Group Psychotherapy, 32*(3), 375-389.

Cheng, C. (2003). Cognitive and motivational processes underlying coping flexibility: A dual-process model. *Journal of Personality and Social Psychology, 84(2)*, 425-438.

Cheng, S. T., Fung, H. H., & Chan, A. M. (2008). Living status and psychological well-being: Social comparison as a moderator in later life. *Aging & Mental Health, 12*(5), 654-661.

Cherbuin, N., Reglade-Meslin, C., Kumar, R., Jacomb, P., Easteal, S., Christensen, H., Sachdev, P., & Anstey, K. J. (2009). Risk factors of transition from normal cognition to mild cognitive disorder: The PATH through life study. *Dementia and Geriatric Cognitive Disorder, 28*(1). 47-55.

Choy, B., Arunachalam, K., Gupta, S., Tylor, M., & Lee, A. Systematic review: Acculturation strategies and their impact on the mental health of migrant populations. *Public Health in Practice, 2*. https://doi.org/10.1016/j.puhip.2020.100069

Citron, M., Solomon, P., & Draine, J. (1999). Self-help groups for families of persons with mental illness: perceived benefits of helpfulness. *Community mental health journal, 35*(1), 15-30.

Cohen, O., & Finzi-Dottan, R. (2012). Reasons for Divorce and Mental Health Following the Breakup. *Journal of Divorce & Remarriage, 53*(8), 581-601, DOI:10.1080/10502556.2012.719413

Cohen, S., Kessler, R. C., & Gordon, L. U. (1997). Strategies for measuring stress in studies of psychiatric and physical disorders. In S. Cohen, R. C. Kessler, & L. U. Gordon (Eds.), *Measuring stress: A guide for health and social scientists* (pp. 3-26). New York: Oxford University Press.

Coleman, L. (1997). Stigma: An enigma demystified. In L. Davids (Ed.), *The disability studies reader.* New York: Rutledge.

Corrigan, P. W. (2000). Mental health stigma as social attribution: Implications for research methods and attitude change. *Clinical Psychology: Science and Practice, 7(1)*, 48.

Crocker, J. (1999). Social stigma and self-esteem: situational construction of self-worth. *Journal of Experimental Social Psychology, 35*, 89-107.

Cummings, E. M., Davies, P. T., & Simpson, K. S. (1994). Marital conflict, gender, and children's appraisals and coping efficacy as mediators of child adjustment. *Journal of Family Psychology, 8*(2), 141-149.

De Leon, G. (2000). *The Therapeutic Community: Theory, Model, and Method.* NY: Spring Publishing Company, Inc.

Demo, D. H., & Acock, A. C. (1988). The impact of divorce on children. *Journal of Marriage and the Family*, 619-648.

Diamond, L. M. (2003). What does sexual orientation orient? A biobehavioral model distinguishing romantic love and sexual desire. *Psychological Review, 110*(1), 173-192.

Durkeim, E. (1897). *Suicide: A Study in Sociology*. 황보종우(2019). 자살론. 서울: 청아출판사.

Erikson, E. H. (1950). *Childhood and Society.* NY: Norton.

Erikson, E. H. (1959). *Identity and the Life Cycle.* NY: Norton.

Erikson, E. H. (1978). *Adulthood.* NY: Norton.

Erikson, E. H. (1982). *The life cycle completed*. New York: Norton.

Fahy, T., Kent, A., Tattan, T., Van Horn, E., & White, I. (1999). Predictors of quality of life in people with severe mental illness: study methodology with baseline analysis in the UK700 trial. *The British Journal of Psychiatry, 175*(5), 426-432.

Feliciano, L., & Areán, P. A. (2007). Mood Disorders: Depressive Disorders. In Herson, M.,

Turner, S. M., & Beidel, D. C. *Adult Psychopathology and Diagnosis*. John Wiley & Sons, Inc.

Fina, D. V., Cera, R., & Palmisano, G. (Eds.). (2017). *The United Nations Convention on the Rights of Persons with Disabilities: A Commentary* (pp. 607-635). Cham, Switzerland: Springer.

Fiske, S. T., Gilbert, D. T., & Lindzey, G. (2010). *Handbook of Social Psychology* (5th eds.). New Jersey: John Wiley & Sons Inc.

Folkman, S., & Moskowitz, J. T. (2007). Positive affect and meaning-focused coping during significant psychological stress. *The scope of social psychology: Theory and applications, 10*, 193-208.

Freud, S. (1933). *New Introductory Lectures in Psychoanalysis.* New York: Norton.

Gallagher, S. K., & Mechanic, D. (1996). Living with the mentally ill: effects on the health and functioning of other household members. *Social Science & Medicine, 42(12)*, 1691-1701.

Germain, C. B. (1979). *Social Work Practice: People and Environment*. New York: Columbia University Press.

Go, S. M., Lee, K, S., Seo, S. W., Chin, J., Kang, S. J., Moon, S. Y., Na, D. L., & Cheong, H. K. (2013). Survival of Alzheimer's Disease Patients in Korea. *Dementia and Geriatric Cognitive Disorders*, *35*, 219-228.

Gostin, L. O. (2004). International human rights law and mental disability. *Hastings Center Report, 34*(2), 11-12.

Harvey, R. (2001). Individual differences in the phenomenological impact of social stigma. *Journal of Social Psycology*, *141*(2), 174-189.

Haslam, N. (2002). Kinds of Kinds: A Conceptual Taxonomy of Psychiatric Categories. *Philosophy, Psychiatry, & Psychology, 9,* 203-218.

Hébert, R., Dubois, M. F., Wolfson, C., Chambers, L., & Cohen, C. (2001). Factors associated with long-term institutionalization of older people with dementia: data from the Canadian Study of Health and Aging. *The Journals of Gerontology: Series A*, *56*(11), M693-699.

Heinicke, C. M. (1995). Determinants of the transition to parenthood. In M. H. Bornstein

(Eds.), *Handbook of parenting: Vol. 3. Status and social conditions of parenting* (pp. 277-303). Mahwah, NJ: Erlbaum.

Hepburn, K., Lewis, M., Tornatore, J., Sherman, C. W., & Dollof, J. (2008). *The Savvy Caregiver: Caregiver's Manual*. University of Minnesota. 이준영, 윤정혜, 이현주, 정은희 역(2015). **치매가족을 위한 현명한 조호 안내서**. 기억인지연구소.

Herek, G. M. (2000). The psychology of sexual prejudice. *Current Directions in Psychological Science, 9*(1), 19-22.

Herman, J. (1997). *Trauma and Recovery: The Aftermath of Violence from Domestic Abuse to Political Terror*. 최현정 역(2019). 트라우마: 가정폭력에서 정치적 테러까지. 경기: 나남출판.

Herman, K. (1971). Alcoholism. Council on Social Work Education.

Holmes, T. H., & Rahe, R. H. (1967). The social readjustment rating scale. *Journal of psychosomatic research, 11*(2), 213-218.

Hopper, E., Bassuk, E., & Olivet, J. 2010. Shelter from the storm: Trauma-informed care in homelessness services settings. *The Open Health Services and Policy Journal, 3*(2): 90-100.

Hovey, J. K., & King, C. A. (1996). Acculturative stress, depression, and suicidal ideation among immigrant and second-generation Latino adolescents. *J. Am. Acad. Child. Adolesc. Psychiatry, 35*(9), 1183-1192.

Jack, C. R. Jr., Knopman, D. S., Jagust, W. J., Shaw, L. M., Aisen, P. S., Weiner, M. W., Petersen, R. C., & Trojanowski, J. Q. (2010). Hypothetical model of dynamic biomarkers of the Alzheimer's pathological cascade. *The Lancet Neurology*, *9*(1), 119-128.

Jeynes, W. H. (2008). Guest Editor's Introduction: The Salience of Family Factors in Children's School Experiences. *Marriage & Family Review, 43*(1-2), 4-13.

Johnson, V. E. (1980). *I'll Quit Tomorrow*. New York: Harper & Row Publisher, Ins.

Jorm, A. F., Korten, A. E., & Henderson, A.S. (1987). The prevalence of dementia: A quantitative integration of the literature. *Acta Psychiatrica Scandinavica*, *76*(5), 465-479.

Kariuki, M., Honey, A., Emerson, E., & Llewellyn, G. (2011). Mental health trajectories of young people after disability onset. *Disability and Health Journal, 4(2)*, 91-101.

Karls, J., & Wandrei, K. (1994). *Person in Environment System*. Washington D. C.: NASW Press.

Khantzian, E. J. (1997). The self-medication hypothesis of substance use disorders: A reconsideration and recent applications. *Harvard review of psychiatry, 4*(5), 231-244.

Kieselbach, T. (2003). Long-term unemployment among young people: The risk of social exclusion. *American journal of community psychology*, *32*(1-2), 69-76.

Kim, T. H.. & Yang Y. J. (2013). Korean Translation of 'Mental Health in Korea : OECD Review and Recommendations 2013 Summary' *Korean Journal of Family Practice, 3*(3), 236-239.

Knight, A. M. (2006). *Psychosocial variables related to subjective well-being in gay and bisexual men*. Unpublished doctoral dissertation: Loyola University.

Koenig, H. G. & Blazer, D. G. (1992). Epidemiology of geriatric affective disorders. *Clinics in Geriatric Medicine*, *8*(2), 235-251

Kontis, V., Bennett, J. E., Mathers, C. D., Li, G., Foreman, K., Ezzati, M. (2017). Future life expectancy in 35 industrialised countries: projections with a Bayesian model ensemble. *Lancet*, *389*(10076), 1323-1335.

Krämer, A., & Fischer, F. (2018). *Refugee Migration and Health: Challenges for Germany and Europe*. Cham: Springer. Switzerland.

Jeynes, W. H. (2006) The Impact of Parental Remarriage on Children. *Marriage & Family Review, 40*(4), 75-102, DOI: 10.1300/J002v40n04_05

Labouvie-Vief, G. (1980). Beyond formal operations: use and limits of pure logic in lifespan development. *Human Development*, *23*, 114-146.

Laurent, E. (2005). Sexuality and human rights: An asian perspective. *Journal of Sexuality, 48*(3-4), 163-225.

Lautenschlager, N. T., Cox, K. L., Flicker, L., Foster, J. K., van Bockxmeer, F. M., Xiao, J., Greenop, K. R., & Almeida, O. P. (2008). Effect of Physical Activity on Cognitive Function in Older Adults at Risk for Alzheimer Disease: A Randomized Trial. *JAMA*, *300*(9), 1027-1037.

Lazarus, R. S., & Folkman, S. (1984). *Stress, appraisal, and coping*. Springer publishing company.

Lehman, A. F., Steinwachs, D. M., & Co-Investigators of the PORT Project. (1998). Translating research into practice: The Schizophrenia Patient Outcomes Research Team (PORT) treatment recommendations. *Schizophrenia Bulletin, 24(1)*, 1-10.

Lesieur, H. R., & Rosenthal, R. J. (1991). Pathological gambling: A review of the literature. *Journal of Gambling Studies, 7*(1), 5-39.

Levy-Shiff, R. (1994). Individual and contextual correlates of marital change across the transition to parenthood. *Developmental Psychology, 30*(4), 591-601.

Livneh, H. (2001). Psychosocial adaptation to chronic illness and disability. *Rehabilitation Counseling Bulletin, 44(3)*, 151-160.

Livneh, H. (2021). Psychosocial adaptation to chronic illness and disability: An updated and expanded conceptual framework. *Rehabilitation Counseling Bulletin, 65(3)*, 171-184.

Livneh, H., & Antonak, R. F. (2018). Psychological adaptation to chronic illness and disability: A primer for counselors. In I. Marini & M. A. Stebnicki (Eds). *The Psychological and Social Impact of Illness and Disability* (pp. 77-90). New York: Springer Publishing Company.

Lorant, V., Deliège, D., Eaton, W., Robert, A., Philippot, P., & Ansseau, M. (2003). Socioeconomic inequalities in depression: a meta-analysis. *American Journal of Epidemiology, 157*(2), 98-112.

Luppa, M., Luck, T., Brahler, E., König, H. H., & Riedel-Heller, S. G. (2008). Prediction of institutionalization in Dementia: A systematic review. *Dementia and Geriatric Cognitive Disorders*, *26*, 65-78.

Marmot, M., Friel, S., Bell, R., Houweling, T. A., & Taylor, S. (2008). Closing the gap in a generation: Health equity through action on the social determinants of health. *The lancet, 372(9650)*, 1661-1669.

Marsh, H. W., Craven, R., & Debus, R. (1988). Structures, stability, and development of young children's self-concept: A multicohort-multioccasion study. *Child Development, 69*, 1030-1053.

Masters, W., Johnson, V., & Kolodny, R. (1994). *Heterosexuality*. NY: Harper Collins

Matthews, G. (2016). Distress. Stress: Concepts, cognition, emotion, and behavior, 219-

226.

McCarty, R. (2016). The fight-or-flight response: A cornerstone of stress research. *In Stress: Concepts, cognition, emotion, and behavior* (pp. 33-37). Academic Press.

Mead, S., Hilton, D., & Curtis, L.,(2001). Peer support: A Theoretical perspective, psychiatric rehabilitation. *Psychiatric Rehabilitation Journal, 25*(2), 134-141.

Michael, Y. L., Berkman, L. F., Colditz, G. A., & Kawachi, I. (2001). Living arrangements, social integration, and change in functional health status. *American Journal of Epidemiology*, *153*(2), 123-131.

Miech, R. A., & Shanahan, M. J. (2000). Socioeconomic status and depression over the life course. *Journal of Health and Social Behavior, 41*(2), pp. 162-175.

Molodynski, A., Rugkåsa, J., & Burns, T. (Eds.). (2016). *Coercion in Community Mental Health Care: International Perspectives*. England: Oxford University Press.

Moore, S. M., Thomas, A. C., Kale, S., Spence, M., Zlatevska, N., Staiger, P. K., Graffam, J., Kyrios, M. (2013). Problem gambling among international and domestic university students in Australia: who is at risk?. *Journal of Gambling Studies*, *29*(2), 217-230.

Moore, S. M., Thomas, A. C., Kale, S., Spence, M., Zlatevska, N., Staiger, P. K., Graffam, J., Kyrios, M. (2013). Problem gambling among international and domestic university students in Australia: who is at risk?. *Journal of Gambling Studies*, *29*(2), 217-230.

Musil, C. M., Rice, H. M., Singer, M., Givens, S. E., Warner, C. B., Zauszniewski, J. A., & Jeanblanc, A. B. (2018). Grandchildren's depressive symptoms and perceptions of family functioning: Protective and influencing factors. *Western journal of nursing research, 40*(9), 1319-1338.

NCTSN (2010). Skills for Psychological Recovery: Field Operations Guide, SHAMSA.

Ngandu, T., Lehtisalo, J., Solomon, A., Levälahti, E., Ahtiluoto, S., Antikainen, R., Bäckman, L., Hänninen, T., Jula, A., Laatikainen, T., Lindström, J., Mangialasche, F., Paajanen, T., Pajala, S., Peltonen, M., Rauramaa, R., Stigsdotter-Neely, A., Strandberg, T., Tuomilehto, J., Soininen, H., & Kivipelto, M. (2015). A 2 year multidomain intervention of diet, exercise, cognitive training, and vascular risk monitoring versus control to prevent cognitive decline in at-risk elderly people (FINGER): a randomised controlled trial. *Lancet*, *385*(9984), 2255-2263.

Niti, M., Yap, K. B., Kua, E. H., Tan, C. H., & Ng, T. P. (2008). Physical, social and productive leisure activities, cognitive decline and interaction with APOE-ε4 genotype in Chinese older adults. *International Psychogeriatrics*, *20*(2), 237-51.

Noh, S., & Turner, R. J. (1987). Living with psychiatric patients: Implications for the mental health of family members. *Social Science & Medicine, 25*(3), 263-272.

Norton, S., Matthews, F. E., Barnes, D., Yaffe, K., & Brayne, C. (2014). Potential for primary prevention of Alzheimer's disease: an analysis of population-based data. *Lancet Neurology*, *13*(8), 788-794.

O'Hara, K. L., Sandler, I. N., Wolchik, S. A., Tein, J.-Y., & Rhodes, C. A. (2019). Parenting time, parenting quality, interparental conflict, and mental health problems of children in high-conflict divorce. *Journal of Family Psychology, 33*(6), 690-703.

Olson, D. H., DeFrain, J. D., & Olson, A. K. (1999). *Building relationships: developing skills for life*. Life Innovations, Incorporated.

Organization for Economic Co-operation and Development (2021.5.12.). Tackling the mental health impact of the COVID-19 crisis: An integrated, whole-of-society response. https://www.oecd.org/coronavirus/policy-responses/tackling-the-mental-health-impact-of-the-covid-19-crisis-an-integrated-whole-of-society-response-0ccafa0b/에서 인출.

Organization for Economic Cooperation and Development. (2015). Addressing Dementia: The OECD Response.

Orley, J., Saxena, S., & Herrman, H. (1998). Quality of life and mental illness: reflections from the perspective of the WHOQOL. *The British Journal of Psychiatry, 172(4)*, 291-293.

Pai, S., & Kapur, R. L. (1982). Impact of treatment intervention on the relationship between dimensions of clinical psychopathology, social dysfunction and burden on the family of psychiatric patients. *Psychological Medicine, 12*(3), 651-658.

Papastavrou, E., Kalokerinou, A., Papacostas, S. S., Tsangari, H., & Sourtzi, P. (2007). Caring for a relative with dementia: family caregiver burden. *Journal of Advanced Nursing*, *58*(5):446-457.

Park, Y. S., & Park, E. C. (2020). Association between parental marital status and types of suicidal behavior among Korean adolescents: a cross-sectional study. *Journal of preventive medicine and public health, 53*(6), 419.

Pearlin, L. I. (1983). Role strains and personal stress. In H. B. Kaplan (Ed.), *Psychosocial stress: Trends in theory and research* (pp. 3-32). New York: Academic.

Pearlin, L. I., & Bierman, A. (2013). Current issues and future directions in research into the stress process. In *Handbook of the sociology of mental health* (pp. 325-340). Springer, Dordrecht.

Pearlin, L. I., Menaghan, E. G., Lieberman, M. A., & Mullan, J. T. (1981). The stress process. *Journal of Health and Social behavior*, 337-356.

Peck, R. C. (1968). Psychological Developments in the Second Half of Life, In B. L. Neugarten. (Ed.), *Middle age and aging*. Chicago: University of Chicago Press.

Pernice-Duca, F. (2010). Family network support and mental health recovery. *Journal of marital and family therapy, 36*(1), 13-27.

Petersen, R. C., & Morris, J. C. (2003). Clinical features. In: Petersen, R. C. (Eds.). *Mild Cognitive Impairment: Aging to Alzheimer's Disease*, New York: Oxford University Press, Inc.

Petersen, R. C., Smith, G. E., Waring, S. C., Ivnik, R. J., Tangalos, E. G., & Kokmen, E. (1999). Mild cognitive impairment: clinical characterization and outcome. *Archives of Neurology*, *56*, 303-308.

Peterson, C., & Seligman, M. E. P. (2004). *Character Strengths and Virtues: A Handbook and Classification*. Washington D.C.: American Psychology Association.

Pettinicchio, D., Maroto, M., Chai, L., & Lukk, M. (2021). Findings from an online survey on the mental health effects of COVID-19 on Canadians with disabilities and chronic health conditions. *Disability and Health Journal, 14*(3), 101085.

Phemister, A. A., & Crewe, N. M. (2012). Objective self-awareness and stigma: Implications for persons with visible disabilities. In I. Marini & M. A. Stebnicki (Eds). *The Psychological and Social Impact of Illness and Disability* (pp. 109-115). New York: Springer Publishing Company.

Piaget, J. (1936). *The Origins of Intelligence in Children*. New York: International University Press.

Plassman, B. L., Langa, K. M., Fisher, G. G., Heeringa, S. G., Weir, D. R., Ofstedal, M. B., Burke, J. R., Hurd, M. D., Potter, G. G., Rodgers, W. L., Steffens, D. C., Willis, R. J., & Wallace, R. B. (2007). Prevalence of dementia in the United States: the aging, demographics, and memory study. *Neuroepidemiology, 29*(1-2), 125-132.

Prince, M., Patel, V., Saxena, S., Maj, M., Maselko, J., Phillips, M. R., & Rahman, A. (2007). No health without mental health. *The lancet, 370*(9590), 859-877.

Radomsky, E. D., Haas, G. L., Mann, J. J., & Sweeney, J. A. (1999). Suicidal behavior in patients with schizophrenia and other psychotic disorders. *American Journal of Psychiatry, 156*(10), 1590-1595.

Ritter, G. (1983). *Sozialversicherung in Deutschland und England*. 전광석 역(2005). **복지국가의 기원**. 서울: 범문사.

Robbins, S. P., Chatterjee, P., & Canda, E. R. (2006). *Comtemporary Human Behavior Theory: A Critical Perspective for Social Work* (2nd ed.), New York: Pearson Allyn and Bacon.

Ross, C. E., Mirowsky, J., & Goldsteen, K. (1990). The impact of the family on health: The decade in review. *Journal of Marriage and the Family*, *52*(4), 1059-1078.

Ross, M. (1989). Gay youth in four subculture: A comparative study. *Journal of Homosexuality, 17*, 299-314.

Rutter, D. R. (1990). Commentary: Some focus and process considerations regarding effects of parental depression on children. *Developmental Psychology, 26*(1), 60-67.

Ryan, C. & Futterman, D. (1998). *Lesbian and gay youth*. NY: Columbia University Press.

Sadler, J. Z. (2005). *Values and Psychiatric Diagnosis*. Oxford: Oxford University Press.

Sadler, W. A. (2000). *The Third Age: Six Principles of Growth and Renewal After Forty*. Westview Publishing.

Sager, C. J., Walker, E., Brown, H. S., Crohn, H. M., & Rodstein, E. (1981). Improving functioning of the remarried family system. *Journal of Marital and Family Therapy, 7*(1), 3-13.

Sandlhu, D. S., & Asrabadi, B. R. (1994). Development of an acculturative stress scale for international students: Preliminary findings. *Psychological Reports, 75*, 435-448.

Santomauro, D., Herrera, A., Shadid, J., Zheng, P., Ashbaugh, C., Pigott, D., Abbafati,

C., Adolph, C., Amlag, J., Aravkin, A., Bang-Jensen, B., Bertolacci, G., Bloom, S., Castellano, R., Castro, E., Chakrabarti, S., Chattopadhyay, J., Cogen, R., Collins, J., Dai, X., Dangel, W., Dapper, C., Deen, A., Erickson, M., Ewald, S., Flaxman, A., Frostad, J., Fullman, N., Giles, J., Giref, A., Guo, G., He, J., Helak, M., Hulland, E., Idrisov, B., Lindstrom, A., Linebarger, E., Lotufo, P., Lozano, R., Magistro, B., Malta, D., Månsson, J., Marinho, F., Mokdad, A., Monasta, L., Naik, P., Nomura, S., O'Halloran, J., Ostroff, S., Pasovic, M., Penberthy, L., Reiner Jr., R., Reinke, G., Ribeiro, A., Sholokhov, A., Sorensen, R., Varavikova, E., Vo, A., Walcott, R., Watson, S., Wiysonge, C., Zigler, B., Hay, S., Vos, T., Murray, C., Whiteford, H., Ferrari, A. (2021). Global prevalence and burden of depressive and anxiety disorders in 204 countries and territories in 2020 due to the COVID-19 pandemic. *The Lancet, 398*(10312), 1700-1712.

Saunders, J. C. (2003). Families living with severe mental illness: A literature review. *Issues in mental health nursing, 24*(2), 175-198.

Savin-Williams, R. C. (2005). *The new gay teenager*. MA: Harvard University Press.

Savin-Williams, R. C., & Lenhart, R. E. (1990). AIDS prevention among gay and lesbian youth: Psychosocial stress and health care intervention guidelines. in D. G. Ostrow (Ed.). *Behavioral Aspects of AIDS*. NY: Plenum Publishing .

Selye, H. (1936). A Syndrome Produced by Diverse Nocuous Agents. *Nature, 138*, 32.

Selye, H. (1950). Stress and the general adaptation syndrome. *British medical journal, 1*(4667), 1383.

Shaffer, H. J., LaPlante, D. A., LaBrie, R. A., Kidman, R. C., Donato, A. N., Stanton, M. V. (2004). Toward a syndrome model of addiction: multiple expressions, common etiology. *Harvard Review Psychiatry. 12*(6), 367-374.

Shaffer, H. J., LaPlante, D. A., LaBrie, R. A., Kidman, R. C., Donato, A. N., & Stanton, M. V. (2004). Toward a syndrome model of addiction: multiple expressions, common etiology. *Harvard Review Psychiatry. 12*(6), 367-374.

Shih, M. (2004). Positive stigma: Examining resilience and empowerment in overcoming stigma. *The Annals of The American Academy of Political and Social Science. 591*(1). 175-185.

Slade, M. (2017). Implementing shared decision making in reoutine mental health care.

World Psychiatry, 16(2), 146-153.

Smith, L. E., & Howard, K. S. (2008). Continuity of parental social support and depressive symptoms among new mothers. *Journal of Family Psychology*, *22*(5), 763-773.

Smith, W. K. (1987). The stress analogy. *Schizophrenia bulletin, 13*(2), 215-220.

Steptoe, A., & Di Gessa, G. (2021). Mental health and social interactions of older people with physical disabilities in England during the COVID-19 pandemic: a longitudinal cohort study. *The Lancet Public Health, 6*(6), e365-e373.

Stern, Y., Albert, S., Tang, M. X., & Tsai, W. Y. (1999). Rate of memory decline in AD is related to education and occupation. *Neurology*, *53*, 1942-1947.

Stone, J., Evandrou, M., & Falkingham, J. (2013). The transition to living alone and psychological distress in later life, *Age and Ageing*, *42*, 366-372.

Stovell, D. Morrison, A. P., Panyiotou, M., & Hutton, P. (2016). Shared treatment meta-analysis. *The British Journal of Psychiatry, 209*(1), 23-28.

Sturdevant, M., & Remafedi, G. (1992). Special health needs of homosexual youth. *Adolescent Medicine: State of the Art Review*. Philadelphia: Hanley & Belfus.

Symoens, S., Colman, E., & Bracke, P. (2014). Divorce, conflict, and mental health: How the quality of intimate relationships is linked to post-divorce well-being. *Journal of Applied Social Psychology, 44*(3), 220-233.

Szabo, S., Tache, Y., & Somogyi, A. (2012). The legacy of Hans Selye and the origins of stress research: a retrospective 75 years after his landmark brief "letter" to the editor# of nature. *Stress, 15*(5), 472-478.

Szabo, S., Yoshida, M., Filakovszky, J., & Juhasz, G. (2017). "Stress" is 80 years old: From Hans Selye original paper in 1936 to recent advances in GI ulceration. *Current pharmaceutical design, 23*(27), 4029-4041.

Tan, S. Y., & Yip, A. (2018). Hans Selye (1907-1982): Founder of the stress theory. *Singapore medical journal, 59*(4), 170.

Tedeschi, R. G., & Calhoun, L. G. (1995). *Trauma and transformation: Growing in the aftermath of suffering*. CA: Sage Publications.

Torrey, E. F. (1983). Surviving Schizophrenia: A Family Manual. 정지인 역(2021). **조현병의 모든 것**. 서울: 심심.

UN CRPD(Committee on the Rights of Persons with Disabilities). (2014). General Comment No. 1. Article 12: Equal Recognition before the Law, Geneva: United Nations Publications.

UN. (1948). The Universal Declaration of Human Rights. Paris: United Nations. http://www.un.org/en/documents/udhr/

UN. (1991). Principles for the Protection of Persons with Mental Illness and the Improvement of Mental Health Care. https://www.ohchr.org/en/instruments-mechanisms/instruments/principles-protection-persons-mental-illness-and-improvement

UN. (2003). Progress of Efforts to Ensure the Full Recognition and Enjoyment of the Human Rights of Persons with Disabilities. Report of the Secretary-General.

UN. (2006). Convention on the Rights of Persons with Disabilities (CRPD). https://www.un.org/development/desa/disabilities/convention-on-the-rights-of-persons-with-disabilities.html#Fulltext

Vash, C., & Crewe, N. M. (2004). *Psychology of Disability*. New York: Springer Publishing Company.

Ventura, E. (2017). *Casebook for DSM-5: Diagnosis and Treatment Planning*. New York: Springer Publishing Company.

WHO, & World Bank. (2011). World report on disability. Geneva: World Health Organization.

WHO. (1980). International Classification of Impairments, Disabilities, and Handicaps. (다운로드 2021년 5월 31일: https://apps.who.int/iris/handle/10665/41003)

WHO. (1996). Mental Health Care Law : Ten Basic Principles : With Annotations Suggesting Selected Actions to Promote Their Implementation. Geneva: World Health Organization. https://apps.who.int/iris/handle/10665/63624

WHO. (1999). Strengthening mental health promotion (Fact sheet, No. 220). http://www.nzdl.org/cgi-bin/library.cgi?e=d-00000-00---off-0cdl--00-0----0-10-0---0---0direct-10---4-------0-1l--11-en-50---20-about---00-0-1-00-0-0-11-1-0utfZz-8-00&a=d&cl=CL3.2.13&d=HASH01f34e6a88d81a5f820d4588.2에서 인출.

WHO. (2001). International Classification of Functioning, Disability and Health. (다운로

드 2021년 5월 31일: https://www.who.int/standards/classifications/international-classification-of-functioning-disability-and-health)

WHO. (2001). The World Health Report - Mental health: New understanding, new perspective. https://apps.who.int/iris/handle/10665/42390에서 인출.

WHO. (2004). Promoting mental health: Concepts, emerging evidence, practice (Summary Report). Geneva: World Health Organization.

WHO. (2005). WHO Resource Book On Mental Health, Human Rights And Legislation. http://www.lhac.eu/resources/library/who_resource-book-on-mental-health-human-rights-and-legislation--2.pdf

WHO. (2012). Risks to mental health: An overview of vulnerabilities and risk factors. Background paper by WHO Secretariat for the development of a comprehensive mental health action plan. Geneva: World Health Organization. https://www.who.int/publications/m/item/risks-to-mental-health에서 인출.

WHO. (2012). WHO QualityRights Tool Kit. Geneva, Switzerland: World Health Organization. https://www.who.int/publications/i/item/9789241548410

WHO. (2014). Mental health: A state of well-being. Geneva: World Health Organization.

WHO. (2019). QualityRights Materials for Training, Guidance and Transformation. Geneva, Switzerland : World Health Organization. https://www.who.int/publications/i/item/who-qualityrights-guidance-and-training-tools

WHO. (2021). Community Outreach Mental Health Services : Promoting Person-centred and Rights-based Approaches. Geneva, Switzerland: World Health Organization. https://www.who.int/publications/i/item/9789240025707

WHO. (2021). Comprehensive mental health action plan 2013-2030. Geneva: World Health Organization.

WHO. (2021). Guidance on Community Mental Health Services: Promoting person-centered and rights-based approaches.

WHO. (2021). International Classification of Diseases. (다운로드 2021년 5월 31일: https://www.who.int/standards/classifications/classification-of-diseases)

WHO. (2022. 6. 17. 인출). Mental health: Strengthening our response. https://www.who.int/en/news-room/fact-sheets/detail/mental-health-strengthening-our-response에서

인출.

WHO. (2022. 6. 1. 인출). Mental Health Action Plan 2013-2030. http://www.emro.who.int/mnh/mental-health-action-plan/index.html에서 인출.

WHO. (2022a). World mental health report: Transforming mental health for all. Geneva: World Health Organization.

WHO. (2022b). Mental health. https://www.who.int/health-topics/mental-health#tab=tab_1에서 인출.

Williams, K., & Umberson, D., 2004, "Marital status, marital transitions, and health: A gendered life course perspective", *Journal of Health and Social Behavior*, *45*: 81-98.

Williams, S. Z., Chung, G. S., & Muennig, P. A. (2017). Undiagnosed depression: A community diagnosis. *SSM-Population Health, 3*, 633-638.

Ye, M., & Chen, Y. (2014). The influence of domestic living arrangement and neighborhood identity on mental health among urban Chinese elders. *Aging & Mental Health*, *18*(1), 40-50.

Youn, J. H., Lee, J. Y., Kim, S., & Ryu, S. H. (2011). Multistrategic memory training with the metamemory concept in healthy older adults. *Psychiatry Investigation*, *8*(4), 354-361.

Young, K. S. (1999). Internet Addiction: Symptoms, Evaluation, And Treatment. In L. Vende Creek & T. Jackson (Eds.), *Innovation in Clinical Practice: A Source Book* (Vol. 17). Sarasota, FL: Professional Resource Press.

찾아보기

인명

내용

저자 소개

강상경(Kahng, Sang Kyoung)

University of Michigan, Ann Arbor. Ph.D. in Social Work & Psychology

전 GWB School of Social Work, Washington University in St. Louis. 교수

Asian Pacific Counseling & Treatment Center, Clinical Social Worker

현 서울대학교 사회복지학과 교수

강병철(Kang, Byung Chul)

서울대학교 사회복지학 박사

현 삼육보건대학교 아동보육과 교수

권태연(Kwon, Tae Yeon)

서울대학교 사회복지학 박사

전 한림대학교성심병원 의료사회복지사 및 정신보건사회복지사

현 선문대학교 사회복지학과 교수

김낭희(Kim, Nang Hee)

서울대학교 사회복지학 박사

전 한양대학교 한국후견신탁연구센터 전임연구원

한국건강증진개발원 부연구위원

현 한국형사 · 법무정책연구원 부연구위원

김문근(Kim, Moon Geun)

서울대학교 사회복지학 박사

현 대구대학교 사회복지학과 교수

한국정신건강사회복지학회 이사

경북정신건강사회복지사업지원단 위원

김성용(Kim, Sungyong)

서울대학교 사회복지학 박사

전 한국노인인력개발원 연구조사센터 부연구위원

현 선문대학교 사회복지학과 조교수

김혜미(Kim, Hyemee)

서울대학교 사회복지학 박사

현 인천대학교 사회복지학과 교수

한국다문화복지학회 이사

한국사회복지실천학회 이사

문영주(Moon, Youngjoo)

서울대학교 사회복지학 박사

전 부산시립정신병원 사회복지사

메리놀병원 사회복지사

현 동아대학교 사회복지학과 교수

이현주(Lee, Hyunjoo)

서울대학교 사회복지학 박사

현 대구대학교 사회복지학과 교수

한국노년학회 이사, 한국노인복지학회 이사

한국가족사회복지학회 이사

유창민(Yoo Changmin)

서울대학교 사회복지학 박사

전 이화여자대학교 사회복지학과 박사 후 연구원

한남대학교 사회복지학과 조교수

현 인하대학교 사회복지학과 조교수

조상은(Cho, Sangeun)

서울대학교 사회복지학 박사

전 한국장애인개발원 정책연구실 부연구위원

성균관대학교 아동청소년학과 초빙교수

서울대학교 사회복지연구소 선임연구원

현 한경대학교 웰니스산업융합학부 아동가족복지학전공 부교수

정은희(Jung EunHee)

서울대학교 사회복지학 박사

현 서울대학교 사회복지연구소 선임연구원

하경희(Ha Kyunghee)

서울대학교 사회복지학 박사

현 아주대학교 공공정책대학원 부교수

사회적협동조합우리다움 이사장

한국정신건강사회복지학회 이사

국가인권위원회 전문위원

사회복지총서

정신건강론
Mental Health: The Perspectives of Social Work

2023년 1월 20일 1판 1쇄 인쇄
2023년 1월 30일 1판 1쇄 발행

지은이 • 강상경 · 강병철 · 권태연 · 김낭희 · 김문근 · 김성용 · 김혜미
문영주 · 이현주 · 유창민 · 조상은 · 정은희 · 하경희

펴낸이 • 김진환
펴낸곳 • ㈜ 학지사
04031 서울특별시 마포구 양화로 15길 20 마인드월드빌딩
대표전화 • 02-330-5114 팩스 • 02-324-2345
등록번호 • 제313-2006-000265호

홈페이지 • http://www.hakjisa.co.kr
페이스북 • https://www.facebook.com/hakjisabook

ISBN 978-89-997-2824-2 93330

정가 24,000원